中国术语学建设书系

社科术语工作的原则与方法

龚 益 著

商务印书馆
2009年·北京

图书在版编目(CIP)数据

社科术语工作的原则与方法/龚益著.—北京:商务印书馆,2009
(中国术语学建设书系)
ISBN 978-7-100-05866-7

I.社… II.龚… III.社会科学—术语 IV.C61

中国版本图书馆 CIP 数据核字(2008)第 075197 号

所有权利保留。
未经许可,不得以任何方式使用。

中国术语学建设书系
SHÈKĒ SHÙYǓ GŌNGZUÒ DE YUÁNZÉ YǓ FĀNGFǍ
社科术语工作的原则与方法
龚 益 著

商 务 印 书 馆 出 版
(北京王府井大街36号 邮政编码 100710)
商 务 印 书 馆 发 行
北京瑞古冠中印刷厂印刷
ISBN 978-7-100-05866-7

2009年1月第1版　　开本 850×1168 1/32
2009年1月北京第1次印刷　　印张 15
定价:29.00元

中国术语学建设书系

总主编 路甬祥

执行主编 刘 青

编辑出版委员会

主任 郑述谱

委员（按姓氏音序排序）

  董 琨 冯志伟 龚 益 黄忠廉

  梁爱林 刘 青 温昌斌 吴丽坤

  郑述谱 周洪波 朱建华

总　序

　　审定科技术语,搞好术语学建设,实现科技术语规范化,对于一个国家的科技发展和文化传承是一项重要的基础工作,是实现科技现代化的一项支撑性的系统工程。

　　这项工作包括两个方面:术语统一工作实践和术语学理论研究。两者紧密结合,为我国科技术语规范工作的持续发展提供了重要的保证。术语学理论研究为实践工作提供理论上的支持和方向上的保障。特别是在当今术语规范工作越来越紧迫和重要的形势下,术语学理论对实践工作的指导作用愈来愈明显。可以这样说,理论研究和实践工作对术语规范工作同等重要。

　　我国古代的科学技术高度发达,伴随科技发展产生的科技术语,自古以来就是中华文化的重要组成部分。尽管当时没有成立专门机构开展术语规范工作,但我们的祖先在科学技术活动中,重视并从事着对科技概念的解释和命名。因此,我们能在我国悠久而浩瀚的文化宝库中找到许多堪称术语实践与理论的光辉典范。战国时期的《墨经》,是我国古代重要的科学著作,书中对一批科学概念进行了解释,如,"力,刑之所以奋也"、"圆,一中同长也"。两千多年前的《尔雅》是我国第一种辞书性质的著作,它整理了一大批百科术语。在我国古代哲学思想史上也早已有关于术语问题的论述。春秋末年,孔子提出了"名不正则言不顺,言不顺则事不成"

的观点;战国末年荀子的《正名篇》是有关语言理论的著作,其中很多观点都与术语问题有关。在近代"西学东渐"过程中,为解决汉语译名统一问题,很多专家学者为此进行了讨论。特别是进入民国后,不少报刊杂志组织专家讨论术语规范问题,如《科学》杂志于1916年发起了名词论坛,至新中国建国前夕,参与讨论的文章达六七十篇之多。

1985年,经国务院批准成立了全国自然科学名词审定委员会(现更名为全国科学技术名词审定委员会,简称全国科技名词委),我国科技术语规范工作进入了快速发展时期。自成立至今,全国科技名词委已经成立了70个学科的名词审定分委员会,审定公布了近80部名词书,初步建立了我国现代科技术语体系。同期,我国术语学研究也得到快速发展。一方面,国内学者走出国门,与西方术语学家对话,并不断引进、研究国外术语学理论。另一方面,国内学者对我国术语实践工作进行理论上的探讨。目前,我国的术语学研究已经取得了不少可喜的成绩,仅《中国科技术语》等专业刊物就刊载了大量相关论文,特别是已有术语学专著和译著问世。但是从我国的术语学研究工作来看,与我国术语规范实践工作所取得的成果相比还相对滞后,且落后于国际先进水平。因此,中国迫切需要加强术语学研究,很多问题需要进行学术上的系统探讨并得到学理上的解决。比如,《科学技术名词审定的原则与方法》的修订,规范术语的推广,科技新词工作的开展,术语规范工作的协调,术语的自动识别,术语规范工作中的法律问题等。这些问题的解决,不但能直接推进术语学研究,还能直接促进术语规范实践工作。要解决这些问题,应从多方面入手,比如,引进国外成熟的术语学成果,发掘我国已有的术语学成果,从我国术语规范实践工作历史与现实中总结规律,借鉴语言学研究成果等。

为了加强我国术语学理论研究和学科建设,全国科技名词委与商务印书馆联合推出中国术语学建设书系,计划陆续出版一系列的术语学专著和译著。希望这一系列的术语学著作的出版,不但能给那些有志于术语学研究的人士提供丰富的学术食粮,同时也能引起更多的人来关注、参与和推进我国的术语学研究。

值此书系出版之际,特作此序。谨祝中国的术语学建设事业取得更大的发展并获得越来越多的成就。

2008-10-28

序言(一)

龚益同志送来他的书稿《社科术语工作的原则与方法》，我读了以后非常高兴。社会科学术语规范的问题十分重要，但是对此进行研究的著作很少。龚益同志的这本书稿，填补了这方面的空白。

社科术语，既是语文问题，也是文化问题。1991年香港《语文建设通讯》发表的我的文章《文化传播和术语翻译》中谈到，术语和文化如影之随形，须臾不离。不同的文化要用不同的术语来说明。吸收外来文化，同时必须吸收外来术语。孔子说："名不正则言不顺。""正名"就是术语的规范化。如何使术语有效地为文化的传播服务，是历代文化生活中的一个重大问题。

龚益同志对社科术语规范意义的理解很精到，他在书中一再强调，社科术语规范不是统一思想，而是同一表达。他提出词汇规范是术语规范的前提，认为像《现代汉语词典》这样的词典编辑可以看做是广义的社科术语规范工作。

我国在一度否定科学之后，经1980年代的拨乱反正，1990年代的急起直追，提出科技是第一生产力的口号，以急迫的心情发展自然科学。随之而来的必然是发展社会科学，并使社会科学成为真正的科学。科学是一元性的，自然科学不分东西，社会科学也不分东西。在历史上，文艺复兴催生了自然科学，启蒙运动催生了社会科学,破除宗教迷信才能发展自然科学,破除君主特权才能发展社会科学。在全球化时代,社会科学将跟自然科学同步前进。

术语有国际化和民族化的分别。世界各国都实行术语国际化。日本、越南、朝鲜和韩国也实行了术语国际化。实行术语民族化的国家只有中国一国了。这个问题关系重大,需要深入研究。

龚益同志是我的忘年之交,往来切磋近二十年。他是北京理工大学自控系高才生,考入中国社会科学院,从事数量经济学与技术经济学的研究,曾以电脑程序编制获社科院优秀成果奖,现在是数量经济与技术经济研究所的研究员。他功底扎实,涉猎广泛,视野开阔,才思敏捷。他这本厚厚的书稿,我起初以为一定枯燥无味,阅读以后发现,这很像是一本有可读性的散文集。希望龚益同志的新著,能有助于我国社科术语的发展。

周有光

2006-04-14

时年 101 岁

序言(二)

社会科学是科学的重要组成部分,这种观点已经成为人类的共识。就汉语科技术语规范工作而言,早在20世纪初,中国即已成立专门的机构从事科学技术名词的审定工作。新中国成立以后,当时的政务院文化教育委员会于1950年5月成立了"学术名词统一工作委员会",下设自然科学、社会科学、医药卫生、文学艺术和时事五个组。然而,在那之后的半个世纪,中国社会经济发展特定的历史阶段,社会科学术语规范的任务,始终停留在良好的"愿望"阶段。

1985年,国务院批准成立"全国科学技术名词审定委员会",负责开展科学术语的统一规范工作。经过以郭沫若、严济慈、钱三强、卢嘉锡、路甬祥等为代表的几代学者的努力,术语工作成绩斐然,规范的科技名词体系已经基本形成。与此同时,科学术语对于社会的影响力、渗透力也越来越大,关于社会科学术语规范工作的问题越来越成为社会关注的热点,许多专家、学者在多种场合开始倡导关注社科术语工作。

龚益同志就是这些学者当中的一员。他从20世纪80年代初期开始涉足术语和术语标准化工作领域,并且敏锐地意识到社科术语规范工作的重要意义,继而投入很大精力研究相关问题,陆续有许多成果问世。龚益同志明确提出"社科术语规范不是统一思想,而是同一表达"的观点,在推进社科术语规范方面做了许多有益的工作。或许可以这样说,21世纪中国科学术语的工作序列当中出现社科术语,是时代进步的表现,其中也有龚益同志的一份贡献。

从事术语工作,需要具备"板凳甘坐十年冷,文章不写一句空"的踏实精神。龚益同志身体力行,终于完成了《社科术语工作的原则与方法》这部著作。这是中国术语学研究特别是关于社科术语工作研究和普及方面的一项可喜成果,当然是一件非常值得祝贺的事情。作为一名术语规范工作者,我为这部著作的出版感到高兴,并且十分乐意为此书作序。

由于工作关系,我与龚益同志时有交流。他对术语概念的理解和对中国科学术语工作的认识使我们在讨论中形成了许多彼此欣赏的共识。例如,我们一致认为强调"术语"是提高思维效率、改善思维品质的有效途径,关于术语和术语学知识的教育与普及将会直接有助于国人科学素质的培养。因此,注重现代术语学理论与工作方法的教育和普及,努力谋求开设系统的术语学课程应该是我们共同努力的当务之急。在《社科术语工作的原则与方法》之后,龚益同志已经把主要工作目标转向编写《术语学试验教程》,我期待着他的早日成功。

全国科学技术名词审定委员会副主任

2007-1-11

序言(三)

龚益同志是中国社会科学院的研究员,为人诚恳,学识渊博,笔耕不辍,特别具有对交叉学科、跨知识领域问题的研究能力。据我所知,他不仅具有理工科背景,还有很强的文字能力。他的这部著作《社科术语工作的原则与方法》,也如同他的其他作品一样,文采飞扬。中国著名的语言文字学家、年逾百岁的老人周有光先生亲自为龚益同志的这本书作序,足以说明对他的研究的赞许和对其研究方向及其成果的肯定。

中国的社会科学研究,是在改革开放的大潮中才真正纳入"科学"的序列的。其中数量经济学与技术经济学的发展,也是得益于对西方经济学思想和研究手段的引进。这种引进,从表面上看是一系列经济分析的方法与程式,但是就其本质来说,则是对一种外来文化甚至是一种思维方式的吸收。这些年开展研究工作的经验告诉我们,这种文化与知识的传播事实上都需要借助"术语"的形式才能"有效率"地完成。从某种意义上说,所谓经济学的本质,就是要研究资源配置的效率问题。龚益同志研究社科术语,也是从另一种视角切入的对经济问题的关注。

我与龚益同志在同一个研究所工作,日常多有接触。多年来,他对推进社科术语规范工作情有独钟,一如既往,非常执著。早在上个世纪末,龚益同志即曾写信给当时中国社科院的院长李铁映同志,建议开展社科术语规范工作。按照李院长的指示,院科研局专门组织专家召开座谈会,与会专家一致认为"这件事应该搞,而且应该尽快搞"。龚益同志出席这次会议,并在会上介绍了《汉语术语规范工作的历史沿革》。关于汉语术语工作发展的历史,他有相当深入的研究。尤其难能可贵的是他对社科术语规范的意义有精到的理解,他认为,规范社科术语,不是统一思想,而是同一表达;明确提出"不研究术语的学问,十有八九是伪学问","讨论学科术语,就是学科建设"。

2004年中央三号文件提出,要像努力发展自然科学那样,繁荣发展哲学社会科学。龚益同志的这些研究,符合中央文件的指示精神,有助于中国社会科学的健康发展。关于术语研究,我是外行。但也希望以我的发言来表明我对龚益同志长期坚持呼吁并身体力行所从事的这项工作的支持。术语是基础性的工作,术语思维是有效率的思维,我赞同这种观点。

是为序。

中国社会科学院学部委员
数量经济与技术经济研究所所长

汪同三

2006-11-11

目 录

前 言：关于术语的思考 ······································· 1
第一章 绪论 ··· 12
　§1.1 上帝不喜欢通天塔 ····································· 12
　§1.2 语言是人类的生活 ····································· 26
　§1.3 新时代关于社会科学术语的需求 ····················· 39
第二章 术语、术语学和术语标准化 ························· 47
　§2.1 术语和术语工作 ······································· 49
　§2.2 术语学 ··· 93
　§2.3 术语标准化 ··· 116
第三章 汉语术语规范工作的历史沿革 ····················· 146
　§3.1 科学文明与术语传统相伴而生 ······················· 147
　§3.2 荀子《正名》思想的现代意义 ······················· 195
　§3.3 中国历史上的科学名词和术语 ······················· 205
　§3.4 中国历史上的科学名词审定机构 ··················· 211
　§3.5 术语定名工作的延续性 ······························· 231
第四章 术语规范工作是社会进步的晴雨表 ··············· 241
　§4.1 应运而生的新中国术语统一事业 ··················· 241
　§4.2 科学技术名词审定机构的恢复 ······················· 247
　§4.3 全国自然科学名词审定委员会 ······················· 249

§4.4　全国科学技术名词审定委员会 …………… 251

§4.5　术语学术期刊 …………… 252

第五章　新世纪的科学术语工作…………… 258

§5.1　关于"科学"的含义与界定 …………… 258

§5.2　新世纪社科术语工作的兴起 …………… 260

§5.3　术语规范是社会科学进步的必然 …………… 264

§5.4　社会科学究竟包括哪些内容 …………… 266

§5.5　中国社会科学的研究机构 …………… 269

第六章　实现术语规范是祖国统一的需要 …………… 271

§6.1　欧洲走向统一的启示 …………… 271

§6.2　存在差异的语言往往是误会之源 …………… 273

§6.3　两岸四地科学术语规范意义重大 …………… 275

§6.4　汉语拼音方案成为两岸共同标准 …………… 276

第七章　从社会政治角度看术语规范工作 …………… 280

§7.1　科学发达需要社会安定的支持 …………… 281

§7.2　规范术语是学术民主和政治民主的基础 …………… 282

§7.3　从一药多名看术语规范的社会价值 …………… 284

§7.4　学术行政化、官僚化是术语工作的大敌 …………… 287

第八章　社科术语规范的社会意义…………… 289

§8.1　术语是思想与行为准则的浓缩 …………… 289

§8.2　术语失范导致社会思想混乱 …………… 299

§8.3　译名表达混乱浪费智力资源 …………… 308

§8.4　术语探讨增加学术趣味 …………… 315

§8.5　术语规范与教育和研究 …………… 341

§8.6　术语规范水平代表国家形象 …………… 350

第九章　WTO 术语 ·· 359
　§9.1　WTO 背景下的 reasonable：合理 ············ 360
　§9.2　WTO 背景下的 policy：政策 ··················· 366
　§9.3　WTO 背景下的 subsidy：补贴 ················· 374
第十章　规范术语是学科建设的重要内容 ············ 386
　§10.1　经济计量学与计量经济学 ····················· 386
　§10.2　宿罪不是原罪 ······································ 396
　§10.3　同源的生态与经济 ······························· 403
　§10.4　关于数量经济学学科的术语定义 ··········· 406
　§10.5　社科术语规范的未来 ··························· 408
第十一章　术语规范的具体原则 ·························· 412
　§11.1　科学术语的基本特征 ···························· 412
　§11.2　科学术语的命名规则 ···························· 421
　§11.3　一般术语形成的过程及其特点 ·············· 431
　§11.4　科学术语规范的基本原则 ····················· 442
参考文献 ·· 450

前言:关于术语的思考

术语,既是"形而上",又是"形而下"的学问。形而上,指无形的或未成形体的东西;形而下,指有形的或已成形体的东西。《易经》①说:"形而上者谓之道,形而下者谓之器。"在我们讨论事物的本性、本质以及事物发生发展的原因时,"术语"这个"词儿"便表现出它"形而上"的意义;而在我们具体地讨论或研究某一件具体物品或指称某一个具体概念时,"术语"又显示出具有实在意义的"器"的内容。

古人云:工欲善其事,必先利其器。此处所必利之"器",首当其冲,便是术语。此处所谓之"器",是指认识事物、解决问题的工具。"器"的另一层意思,是"器物"。"器物"为"体",有形可触,实至名归,显而易见;而"概念"无形亦"有形",虽不可触及,却是"无形的实在"。"术语"因此兼具"形而上下"的混沌之名和"亦真亦幻"的虚实之形。退而言之,概念乃至虚幻也是客观存在,因此同样也是可"唯"之"物"。今时之人,"鱼在水中不知水",虽然无时无刻不在运用"术语",却常因不知"术语"为何而困顿疑惑;今时之世,更常因"创新"不断、风起云涌、"术语"爆炸而意乱神迷。究其

---

① 即《周易》,或指《周易》中同《传》相对而言的经文部分。由卦、爻两种符号和用以说明卦和爻的卦辞、爻辞两种文字构成,用于占卦。共 64 卦和 384 爻。是中国古人留给世界宝贵的文化遗产。后世对《易经》多有发挥,在中国思想史上有深远影响。

原因,盖源于此。

东方世界的老子①说:"道可道,非常道;名可名,非常名。"西方世界的海德格尔②认为,本质不可言说。本质之所以是本质,就在于它具有超越一切时代和文化的绝对性,而关于本质的规定,却只能由局限于具体时代和具体文化环境的具体个人给出。所以,任何关于本质的定义都不是本质的真正定义,只是对其真正定义特殊理解的一种表达。而使所有这些"表达"得以被辨识、被传播的形式载体,便是不同的"术语"。海德格尔的"本质",正是他所定义的一个"术语"。海德格尔认为本质不可言说,他自己却在"言说"本质的本质,正如佛说"不可说"。

如此说来,"术语"也只是一种"象征"。希腊语中有"logos"一词,原意为"话",一般译成"逻各斯",也可译成"道"。这个词经常被用来"更复杂地"表示语词所指的意义,以同事物本身相对立。正如古希腊哲学家亚里士多德在《形而上学》中所说:"由名字意指的概念便是事物的定义。"由于事物本质的真正定义可能被表达成多种不同的"特殊理解","术语"的歧义即随之产生。换言之,"术语存在歧义"便成为具有普遍性的命题。

海德格尔毕生重视探求"存在"的意义,在前期试图通过对人

---

① 老子,春秋时思想家,道家的创始人。一说即老聃,姓李名耳,字伯阳。楚国苦县(今河南鹿邑东)历乡曲仁里人(一说为今安徽涡阳人)。做过周朝"守藏室之史",即管理藏书的史官,孔子曾向他问礼,后退隐,著《老子》,即《道德经》、《老子五千文》,成为道家的主要经典。一说老子即太史儋,或老莱子。老子学说对中国哲学的发展有很大影响,后世很多学者都从不同的角度吸取了他的思想。

② 海德格尔(Martin Heidegger,1889—1976),德国哲学家,存在主义的主要代表之一。弗赖堡大学哲学博士。历任马堡大学、弗赖堡大学教授。1933年曾任弗赖堡大学校长。拥护纳粹主义。主要著作有《存在与时间》、《什么是形而上学》、《论真理的本质》、《林中路》等。

的生存状态的分析来揭示存在的意义,将烦、畏、死、良知等视做人生的基本结构,赋予它们本体论的意义。后期则把存在看做无法言表的"天道"、"天命",而"天命"又在人的语言、诗歌、思想、艺术、技术等现象或活动中展现。海德格尔对此提出自己独特的见解。他反对传统的逻辑思维方式,提出以"思想"取代传统哲学,认为语言是"存在"的真理的家,技术是人与事物相交涉的"框架"。他还揭示了现代技术世界中蕴藏着生态危机,指出现代技术的泛滥有着破坏人类生存环境的作用。

所谓"形而上学",希腊语为 tameta ta physica(拉丁文 meta-physica),意即"在物理学之后",故亦称"物理学后诸篇"。其来由据说是:公元前 1 世纪安德罗尼柯[①]把亚里士多德论"作为有的有"或"有本身"的著作,亦即论事物的本性或本质以及事物发生发展的原因的著作共 14 卷集为一册,放在亚里士多德《物理学》之后,故名。中译系根据《易·系辞上》中"形而上者谓之道,形而下者谓之器"一语而来,其妙至极。

以术语"形而上下"兼具的特性,亦可与生活中间"正"、"反"两面的状况相比拟。清代小说家曹雪芹(约 1715—1763 或 1764)写《红楼梦》,"假作真时真亦假",真真假假写出一部旷世名作流传千古。唐朝诗人刘禹锡(772—842)写《竹枝词》别开生面,"道是无晴却有晴",诗中以阴晴圆缺的"晴"隐喻同音之"情",便有了众口皆碑的"道是无情却有情"。凡此种种,其形各异,其理皆通,均可以数学上的哥德尔定理一统盖之。若以几何形状加以演示,便可以

---

① 安德罗尼柯(Andronicos Rhodios,约前 1 世纪),古希腊哲学家,属逍遥派。生于罗德岛,后定居罗马。以编纂亚里士多德著作而著称。在哲学上,他把逻辑学看做是研究哲学的工具,其范畴学与心理学的个别观点与亚里士多德不一致。

借助"魔环"即"默比乌斯(Möbius)带"来完成。所谓"魔环",是将一条纸带一对对边反向黏合所得,这条纸带于是变成只有一面的魔环,而当沿着纵向中心线将魔环一分为二时,魔环会变成扭转的一个大圈,而不是变成相互分离的两个小环。人说数学是学问的基础,是描述知识与科学总体道理的学问,所言不虚。

哥德尔定理,因人得名。哥德尔(Kurt Gödel,1906—1978)是原籍奥地利的美国数学家。生于布尔诺,卒于美国普林斯顿。哥德尔在维也纳大学先学物理,继而转学数学和数理逻辑,后又研究哲学。1930年获维也纳大学哲学博士学位,1933—1938年任该校不支薪讲师。1933—1934年访问普林斯顿高等研究院,1938年起,一直在该研究院任职。1940年定居美国,1953年晋升为教授,1976年退休。1955年入选美国艺术与科学学院和美国全国科学院院士;1968年成为伦敦皇家学会外籍会员;1972年入选不列颠科学院外籍院士。曾获耶鲁、哈佛等多所大学的荣誉学位,对数理逻辑有重大贡献。1930年证明谓词演算系统完全性定理。对模型论的产生和发展影响巨大。1931年证明了形式数论系统不完全性定理,否定了希尔伯特方案的某些设想,对递归论的产生和发展起了重要作用。1938—1939年证明了连续统假设和选择公理的相对协调性定理。对公理集合论有重大影响,而且直接导致了集合和序数上的递归论的产生。

哥德尔在1931年的贡献,即数学上非常著名的不完备性第一定理,以及在此基础上推广得到的不完备第二定理。第一定理:数论或分析或集合论中每一个形式体系如果相容,则是不完备的;第二定理:如果对数论充分的一个形式体系是相容的,其相容性命题可由该体系的一个语句来表达,但不能在该体系内证明。①

　　数学是大自然的语言,又是人类社会生活中各种关系的高度概括。数学从现实世界中获取模型,扩大外延,同时在不同的学科方面展现新的内涵,实现新的抽象。与哥德尔定理相似,经济学上有阿罗不可能性定理(Arrow's impossibility theorem),表示在某些假设的条件下,无法把个人偏好加总为一种有用的社会偏好的数学结论,是对1972年诺贝尔经济学奖获得者、美国经济学家肯尼斯·约瑟夫·阿罗(Kenneth J. Arrow)所提出的一种推论的通称。这个推论认为,在现实中,不可能在已知社会所有成员的个人偏好次序的情况下,通过一定的程序,把各种各样的个人偏好次序归结为单一的社会偏好次序,即不可能通过一定的合理程序准确地达到合意的公共决策。阿罗用数学证明了这一点。这一理论在社会福利和公共政策的研究中具有极其重要的价值。②

　　凡事总有例外,没有任何一件东西可以达到十全十美。这种普遍性甚至也表现在幽默的艺术和艺术的幽默当中。艺术评论家萨夏·吉特里评价喜剧大师卓别林的天才演技:"卓别林使我笑得热泪盈眶。他能令人不得不笑。他能使盎格鲁-撒克逊人、拉丁语系人、斯拉夫语系人、中国人、黑人,以及老老少少的人都发笑。然而,他的幽默并不完善,因为有一个人从来不笑,这个人就是卓别林本人。"③

　　所有这一切,无论是"假作真时真亦假"、"道是无情却有情",

---

① 杜瑞芝:《数学辞海·第六卷》,山西教育出版社,2002年版,第343页。
② 郭万超、辛向阳:《轻松学经济——300个核心经济术语趣解》,对外经济贸易大学出版社,2005年版,第4页。
③ [法]让·诺安:《笑的历史》,果永毅、许崇山译,三联书店,1987年版,第280页。

还是哥德尔的不完备定理或者阿罗的不可能性定理,乃至蒲松龄(1640—1715)写《聊斋》时人鬼不分,艺术大师卓别林的从来不笑,似乎都共同地隐喻着一种"道"的暗示:世间事物的正反两面,在某种特定的条件下可以发生同一化的转变。当这种情况发生的时候,或者说,在这种情况下,所谓"正确"与"错误"、"正面"与"反面"、"人"与"鬼"、"完美"与"不完美"已经无法分清。

换言之,真正能够统治并且圆满地解释这个世界的,应该是一种服从"悖论"的哲学。在"悖论"哲学的意义上,"一分为二"与"合二为一"可能是条件互通的命题。与这个命题相对应,对同一事物的反映和表达,必定是彼此之间存在差异的不同的"术语"。这是一个非常严峻的问题,因为这个问题的存在,决定了术语表达分歧的普遍性与长期性。甚至,当我们用一个更为"哲学"的词汇对其加以叙述的时候,这种分歧,将具有"永恒"的特质,即绝对性。这种特质,是世间一切"混淆"与"误会"的起始根源。

海德格尔说,事物本质的本质是不可确切描述的,因此任何关于事物本质的定义都是试图接近其本质的一种近似的尝试。为了描述的方便,我们可以把海德格尔所宣称的"本质"称为"绝对本质",并由此出发,接受他的观点。但是在现实生活中,人类始终在尝试着观察、描述和解释,不断探索关于事物本质的定义,为区别起见,我们不妨将这种寻找的目标指向称之为"相对本质"。在这样的意义上,我们所要阐述和研究的术语,便是对事物"相对本质"概念的描述,一个术语,便成为这个术语的使用者对于他所认定的事物或概念的具有象征意义的稳定指称。

绝对意义上的"术语",绝对是主观的产物。如果承认这个命题为真,那就意味着承认在绝对意义上的"术语"具有不可直接交流的性质。——任何术语的交流，事实上都需要借助于对该术语所要描述和指定的那个事物（或者概念）的具体的辨识。因此所谓关于"术语"的交流，在严格的意义上总是间接的，并且总是需要借助于可以实见的"器"——形而上者谓之道，形而下者谓之器。这就可以解释，虽然一件事物可能有唯一的"绝对本质"，但却会因为观察者的不同而具有非唯一的"相对本质"。"绝对本质"来源并对应于事物本身，是该事物的本质属性，而"相对本质"却是来源于观察者的主观，至少是经过了观察者"主观"的"加工"。来源的多样性和不唯一性，决定了事物"相对本质"的不唯一性，而由此引发的关于事物相对本质描述所须臾不可或缺的"术语"，便有了无可奈何的多样性。

讨论至此，我们关于术语本质的认识，也陷入了"悖论"的深坑。一方面，我们"无可奈何"地看到了术语表达的不唯一性，并且认识到这种不唯一性是"术语"集合所拥有的共性。另一方面，我们却要努力地讨论"形而上"的术语之"道"，试图找到规范术语，特别是社会科学术语的门径，探究术语科学的普遍真理和科学术语的普遍概念，以及实践术语规范的普遍规律。这似乎是在重复普罗米修斯[①]每日被神鹰啄食肝脏的痛苦和西绪福斯[②]永无止境的

[①] 普罗米修斯（Promētheūs）是希腊神话中造福人类的神。曾为人类盗取天火，并传授多种技艺，因此触怒主神宙斯，被锁在高加索山崖，每日遭神鹰啄食肝脏，夜间伤口愈合，天明神鹰复来。他宁受折磨，坚毅不屈，最后神鹰被赫拉克勒斯杀死，普罗米修斯才获得解放。在欧洲文艺作品中，他一直代表着敢于抗拒强暴，不惜为人类幸福而牺牲一切的英雄形象。古希腊悲剧作家埃斯库罗斯和英国诗人雪莱分别写有悲剧《被缚的普罗米修斯》和诗剧《解放了的普罗米修斯》。

[②] 西绪福斯（Sisyphus）是希腊神话中创建科林斯城的王，他生性狡诈，因触犯天神，泄露天机，死后在冥府受罚，永远推巨石上山，甫至山顶，巨石又滚落山下，如此周而复始，永无停歇。

无效劳动:将一块永远不能推到山顶的巨石向着高高的山顶推去,何苦来哉!

最合理的解释在于探索是人类的宿命。人类之所以成其为人类,就在于他具有探究的冲动和本能。从现实生活的意义上说,人们关于术语之"道"的探索,可以降低通过语言进行联络、沟通的交易成本,并且获得关于探索的成就的满足。从社会经济的意义上说,关于术语和术语规范问题的研究,是具有极强正向外部性(positive externality)的经济活动。这种活动可以带来整个人类——至少是部分人群——整体福利的改善,按照时下流行的语言,研究术语问题,推进术语规范,是不折不扣的"公益"活动,是为人类造福的行为。换言之,术语规范可以提高人类活动包括经济活动的效率(efficient),增进社会公众的福利(welfare)。

所谓外部性(externality),是指一个人的行为对旁观者福利的影响。一些活动给第三者带来了成本,叫做负向(negative)外部性,如污染;也有一些活动给第三者带来利益,称正向(positive)外部性。例如科学研究、技术创新的成果利益,更多地是为社会公众所获得。科学活动和技术努力具有"正向外部性",或"外部经济"的特点。由于这些努力所导致的"知识溢出",把福利或效益扩散到整个社会。

这也就是为什么会有术语研究活动的原因之一。术语是学问的基础,是知识的浓缩。术语是一切科学学术的细胞。无论自然科学、工程科学、社会科学,都概莫能外。进而言之,推行术语规范,特别是关于社会科学术语的规范,绝非为了统一思想,而是要同一表达。因此,若以术语的社会意义论,其本质牵涉到大众的福利,研究术语,是从事对人类有益的事情。夫为人从事之道理,以事能悦己而无害他人,便可以为之;今研究术语,其事能悦己而益众生,何乐而不为?坦白地说,研究术语问题,实为个人兴趣所在,迄今为止亦有超过四分之一世纪的历史,笔者不敢侈谈所行事事皆为天下的大道理,只能私下考量自己的行为至少无害于他人的最低标准,也愿意竭尽绵薄,为他人和世界作一份贡献。仅此而已。

另一方面,研究"术语"的学问,即术语学(terminology)是一门关于科学基础的学问,也是长期以来被学者们所忽视甚至遗忘的学科。正如术语学家冯志伟先生(1997)所说:"在我国语言研究的权威刊物上,根本看不到关于术语学的论文,在我国语言研究的权威性机构中,也没有关于术语学的研究部门,更没有能够授予术语学博士或硕士学位的学术单位。可以说,术语学一直是我国应用语言学研究中的一块未开垦的处女地,是一个需要我们开发的科学空白点。"更有学者(杨自俭,2003)认为:"范畴与术语是人类认识客观世界进行理论思维所达到的成果形式,而这个成果形式又是人类进一步认识世界时思维的工具与手段。人类的各种实践都是主体作用于客体的活动,这种实践活动既需要物质的工具,也需要精神的工具。这精神的工具就是理论,其中包括范畴与术语。"因此,"术语学恐怕还不单是属于应用语言学,因为它还研究其性质、形成、分类、系统和作用等重要理论问题,所以它是一个既研究理论又研究应用的学科。"

作为语言学家的冯志伟先生(1997)认为:术语学是一个"清苦而不生利的领域";"术语学是应用语言学的一个部门,语言学工作者从语言学角度研究术语学,乃是责无旁贷的任务,如果我们不研究,这个学科将无人问津。"但是,作为语言的实际应用者,又有哪一位科学家能够脱离语言的应用而成为科学家呢?从这样的意义上说,非但语言学家,任何希望在科学方面有所造就的人都需要具备相应的术语学知识。语言需要学习,绝非生而知之,这个道理似乎大家都懂。但是在实践中,许多"中国人"却不承认认真学习"中国语言"的必要性和重要性,甚至在我们现今流行的教育理念中也存在着放弃学习本国语言、任其自生自灭的倾向,这实在是一件令人担忧的事情。

研究术语问题需要广博的知识和深刻的见解,需要语言学和自然科学、工程科学、社会科学的各种营养,来不得虚假和空话。笔者在接触术语,特别是研究社科术语规范的亲身实践中,深切感受到其中所涉及知识的驳杂纷繁,纵横交联,甚至每每使人想起《荀子·劝学》的名句:"积土成山,风雨兴焉;积水成渊,蛟龙生焉;积善成德,而神明自得,圣心备焉。故不积跬步,无以至千里;不积小流,无以成江海。骐骥一跃,不能十步;驽马十驾,功在不舍。锲而舍之,朽木不折;锲而不舍,金石可镂。"研究社科术语,更体会到"学然后知不足"的道理,体会到学习的乐趣。从大道理上说,研究推敲术语,普及术语知识,有助于关于"术语"思维的建立,推进中国科学事业的发展,并对提高人民的文化和文明水平有所裨益,当然也是一件值得身体力行的好事情。

从小道理上说,研究术语是一件好玩的事情。有了感受体验,触到个中奥妙,就能食髓知味。恰如李白之醉酒:"但得此中味,勿为醒者传",不喝酒的人很难理解酒中之乐趣。但是术语与酒不同。术语无所不在。从术语出发,是一种有效率的思维方式。每个从事科学学问的人都要用到术语,尽管可能是不同学科的术语。普遍而言,"没有术语就没有知识。"因此,每个人都应该或多或少地知道一点关于术语的道理,了解一些关于术语的知识。

考虑到普及术语知识的需要,也为方便各阶层的读者,将心比心,尽量使笔者所曾经历的困难不再成为更多读者的困难,笔者在本书的行文写作上力求做到浅近易读,有的放矢,尽量采用比较贴近生活的语言,并且增加了一些知识性的注释内容,以助读兴。行文简浅显,做事诚平恒。衷心希望本书所介绍的知识能够有助于普罗大众认知水平和快乐感受的提升,能为阅读者的生活增加一点轻松和愉悦。平心而论,我更希望朋友们把这本书当做"闲书"来读,在闲读中理解术语。迄今为止,在中国教育的正式体系中还没有术语和术语学的位置,我希望这本书能够成为在中国推广术语教育的一块铺路石。如其若此,那也是我最大的荣幸了。

努力并不等于完美,愿望通常好过事实。书中或有不妥之处,挂一漏万,自所难免。敬祈各界方家不吝赐正,交流切磋,坦率批评。

E-mail:gongxi52@263.net

作者谨识
2007 - 12 - 25

第一章 绪论

§1.1 上帝不喜欢通天塔

那时,天下人的口音言语都是一样。他们往东边迁移的时候,在示拿地遇见一片平原,就住在那里。他们彼此商量说:"来吧,我们要做砖,把砖烧透了。"他们就拿砖当石头,又拿石漆当灰泥。他们说:"来吧,我们要建造一座城和一座塔,塔顶通天,为要传扬我们的名,免得我们分散在全地上。"耶和华降临,要看看世人所建造的城和塔。耶和华说:"看哪,他们成为一样的人民,都是一样的语言,如今既做起这事来,以后他们所要做的事就没有不成就的了。我们下去,在那里变乱他们的口音,使他们的言语彼此不通。"于是,耶和华使他们从那里分散在全地上,他们就停工不造那城了。因为耶和华在那里变乱天下人的言语,使众人分散在全地上,所以那城名叫巴别(即"变乱")。

《圣经·创世记》

圣经故事说,洪水大劫后,挪亚和他的子孙在新的天地里生息繁衍,一代比一代强。他们耕种土地,饲养牲畜,栽培果木,所有的人都讲着同一种语言。后来,他们向东迁徙,在一块名叫"示拿"的地方定居下来。这是一片广袤的原野,土地肥沃,物产丰富,水清草绿。日子越过越好,他们感到很自豪,于是就商议着建筑新城,并在城中建造一座高入云霄的通天之塔。城建起来了,塔也节节升高。建塔的人们骄傲地宣称"我们无所不能",要用通天之塔显示人类的力量,向大自然宣战。

人间的喧嚷惊动了上帝。看到人们有条不紊地协作劳动,用同一种语言来呼喊回应,上帝又惊又怒。他想,人们能有如此强大的力量建起高塔,靠的是同一种语言,长此以往,人类将会无所不能,为所欲为。于是,上帝以"必须培植和保持各自特色"的名义诏示天下,使人们的语言和思想变得混乱,彼此再也无法沟通。语言一旦混乱,行动便无法统一,无法透彻理解彼此间的意图,误解百出,人心随之涣散。上帝达到了自己的目的,人间建塔的壮举被迫半途而废。后来,人们称那座城叫巴别城,永远无法完工的那座塔叫巴别塔(Babel Tower)。巴别,babel,在英文中的本意是"人声嘈杂、乱糟糟的场面",引申意为"混乱",在西方文学中常用来借喻空想的计划。巴别塔也有译作"罢伯耳塔"。字头大写时,Babel 即专指基督教《圣经》中那座始终没有建成的通天塔。

图 1 《巴别塔》,埃舍尔,1928 年。

图版来源:布鲁诺·恩斯特《魔镜—埃舍尔的不可能世界》,上海科技教育出版社,2002 年中文版,田松、王蓓译,第 52 页。

§1.1.1 通天塔的困惑

按照《圣经》后附的年代表解,巴别塔的故事发生在"史前史"阶段,大洪水之后,是"开天辟地:史前事件"当中的最后一件。年深日久,岁月无痕,没有可资考证的具体时间。据说从巴别开始,人类便产生了千百种语言,各种语言又繁衍出多种方言。于是,混乱和纷争流散各地。到后来,巴别塔成了故事,而人类试图统一语言文字的壮举,成为又一座永远无法建成的"巴别塔"。人们分散居住在世界各地,彼此语言不通。后来,人们把由于语言分歧产生的对人类的负面影响戏称为"巴别综合征"。

耶和华是谁?按《辞海》解释,耶和华是基督教对犹太教唯一真神雅赫维(希伯来语 Yahweh)的读法。犹太教禁止口呼神名,在犹太教《圣经》中神名仅记辅音字母 YHWH,而不记元音符号,读经时则以希伯来语的"吾主"代之。日久原字读音失传。后当基督教将犹太教《圣经》作为《旧约全书》继承下来时,将这些元音符号拼入,读成"耶和华",在基督徒中长期沿袭。近代学者考证为误读。(《辞海》1999年版缩印本,第2194页)

照此看来,耶和华"变乱"人类语言,也使他自己成为"自食其果"的人(如果上帝也算是人),首先搞乱了他自己的"名"。令人费解的是,历来被认为是宽厚仁慈典范的"上帝"耶和华,为什么惧怕通天塔,又为什么要搞乱人类的语言,给后人造成这么多麻烦?耶和华搞乱人类的语言,的确证明了他的能力,证明了他的无所不能。但是,无所不能的上帝是否有足够的能力,使人类的口音言语再度回归统一?如果上帝做不到这一点,挪亚子孙的子孙们又是否能在口音言语方面有所作为?

尽管我们的意念已经在不知不觉中习惯了向"好"努力,但在实际上,走遍世界,你可能也找不到一张只有正面而没有背面的纸牌。按照哲学的说法,那张"没有背面的纸牌"或许就意味着绝对"好"的结果。海德格尔和维特根斯坦将语言看做世界的最后界限,但是具有极端倾向的批评家甚至认为,语言就是用来骗人的,因为语言具有撒谎的本性。(李劼,2002)布鲁诺·恩斯特(2002)则认为"绘画就是欺骗",因为绘画只不过是语言表达的另一种形式。所谓"上帝搞乱了人类的语言",那只是宗教当中的一种隐喻。也许只有像埃舍尔那样的画家,才能真正理解耶和华搞乱语言的无奈与荒唐。

2006年,美国华纳电影公司推出了一部片长为142分钟的故事片《巴别塔/通天塔》(Babel),导演阿加多·冈萨雷斯·伊纳里多因此获得第59届戛纳国际电影节最佳导演奖。影片讲述了发生在摩洛哥、突尼斯、墨西哥和日本的几个相互交织的故事:在静静的沙漠里,两个摩洛哥男孩决定测试一下枪的射程,不料,子弹飞出的距离远远超过他们的想象。几乎同时,在三个大陆上,四个陌生群体的生命发生了碰撞。一个突发事件超出了人们的控制范围,受到这一事件不良影响的群体,包括一对旅行中的情侣、一个反叛的日本失聪少年和他的父亲、一个试图带着两个美国孩子非法穿越边境的墨西哥保姆。这些人未曾相识,尽管被突发事件联系到一起,但他们将依然保持彼此孤立的状态,因为他们都无法跟周围的人进行交流。这就是语言,以及因为语言的相互隔绝而造成人与人之间难以弥合的信息不对称的鸿沟。

图2 **《自画像》,埃舍尔。**

图版来源:《魔镜》,第11页。

§1.1.2 埃舍尔怎样理解上帝

毛里茨·科内利斯·埃舍尔(Maurites Cornelis Escher,1898—1972)是荷兰人,著名的版画艺术家,是以绘画艺术方式诠释人类哲学的伟大人物。他的版画弥漫着无处不在的理性色彩,充满了对数学的严谨性和哲学思辨精神本质的描述,也使埃舍尔本人成为无法归类的艺术家。埃舍尔对于黑与白的对比有着特殊的偏好,并且一以贯之地推崇黑白融合的二元思想,彻悟黑白对立同生的悖论哲学。埃舍尔说:

没有恶,就没有善。如果你接受上帝这种观念,你就得同时假设一个魔鬼。这就是平衡。这种二元性构成了我的生活。然而,人们告诉我情况并非如此。他们总是把简单的事情敷衍上各种玄虚的含义,其实事情本来很简单:白与黑,昼与夜——这就是版画艺术家所赖以生存的内容。

1922年,在他的艺术生涯刚刚开始的时候,埃舍尔创作了这样一幅木刻版画:无数个头像填满了整个画面。这幅画是由同一块板重复印刷而成的,这块版上有八个头,四个朝上,四个朝下。这种东西并非来自他学习的教程,而完全是具有埃舍尔自主知识产权的创新。无论是平面的完全填充,还是同一块板彼此相邻地反复印刷,都是埃舍尔自己的首创。

图3(a) 《八个头》,埃舍尔,木刻,1922年。

图3(b) 同一幅版画,《八个头》,转180度。

图版来源:《魔镜》,第42页,图66。

哲学通常是看不见的。但是由于埃舍尔的贡献,玄妙的哲学竟得以以一种直观可视的形象展现在人类的视野当中。感谢上帝为人类造就了埃舍尔。

埃舍尔一直关注着用作规则镶嵌(regular tessellation)和平面填充的图形的可辨识性(recognizability)。每一个元素必须能使观众联想到某种可以识别的形状,它或者来自活生生的自然(一般是动物,有时是植物),或者是日常用品。(布鲁诺·恩斯特,2002)埃舍尔是一位出色的艺术家,但却与同时代的艺术家几乎没有交流。他特立独行,孑然一身地进行着他的艺术探索,享受孤独。埃舍尔其实是一位思想家,他的思想不是付诸语言,而是形诸图画。他的每一幅作品,都是他思想深处悖论哲学的闪光。

由于埃舍尔所思考的问题,以及他思考问题的方式,更接近于科学家而不是艺术家,所以,他的作品首先为科学家所接受。是科学家发现了埃舍尔作品的不朽价值和意义,并从自己学科的角度解释埃舍尔,或者用埃舍尔的画作说明自己的理论。华人中第一位诺贝尔奖得主杨振宁的《基本粒子发展简史》,就以埃舍尔的《骑士》作为封面。注意到埃舍尔的思想,甚至为他所完全不予涉足的领域当中的顶尖人物所纷纷借用,我们意识到:埃舍尔作品所表达的思想应该是具有普遍意义的能够指导自然科学和社会科学研究,并能够解释"思想"的思想。

图3(c) 《相遇》,埃舍尔,石版画,1944年。

图3(d) 作为《相遇》之基础的周期性平面填充,铅笔和墨水,1944年。

图版来源:《魔镜》,第34页,图47、图48。

现在我们可以想象,埃舍尔怎样理解耶和华。上帝所面临的局面,实际上是一个黑白两难的困境。如果我们相信《圣经》的故事,是耶和华败坏了人类原本可以统一的口音言语,从而使人类的能力永远停止在上帝的能力之下,那就损坏了上帝在他信徒子孙们心中的形象,使一个原本光明灿烂的神祇,蜕变成为具有双重道德标准的"偶像"。这是诵读《圣经》的人们因为信仰所不愿意看到的。或者,为了避免这种尴尬,我们宁愿保持这样的假定:上帝毕竟是一个宽稳平和、慈祥善良的能力的象征,但是"变乱"人类的口音言语这件事其实与上帝无关。这就是说,无所不能的耶和华并不能使人类的口音言语变得五花八门或者归于统一。正像在久远流传的过程中形成了对"耶和华"的误读,原本不能用语言表达的《圣经》,在被语言表达的时候,也受到了语言"撒谎本性"的荼毒。

§1.1.3 让我们也来解释耶和华

再退一步,让我们从更积极的角度去思考上帝的行为。以一个宽稳平和的智慧形象作为耶和华的投影,它应该能够预见得到挪亚的子孙们耗用资源建造通天塔行为的后果。当这样一座高塔建成的时候,世界也许会彻底毁灭。因为那种疯狂的建设,只能导致地球上物质质量的高度偏移,使本来基本平衡、处于和谐中的世界发生倾斜直至坍塌。细读《圣经》里面的文字,原本地球上的石头似乎已经不够用了,于是人们用烧造的砖代替石料——

> "来吧,我们要做砖,把砖烧透了。"他们就拿砖当石头,又拿石漆当灰泥。

——这样一来,人类用来种植庄稼的土壤,在中国会变成秦砖汉瓦,在示拿也不会变成别的什么东西。通天塔高达天庭,到底需要多少土壤来烧制砖瓦,在那个疯狂的年代,也许只有耶和华做过大概的估算和仿真模拟。

再退一步,让我们借用政治家和经济学家的眼睛去观察挪亚子孙们的行为。他们说——

"来吧,我们要建造一座城和一座塔,塔顶通天,为要传扬我们的名,免得我们分散在全地上。"

——他们所要建造的这座塔,应该说是典型的"形象工程"。一座高耸入云的塔,塔顶通天,何用之有?如此劳民伤财,却只是"为要传扬我们的名"。以有限的资源供给,做毫无经济价值的形象工程,试图去满足无边无际的虚荣,这种自杀式的行动,当然应该制止。遗憾的是,当人的大脑处于高热状态时,主管思考的细胞会迅速死掉,能够继续生存的,只有那些比愚蠢来得更加愚蠢的细胞。上帝用他的手法使这种行为无法继续,也许正是为了人类的长远利益。

今天的人们显然比挪亚早年间的子孙来得聪明。已经有越来越多的人认识到,在生态系统中,经济活动的规模超过资源承载能力时,便会形成恶性循环,导致生态劣化,只有在资源承载能力允许的范围内进行的良性循环,才能保持生态系统的正常运行。在最近的几个世纪,人类在工程方面取得了突破,似乎也获得了"征服自然"和"人定胜天"的极大快感,但同时也在加速走向灭亡的天平上增加了新的筹码。人们用机械工程学的规律来指导生产,耗用资源,只是为了满足自己的占有欲和虚荣而不是为生存所必要的需求。也许,有机会的话,我们应该问一问上帝,挪亚的子孙们是否又在建造另一座高耸入云的巴别塔?

在自然界中,动物乃至整个生物界竞争发展的动力,除了意外发生偶然事件的影响之外,几乎全部来自于生物谋求生存的本能。一条毒性和体量同样巨大的毒蛇"莽山烙铁头"在不饥饿的情况下,竟会任凭它的"食物"——林蛙——在自己身上栖息。[①] 人类则不同。人类也许是唯一可以为了非生存目的而谋害其他生命的动物。为满足无尽的私欲和贪婪,人类对于资源的占有成为没有止境的需求。从这样的意义上说,人类进化的最大代价,是在整体意义上丧失了作为一种生物"为生存"的本能。这种危险的贪婪将导致人类加速走向灭亡。

最后,但却未必是不重要的。挪亚的子孙们要建造这样一座城,在以通天塔作为标志性建筑的地方,他们要集合起来在此地居住,——"免得我们分散在全地上"。用符合当今时代发展特征的语言来说,这是城市化的极端。只有上帝知道,这种高度集中的生活方式是否具有可持续发展的特性。或许这也是加速地球毁灭和人类消失的有效环节。

天知道。如果果真如此,谁说我们不应该感谢忍辱负重的上帝——耶和华?他担了"变乱"人类口音言语、毁灭人类能力、使得巴别塔永远无法建成的坏名,却在忧患中思考着挪亚子孙的子孙们未来的前途。如其若此,耶和华便是尽到了"上帝"的职责。其诚可感,其心可嘉,应该是我们学习和仿效的榜样。

---

① CCTV—10:《捕蛇者新说》,中央电视台,2006-04-17。

可惜我们没有进一步证明(或证伪)以上推断的能力,只能把这些新近敷衍的故事作为神话的补充。但愿这些新的神话能够得到耶和华的理解和宽容。

§1.1.4 通天塔的故事能否写入历史

好在历史不是神学,《圣经》也不是唯一的历史根据。正如伏尔泰(Voltvire,1694—1778)所指出的:历史不是神话故事,不是地球一隅的上帝选民的故事,《圣经》也不再是用来解释历史的最高权威,全部的人类文明史在时间上都早于《圣经》的记载,而且范围要远远超出基督教徒或者犹太人所知的地域。(斯塔夫里阿诺斯,1999)作为一本讨论社会科学术语问题的著作,我们也许有理由特别指出一个事实:即"历史哲学"一词的最早提出者,正是伏尔泰。伏尔泰用"历史哲学"这一术语,表达了"历史不是史实的铺陈,而是运用哲学或理论对之进行思考和解释"的概念。18世纪和19世纪的诸位哲人大多采用这一名称,并赋予它新的含义,即专指对世界通史或世界史理论的探讨。同样值得注意的是,对历史哲学的解释,一向众说纷纭,说明在同一术语外壳下,足以包容不同的解释,也说明在普遍意义上的任何术语与它所对应的概念之间,并没有天然的、一成不变的联系。这种状况的表现,在社会科学研究领域来说,较之自然科学领域更为突出。

图 4 《伏尔泰像》。

图版来源:《辞海》1999 年缩印本,第 262 页。音序本 474 页。

  伏尔泰是法国启蒙思想家、作家、哲学家。原名弗朗梭阿·马利·阿鲁埃(Francois Marie Arouet)。生于公证人家庭。曾在耶稣会办的学校受教育,1717 年因写诗讽刺封建贵族而被逮捕,在狱中创作悲剧《俄狄普斯》,首次著名伏尔泰。1723 年秘密出版史诗《亨利亚德》,描写宗教战争加于人民的灾难。1725 年因得罪贵族,再度被捕,出狱后被驱逐出法国。侨居英国三年。1729 年回国,1746 年当选为法兰西语文学院院士。在哲学和历史方面,伏尔泰不仅探讨了人类历史发展的统一性等世界史理论,而且亲自编纂深入具体的世界史著作。他的理论和实践对同时代以及以后的世界史理论研究和世界史著作的编纂都产生了深远的影响。是具有开创性的历史人物。恰如法国著名作家维克多·雨果(Victor Hugo,1802—1885)所言,伏尔泰不只是一个人,而是整整一个世纪。

§1.2 语言是人类的生活

"鱼在水中不知水"。不管造成世界上不同民族语言差异的是上帝耶和华还是别的什么原因,也不管通天塔故事的可信程度如何,其中所包含的一层意思却是明显但又常常被人们忽略的。那就是:语言——共同的语言——在人类协同进行的一切活动,包括阶级斗争、生产斗争、科学实验乃至社会经济生活当中,具有无以替代的重要作用。只有当人们用同一种声音说话,达到彼此理解的时候,行动才能保持一致,事业才能获得成功。难怪在一些印欧语言中,"一致"、"和谐"的词源都是来自拉丁语的 consonans,即"共同的声音"、"同样的喊声",而"分歧"、"纷争"则来自"不同的声音"。(郑述谱,2005)

§1.2.1 人类语言生活中的五件大事

语言是人类的创造,只有人类有真正的语言。许多动物也能够发出声音来表示自己的感情或者在群体中传递信息。但是这都只是一些固定的程式,不能随机变化。只有人类才会把无意义的语音按照各种方式组合起来,成为有意义的语素,再把为数众多的语素按照各种方式组合成话语,用无穷变化的形式来表达变化无穷的意义。(吕叔湘,1988)

继语言之后,人类创造了文字。文字是语言的视觉形式,突破了口语所受空间和时间的限制,能够发挥更大的作用。遗憾的是,聪明的人类却总是不能揭示人类之所以聪明的奥秘。人类自己创造了语言和文字,可是在语言文字的神奇作用面前,人们又把它当做神物崇拜起来。他们用语言来祝福,用语言来诅咒。他们根据自己主观的好恶,把语言划分为"吉利"、"中性"和"不吉利"等多种类型,用吉利的字眼做自己的名字,做城市的名字,做器物和店铺的名字。他们甚至相信一个人的名字跟人身祸福相连,因此名字要避讳。皇帝的名字、长官的名字、祖宗和长辈的名字不能叫,一般人也都在"名"之外取一个"号",彼此不称名而称号。在后世,这是礼貌;在远古,这是人身保护。

从这样的意义上说,人类发展的同时,也在经历着语言生活的进程。从人类形成,语言就开始萌芽。距今一万年以前,人类社会进入了农业化时代,在农业化时代后五千年,人类创造并传播了文字。距今三百年前,人类社会进入了工业化时代,工业化时代的语言生活发生了两件大事:一件是确立和普及国家共同语,另一件是发明、发展和推广传声技术。二次世界大战以后,人类进入信息化时代。信息化时代的语言生活也有两件突出的事情:一件是电子计算机的发明,电子计算机用于处理语言文字,并发展为信息网络;另一件是国际共同语的发展。文字、国家共同语、传声技术、电子计算机和国际共同语,这就是人类语言生活里先后出现的五件大事。(苏培成,2004)

语言是思维的翅膀。就人类而言,思维与语言密不可分,二者互相依托、互相制约、相辅相成。语言的发展,词汇的丰富和变化,不但依赖于社会经济的发展,而且受到人类认识和思维发展水平的限制。人类的思维能力提高了,认识发展了,就需要用新的语言表达手段。语言是思维的直接显示,又是表达思维的物质外壳。

  与语言密切相关的是文字。相对于语言来说,文字位居其次,但却并非是不重要的。人类的语言表达,首先体现为声音,语言通常是有声的,而文字(符号)则是记录这种声音所代表的思维片段的书写符号。人类为了生存和发展,首先需要完成对语言的记忆,继而实现对语言所代表的思维内容的记录,这种记录可能借助于符号的刻画来完成。但是对于人类发展的整体而言,仅有这种记忆和记录是不够的,人们还需要利用更为系统的符号(文字)对这些思维全部加以记载。人类文明的足迹,除了考古学家所梦寐以求的实物发现之外,最有价值、最为系统、最能拨开历史迷雾的,莫过于那些文字的记载。透过这些沉寂的文字,历史也会重新发出当年语言的声音。

§1.2.2 文字在农业化后期走向成熟

> 人类生生死死,代代相继,已逾百万年,但我们学会书写的历史仅有 6000 年。
> 勒内·埃蒂姆柏(René Etiemble)

  语言使人类别于禽兽。文字使文明别于野蛮。(周有光,2002)
  好几万年前,人类的先民便使用图案、记号和图画等多种方式传达简单的信息,然而我们不能把它们称作文字。真正的文字是指一套公认的、有具体形式的记号或符号,用以记录人们希望表达的思想和情感。文字的历史,是一个缓慢进展的漫长过程,至今仍有许多重要情节不为人知。

目前考古发现所支持的证据,文字最早出现于底格里斯河与幼发拉底河之间的美索不达米亚(Mésopotamie)平原,位于今日中东,从波斯湾向北延伸,到今天的伊拉克首都巴格达。在公元前3000年左右,这个地方的南部有苏美尔人(Sumériens)居住,北部是阿卡德人(Akkadiens)。苏美尔人与阿卡德人和睦相处,却说着差别很大的两种语言。这两个高度文明的社会由许多小群落组成。(Georges Jean,2001)也许这就是耶和华的成果,被"变乱"的口音言语和分散在"全地上"的群落。

公元前7000年至前6000年,人类社会进入新石器时代,甲、骨、陶、石上出现契刻符号,考古学家认为,这可能与文字的雏形有关。在中国的商朝,郑州商城和偃师商城始建于公元前1610年到前1560年之间。1955年郑州发现商代早期城市遗址,面积约25平方公里。偃师商城有大城、小城和宫城,有宫殿遗址、水池和铸铜作坊等。到公元前1300年,盘庚迁殷的时代,殷墟遗址有24平方公里,刻在龟甲和牛骨上的文字被称作甲骨文,已经是成熟的文字。公元前753年,秦初设史官记事。(《中国历史年表》,2002)但是,中国人的祖先所创造和使用的文字,并不是世界上最早的文字。早在公元前3500年,埃及人已经拥有小型产业,例如手工业与金属加工业。差不多就在那时,他们已经创造了文字。(列昂纳多·姆洛迪诺夫,2004)

出土于古代苏美尔城乌鲁克(Uruk)的泥板,年代约在公元前40世纪晚期。这是一块词汇课本,一行行排列有序,内容是一系列指称种种木制品的文字。它是目前已知最古老的文字实例之一。至于汉字,则是目前世界上使用人数较多、历史上延续使用最久的活的文字。

按时空序列,距今 4000 多年以前汉字诞生于欧亚大陆东端。当时生活在其他地区,如埃及、美索不达米亚等的居民使用文字的时间更早些。但是,这些文字很快随着当地文明的衰亡而告消逝,或被其他文字体系所替代。汉字则不然,自诞生以来,始终没有改变体系,直到今天仍然继续使用着。汉字对曾经受到中华文化浸润的国家产生过巨大的影响,世界上唯有汉字使用时间最长,也最广泛。但是,这种情况在近现代以来似乎有所改变,英语正在成为流行最为广泛的语言。

图 5 乌鲁克泥板: 出土于古代苏美尔城乌鲁克(Uruk)的泥板,年代约在公元前 40 世纪晚期。这是一块词汇课本,一行行排列有序,内容是一系列指称种种木制品的文字。它是目前已知最古老的文字实例之一。

图版来源:《文字与书写》,第 13 页。

知识从一开始似乎就注定是一种特权。尽管文字朝着不断简化的方向发展,却仍然只有极少数人懂得使用。对于古人来说,阅读和书写并不是一件容易的事情,它是一门特殊的、具有神力的技艺,唯有那些知道如何刻印符号,并且能够根据上下文理解符号含义的人,才算是真正拥有这门技术。例如,中国古代文物发现有科斗文,也叫"科斗书"、"科斗篆",因其书体特殊,头粗尾细,形似科斗(蝌蚪)而得名。元代学者吾丘衍(字子行)论证其书体成因:"上古无笔墨,以竹挺点漆书竹上,竹硬漆腻,画不能行,故头粗尾细,似其形耳。"据说这种文字就是传说中神仙的作为。

文字的发明,在古人看来是一件了不起的大事。《淮南子》说:"昔者仓颉作书而天雨粟,鬼神哭。"在中国,最能表示文字神力的是符箓,与口语中的咒语相当。旧时讲究,一般文字也都沾上了神秘的色彩,有字的纸不能乱扔,要放在贴有"敬惜字纸"标签的容器里,聚集起来烧掉。(吕叔湘,1988)在巴比伦或亚述王朝的亚述城,楔形文字(丁头字,cunéiforme,源自拉丁文 cuneus,意即楔形)的书写者形成一个特权阶层。有时,他们比不识字的朝臣甚至国王本人,还来得更有权力。学会写字,可以带来权力。(Georges Jean,2001)这是古代外国的"学而优则仕"。那时候人们普遍认为,文字所代表的是至高无上的灵魂,能够与文字对话,就能掌握和控制灵魂。

事实上,地球上许多地方的人群创造过原始文字,但是只有极少几种文字发展到成熟程度,能够按照语词次序无遗漏地书写语言,既写实词,又写虚词。西亚两河流域的丁头字(楔形字)和北非尼罗河流域的圣书字,成熟于公元前 3500 年前。东亚黄河流域的汉字成熟于公元前 1300 年前。中美洲的玛雅字成熟于公元前 250 年左右。在成熟之前,都经过漫长的逐步发展过程。这些较早成熟的文字都经过了表形阶段,发展了表意和表音的功能。字母产生于丁头字和圣书字两大文化地区之间的走廊地带,古称叙利亚·巴勒斯坦。字母采用先前文字中的表音符号,加以改变、简化和规范化,最后传到希腊发展成为既表辅音又表元音的设计。

从人类历史发展的时间段落上看,文字的成熟发生在农业化的后半期,从最早成熟到今天,经过了大约5500年以上。[①]

亚洲是世界文字演化的大舞台,西亚是西方标音文字的发源地,东亚是东方表意文字的故乡。两种文字交汇、融合,产生出多姿多彩的民族文字。西方的标音文字起源于西亚的苏美尔文字,由此产生的腓尼基人的丁头字向东传入希腊,形成希腊文字,西传形成拉丁字母,它顺利地传遍西欧和中欧,东传形成斯拉夫字母;波斯人借用腓尼基文字造就古波斯文字,改变腓尼基文字形成的阿拉米文字在东方有很大的影响,由此在西亚形成古希伯来文字、叙利亚文字、巴列维文字、阿拉伯文字、安息文字。凡此种种,不一而足。汉字是独立发展起来的一种表意文字。(陆锡兴,2002)在世界四大古文字当中,只有汉字至今仍然活跃,仍在使用当中。从现代语言文字研究的角度看,以汉语汉字和英语英文作为代表的文字与文明的发展史,是值得深入研究的大问题。

§1.2.3 术语是表述专门知识的词汇

人类文明早期历史的研究表明,大约距今260万至120万年以前的旧石器时期,已经开始产生原始的有声语言。而在距今120万至14万以前,语言的存在几乎确定无疑。作出这一推断的理由,是阿舍利文化时期[②]的早期人类,已经学会了打磨石器、砍

[①] 周有光:中国安阳文字博物馆(展览室)序言,2002年4月18日,私人通信交流。

[②] 阿舍利文化是欧洲和亚洲旧石器时代早期考古学文化。因法国亚眠市郊圣阿舍利(Sait-Acheul)而得名。

伐树木、搭建住处,学会了狩猎、捕鱼。要在群居的、数量不等的人群中间组织这样的活动,没有思想的交流,通过沟通达到行动一致,那是不可想象的。阿舍利文化时期还出现了施魔法、治伤病、画岩画等专门性质的知识活动。这些知识技能的传播,无疑需要语言支持,其用语也具有隐秘、专门的性质。这一时期已经产生了男女之间的劳动分工。这也会推动语言词汇向专门化的方向发展。可以相信,至迟在大约50万年以前,记录表述专门知识的词汇已经出现在人类的语言当中。(郑述谱,2005)

这种专门用来表达和记述特有知识的词汇就是广义概念下的术语。中国古代把这一类语词泛称为"名",把关于"名"的研究活动称为"名学",更把那些侧重研究"名学问题"的人称为"名家",如果加上后人好恶的情绪色彩,便可称之为"名家者流"。

中国成语中有"三教九流"。现在常用来泛指社会上,尤其是江湖上的各种人物、各种行业和各色人等。其实"三教九流"的原本含义有确切所指:三教,指儒教、佛教、道教。九流,指儒家、道家、阴阳家、法家、名家、墨家、纵横家、杂家、农家者流。后来引申泛指宗教或学术中的各种流派。有趣的是,三教中儒、道兼入九流,唯独"佛家"在九流之外,反倒成了"不入流"的。也许是因为佛教为外来事物,是引进的精神文明,故直接成"教",不必经过"流"的过程;九流皆为中国特产,与诸子百家相配,故得须有一争。战国时候中国学术空气繁盛,云横九派,声闻三楚[①],"名家"即是其中一"流"。

在三教九流的概念中,还有一点值得关注,那就是"三教"的次

---

① 三楚,古地区名。秦汉时分战国楚地为三楚。

序问题。现今词典,例如商务印书馆出版的《新华成语词典》(2003)中,三教之次序为儒教在先、道教断后,佛教居中。而据上海辞书出版社出版的《辞海》(1999年缩印本)称:三教,指儒教、道教、佛教。《北史·周高祖纪》载:周武帝建德二年十二月癸巳,集群官及沙门道士等,帝升高座,辨释三教先后。以儒教为先,道教次之,佛教为后。但不知从何时起,佛教慢慢地站到了中间的位置。

前辈学者①在研究孔子的名学中了解到,名被看做是起源于先验的象,古代圣王用一种立法的权力把这种先验的象制成名;而"正名"的原则是使事物的制度符合其名字所指的应有含义;而且名的明智使用总是包含着道德上的赞成和不赞成。

荀子也是中国"名学"发展史中不可不提的人物。他是一个极端的人道主义者,并且总是追究历史的证据,荀子否认名的神秘起源,代之以感觉经验和理智活动产生名这种理论。然而,他保留了这样的观点,即名首先是运用政权的法令"制定"的,虽然他并不否认以后的政权有同样的权力来制定新名,批准和改正那些未经政府批准而时常出现的名。荀子提出的观点,与那种维护名的起始标准含义的旧观点不同,他认为凡经过社会约定,或者政府批准而变成流行的名就是正确的。政府应当批准的名,是那些因某种默契的习俗而已经流行的名。一切名词术语的创新都要由法律禁止。而"正名"的意义不过是维护已经规定的用法,防止因时久而讹用,防止狡猾辩者的捏造。

---

① 胡适:《先秦名学史》,写作于1915—1917年,1922年出版,安徽教育出版社于1999年再版。

荀子说:"名闻而实喻,名之用也。"(《荀子·正名》)荀子之所以为正名如此操心,是因为荀子和所有的儒家一样,认识到名是知识和社会交际不可缺少的工具。名是唯一的交际手段、表达手段、文化媒介、教育工具和通常治理社会、国家的工具。(胡适,1999)关于"名"所标示的对象与名的对应关系,中国古人即已认识到这是一系列讨论和妥协的结果。荀子认为,这是"制名"时重要的基本原则:"名无固实,约之以命,约定俗成谓之宜,异于约则谓之不宜。名无固实,约之以命实,约定俗成谓之实名。"这些原则赋予儒家的正名学说以新的意义。他们认识到"名"的社会来源。

以今人之观点,中国古代哲人的术语观,其实更偏于关注社会生活,他们把真正具有实物对应的"物名"与并无实物存在而只以某种观念方式存在的"事名"通而观之,以名明贵贱、定乾坤,治世辖人。为实现这个过程,被称为"名"的术语已经把确定的各种知识锁定在相应语词的含义当中。换言之,所有科学的学科都在帮助人类增进自我认识,而任何一门学科都是一个术语系统,每一个术语都是一个具有高度概括性质的理论单元,是一个高度概括的小理论,掌握术语对于了解一门学科有至关重要的作用。

就以与人类自身生活最为贴近的科学——心理学而言,科学家们已经开始认识到宣传术语对普及科学的重要意义。杨眉(2005)在其著作的前言里写道:

> 我以阐发术语的形式写成这个心理学科普小册子,是因为任何一门学科都是一个术语系统,每一个术语都是一个高度概括的小理论,掌握术语对了解一门学科有着至关重要的作用,而掌握心理学中有关人自身认识和

调节的术语,则对促进我们的心理卫生水平以及提高我们的成长能力和生活质量有至关重要的作用。

杨眉先生关于术语地位和作用的认识入木三分,令人钦佩。正是因为这种深刻的认识,使他寻得了以心理科学的高深知识服务于普罗大众、众生有情的不二法门,使科学理论的智慧在平和的空气里幻化成为人类的福音。

§1.2.4 文化交流传播引发术语需求

原始人经过漫长的实践,积累了天文、地理、动物、植物、医学、音乐等方面的知识。尽管这些知识显得幼稚,却是后来科学发展和技术进步的重要基础。古代埃及文明、两河流域文明、印度文明以及中国文明是人类走出蒙昧阶段所创造的最早期文明。到古希腊、罗马文化时期,人类的知识积累已经获得长足进步,最终走向现代科学之路。即使是在山高路远、"蜀道之难,难于上青天"的古代,不同的文明之间也有交流、融会、渗透和吸收。古埃及文明、两河流域文明以及古巴比伦文明曾是古希腊、罗马文明的重要来源和生长点。英国学者丹皮尔(Dampier W.,1997)说:"在古代埃及和巴比伦的记录中,经验知识已经有了一些条理,如度量的单位和规则、简单的算术、年历、对天象的周期性的认识,乃至对日食和月食的认识。但是,首先对这些知识加以理性考察的,首先探索其各部分之间的因果关系的,事实上也就是首先创立科学的,应该说是希腊爱奥尼亚(Ionia)的自然哲学家。"

从本质上说,科学就是关于自然现象的有条理的知识,科学活动本身,就是对于表达自然现象的各种概念之间的关系的理性研究。在这种研究的过程中,须臾不可或缺的,是知识的交流与传播。而这种交流与传播所要借重的语言媒介,正是须臾不可或缺的专用词汇——"术语"。

虽然"术语"一词在西方语言中常常冠以"技术"的前缀,例如英语中的"术语"便是 technicalterm。但在实际上,术语概念已远远超出纯粹技术范畴。术语和文化,如影之随形,须臾不离。不同的文化要用不同的术语来说明。吸收外来文化,同时必须吸收外来术语,需要术语的规范化。而这种需要规范的术语所属的范畴,除了科学技术,即自然科学、工程科学,更包括社会经济、政治统治,涉及人类文明和社会科学的各个方面。

关于狭义"科学"之外的术语,语言文字学家周有光先生(1991)曾有论述:

> 中国历史上有三次文化高潮。第一次是 2200 年前战国时期的"百家争鸣"。第二次是 1100 年前唐朝学习印度的佛学。第三次是 100 年前开始而方兴未艾的引进西洋的科学和技术。大致每隔一千年有一次文化高潮。
>
> 战国时期的"百家争鸣",从今天来看是国内的学术斗争。可是在当时,七国并立,"百家争鸣"是带有国际性的学术斗争。"百家"有两个意思:一、指"学者","诸子有一百八十九家"(《汉书·艺文志》);二、指"学派",主要有"儒、道、墨、名、法、阴阳、纵横、农、杂"等家(《史记》)。
>
> 诸子百家,各家有各家的"术语"。例如《论语》里常用的"术语"有:"仁、义、礼、智、信、忠、孝、圣、贤、君子、小人、天命、鬼神"等等几十个色彩鲜明的儒学名词,各有

"定义"（正名）。又如，墨子提出十种主张："尚贤、尚同、节用、节葬、非乐、非命、天志、明鬼、兼爱、非攻"，这也就是墨学的十个"术语"。"百家争鸣"，必须先学习对方的"术语"，用对方的"术语"来同对方辩驳。例如"天命"是儒家的术语。儒家的反对派墨子主张"非命"，这就是用儒家的"术语"来否定墨家的学说。

"百家争鸣"必然"百家交流"。结果在战国晚期出现"杂家"。"杂家"并非今天所说的"一无所长、不成一家"的意思，而是"兼儒墨、合名法"，折中百家、糅合诸子，青出于蓝而胜于蓝。战国晚期的《吕氏春秋》①和西汉时期的《淮南子》②等杂家著作中，诸子的"术语"已经熔于一炉了。

汉代"罢黜百家，独尊儒学"。其实这时候的儒家无不熟读诸子。他们融会百家而以儒学为正宗。先秦诸子，早的生于"春秋"，晚的生于"战国"，先后五百年间，所用"术语"越来越丰富。学术交流促成"术语"的大发展和大集成。

诸子百家交流，是中国历史发展中光辉的一页。这种交流需要"术语"支持，而在交流过程中，又促进了"术语"的丰富，达成了文化的相互营养，奠定了日后民族统一的文化基础。从这样的意

---

① 《吕氏春秋》是秦国丞相吕不韦的宾客所作。与汉武时的《淮南子》同为代表杂家的学术著作。
② 《淮南子》是汉淮南王刘安的门客所作，其性质与《吕氏春秋》同，也是术语杂家。它包罗万象，当得起杂家之名，是各派学术思想的混合物。

义上来说,"术语"对于统一的政治和政权无疑是最为温和又最为有力的武器。在山西省太原市郊的晋祠,有闯王李自成留下的一副联碑:"文章千古事,社稷一戎衣",或许也正是这种概念的写照。

§1.3　新时代关于社会科学术语的需求

光阴荏苒,中国社会科学的术语问题在经历了长时间的酝酿和准备之后,终于在20世纪和21世纪交替的时候浮出水面。全国科学技术名词审定委员会(名词委)于2000年6月15—16日在北京京西宾馆召开第四届委员会全体会议。中国社会科学院江蓝生副院长出席大会并致词[①],倡导开展社会科学术语规范工作。

> ……在社会科学领域中,有不少名词则没有统一的说法,或者曾经有,而现在丧失了。同样一个词,不同的人用它来表达不同的意思,或者指代不同的事物。社会科学名词术语的不统一、不规范,不利于使用汉语汉字的地区和国家人民之间的沟通,不利于本学科、各学科之间的沟通,也不利于自然科学和社会科学之间的沟通。另一方面,规范社会科学的名词术语不仅有着交际上的意义,有学术研究方面的意义,同时,有时候还有一些政策和政治上的意义。由于术语不统一,概念不清,发生误解

---

① 在这次大会之前,名词委主任卢嘉锡同志给时任中国社会科学院院长李铁映同志发来了这次会议的邀请函,李铁映同志因为有事不能到会。5月26日,李铁映在卢嘉锡信上批示:"洛林同志,我院应参加,请你或你确定一同志参加。"5月30日,时任社科院副院长的王洛林同志批示:"请蓝生同志参加。"参见江蓝生:"在全国名词委第四届委员会全体会议上的讲话",《科技术语研究》,2000(3):17—18。

的情况也是经常发生的。

鉴于以上事实,为了有效地对社会科学的名词术语加以规范,我院学者认为,成立社会科学名词审定委员会是十分必要的。如果说统一科技名词术语是一个国家发展科学技术,实现现代化所必须具备的基础条件的话,那么同样,统一社会科学名词术语对一个国家社会科学事业的发展,推进现代化,也是必须要做的事情。刚才主持会议的同志说到1950年建国初期,我们国家曾经批准成立过学术名词统一工作委员会,其审定名词的学科,包括社会科学的一些领域,那么在50年后的今天,社会科学研究有了相当大的发展,学科间的交叉和融合也更为广泛,成立社会科学名词审定委员会的工作就显得刻不容缓了。

关于如何推进,她提出:"是否能成立一个有关社会科学名词术语的分委员会。我们希望通过这样的工作,能够为我国社会科学名词术语工作承担一份义务,作出自己的贡献。"嗣后,江蓝生出任全国名词委副主任。如果从建国初期1950年政务院成立术语统一工作委员会当中包括"社会科学"一组算起,中国社会科学术语规范的事业走到这一时刻,恰如巨人行路,一步50年。发生在2000年6月的这一微妙变化,注定是一件要被写入历史的事情。

§1.3.1 规范社科术语是繁荣发展社会科学的需要

中国社会科学院,云集着中国社会科学研究方面的众多专家。随着时代的发展和演进,人们更加倾向于以科学的眼光看待中国社会,强调以科学的手段研究中国社会科学问题。在马克思列宁主义、毛泽东思想的指导下,中国的社会科学专家们陆续引进西方科学研究的方法和手段开展研究,使得各个学科之间在国际和国内范围内的讨论与沟通日渐频繁,出现了更多的学术交流的机会,从而也进一步引发了关于社会科学和社会科学研究领域的术语需求。越来越多的专家学者开始认识到,社会科学研究作为科学研究的重要组成部分,需要术语规范的支持。要想适应社会科学越来越明显的科学特征,使社会科学成为真正的科学,一定要实现社会科学术语的科学化、规范化。从学科发展的意义考虑,加强社科术语工作,是实现中国社会科学各学科建设的关键环节。

2003年4月3日,中国社会科学院院科研局组织召开座谈会,听取院内部分专家学者关于社会科学名词使用规范化的意见和建议。江蓝生副院长出席座谈会并指出,学术名词的审定工作在自然科学研究领域已经取得了显著成绩,但在社会科学研究领域,除语言学学术名词审定工作起步较早,有关成果将陆续推出外,其他学科学术名词使用的不统一、不规范现象普遍存在,并已在一定程度上妨碍了学术研究的深入交流与对话。江蓝生强调,社会科学名词使用的统一、规范的过程,就是学术探讨与争鸣的过程,也是学术研究达到一定高度的标志。她提出,院属各研究所可以设立相关课题,资助有兴趣的学者持续跟踪研究。全院学术期刊要开辟专栏,引导学者们就本研究领域的名词术语的规范化使用问题展开学术讨论与争鸣,以求逐步形成共识(周大亚,2003)。

§1.3.2 开展社科术语工作需要理论与实践相结合

为落实院领导指示精神,推进社科术语规范工作,4·3座谈会后即安排落实以数量经济技术经济研究所为试点开展课题研究。鉴于在中国社会科学领域开展术语工作的特殊性,决定课题分期展开,首先讨论术语沿革,兼及术语和术语学的一般性问题,借鉴自然科学领域其他学科开展术语工作的经验,然后结合社会科学研究领域部分典型学科的实际情况进行探索,先试点,再推广,循序渐进。

按江蓝生院长指示,《社科术语工作的原则与方法》研究课题于2003年6月4日启动。课题一期任务规定搜集掌握并消化吸收关于术语和术语学研究方面的资料。通过这些活动,了解术语工作的渊源脉络和演变过程,特别是汉语术语规范工作的历史沿革,借以把握术语实践和术语科学发展的本质属性,以便在进一步推进社会科学术语工作的过程中作为借鉴。

在搜集课题资料的过程中我们注意到,虽然新中国建国以来社科术语工作从整体上看有将近50年的沉寂,但在作为社会科学家主力军的学者人群中,对于术语问题的个人关注从未止息。关于术语问题的各种呼吁散见各处,不绝于耳。在这些呼吁的声音中,不乏真知灼见,表达了学者们心忧天下、身体力行的诚恳与热情。无论如何,中国社会科学术语规范的历史,总是由这些当事人一笔一画写成的。

§1.3.3 规范社科术语要坚持实践第一的基本原则

科学学有一条规律:比较增进知识,分类形成系统。这条规律能说明多种学科的发展历程,尤其是初期的发展历程。生物学、语言学等等,都是从比较起步,逐渐深入,然后发展成熟的。(周有光,2004)经过半个多世纪的沉寂,现在中国社会科学的术语规范问题终于提到了学术研究的议事日程,可喜可贺,同时也令人感到压力巨大,任重道远。虽然社科术语研究有自然科学领域术语工作的基础可资比较,也有中国悠久历史文化的传统可资继承,但它毕竟还是一个具有极强"外部性",并且尚未形成局面的领域。非有甘于寂寞、聚沙成塔的决心,非有"板凳甘坐十年冷,读书须见五车空"的精神,不足以成功。

探索发展规律是一切学术的核心任务。术语是专业语言的应用,研究术语问题离不开语言学背景的支撑。但是,语言的发展规律尚不能完全涵盖术语科学的特殊性。开展社科术语工作,还要认识社会科学术语与自然科学、工程科学术语之间的差异,认识社会科学术语与社会人群日常生活中语言的交叉融会与分歧异同。尽管社科术语发展规律的探索是社科术语工作最重要的任务,但是在当前的具体环境条件下,还需要更多更多的具体实践。正如人类关于语言的使用,虽然人人都会说话,但是会说话并不等于能理解语法。因此,在现阶段,开展社科术语工作一定要坚持实践第一的基本原则。

令人欣慰的是,随着中国社会科学研究的日益普及,社会科学越来越成为真正的科学。中国社会科学,也有了自己培养的研究生、博士生。在讨论社会科学问题的专著、论文和研究报告中,也有越来越多的段落和篇幅涉及或直接论述社会科学术语方面的问题。以中国社会科学院和各省市、自治区属的地方社会科学院为例,从上到下,由内而外,呼吁端正学风、强调学科建设、坚持科学精神、服务社会实践,以开放的眼光看世界,从世界的视角看中国等一系列足以表明中国社会科学理论发展与研究方法、研究手段进步的研究结果陆续完成,不断丰富中国社会科学研究成果的宝库,在坚持正确理论方向的基础上,对内鼓励开展学术争鸣、对外倡导加强国际交流,坚持用科学的方法研究科学的问题的理念逐步成为共识,蔚成风气。中国社会科学事业的实践将会一而再、再而三地证明:术语工作是学科建设的重要内容;推进社科术语规范,是搞好社会科学学科建设的重要任务。

交流需要术语。高效率的交流必须有恰当的术语支持。从这样的意义上说,术语规范既是学术交流的内容,更是学术交流能够得以深化的重要前提。社科术语工作也是需要实现国际化的工作。在21世纪经济全球化的时代,社科术语工作的国际化性质不容忽视。在更广义的概念下,社科术语工作还要兼及海峡两岸以及香港、澳门乃至华语文化圈诸多国家、地区的交往和交流,借助术语这个工具,更有效地为文化传播服务。

§1.3.4 建立具有中国文化特点的社科术语学派

中国是一个历史悠久的文明古国,曾经具有领先于世界水平的科学技术和悠久深邃的术语传统。早在2700多年前的春秋时期,就有关于"术语"概念的研究以及大量的实践。中国古代的术语建树,植根于严格丰富的中国逻辑的思想方法。这种被称为"正名"的术语建树,是中国古代哲学发展史中不可分割的重要组成部分。基于这种传统,存在着建立具有中国文化特点的社科术语学派的可能。当然,在我们试图重新解释中国古代思想体系的时候,还需要更加深刻地理解西方哲学的价值。

哲学的发展,始终受到逻辑方法的制约影响。这种影响体现并在中华民族先贤大智"正名"的术语实践中得到传承,也是中华民族光荣历史和灿烂文化传统内在精神的弘扬。具体到术语规范的实践,我们需要重新明确的概念是:如果对新文化的接受不是有组织的吸收形式,而是突然替换的形式,就会引起旧文化的消亡,这将是人类的一个重大损失。因此,真正的问题可以这样说:我们应该怎样才能以最有效的方式吸收现代文化,使它能够与我们的固有文化一致、协调并继续发展?

现代术语学的发展,已经形成了德国—奥地利学派(亦有称之为维也纳学派)、俄罗斯学派(俄国术语学派或莫斯科学派)、捷克斯洛伐克学派(布拉格学派)、加拿大—魁北克学派。这些学派学术风格各有特色,学术传统各有千秋。我们发展中国的术语学派,不是为了与这些学派分庭抗礼、平分秋色,而是要糅合中国悠久的术语传统,为世界范围的术语科学事业作出中华民族的一份贡献。

如果从历史延续的角度来看,所谓中国的术语学派并非今天我们当中任何一个人的创作。作为新中国的术语工作者,我们的责任是借鉴和借助于现代科学的手段以及西方哲学的思想方法,去研究久已被忽略了的本国的学派。要用现代术语学重新解释中国古代的术语实践,又用中国固有"名学"的"正名"概念去解释现代术语学,这样,也只有这样,才能使中国的术语工作者和术语学研究在运用思考与研究的新旧方法与各色工具时感到心安理得。

需要特别指出的是,我之所以主张复兴具有中国文化特色的术语学派,并非是渴望让中国人重新获得在术语理论方法与实践行为中的优先荣誉,——尽管这些方法和理论直至今天都被认为是发源于西方。这种对于祖先荣誉的欲望实不可取,——值得骄傲的应该是明天。我们当然应该为中华民族的祖先对人类文明的贡献而感到自豪,然而比这种自豪更重要、更值得思考的是我们这一代能够给后人留下什么。正如胡适先生在1917年曾经说过的那样:"仅仅发明或发现在先,而没有后继的努力去改进或完善雏形的东西,那只能是一件憾事,而不能引以为光荣。"①

---

① 胡适:《先秦名学史》,安徽教育出版社,1999年版,第2页。《先秦名学史》是胡适留学美国时用英文写成的博士论文。1922年曾由上海亚东图书馆用英文出版。1982年中国逻辑史研究会组织专人将其译成中文,由上海学林出版社于1983年12月出版。1991年12月,北京中华书局收入"中国近代人物文集"丛书。

第二章 术语、术语学和术语标准化

术语(terms)是在特定学科领域用来表示概念的称谓的集合,是通过语音或文字来表达或限定科学概念的约定性语言符号。术语是传播知识、技能,进行社会文化、经济交流等不可缺少的工具,也是体现其所在时代科学技术水平的最小语言单位。

术语学(Terminology)研究术语的产生、发展和应用,包括术语概念、分类体系、命名原(规)则、演进规范、传播规律等诸多内容,是介于自然科学与社会科学之间的边缘学科。研究术语学需要掌握和了解语言学、逻辑学、信息科学和传播学等各方面的知识。

"术语"作为一个科学概念,形成于20世纪初叶。而"术语学"的出现更晚。对术语学的学科地位,历来存在争议。但是从总的发展趋势看,人们越来越倾向于认为,术语学是一个具有跨学科性质的独立的边缘学科。

术语标准化存在广义和狭义的两种解释。广义概念下的术语标准化是指为开展标准工作、推进标准化进程而对相关用语实施规范,是标准化工作中最重要的一项基础内容,按照严格的理解似应称为"用语标准化",其表达更为确切;狭义概念下的术语标准化(Terminology Standardization)则是针对"术语学"所开展的各种规范工作的总和。开展社会科学术语规范工作,需要了解术语、术语学和术语标准化的概念和基础知识。

ISO,国际标准化组织

国际标准化组织,全称"International Organization for Standardization",简称 ISO。"ISO"源于希腊语"isos",意近英语的"equal"(相等、平等、均等)。"isos"是许多词汇之前缀"iso-"的来源,例如 isometric(等量、等容)、isonomy(法律的平等,或法律面前人人平等)。从"相等的"(equal)到"标准"(standard)这个思路,使 ISO 成为国际标准化组织的名称,并且使 ISO 的含义容易被领会。另外,在世界各地用"ISO"来表示国际标准化组织,可以避免在将该组织的全称译成不同成员国语言时产生过多的缩写形式。例如:在英语中为"IOS",在法语中为"OIN"(由"Organisation Internationale de normalization"而来)。现在无论在哪个国家,国际标准化组织名称的简称都是"ISO"。

注意到,《现代汉语词典》(商务印书馆,1978 年)和《新华词典》(商务印书馆,2001 年修订版)中均将"ISO"释意为"国际标准化组织。英文 International Organization for Standardization 的缩写"。新版的《现代汉语词典》(商务印书馆,2002 年 5 月)已将其改为"从希腊语(相同的)得名",而《现代汉语规范词典》(外语教学与研究出版社、语文出版社,2004 年)释意【ISO】为"国际标准化组织[英 International Standards Orgnazation(即 International Organization for Standardization)的缩写]"。在 ISO 的英文网站上出现的国际标准化组织全称为"International Organization for Standardization",没有使用"International Standards Organization"。

ISO 是世界上最大的国际标准化机构,是非政府性质的国际组织,总部设在瑞士日内瓦。其前身是国际标准化协会(ISA),成立于 1926 年。第二次世界大战爆发,ISA 停止工作。战后大环境为工业恢复提供了条件,于是在 1946 年 10 月 14—26 日,来自中国、英国、法国、美国等 25 个国家的 64 名代表聚会于伦敦,决定成立一个新的国际标准化机构——国际标准化组织(ISO)。参加此次会议的 25 个国家为创始成员国。1947 年 2 月 23 日,ISO 宣告正式成立。美国标准协会常务委员会主席霍华德·孔利(Howard Goonley)先生被选为第一任 ISO 主席。作为创始成员国之一,中国也是最初的 5 个连任理事国之一。由于未按章缴纳会费,1950 年被 ISO 停止会籍。1978 年 9 月中国恢复 ISO 成员身份。由中国首次承办的 ISO 全体大会(第 22 届)于 1999 年 10 月在北京举行。

§2.1 术语和术语工作

§2.1.1 术语现象

什么是术语?按《辞海》(2000)解释,术语是各门学科中的专门用语。每一术语都有严格规定的意义。如政治经济学中的"商品"、"商品生产",化学中的"分子"、"分子式"等。术语是科学语言的最小单位和基本要素。规范化的术语是科学内容的同一表达。但是术语的客观存在并不以其是否规范,或者是否能够确切地表达其所对应的科学内容而受到约束。换句话说,不论其规范与否,术语总是客观存在的。

术语的形成与存在,是科学发展的必然。术语是科学的载体。不规范的术语可能阻碍科学的发展和交流,造成社会经济成本的增加。由于语言是思想的载体,所以社会科学术语的混乱,可能直接导致社会思想的混乱,影响社会长治久安。这种影响所表现的时间尺度或许不会是立竿见影的,但是由于语言问题所引发的政治动乱,却是典型的"从量变到质变":先是在不知不觉中日积月累、司空见惯,到后来病入膏肓、积重难返,终至一发而不可收。

§2.1.1.1 自然科学术语与社会科学术语

术语属于社会语言现象当中专门语的范畴,通常是指一类专有的词汇,是某门学科中的专门语词。科技术语,指的是自然科学及技术领域的专门用语。例如:

数学用语,如:

虚数　圆锥　恒等式　等差数列　旋转面　微分　级数

物理学用语,如:

势能　矢量　磁畴　电力线　色散　相对论　跃迁

化学用语,如:

催化剂　电解　络合物　同位素　还原　立体异构　键

在社会科学领域,同样有专门的术语。社科术语的复杂程度,绝不亚于自然科学中的术语。

例如,1996年5月社会科学文献出版社出版发行《社会科学检索词表》,收词23000个,其中正式叙词18874个,非正式叙词4126个。这些词汇分属马克思列宁主义、哲学、宗教学、语言学、历史学、考古学、社会学、民族学、经济学、政治学、法学、军事学、传播学与新闻学、图书馆学—情报学—档案学、教育学、管理学17个基本大类,26个一级学科类目,220个二级学科类目。

《社会科学检索词表》(1996)中的分类表,含17个学科大类,27个专业类目,包容社会科学传统学科及新兴学科。词表服务的主要对象是我国的社会科学研究机构,因此其学科覆盖面以我国社会科学研究的学科范围为准,对一些学科范围目前尚难界定的科学暂不设类。27个专业类目包括：

表1 《社会科学检索词表》中开列的27个专业类目

A	马克思列宁主义	G	考古学	Q	教育学
B	哲学	H	社会学	Y	管理科学
BM	逻辑学	HP	人口学	YB	统计学
BN	伦理学	I	民族学	YL	科学学
BP	美学	K	政治学	YM	未来学
C	宗教学	L	法学	YP	管理学
D	语言学	M	军事学	YQ	人才学
E	文学	N	新闻学、传播学	YR	决策学
F	历史学	P	图书馆学、情报学、档案学	a/y	通用概念

从这27个专业类目看,是26个一级学科再加上一个"通用概念"类目。在由这些类目组成的基本类表下,还要将各学科按照分面类表划分为：历史面(学科史、思想史)、学派面(学科思潮、流派)、方法论面、学科面(分支学科、交叉学科)、理论面(学术研究对象、学说)、结构面(事业、机构、组织体制)、管理面(管理问题、活动、作

用)、时间面(时期、年代)、空间面(地域、国家)9个方面。其中时间和空间面为通用面,这类叙词收入"通用概念表",其余7个分面囊括词表各学科类表中的所有叙词。仅从这些分类,就足以看到社科术语内部的复杂关系。

§2.1.1.2 社会科学与自然科学术语的交融

社会科学术语的复杂,不仅来源于"社会科学"本身的复杂性,还因为社会科学始终像一块海绵那样,从自然科学的研究成果中吸取营养。这种营养的载体和计量单位,就是来自于自然科学各个学科的术语。

如果套用语言学中"外来语"的概念,并且把社会科学的术语和自然科学的术语做某种类似"浓度"的比较,那么显然,自然科学的术语不仅在质量上,而且在成熟程度方面都远远高于社科术语。相对于社会科学本身"内生的"术语来说,自然科学术语是强势的、具有侵略性的"外来语"。

非但如此,当社会科学正处在高速发展的膨胀期时,必然呈现空心化,甚至产生"泡沫",形成大量的术语需求,于是需要更加贪婪地吞噬外来术语。这些被吞噬的术语,面临两种命运,一是真正成为社会科学的营养,成为自然科学与社会科学共有的术语;二是由于生吞活剥,难以消化,在一段时间内成为轰轰烈烈的"假术语",随着年深日久的洗涤淘汰,最终被社会科学所抛弃,成为被人们淡忘的"昙花术语"。

19世纪、20世纪以来,人类社会空前发展,科学事业极大繁荣,不仅出现了不同科学学科之间的交叉渗透,甚至形成了自然科学与社会科学之间界限的混淆不清。人们开始借用自然科学的理论、方法、工具、手段研究社会科学,寻找社会经济发展的规律,科学学科之间的壁垒就像东西德国之间的柏林墙①,大有在一夜之间被推倒的倾向。人们已经越来越难以分清,究竟哪些术语专属于自然科学或者专属于社会科学。

例如数理语言学(mathematical linguistics),用数学方法和数学思想研究语言现象,它使语言学分别与数学、计算机科学、控制论以及人工智能发生了密切的关系。数理语言学产生于20世纪50年代,1955年,美国哈佛大学首先创办数理语言学讨论班,1957年正式开设数理语言学课程。此后,许多国家开展了这方面的教学和研究。中国于1982年在北京大学开设"语言学中的数学问题"作为选修课,讲授数理语言学。数理语言学主要包括统计语言学、代数语言学和应用数理语言学三个分支。

与数理语言学结构类似的交叉学科,还有数理社会学、数理金融学、数理经济学等。数理社会学强调运用数学模型来研究社会现象,同样兴起于20世纪中叶,主要研究随机过程理论、对策论、系统论、代数结构、网络分析及已经得到广泛应用的因果分析、聚类分析、因素分析等。数理金融学,是运用数学方法,特别是随机分析方法研究金融与投资问题。数理经济学,则是运用数理方法对经济现象进行分析。

数理经济学有广狭两义:狭义专指19世纪运用数学函数式以推导表述经济理论的经济学。创始人为法国的库尔诺,主要代表人物戈森、瓦尔拉、帕累托、杰文斯、埃奇沃思、维克塞尔、费雪等,

---

① 柏林墙,亦称"反法西斯防卫墙"。是原东柏林、西柏林交界处的混凝土墙。民主德国建于1961年8月。初为铁丝网路障,用以阻止公民自由外流和其他非法活动。后改为混凝土墙,总长度为154公里,设9个过境站,并在过境站和沿线的观察塔楼上设置警卫。1989年11月9日,民主德国宣布开放柏林墙。1990年10月德国统一后,柏林墙被拆除,墙体只留一小部分供参观。

认为经济现象表现为各种经济数量的关系,故宜用数学方法加以分析、研究和表述。第二次世界大战后,这种分析方法为西方经济学许多流派广泛使用。广义概念的数理经济学还包括20世纪30年代兴起的经济计量学。数理经济学强调经济现象的数量关系,试图从这种数量关系中找到经济的实质原因,因此在经济分析中大量运用数理方法。

归纳上述学科的特点,或者站在"数学"的角度看,这些学科都含有极强的数学味道,甚至也可以看成是"关于数学应用的学问",是"应用数学"问题。这些学科中的许多术语,干脆就是数学词汇的转移,或者是在数学词汇的基础上硬贴上一些"非数学"的专业标签。在全国自然科学名词审定委员会公布的《数学名词》(1993)中,即为数不少的"数理某某学"。若以数学术语作为一个集合,再以数理某某学的术语作为另一个集合,那么这两个集合相交的部分就该是"数理某某学"当中涉及的数学术语,仔细研究该交集中的这些术语,恐怕很难找到只与"某某学"有关而超出"数学术语"的内容。

§2.1.1.3　社会生活语言与专业术语的交融

我们可以毫不犹豫地说,正是因为这种学科交叉的普遍性和广泛性,并且呈现出日益深化的特点,社会科学术语与自然科学术语之间的界限正在变得越来越模糊不清。可以预见,随着社会的发展和进步,随着人类共同知识水平的不断提高,会有越来越多曾经被认定为专业语言的"术语"进入普通人的日常生活,成为普通人耳濡目染的"社会生活语言"。郑述谱先生(2005)曾经谈到这一情况在俄罗斯的表现:

19世纪俄语科学语言的发展进程能够证明这一点。具体说来,这种反作用体现在本来仅限于在某一狭窄专业范围内使用的术语,可能会不断地进入文艺以及政论等读者群更为广泛的作品中。这些术语首先是来自哲学(如:起因、直观、矛盾),其次是政治经济学(如:劳动、工业、价格、生产率),再次是化学(如:发酵、分解、反应、分析)、物理学(如:成分、力、能、焦点)以及数学(例如:和)等学科。

这里又有两个看似相反实为异曲同工的现象,即一是所谓(普通常用词的)术语化,一是所谓(术语的)非术语化。所谓术语化现象是指本来是普通常用的词的某一意义变得专门化了,语义范围变得极为严格,只作为某一学科的术语使用。例如,"资本"一词就是在19世纪由普通词转变成为政治经济学术语的。其他如"开始"、"存在"、"物质"也都属于这种情况。非术语化的情形恰恰相反。它把本来只用于某一学科术语的意义以及使用范围扩大化了。许多生物学术语就经历了这样的命运。例如:"机体"、"颅骨"、"自然"等。

无论是术语化,还是非术语化,其最终结果都进一步丰富与扩展了语言的词汇表达手段。

概而言之,这种现象其实是社会进步、科技发展的普遍规律,并非中国社会所独有。科技术语的发展,一方面受到民族语发展的制约;另一方面,又反作用于民族语和生活用语,起到丰富民族语言、推动社会生活语言变化的作用。既然是交叉融会,它们之间的影响就是相互的。此即所谓(社会生活用语的)术语化和原本作为某一学科专门语言的术语的非术语化。郑述谱(2005)文中所列举俄罗斯语言词汇的例子,在汉语中也比比皆是。

例如,在生物化学与分子生物学学科术语中,有阻遏(repression)、阻抑(suppression)与抑制(inhibition)、应答(response)和反应(reaction)、混编(shuffling)、排比(alignment)等(祁国荣,2005),在《铁道科技名词》(1996)中,有速度(speed)、经济调查(economic inverstigation)、回声(echo)、耳机(earphone)、网络互联(inter operation)、天窗(skylight)等等,在《社会科学检索词表》(1996)中,有适度美、单纯、内涵、概括、反驳、笑话等,在医学术语中有鸡瘟、基因(gene)、休克(shock)、克隆(clone)、兴奋、激动、副作用等(刘重光,2005)。其他如:科学、概念、物质、对象、系统、性能、原理、固体、元素、原子、有机、细胞、内容、命题、定义、前提、绝对、抽象、具体、否定、信号、流行、自由等许多词汇(江蓝生、张国宪,2002),都很难被明确地分类为"术语"或"社会生活用语"。

近年来,随着污染问题日渐引起关注,环境公害所造成的危险也成为人们更多谈论的话题。类似"痛痛病"[①]、"水俣病"、"苯中毒"等原本较少为人所知的语汇已经越来越多地进入百姓语言。除了这些词汇的交融,专业化的术语进入普通人社会生活的语言还有一个不容忽视的途径:对专业术语的简称。这种现象在医学或称医疗卫生方面的表现最为突出。例如:乙型肝炎——乙肝;心

---

① 痛痛病,是由慢性镉中毒引起的公害病。20世纪50年代,发生在日本富山县神通川流域。主要症状为:最初腰、背、肩关节和膝关节疼痛,随后遍及全身,有针刺般痛感,数年后骨骼严重畸形,骨脆易折,轻微活动或咳嗽即能引起多发性病理骨折。病因系长期饮用受镉污染的河水,使用含镉稻米,使骨骼含镉量增加,脱钙、骨质疏松。

室颤动——室颤;节制生育——节育;流行性感冒——流感;慢性支气管炎——慢支;甲状腺机能亢进——甲亢;冠状动脉粥样硬化性心脏病——冠心病;放射性同位素闪烁扫描术——同位素扫描等等。这一类简称,不仅减少了术语的字数,还讲究语义上的代表性和音节上的协调,是术语简明化的一种选择。(刘重光,2005)若干年以后,这些被简化的称呼成为正式的医学术语,也是未可断然否定的事情。

之所以会出现这种情况,究其原因,是因为医疗卫生与老百姓的生老病死息息相关。反过来说,是老百姓需要关心这些术语所代表的含义。中国古话说"事不关己,高高挂起",汉语的医疗术语却常常要成为中国病人或病人家属要挂在嘴边的词汇。尽管他们中的大部分人未必真正了解这些术语的学术含义,他们所关心的,是这些在医生们看来是"术语"的词语所折射出来的医疗费用、对生活的影响,甚至还包括与这些词语相关的生命长度和生存质量。最近一些年来,白血病、痛风[①]、肾衰竭、肝硬化、重症肌无力等重大疾病的名称,以及冠状动脉造影——冠造,肾脏移植——换肾,透析等医学手段甚至成了人们耳熟能详的词汇,其实已经从一个侧面表明了公众平均健康水平下降的事实,需要引起社会各界的严重注意。

§2.1.1.4 术语字面含义与学术含义之间的关系

语言学家、术语学家冯志伟(2005)认为,任何术语都有字面含

[①] 痛风是一种由嘌呤代谢障碍引起的疾病。病人血和尿中尿酸盐浓度升高,在指(趾)等关节旁、耳轮、肾脏等处有尿酸钠盐结晶聚积或结石形成,常造成骨关节炎、关节畸形和肾脏损害,甚至引起肾功能衰竭。有观点认为中国民间的"拔罐"对此有一定的治疗作用。

义(literal meaning)及学术含义(academic meaning)。语言学家在研究术语问题时,应该着重研究术语的字面含义,而专业科学家在研究术语问题时,应该着重研究术语的学术含义。

词组型术语的字面含义是由构成该术语的各个单词以及把这些单词结合起来的句法规则完全地决定的含义。而术语的学术含义则是相应学科中科学地加以定义的含义。术语的字面含义是术语的学术含义的基础。因为任何一个专家也同时是一个普通人,所以术语的学术含义不可能脱离术语的字面含义而独立存在。术语的学术含义,其内容应该比术语的字面含义更丰富。但是,术语的学术含义不能与术语的字面含义发生矛盾,它只能在术语的字面含义的基础上进一步加以科学的界说而形成。

例如"决策/量"这个术语,其字面含义是由"决策"与"量"这两个词的含义以及"定语+中心语"这种句法结构决定的,它表示"决策"方面的量的大小;而其术语含义则可定义为:"从有限个互不相容事件中选取某个给定事件所需的决策数的对数测度,用数学记数法表示时,这一测度为:$H = \log n$,其中 n 是事件的数目。"这样的学术定义与它的字面含义是一致的。如果术语的学术含义与它的字面含义不一致,或者彼此冲突,那么,就必定会造成理解上的困难,所以,对术语字面含义的研究是非常重要的。

关于术语字面含义、术语含义与上下文以及与时间变化的关系，冯志伟(2005)指出：

> 术语的字面含义是独立于任何上下文的，而术语的学术含义则与它出现的上下文有关，特别是与它所适用的专业领域有关。
>
> 术语的字面含义又是独立于时间的变化之外的，它不考虑任何的历时变化，而术语的学术含义则会随着学术的发展而不断地丰富其内涵。

鉴于术语字面含义相对于术语学术含义的重要性，冯志伟(2005)特别强调关于术语字面含义的研究，认为语言学家应该把这种研究看成是语言学研究中不可缺少的一部分。作为这种理论观点的实践，他在德国夫琅禾菲研究院研究术语数据库时，就使用计算机来自动分析术语的字面含义，提出了"潜在歧义论"（Potential Ambiguity Theory，简称PA论），成为中国术语学基础理论研究的一个成果，而术语字面含义的自动分析，正是"潜在歧义论"研究的出发点。

> 由于术语的字面含义是术语的学术含义的语言基础，对于术语的字面含义的研究，必然有助于对其学术含义的理解。语言学家有必要注意术语的字面含义的研究，并把这种研究看成是语言学研究中不可缺少的一部分。另外，术语字面含义的研究还有助于术语结构的计算机自动分析，促进术语信息的自动处理和知识工程的研究。

冯志伟先生在汉语术语结构研究方面颇有心得，为揭示汉语术语结构规律做了大量深入的研究工作，有许多文章和著述。以上引述他关于术语字面含义与术语学术含义之间关系的论述，有助于我们更好地理解社会生活用语与科学术语词汇之间的融会关系。

以医学术语为例，有一些医学术语与日常语言的词语形式相同，但所表示的概念已被重新定义，如前面所曾提到的：兴奋、激动、副作用等。在日常语言中，"兴奋"的含义是"精神振作，情绪激动"，在医学术语中的"兴奋"则是指"机能活动提高"，与"抑制"相对；"激动"在日常语言中的含义是"感动、奋发"，在医学中表示的是药物"使受体兴奋"。二者都是从医疗或医药科学理论的建构出发，对生活中习常的概念进行了重新的定义。（刘重光，2005）这些定义保持了原来语词所具有的核心含义并加以引申，印证了"术语字面含义是其学术含义之基础"的观点。

§2.1.2 术语概念

§2.1.2.1 关于术语的概念解释

术语是在特定学科领域用来表示概念的称谓的集合。

概念是客体的抽象，在专门语言中用称谓表示，并用定义描述。

客体、概念、称谓和定义构成术语学的基础。

为了这些内容的一致性，国际标准化组织作出约定（ISO DIS 704）：

客体：被"观察"、"认知"或"理解"；被"抽象"或"概念化"成为概念。

概念:"映现"或"对应于"若干客体;由称谓或定义以语言表示;被组织成概念体系。

称谓(术语、名称或符号):"指称"或"对应"某个概念;"属于"某个概念。

定义:"界定"或"描述"概念。

简而言之,术语是通过语音或文字来表达或限定科学概念的约定性语言符号,是思想和认识交流的工具。在我国,人们习惯称其为名词。但是,此时所说的"自然科学名词"、"科学技术名词"不是语法意义上的名词,而是当代信息科学中提到的"术语"。因为它不是语法上的名词,所以实际上包括了语法中的动词、名词、形容词等等。比如"反馈"(feedback),通常是一个名词,有时也可以当动词使用。但它是一个术语,那是丝毫不用怀疑的。(陈原,1985)

§2.1.2.2 "术语"一词的语词意义

西方语言文字中的"术语"一词,大多来源于拉丁语词"terminus",其本义是"界限"、"终点"。英语中的对应词 term,法语词 teme 都引申出许多其他意义,其中包括逻辑或数学领域的"项"、"词语"等义,但在表示"术语"意义时,英、法语则用词组 technical term 或 teme technique。单词 technical 和 technique 在英语、法语中分别表示"技术",但与 term 和 teme 组合起来,却不是"技术术语",而是"术语"。与英、法语不同,俄语相对应的不是词组,而是词 терм 和 термин,前者多用于表示"项"义,而后者除用于"项"义外,单独用来表示"术语"。(郑述谱,2001)

另一个相关的词是英语的 terminology 或俄语的 терминология,它们都有"(某一学科全部)术语(汇集)"与"术语学"这样两个不同的意义。前者在汉语里一般只说"术语",如医学术语、生物化学术语、经济计量学术语。由于汉语的习惯,不太注重在词汇层面上区分和传达数量与集合概念,换句话说,汉语词汇通常不直接表达单数与复数的区别,例如"人"与"人们"、"个人",是三个不同的词,其描述的主体是普遍意义上的"人",而在需要特别表述单数或复数的时候,则配合其他汉字组成另一个专门的语词。

就"术语"而言,单靠"术语"一个译词,难以反映 term 和 terminology 之间的差异。《汉英词典》(外研社,1996)把"术语"分别译作"technical term; terminology",至于 terminology 的另一个义项,在汉语中则用"术语学"表示。

在《中国大百科全书》(语言文字卷,1988)中,对"术语"的解释是这样的:

shù yǔ

术语(terms) 各门学科中的专门用语。术语可以是词,也可以是词组,用来正确标记生产技术、科学、艺术、社会生活等各个专门领域中的事物、现象、特性、关系和过程。

基本特征 ①专业性。术语是表达各个专业的特殊概念的,所以通行范围有限,使用的人较少。②科学性。术语的语义范围准确,它不仅标记一个概念,而且使其精确,与相似的概念相区别。③单义性。术语与一般词汇的最大不同点在于它的单义性,即在某一特定专业范围内是单义的。有少数术语属于两个或更多专业,如汉语中"运动"这个术语,分属于政治、哲学、物理和体育4个领域。④系统性。在一门科学或技术中,每个术语的地位只有在这一专业的整个概念系统中才能加以规定。

术语往往由本民族的一般词汇(包括一些词素)构成。成为术语后,与原词的意义部分地或完全地失去了联系。术语也可以来自专名(人名、地名),如"瓦(特)"(Watt)、"喀斯特"(Carst)等等。但一般的专名不是术语,尽管它们也是以单义性为基本特征。术语还常来自外来语,通过音译(如"雷达"、"坦克")、意译(如"硬件"、"软件")或半音半意译(如"拖拉机"、"加农炮")等方式借入。术语和外来语的引进方式虽有不少共同点,但二者之间不完全相等,有专业性。既是术语,又是外来语(或借词);无专业性,则只是外来语。

另外,属于根据其适用范围,还可以分为纯术语、一般术语和准术语,其中纯术语专业性最强,如"等离子体";一般术语次之,如"压强";而准术语,如"塑料",已经渗透到人们的生活中,逐渐和一般词汇相融合。

术语的产生和移植,规范化和标准化　术语是科学文化发展的产物。新事物新概念不断涌现,人们在自己的语言中利用各种手段创制适当的词语来标记它们,这是术语的最初来源。随着文化交流的发展,术语连同它们标记的新事物新概念传播开来,各族人民通过不同方式(自造或借用)把它们移植过来,这是术语的移植过程。

科技术语一般产生于科学技术发达的国家。同一事物或概念也可能同时在不同国家探讨和出现,因而会产生许多内容相同而形式不同的术语。另外,在术语的移植过程中,也会产生不少同义不同形的术语。术语的混乱,成为国际学术交流的障碍,这就需要语言学家和科技工作者共同努力解决术语规范化问题。不少国家成立了全国性的术语委员会,专门负责整理审定各种术语。

有些学者正在倡导通过转写方式创制术语,以使术语统一和标准化。国际标准化组织(ISO)和国际电工委员会(IEC)都设有专门的术语委员会,负责组织和协调这方面的工作。为了加强术语工作,1971年还成立了国际术语情报中心。有的地区(如经互会国家)组织了术语协调委员会,协调本地区术语方面的工作。

术语工作的现代化　电子计算机的推广应用给术语工作带来了新的面貌。许多国家建立了术语数据库,并提供咨询服务。加拿大的术语数据库规模最大,存有400万术语,实际上已成为全国的术语中心。翻译工作者借助术语数据库的作用可以提高翻译速度和翻译质量,促进术语的统一。

§2.1.2.3　术语分歧的普遍性

值得注意的是,涉及"概念"与"客体",在国际标准化组织对关于术语的若干内容作出的约定中,界定为(一个)概念"映现"或"对应于"若干客体,似乎并没有指出一个"客体"可能"映现"或"对应于"若干概念的情况。

在事实上,事物存在多重属性。同一事物或称客体,在不同的分类原则下,可能被"抽象"或"概念化"成为"若干"概念。一个最简单的、生活化的例子是,一个男人,他可能同时是工厂的工人、家庭中的户主、另一位女人的丈夫、一个或者多个孩子的父亲,甚至还是一位义务消防队员。在 20 世纪末叶中国某些城市孩子们中间曾经十分流行的"脑筋急转弯"中有这样一道题目:两个父亲,两个儿子一同去钓鱼,每人钓上来一条鱼,他们总共钓到了几条鱼?答案是三条,因为他们是祖孙三人。具体到术语工作中,我们在现实生活中经常可以看到,人们对同一术语有不同的解释,这些解释往往是从不同的侧面描述同一事物的结果。

人们对同一事物的关注,往往会受到关注者主观偏好或观测条件的影响,这种影响会引导关注者的目光更加集中于事物的某一侧面。他们的关注可能是"不全面的",但却未必是"不正确的"。关注者的偏好很可能来源于对教育和阅读的"接受",当人们第一次接受某一概念时,也就同时接受了这一概念的传播者为了表达或描述这一概念所使用的"术语"。专业知识的积累可能助长偏好的形成,例如一位数学家在给某一新概念命名时很可能采用具有数学味道的名词。中国民间故事有"曹冲称象",成语中有"盲人摸象",古籍当中《左传·襄公二十四年》就有关于"象"的记载。其实盲人摸象的故事早见于佛经。

> 尔时大王,即唤众盲各各问言:"汝见象耶?"众盲各言:"我已得见。"王言:"象为何类?"其触牙者即言象形如芦菔根,其触耳者言象如箕,其触头者言象如石,其触鼻者言象如杵,其触脚者言象如木臼,其触脊者言象如床,其触腹者言象如瓮,其触尾者言象如绳。(《大般涅槃经》三二)

象是陆地上现存最大的哺乳动物。后人用"盲人摸象"比喻以点代面,以偏概全,于是盲人摸象也成了略带贬义的词汇。但若换转一下思维模式,似乎也可以想见每一位盲人在认真"摸象"时候的体会。若非"尔时大王"颇具权威,定名大象之为"象",自谓"我已得见"大象身体的诸位盲人,岂有不想为各自所摸之物再造佳名之理?彼时"术语"之乱,可预可期。

总之,事物本质的不唯一性决定了术语分歧的普遍性。正是这种不唯一性所导致的分歧,使得在术语工作中不仅存在"优与劣"的判断,更需要强调"约定俗成"的妥协。推而广之,若从"彻底的"纯粹哲学的意义上考虑,如果我们承认世间事物本质的不唯一性,则意味着实际上并不存在一个可以"彻底地"描述某一特定事物所有本质特征的"术语"。① 只是当人们约定俗成地确定了对应于这个事物的"那一个"术语之后,才为这个术语赋予了在它本来意义上可能并不具有的表述能力。从这个意义上可以说,术语意义上的词汇,可能具有比原本概念下"词汇"更加丰富的含义,具有更加强烈的概括性。

§2.1.2.4 术语影响的社会性

以上我们从"术语"概念出发所展开的讨论,大都是把目光聚焦在"术语"或术语概念本身。但在事实上,术语存在的意义,并不在术语自身。没有任何一条术语能够脱离社会需要而独立存在。为了更清楚地了解术语的本质,还需要从术语影响的社会性,也就是术语如何参与和影响社会活动的角度作一番考察。

---

① 一个严重的问题是,这已经从本质上否定了海德格尔的"本质",即事物并非一定存在唯一的绝对本质。

《辞海》中对"社会"的解释,有两个义项,一个是大众普遍应用和理解的"社会",另一个则是旧时专有所指的"集会"。

> **社会** ①以一定的物质生产活动为基础而相互联系的人类生活共同体。人是社会的主体。劳动是人类社会生存和发展的前提。物质资料的生产是社会存在的基本条件。人们在生产中形成的与一定生产力发展状况相适应的生产关系,构成社会的经济基础。在这基础之上产生与它相适应的上层建筑。社会的发展是一个有规律的自然历史过程。生产力和生产关系、经济基础和上层建筑之间的矛盾,推动着社会从低级向高级发展,表现为社会形态的依次更替。社会发展是统一性和多样性的统一,曲折性和前进性的辩证统一。②旧时乡村学塾逢春、秋祀社之日或其他节日举行的集会。孟元老《东京梦华录·秋社》:"八月秋社……市学先生预敛诸生钱做社会,以致雇倩祗应、白席、歌唱之人。归时各携花篮、果实、食物、社糕而散。春社、重午、重九,亦是如此。"
>
> 《辞海》1999年缩印本,第1910页。

"社会"二字,即已当得术语。当我们想要讨论术语影响的社会性时,已经陷入了"术语"的重围:物质、主体、劳动、前提、生产关系、经济基础、上层建筑、规律、社会形态、更替、统一性、多样性、曲折性、前进性、……,比比皆是。

事实上,我们想要讨论的一切,都需要以术语作为外壳,没有术语这个中介,就没有交流与讨论的发生。极而言之,正如"社会"

一词的含义并不唯一那样：一是大众普遍应用和理解的"社会"，另一个则是专指的"集会"，术语实际上成为一种界定和约束，使话题和讨论的内容不致流散。从另一个角度看，每一个人都在通过对"术语"的使用而影响社会，使自己成为"社会"的人。术语影响的社会性，也就是在这种细若游丝的联系中成为不可忽视的大问题。

总而言之，人是社会的主体，语言是人类社会的必须，术语作为"概念"的最基本描述，其影响透过语言的应用传递到整个社会。无论何时何地，术语都不可能成为个人的收藏。用经济学的术语表达，这叫做术语的"外部性"。术语影响的社会性，其实也就是"术语"外部性的体现。在一定的程度上说，"社会性"与"外部性"只是"术语"表现的不同。术语不能成为个人的收藏，是因为术语只有在投入"流通"、被使用的情况下才能成其为"术语"。这也就是说，作为"术语"，它必须融入社会、参与活动、发挥作用、产生影响。因此，术语影响的社会性不是一件额外的事情：社会不同元素之间的彼此影响，都要通过术语，或者更广义地要通过语言的传递而完成。只要术语存在，其影响的社会性始终相伴相生，寸步不离。

§2.1.3 术语工作

围绕术语和术语研究而开展的工作称为术语工作。所谓术语工作，是把研究术语形成、发展并最终走向规范或者消亡的基本规律作为主要手段，以达到实现术语规范化的目的。为了实现术语规范，狭义的或称规范意义上的术语工作不仅需要①研究"规范"术语的问题，也需要②研究"不规范"的术语之成因及其对于科学发展的影响关系，还需要③研究为了推进术语规范所涉及的其他相关问题。广义的术语工作则是所有涉及术语及其相关方面活动的总称。

§2.1.3.1　中国的术语工作

语言,用来抒情达意;文字用来记言述事。随着社会的发展、时代的进步,使用语言表达的专业概念越来越多,术语逐渐成为人类语言应用当中的一个重要部分。术语是科学交流的产物,又是服务于科学交流的重要工具。因此,术语数量与质量的发展,就成为描述人类科学发展的尺度。《中国大百科全书》"语言文字卷"有刘涌泉先生撰写的"中国的术语工作"段落,概要叙述了术语工作在中国的发展和沿革。

> 中国古代科学技术十分发达,术语工作具有悠久的历史。荀子的《正名篇》是有关语言理论的著作,其中许多论点都与术语问题有关。汉唐时期的佛典翻译吸收了大量梵文的佛教术语。为了解决意译和音译问题,玄奘提出了"五不翻"原则。明代的科学著作翻译事业兴盛,中外学者合力译出不少有关天文历算、舆地测绘、农田水利和力艺之学的著作。19世纪下半叶,以京师同文馆、江南制造局为中心翻译了大量科学技术著作,引进了大量科学术语。例如,在徐寿翻译《化学鉴原》之前,中国只有一些最普通的化学元素名称,如金、银、铜、铁、锡、氧气、氢气、氯气等。《化学鉴原》一书开始使用按照西文第一音节创造新字的命名原则,于是出现了钠、钾、锌、钙、镁等。19世纪末和20世纪初,严复在翻译新名词时,一方面选用意译词,另一方面又创造了不少音译词。这个

时期,胡以鲁在《论译名》一文中虽然力主意译,但也提出了不妨音译的十类词。这些都表明术语的制定与规范化一直是人们关心的问题。到了清末,要求译名统一的呼声越来越高。1909年5月,学部奏派候选道严复编订各科中外名词对照表及各种词典,9月复奏设编订名词馆,以严复为总纂。这可以说是中国(近代)历史上第一个审定学术名词的统一机构,但没有发表什么成果。辛亥革命以后,博医学会、江苏教育会、中国科学社等单位进行了科学名词审定工作。1919年成立了科学名词审定委员会。1928年大学院在上海设立译名统一委员会。但是,真正集中管理全国科学术语的审定工作,可以说是由南京国立编译馆(1932年成立)开始的。它于1933年出版了《化学命名原则》,到中华人民共和国建立前共编成各种术语(集)约50种,其中已出版的近20种。

刘涌泉:"术语",《中国大百科全书》,1988年

新中国成立,对中国的术语工作而言是一个重要的转折点。虽然新中国面临着百废待兴的困境,但是在当家做主的人民看来,新中国就像一床新缝的被盖,里外三新,没有任何力量能够阻挡一个伟大的国家,在中国共产党和毛泽东主席的领导下,阔步向前。这种充满阳光的精神,在新中国的术语规范工作中得到淋漓尽致的体现,中国社会科学学术名词统一的问题也开始提上议事日程,成为社科术语规范50年悄无声息的明确起点。直到另一场"摧枯拉朽"的革命,再一次阻止了中国术语工作的收获,使它不得不沉默在寂静的冬季,期待着中国科学的新的春天的到来。

1949年后,术语工作开始了一个新阶段。1950年5月,在中央人民政府政务院文化教育委员会的领导下组织了"学术名词统一工作委员会",下设自然科学、社会科学、医药卫生、艺术科学和时事名词五大组。1956年文化教育委员会撤销,国务院将学术名词统一工作交给中国科学院,成立了"中国科学院自然科学名词编订室"(中间曾改为"中国科学院翻译出版委员会名词室")。"文化大革命"期间术语审定工作完全中断。1978年,国务院批准由中国科学院主持,筹建全国自然科学名词审定委员会。几年来,成立了6个分科委员会,召开了一系列名词审定会和讨论会。1985年4月25日全国自然科学名词审定委员会在北京正式成立。主任为钱三强,委员约70人。委员会的工作范围涉及广义的自然科学领域,包括数学、物理学、化学、天文学、地球科学、生物科学、技术科学、农业科学、医学等。委员会的任务是:确定工作方针,拟订全国自然快速名词统一的工作计划、实施方案和步骤;负责审定自然科学各学科名词术语的统一名称,并予以公布施行。

据不完全统计,1949年以前共出版160多种术语集,最早的几种是《中外病名对照录》(1909)、《英汉汉英军语词汇》(1911)、《英汉商业用语手册》(1913)、《华、德、英、法铁路词典》(1916)、《船学名词表》(1916)。中华人民共和国成立后到1983年上半年,共出版760多种(其中大陆出版的约占660种)。

引自:《中国大百科全书》(语言文字卷),第365—366页。

§2.1.3.2 汉语术语工作的两个翅膀

前述引文中提到的京师同文馆和江南制造局,是中国近现代术语工作历史上不可不提的两个机构。这是两个由清朝政府出资"官办"的印刷机构。当时除了这两个机构,还有遍布全国的"官书局"、"官印局"、"官报局"等印刷出版机构,以及由私人和非政府部门建立的印刷出版机构。据统计,清末由各级政府出资设立的"官书局"有53处之多,分布在全国京、沪、鄂、皖、苏、浙、湘、闽、川、鲁、赣、粤、桂、黔、滇、豫、晋、冀、陕、甘、青、新共22个地区。(张树栋、庞多益、郑如斯,2004)回顾中国术语工作的历史,翻译和印刷是两个非常重要的侧面。翻译解决术语引进的问题,印刷解决术语传播的问题,二者相得益彰,成为中国术语工作发展史上精彩的两翼。

1862年,清政府认为"与外国交涉事件,必先识其情性……欲悉各国情形,必谙其语言文字,方不受人欺蒙"。遂于北京设立旨在培养外交和翻译人才的"京师同文馆",成为清末设立最早的"洋务学堂",通过翻译、印刷出版活动成为当时政府了解西方世界的窗口。同文馆教学内容偏重于对译书能力的训练。在馆学生和教习均着意于译书。在此教学宗旨指导下,短短几年即翻译西书20余种。(张树栋、庞多益、郑如斯,2004)

京师同文馆的前身是乾隆二十二年(1757)设立的旨在培养俄文译员的俄罗斯文馆。由于1858年签订的《天津条约》和1860年签订的《北京条约》,都规定英、法致中国的外交文件用本国(即英国和法国)文字书写,致使清政府急需培养熟悉英、法等外国文字和语言的人才。于是,恭亲王奕䜣等人于1861年奏请在北京设立同文馆,附属于总理各国事务衙门。1873年,京师同文馆设立印书处,备有中文、罗马文活铅字四套和七台手摇印刷机,承担了本馆翻译图书和总理事务衙门印件的印刷任务,翻译印刷出版数学、物理、化学、历史、语文等图书。光绪二十七年(1901)随京师同文馆并入京师大学堂。(张树栋、庞多益、郑如斯,2004)

1865年,曾国藩、李鸿章等在上海建立江南机器制造总局。简称"江南制造总局"、"江南制造局",又有"上海机器局"、"上海制造局"之称。该局原本为洋务派建立的规模最大的兵工厂,后因在该局任职的科学家徐寿(1814—1884)、徐建寅父子提出"将西国要书译出……刊印传播,以便国人尽知"的请求,得到曾国藩的嘉许,且认为"此举较办制造局尤要",于1868年在局内附设"翻译馆"(又称翻译书馆、译书处、编译处、印书处),开始翻译和印刷出版有关自然科学和机器工艺方面的书籍。其翻译工作由徐寿主持,译员可考者59人。其中外国人有英、美、日籍学者傅兰雅、秀耀春、罗亨利、伟烈亚力、金凯理、林乐知、卫理、玛高温、藤田丰八,9人;中国学者徐寿、华蘅芳等50人。印书处采用多种工艺印刷图书。其所印书籍涉及历史、政治、经济、军事、算学、物理、化学、光学、电学、天文学、工业、地质学、医学等领域(张树栋、庞多益、郑如斯,2004)在翻译图书方面,上海江南制造局翻译馆成就最著,共翻译出版图书98部、235本。(张树栋、庞多益、郑如斯,2004)

随着中国近代印刷业的发展和普及,官书局的印刷技术不断改进,其中影响较大的有江苏的金陵官书局(即江南书局)、江苏官书局、浙江的浙江书局、广东的广雅书局等。刊印了包括《楚辞》、《白喉治法》、《桑蚕辑要》、《几何原本》、《重学》、《圆曲线说》、《小学各科教授法》等数以百计的各类图书。除此之外,近代印刷出版机构当中最著名的还有创办于光绪二十三年(1897)的商务印书馆、中华书局、文明书局、大东书局、世界书局等多家机构。这些机构对汉语科学术语的引进和传播都曾有过巨大的历史贡献,他们的功劳是不会被忘记的。

现在我们可以想见中国术语工作振翅欲飞的图景:在由语言和文字合成的"语文"的碑体上,一只精灵般的术语之鸟,从"词汇"的平台中升腾跃起,留下深刻的痕迹。它有展开的双翼:一翼是出版传播,另一翼是引入翻译。再看承载着语文碑体的底座,它象征着人类的文化与文明。文化与文明的范围大过语文,说明文化与文明中还有语言文字所不能彻底表达的东西,说明"文化不能等同于文字,文化的渗透力大于文字的渗透力"。(周有光,1991)比文化与文明范围更大的领域,便是我们赖以生存的地球环境,是一个更加巨大的生态体系。

简而言之,术语是词汇中要求精准的部分;词汇是语言文字表达的灵魂;语文是文化与文明并非全部的符号记载,包括音乐、绘画、以各种形式传承的非物质遗产都负载着人类文化与文明的重要内容;而文化与文明又是地球生态系统重要但绝非全部的有机组成。在文化与文明不能完全覆盖的地方,还存在着愚昧和各种各样的不文明。特别需要指出的是,在这个世界上,有许多所谓的"文明",其实是本质上的"不文明"。而在文明以及不文明之外,更有许许多多根本不能用文明或者不文明加以衡量的自然而然的事情。如果我们要寻找一幅具有代表性和象征意义的画作来展现这一切,那就应该是埃舍尔在1938年创作的木刻《昼与夜》。

图 6 《昼与夜》,埃舍尔,木刻,1938。

图版来源:《魔镜》,第 44 页。

§2.1.3.3 术语工作的历史价值

关于新中国成立初期"学术名词统一工作委员会"的成立时间,与刘涌泉先生的表述稍有不同,另有资料显示为 1950 年 4 月 6 日:"新中国成立之后,国家十分重视科技名词规范化事业,建国伊始,即于 1950 年 4 月 6 日批准成立了学术名词统一工作委员会,任命当时的中国科学院院长郭沫若先生为主任委员。"(潘书祥,2005)这也许是文件批准的日期与召开委员会成立大会日期不同的缘故。然而无论何种描述,我们从中都可以感受到一种对于历史变化的肯定和赞赏,或者遗憾与批评。

往事越千年。回顾汉语术语发展的历史过程,我们可以看到许许多多现在生活中已经不再使用的名词和术语。但是这许多"过时"的术语,在记录或记载历史方面却有着不可替代的作用。术语工作的历史价值,从中可见一斑。科学之发展,社会之进步,都是有所传承的连续性活动。今人关于古人活动的理解,至少部分地需要借助于对古人所用"术语"的理解而理解。了解彼时彼地"术语"之所指,是与古人沟通的最短路径。从这样的意义上,我们完全可以说:术语是连接古往今来不同时代的桥梁。

到2005年,全国科学技术名词审定委员会成立20周年。在这20年中,全国科学技术名词审定委员会的工作稳定持续发展,其间建立了61个学科分委员会。2000多位各学科的优秀专家和学者参加科技名词审定工作,共审定公布66种科技名词,其内容已覆盖基础科学、工程与技术、农业科学、医学和社会科学及其诸多交叉学科的各个领域。在这20年间,中国科学技术名词规范化工作的规模之大、水平层次之高、覆盖范围之广都是前所未有的。20年来,中国的术语工作者始终遵循解放思想、实事求是、与时俱进、开拓创新的精神,推动科学技术名词规范化事业不断发展、不断前进,不仅在名词审定工作中取得了丰硕的成果,同时在海峡两岸科技名词交流和对照统一方面,在术语学建设和规范名词的宣传推广等方面均取得了可喜的成绩。(路甬祥,2005)当然,我们绝对不会忘记,所有这些成绩和进步,都与千百年来汉语术语的传承具有千丝万缕的联系。

§2.1.3.4 术语工作的艰巨性

中国的术语规范工作历史悠久,源远流长,前途光明、任务艰巨,需要更多的有识之士为之奋斗。只有这样,才能使汉语术语规范的历史成为"可持续发展"的历史。长期以来,中国的术语工作已经形成了自己的优良传统,造就了具有中国语言特色的科学文化,它包含着上下几千年、纵横数百代仁人志士、贤哲学者的科学探讨和奉献精神,成为一种凝聚着中华民族精神的文化的结晶。

在我们今天所取得的成就中,时时处处都体现着这种文化的力量,闪烁着这种伟大精神的光芒。每一个从事术语工作的人,都应该看到自己的历史责任,看到术语规范工作的历史价值。术语是一个民族科学精神与文化传承的遗产。我们从古人手中继承了遗产,也要为后人留下我们对中华民族科学和文化遗产的贡献。

通过与许多从事过名词术语工作的各学科专家的接触,可以发现这些人具有一些共同的特点:他们有深厚的中国语言文化底蕴,有既专门又广博的科技知识;有优良的外国语言修养(早期大部分人都是国外留学回来的);还有一点,他们都深深地热爱着中国的文化,他们对社会有强烈的责任心,有无私奉献的精神。长期以来大量优秀的中文名词术语就是由这些综合素质很高的人创造出来的,他们创造了有中国特点的术语文化。只有这样一些综合素养很高的学者,才能在中西方文化的碰撞中,创造出优秀的汉语术语,成为中西方文化碰撞与交融、中华文化的传承与创新的结晶。这一切常常使我们敬佩,使我们感动。(樊静,2005)

然而,术语存在的客观性决定了术语工作的艰巨性。术语规范化是一种理想的追求。相对而言,一个术语、一些术语的规范可能比较容易实现,但是整体意义上的术语规范化却不是一件轻而易举的事情。从这样的意义上说,术语规范工作,即规范意义上术语工作的本质作用只在于推进科学的发展。术语即学术,术语工作就是科学工作。

科技术语作为科技发展和交流的载体,一直与科学技术同步产生和变化。术语可以反映、表达科学研究的成果,是人类进步历程中知识语言的结晶。随着社会的发展进步,新概念大量涌现,必须用科学的方法定义、指称这些概念。所谓概念,是客体的抽象,在专门语言中用称谓表示，并用定义描述。客体、概念、称谓和定义构成术语学的基础。术语工作的进展和水平，直接反映全社会知识积累和科学进步的程度。术语规范化的目的，不是统一思想，而是同一表达。社会科学研究的术语规范化，并不意味着"社会科学学术思想的千篇一律"，恰恰相反，术语是学术的前提，术语的规范化意味着科学的发达，规范术语，是学科建设当中必不可少的重要环节。百花齐放、百家争鸣的学术氛围，必定要求术语规范化的背景。

§2.1.3.5 对术语工作者的要求

科学需要细分，所谓学术通常也会细化到各有所指。因此，作为学术的细胞，某一特定学科的术语之规范，只能由精通"这一"学科的专业人士或"专家"来倾力完成，"外人"无法越俎代庖。这是狭义解释下的"术语规范"。与之相对，广义概念的"术语规范工作"，(从更为严格的"术语"意义上，我们将其称为"术语工作"的狭义解释)是指总揽若干学科、至少是在某一范围内的多个学科、与术语规范事业相关的事务的集合，包括研究术语的"不规范"，以及"规范"与"不规范"的异同分野，研究术语规范或者不规范的社会意义与经济价值。狭义的术语规范与广义概念下的术语工作虽然有共同之处，但却是在不同的尺度之下观察和研究问题。狭义解释的术语规范当然包括在广义解释的内容当中，有相当多的专家学者需要同时从事"狭义"和"广义"的"术语规范工作"。这是科学发展的必然。

社会的发展需要并且造就了一批活跃在各个学科之间的人物。这些人兼有若干学科的知识。与各个学科的专家相比较，这些人的水平未必是最高的，他们对某一学科理论的钻研和实践也未必都能达到出神入化的境界。当然,其中也有不少人本身就是某一领域的行家里手,立足于原有的基地,再向外围扩展,踏入全新的领地。这些人的优势,在于他站在各个学科交界的地方,环顾四面八方。他们是桥梁,把"需要"和"可能"连接在一起,把发明的可能性或者发明本身介绍给需要这种发明的人,同时为这种发明争取必要的支持条件。在世界上第一台电子计算机诞生的过程中,美国陆军军械部一名年轻的中尉戈德斯坦(Herman H. Goldstine)起了这样的作用。此人曾经在大学当过数学助教,了解电子计算机发明人的设想;在计算炮击表的工作过程中,他是军械部的联络官,知道陆军部迫切需要的是什么。正是由于他的沟通与联系,促成了埃尼阿克(ENIAC)的诞生。① 从某种意义上说,在计算机发展的历史上,戈德斯坦的功绩并不亚于第一台电子计算机的直接发明者。发明需要时代和技术进步的支持作为背景,好像爆破需要炸药和导火索。然而,还必须有一位点燃导火索的勇士,由他充当连接古老文明和现代科技之间的桥梁,把爆破的可能性与爆破的需要融为一体。领导者的任务恰恰在于寻找并发现这样的勇士,运筹帷幄,把科学技术转化为生产力。(龚益,1989)

简单地说,术语规范呼唤专家的介入,没有专家的介入,术语规范就无从进行;然而对"术语工作"来说,则更加强烈地渴望通才。通才不一定是全才,但却必须是充分理解术语工作重要性、具备相应语言能力、组织能力、逻辑分析能力以及广博知识背景的真

---

① ENIAC 在 1945 年制造成功,1945 年 12 月,它开始解算弹道实验室送来的第一道题目,在次年 2 月完成计算,于是在 1946 年 2 月 15 日正式举行了揭幕典礼。1947 年,它被运往阿伯丁,起初专门用于弹道计算,后来经过多次改进而成为能进行各种科学计算的通用计算机,一直运行到 1955 年 10 月才停止工作。ENIAC 是"电子数值积分和计算机"英文名称(Electronic Numerical Integrator and Computer)的首字母缩略词。

正学者而不是政客或者官僚。随着时间的推移,人们会越来越清楚地看到:正如行政过度是中国经济运行中的潜在危险,学术腐败、学术机构的官僚化永远是术语规范和术语规范工作乃至更广义的标准化工作的宿敌。好在当前以至今后相当长的一段时期内,从事术语工作都将难以摆脱"坐冷板凳"的局面,通常只有"半两纹银,一壶浊酒,两袖清风",尽可体会"举杯邀明月,对影成三人"的乐趣,却不是官僚政客们所能长久热衷的地方。

以《现代汉语词典》的编纂过程为例,1956年2月6日,国务院在关于推广普通话的指示中,责成中国科学院语言研究所编写以确定语音规范为目的的普通话正音词典和以确定词汇规范为目的的中型现代汉语词典。从此,我国语言文字工作者开始了编纂《现代汉语词典》的浩繁工程。这部词典先后由我国著名语言学家吕叔湘先生和丁声树先生主持编写和修订,参加编写、修订的人员和资料辅助人员先后有90多人。光是编写人员搜集资料做准备工作就用了两年时间。在中国社会科学院语言研究所,被尘封的100万张原始资料卡片和《现代汉语词典》的试印本、试用本,都在诉说着这部辞书的编纂历史。遗憾的是,关于这段历史,却几乎没有留下什么可供人查考的文字。参加这部词典编辑的人有的已经作古,身后留下的也只有这部词典。[①]

在广义的概念下,《现代汉语词典》所确定规范的词汇,正是中国社会科学术语规范的最基础材料。我们也许可以期待着有这样一天,在一座关于中国语言或者科学术语的博物馆里,人们既可以

[①] 中国辞书学会学术委员会:《需要批评需要反思——中国辞书评论集》,商务印书馆,2003年版,第178、179页。

了解中国语言——其中当然包括术语,包括自然科学、工程科学、社会科学各方面的术语——发展、传播和规范的历史过程,看到许许多多珍贵的文物、资料,包括那100万张已变黄的卡片。而这座博物馆除了它的收藏、展示、研究、交流的功能外,还是一座真正的中国语文的"小学"课堂,是人们学习和了解语言科学的阵地,是能让海内外华人和所有热爱中国语言的人感到骄傲和自豪的地方。在这座博物馆中所展示的,不仅有前人语言研究的成果,更有对那些致力于中国语言事业的平凡者的景仰和尊重,认可他们"沉默的辉煌"。中国应该有这样一座"中国语言博物馆"。

总而言之,术语工作前途光明,任重道远。凡打算从事术语工作的人,对此必须有足够的思想准备。立志投身于此,淡泊名利,抱定对于科学和民主的崇高信仰,在平凡中实践伟大,在沉默中走向辉煌。真正的术语工作者,应该像春天的丁香花一样,"誉其香持久,无意显风华,积微成事业,君心胜愈嘉"。唯其若此,才能在种种困难和无穷的诱惑面前洗尽浮华,把持坚定,皓首穷经。

§2.1.4 术语发展

规范术语及其定义是标准化基础领域工作的重要组成部分。术语标准化的目的,首先在于分清专业界限和概念层次,从而正确指导各项标准的制定和修订工作。术语学和术语标准化之所以成为科学发展的必须,是为了应对术语的急剧增长和高速传播,从更抽象的高度解释和说明术语形成的规律,使得术语对于事物的描述和概括更为准确。这种情况和人类关于语言和语法的研究颇为相像,语言的产生与应用在先,语法的研究归结在后。研究语法的需求,随着语言应用的深度和广度逐渐产生。术语是确切描述知识的语词,当然也是直接面对应用的语言,术语学是研究术语构词方法及其规律的学问。

§2.1.4.1 科学术语规范工作的历史视角

语言文字的规范化、标准化是现代化建设的基础工程和迫切需要。随着我国社会主义市场经济的建立和不断完善,人们的社会交际、商业往来更加频繁,范围更加扩大,为保证交际畅通,提高交际效率,就要求语言文字规范化、标准化。特别是进入信息化、网络化时代,发展中文处理技术、建设信息高速公路等,更要求以语言文字的规范化、标准化为先导。(江蓝生、张国宪,2002)在这个大背景之下,术语规范工作的发展也成为必然。换一个角度说,当我们考察术语规范工作的历史的时候,必须坚持清醒与客观的原则,坚持从"大历史"的角度审视过去、谋划现在、展望未来。

术语规范要求以语文规范作为基础。因此,在我们研究和讨论术语规范问题的时候,总是不可能绕过"语文"这一环节。在很多情况下,术语规范和语文规范的差异,其实只是同一问题中两个不同规模子集的差异。在广义"语文"的概念下,"术语"只是其中的一个子集。因此我们可以说,汉语术语规范工作的历史,其实也是中国语言规范的历史。

具体到中国的情况,无论如何,所谓术语规范或语文规范的历史,绝不应该以新中国成立之前后作为分界线。个中理由非常简单,因为政权之变化与语文之发展相比,虽有巨大推动(如秦始皇时代的统一文字),但却仍然是较小尺度上的行为。相对而言,语言发展有自行其是的顽强规律,并不完全由政治或政权左右。中国历史上曾经经历的封建政权的历次改朝换代,其实只是权力当局的转换、不同利益集团之间结构关系的转变。从本质上说,封建统治的政权性质没有变;从内容上说,政权所统治的对象也没有变;从政权灭亡的原因上说,都是由于封建政权机构没有节制的自我繁殖,从而导致行政过度,使赋税需求与日俱增,社会生活杂乱繁冗,政权崩溃的危险不断积累形成,终至发展到超过社会公众所能忍受的临界水平,政权崩溃于是发生。

如果从秦始皇二十六年(公元前221年)秦统一中国,秦王政称始皇帝,作为中国历史上第一个封建王朝的起点,到1911年孙中山领导的辛亥革命推翻满清统治作为结束,以封建主义为主要特色的中国历史前后经历了秦(前221—前206,统治15年)、汉(前206—220,延续426年)、魏蜀吴三国(220—265,历经46年)、晋及十六国(265—420,前后156年)、南北朝(420—589,共计170年)、隋(589—618,经营30年)、唐(618—907,维持290年)、五代十国(907—960,大约54年)、宋辽金(960—1279,总共320年)、元(1279—1368,坚持90年)、明(1368—1644,统辖277年)、清(1644—1911,占据268年),其间经历了12个大的阶段,历时2132年。这些封建王朝,统治时间或长或短,成败因果各有千秋。历代统治者为了巩固自己的地位,更加有效地控制各族臣民,一方面强化君主专断集权,另一方面也为促进社会经济发展采取了一些积极措施,形成了不同的个性特点。它们的共性是,全都未能摆脱覆灭的命运。这些政权此起彼伏,相继生灭,但是作为"官话"的主流语言却始终延续,保持了"可持续发展"的基本态势。我们说中华民族历史悠久,文明灿烂,其实并不是因为中国历史上有这许许多多的朝代更迭,而是因为以中国语言文字为载体的文化要素得到了坚持与传承。闯王李自成说:"文章千古事,社稷一戎衣",并非全然没有道理。

§2.1.4.2　词语规范五十年:《现代汉语词典》

尽管我们现在强调的是所谓"术语"或"名词"的规范,但却必须首先明白"术语"在语言中的地位。术语规范,仅仅是语言规范工作当中的一部分,属于"词汇"规范的范畴,不适当地抬高它的"地位"不利于术语规范工作的推动和开展。

术语是词汇,是语言,术语规范必须依存于语言规范,以语言规范当中的词汇规范为主要前提。以《现代汉语词典》为例,这部凝聚了中国众多语言学家和语言规范工作者心血的词典,在事实上就是新中国成立以来科学术语规范工作的第一件重大成果。在这里我们使用"科学术语"的概念包括两层含义,一是想要强调自然科学和社会科学都应该成为货真价实的"科学",二是强调术语学的语言学地位,强调语言(词汇)规范对于术语规范具有基础性的重要意义。

关于《现代汉语词典》的编辑过程,在 1978 年 12 月第一版《现代汉语词典》的前言以及中国社会科学院语言研究所词典编辑室编写的专著《〈现代汉语词典〉五十年》中各有介绍:

> 1956 年 2 月 6 日,国务院发布关于推广普通话的指示,责成中国科学院语言研究所[①]在 1958 年编好以确定词汇规范为目的的中型的现代汉语词典。我所词典编辑室 1956 年夏着手收集资料。1958 年初开始编写,1959 年底完成初稿,1960 年印出"试印本"征求意见。经过修改,1965 年又印出"试用本"送审稿。1973 年,为了更广

---

① 从 1977 年 5 月起改称中国社会科学院语言研究所。

泛地征求意见,作进一步的修订,并为了适应广大读者的迫切需要,利用1965年"试用本"送审稿的原纸型印了若干部,内部发行。1973年开始对"试用本"进行修订,但由于"四人帮"的严重干扰和破坏,直至1977年底才全部完成修订工作,把书稿交到出版部门。

《现代汉语词典》1983年1月第2版,1994年5月北京第152次印刷。

关于这段历史,由中国社会科学院语言研究所词典编辑室编写的《〈现代汉语词典〉五十年》的前言中也有提及:

> 《现代汉语词典》的编写任务是由国务院直接下达的。1955年10月,中国科学院召开现代汉语规范问题学术会议,会议的决议中建议编写现代汉语词典,为推广普通话和促进汉语规范化服务。1956年2月6日周恩来总理亲自签发《国务院关于推广普通话的指示》,责成语言研究所编写一部以确定词汇规范为目的的中型的现代汉语词典。当时组织、领导编辑这部词典的重要责任首先是由吕叔湘先生承担的。
>
> ……当时,在中宣部领导下,协调有关单位,将中国文字改革委员会领导的中国大辞典编纂处和出版事业管理局领导的新华辞书社并入语言研究所,同语言研究所部分人员一起组建成词典编辑室,吕叔湘先生兼任室主任和词典主编,很快就开始了词典编写资料收集工作。一年多时间,收集资料卡片100万张。经过试编,1958

年春正式开编,吕叔湘先生亲自制定出编写细则。1959年11月编写审订完稿,1960年(铅)印出《现汉》(试印本),在全国广泛征求意见。……1961年,丁声树先生接任语言研究所词典编辑室主任和《现代汉语词典》主编以后,就把全部精力都献给了词典事业。……1965年印出"试用本"送审稿,由于"文革"影响,直到1973年才得以出版,内部发行。1975年后又经修改,1978年12月正式出版发行。

《〈现代汉语词典〉五十年》"前言",商务印书馆,2004年。

关于《现代汉语词典》的艰难历程和历史功绩,以及这部规范辞书的影响,仅仅用语言来描述可能是不够的,我们用关于这部辞书时间序列的事实和数字来说明:①

1955年10月25—31日,中国科学院在北京召开现代汉语规范问题学术会议。郭沫若院长致开幕词,陈毅副总理发言,吕叔湘(与罗常培合作)作《现代汉语规范问题》主题报告,提出编纂现代汉语词典的课题。会议决议中建议中国科学院会同有关部门聘请专家,组成词典计划委员会、组成普通话审音委员会、拟订现代汉语词典编纂计划。

1956年1月,中国科学院成立普通话审音委员会和词典计划委员会。审音委员会由罗常培、魏建功、丁声树、吴晓铃、陆志韦、陆宗

---

① 主要数据资料均引自《〈现代汉语词典〉五十年》附录〈大事记〉,商务印书馆,2004年版,第184—206页。

达、周祖谟、周有光、徐世荣、吴文祺、老舍、高名凯、丁西林、欧阳予倩、齐越15人组成,罗常培为召集人。秘书处设在语言研究所,傅婧任秘书。词典计划委员会由胡愈之、叶圣陶、黎锦熙、魏建功、王力、林汉达、吕叔湘、黄松龄、潘梓年9人组成,胡愈之为召集人。

2月6日,国务院发布《关于推广普通话的指示》。责成语言所编辑现代汉语词典。语言所成立中型现代汉语词典编纂法研究组,郑奠任组长,孙德宣、邵荣芬等参加工作。5月,研究组写出研究报告。7月,语言研究所部分人员和新华辞书社、中国大辞典编纂处共40人组成词典编辑室,语言研究所副所长吕叔湘兼任室主任和《现代汉语词典》主编,赵卓任副主任。开始为词典编纂做资料准备工作。7—9月,《中型现代汉语词典编纂法》在《中国语文》(月刊)上连载。

1958年2月,开始试编写。吕叔湘先生开始拟写编写细则,到6月上旬细则改写完成。编写工作正式开始。9月,《现汉》"凡例"和样稿在《中国语文》(月刊)第9期发表,征求意见。

1959年3月,中国科学院发文,要求所属有关研究所指定专人审阅修改《现汉》初稿。4月初,经中共中央宣传部批准,成立《现汉》(试印本)审订委员会,委员会由丁声树、黎锦熙、李荣、陆志韦、陆宗达、吕叔湘、石明远、王力、魏建功、叶籁士、叶圣陶、周定一、周浩然、周祖谟、朱文叔15位委员组成。年底完成定稿。吕叔湘撰写词典的"前言"和"凡例",中国科学院院长郭沫若题写词典书名。书稿分批交商务印书馆。

1960年5月,教育部发文,指定149所高等学校和中等学校教师参加《现汉》审订工作。年中以后,商务印书馆陆续印出《现代汉语词典》试印本(1—8册),送审。

试印本留着历史的痕迹。1960年印出的试印本送审本,用的是劣质的纸张,色黄而粗糙。经历过那个年代的人都会知道,当时,那些没有节假日,每天工作十几个小时的辞书编纂者们,每天吃的是什么。(庄建,2003)

1965年5月,由商务印书馆印出《现代汉语词典》试用本(上、下册)送审稿,分送有关方面审看。

记者注意到,在《现汉》的试印本、试用本上,都没有留下编著者的名字。试印本的前言上还写了一笔:"参加编写工作的人员和参加审查草稿的部门的名称都将在正式印本的前言中列出,这里从略。"可到1973年试用本印行时,连审订委员的名字也一并略去。……1978年,书正式出版后,大家拿到了第一笔稿费……直到1996年修订本出版,编纂者才正式署名,修订说明中概述了前人的劳动……这部书的编纂40年前开始,到今天,已有十几位先生不在人世了。(庄建,2003)

1966年,"文化大革命"开始,有关工作停止。1970年3月,词典编辑室人员随语言研究所下放河南息县"五七干校"。

1972年,国务院科教组指示进行《现汉》修订出版工作,以应急需。7月,词典编辑室人员随语言研究所回到北京。暂驻朝阳门内南小街51号,无办公场所。

1973年5月,《现汉》(试用本)16开本出版,印制3万册,定价人民币8.30元,内部发行。9月,缩印本32开本出版,印制12万册,定价4.50元,内部发行。

1974年,词典编辑室暂借文字改革委员会办公楼旁三间平房开展业务工作。"四人帮"借"批林批孔"扼杀《现汉》,已印出的《现汉》被封存,停止销售,在报刊上公开批判。

1975年8月,语言研究所组织42人的修订组,开始《现汉》修订工作。

1978年12月,《现代汉语词典》正式出版,公开发行。版权页作第1版。定价5.40元。

1980年,《现代汉语词典·补编》开始编写,由孙德宣负责。商务印书馆通知《现汉》纸型有损坏,需要重新排版。词典编辑室决定利用重排之机对词典稍作改动。

1983年1月,《现汉》重排本出版,版权页作第2版,定价5.50元。

1984年4月,《现汉》定价调整为6.80元。

1985年1月,《现汉》定价调为9.30元。

1988年6月,《现汉》定价调到14.70元。

1989年4月,《现代汉语词典·补编》由商务印书馆出版,定价8.80元。《现代汉语词典》定价调为16.90元。

1991年2月,《现汉》定价调为18.50元;11月,又调为22.80元。

1992年10月,《现汉》定价调为25.00元。

1994年1月,《现汉》定价调为28.00元。12月,《现汉》荣获新闻出版总署颁发的国家图书奖。定价调为36.00元。

1995年4月,《现汉》定价调为40.00元。

1996年7月,《现汉》1996年修订本出版,版权页作修订第3版;定价55.00元。

1997年2月,为庆祝商务印书馆成立100周年,出版《现汉》

大32开豪华本。定价100元。

1999年,成立《现汉》第5版审订委员会和工作委员会。审订委员会由曹先擢、晁继周、陈原、董琨、韩敬体、胡明扬、江蓝生、刘庆隆、陆俭明、陆尊梧、沈家煊、苏培成、王宁、徐枢、周明鉴15位委员组成,曹先擢任主任;工作委员会由晁继周、韩敬体负责。

2001年5月,开始编辑《现汉》2002年增补本。

2002年5月,《现汉》2002年增补本出版,版权页作修订第4版(增补本)。定价60.00元。7月,为庆祝商务印书馆成立105周年,出版《现汉》2002年增补本大32开豪华本。定价105元。8月,为庆祝商务印书馆成立105周年,出版《现汉》2002年增补本大32开豪华大字本。定价128元。

2003年7月25日、26日,召开《现汉》第5版审订委员会会议,商定最后阶段审稿定稿问题。

2004年,江蓝生等12位政协委员在全国政协会上提交《辞书应慎用"规范"冠名》的提案。对李行健主编、外研社和语文出版社出版的《现代汉语规范词典》的冠名及编写质量提出质疑。

2004年6月统计,《现汉》自1973年推出"试用本"以来,至此已累计印刷达4004万册,其中不包括《现汉》大32开本、16开本的数量。

2005年6月,《现汉》第5版印行,定价68.00元。

2006年12月15日,中国社会科学院语言研究所举办"词典编辑室成立50周年纪念会",意在"弘扬《现汉》精神,再创新的辉煌"。院学部主席团成员、文史哲学部主任江蓝生出席会议并讲话。她说,词典室成立50年来,编辑出版了以《现代汉语词典》为代表的一系列词典,《现代汉语词典》成为各种词典的母典,为我国的语言规范化作出了重大贡献。随着社会的飞速发展,汉语的词汇也在不断丰富、发展,因此,词典的修订充实是永无止境的。我们要发扬50年形成的"《现汉》精神",一方面不断优化《现代汉语词典》,另一方面要编辑好规模更大的《现代汉语大辞典》,为更高层次的使用者服务。(晁文川,2007)

1983年1月《现代汉语词典》第2版,1994年5月,在北京第152次印刷时的印数,为100000册;到2005年8月,《现代汉语词典》(第5版)已经是第340次印刷,这一次的印数是200000册。

毫无疑问,《现代汉语词典》应该是一部"可持续发展"的辞书。

§2.1.4.3 社科术语规范工作进入轨道

术语对于知识的描述,直接表现为关于概念的指称。社会发展进步,导致需要描述的"概念"与日俱增。然而,任何一种语言的词根数量都是有限的,与需要用这些词根表达的概念相比,词根数量可谓少到极点。中国的汉字很多,一部《康熙字典》收字47073个,80年代用计算机作字频统计一共找到8969个比较常用的汉字;国家标准《信息交换用汉字编码字符集——基本集》规定中文电脑用字以6763个汉字为度,创造科技新汉字不符合信息化要求,但是据说仅仅在电工电子领域现有的概念就已超过400万个(粟武宾,1990)。相形之下,近年来在社会生活领域出现的词语爆炸更让人耳目常新。面对这样庞大的概念群落,如果不在术语工作中采用严格的科学方法,那么在不久的将来就会出现交流中的严重问题。再就社会科学研究领域而言,要使中国的社会科学真正成为科学,成为与世界相通的学问,社会科学研究的术语规范化同样是不能回避的问题。

社会科学术语规范的目的,不是统一思想,而是同一语词表达。社会科学研究的术语规范化,并不意味着"社会科学学术思想的千篇一律"。恰恰相反,术语是学术的前提,是学术的细胞,术语的规范化意味着知识的条理化,意味着科学的发达,规范术语应是学科建设当中必不可少的重要环节。学术界历来追求、向往百花齐放、百家争鸣的学术氛围,渴望求同存异。这里的同,就是对事物、对思想的确切表达,就是学术共同语言的一致性;只有在相通、相同的表达之下,才能确切实现对相同事物客体的一致描述,从而形成并且实现不同观点的民主争鸣。

因此,真正科学意义下的社会科学学科建设,必定要求术语规范化的背景,而一言堂的家天下不需要考虑术语问题。从某种意义上说,规范术语既是社会科学学科建设当中的重要内容,也是促进学科建设和发展以及不同学科之间交叉融合的重要手段。关于这个问题,需要加强宣传,逐步确立"术语即学术"的正确观念,纠正那种认为"提倡社会科学术语规范就是束缚社会科学工作者手脚"、"规范术语就是强制社会科学工作者统一思想"的错误认识。也许我们应该一而再、再而三地强调:规范社科术语,不是统一思想,而是同一表达。

§2.1.4.4 三院共襄科学术语规范大计

如同自然科学一样,随着社会科学事业的发展,各种研究工作的展开,学术讨论与交流的需求与日俱增,规范社会科学名词术语于是成为亟待解决的事情。如果说统一科技名词术语是一个国家发展科学技术所必须具备的基础条件的话,那么,按照社会科学的学科体系进行名词审定,首先在社会科学的研究领域内规范名词术语,将是中国社会科学历史上的重要进步。

2005年9月,全国名词委副主任刘青同志在名词委第五届委员会全体会议的大会总结中指出,中央提出科学发展观,以及社会经济全面协调发展,当前社会科学领域对社会发展的贡献度会越来越大。例如法学、经济学对社会的和谐发展会起着越来越重要的作用。因此,社科名词审定工作是我们整个工作的重要组成部分。社科名词审定也是适应科学发展本身的发展要求的。这方面,社科院领导和社科领域专家对此项工作也是高度重视的,2001年就开始了语言学名词审定的试点工作,最近社科院专门组织了审定工作研讨会,研究社科领域名词审定工作,经贸、经济学、法学名词又将陆续开展工作,衷心希望社科领域名词审定工作在第五届委员会工作期间得到更大发展。(刘青,2005)

处在整个科学体系当中的社会科学,其术语规范的未来必将受到科学领域中其他学科例如自然科学、工程科学的影响。与此同时,社会科学术语规范的成果也会对其他学科产生一定的影响作用。最终形成的理想局面,必将是自然科学、社会科学与工程科学综合协调而实现"科学"术语的规范和统一。中国现在已经有"科学院"、"社科院",也有"工程院"、"三院"合作开展科学术语规范工作,应该是大势之所趋,是中国科学之幸。

§2.2 术语学

术语学(terminology) 研究术语的应用语言学科。术语是人类科学技术知识概念在自然语言中的结晶。人类社会在科学技术上的每一进步,都要以术语的形式在各种自然语言中记载下来。在欧洲,早在古希腊和古罗马的时代,学者们就开始研究术语问题,早期的各种哲学

概念、自然科学概念、人文科学概念都是要通过术语来表示的。我国是世界上最古老的文明古国之一,在中国古代光辉灿烂的文化中,也使用了各种术语来表达各种哲学和科学概念。所以,术语的研究一开始就是同人类社会的文明紧密地联系在一起的。

20世纪初年,由于科学技术的发展日趋迅速,国际的科学技术交流日趋活跃,术语的标准化和规范化显得更为重要,出现了国际性的组织来协调术语工作。这些都有力地推进了术语标准化工作的进展。在这个时期,现代术语学的理论和方法也初具雏形。现代术语学可以分为四个学派:德国—奥地利学派、俄罗斯学派、捷克斯洛伐克学派、加拿大—魁北克学派。奥地利著名科学家维斯特(E. Wüster,1898—1977)对于现代术语学的建立和发展作出了卓越的贡献。

现代术语学的研究对象是语言中的一个特殊部分——术语,它的研究与语言学其他部分的研究有着密切的关系,中国的现代术语学研究不可避免地要研究汉语的术语问题,因此,中国的现代术语学研究又与汉语的词汇、语法乃至语义的研究密切相关。

由于使用地域的不同,台湾和香港的许多术语与大陆的术语有很大差异,特别是在一些新学科中,这样的差异十分严重,给海峡两岸的科学技术和经济文化的交流带来许多不便,我们应该逐步创造条件,交流海峡两岸术语学研究的成果和经验,使中文术语逐步地协调和统一起来。中国的术语工作者在实际研究中,正在逐渐形成自己的特色。国外术语学界还没有注意到研究术语结构的重要性,而我国术语工作者已经深入地研究了汉语术语的结构分类、汉语术语的结构歧义等问题,提出了独具特色的汉语术语理论——"潜在歧义论"、"术语形成的经济律"、"结构功能观",并且在术语数据库中,用计算机检验了这些理论,在国际会议上介绍了这些理论。具有中国特色的一个新的术语学派——中国学派正在形成。

《语言文字学常用辞典》(2001),第251—252页。

研究概念、概念定义和概念命名基本规律的边缘学科——术语学在20世纪30年代初期正式创立。从那时起,术语学的理论、原则和方法开始广泛应用于各个专业领域的术语规范工作。在现代术语学形成的过程中,逐步建立了术语学的若干流派。

§2.2.1 术语学的兴起和发展

现代术语学是一门独立的学科,它有自己的理论和方法。20世纪初,由于科学技术的发展日趋迅速,国际间的科学技术交流日趋活跃,术语的标准化和规范化显得更加重要,出现了国际性的组织来协调术语工作。1906年建立了国际电工委员会(IEC),开始编纂多语种的《国际电工词典》。在这个时期,现代术语学的理论和方法也初具雏形。

1904年9月,在美国圣路易举行了国际电工大会。参加会议的政府代表团做出决议:"应采取步骤指定有代表性的委员会研究电工仪表和机械名词术语和额定值的标准化问题,以保证全世界各技术协会之间的合作。"根据此项决议,决定组建国际电工委员会(IEC)。1906年,IEC在伦敦举行第一次会议,起草IEC的第一个章程,1908年通过,并于1949年、1963年、1974年、1992年作过修改,以新章程代替旧的版本。1992年新章程发布时,IEC委员会的所在地在瑞士日内瓦,根据瑞士民法第60条,委员会是社团法人。①

奥地利科学家欧根·维斯特(Eugen Wüester,1898—1977)对于现代术语学的建立和发展作出了卓越的贡献。他于1931年写成了第一篇关于术语学的论文《在工程技术中(特别是在电工学中)的国际语言规范》(*Internationale Sprachnormung in der Technik, besonders in der Elektrotechnik*),提出了现代术语学的基本原则和方法,阐述了术语系统化的指导思想,为现代术语学奠定了理论基础。此后,他又发表了一系列关于术语学的论文,如《术语学的基本概念,系统化的定义词典》(1955)、《普通术语学——一门介于语言学、逻辑学、本体论、情报学和专业科学之间的边缘学科》(1972)、《普通术语学和术语词典编纂学引论》(1979)。(冯志伟,2001)

§2.2.1.1 早期术语学的思想基础

我们今天看人类语言发展的历史,仿佛是在水下,面对着一孔深邃遥远的舷窗。在宏大却又幽深的历史视野中,从远古的蒙昧,到古希腊、文艺复兴直至近现代科学产生,科学、文明和语言始终显露出并行发展的轨迹。从科学语言的角度,希腊语和拉丁语曾经发挥过重要的历史作用。及至拉丁语走向没落,欧洲各国国语成为科学书写工具,人们开始注意到出现在科学界面前的语言障

---

① 《国际标准化工作手册》,中国标准出版社,2003年版,第49页。

碍。欧洲人曾经为克服这种障碍付出过种种努力。但是人们最终发现,"无论试图借助某一种自然语言(比如英语),还是试图建立一种统一的人工语言,在今天看来,都未必是解决语言障碍的现实可行的办法"。(郑述谱,2005)说明在语言的种类之外,还存在着另外一些阻碍交流的因素。这种障碍因素,来源于语言内部关于知识概念的词汇表达。为了克服这种障碍,必须在词汇的领域开展新的研究。在这种需求的推动下,研究专门词汇——术语的学问应运而生。

在近代西方学术界,一般认为,术语学作为一门学科,是维斯特教授提出来的。但是,关于术语学的思想基础却久已存在。例如,德国人列昂纳多·奥尔什基(Olschki L. 1885—1961)是海德堡大学罗曼语教授。他在1919年发表了一部题为《新语言科学文献史》的三卷本巨著。其俄文译本于1933—1934年在俄国出版。该书研究了中世纪到文艺复兴过渡时期技术语言的发展状况。在奥尔什基看来,科学的发展与语言的发展是互相依存、紧密相关的。奥尔什基著述的价值在于他对科学家如何凭借语言创造力来创建科学的概念进行了敏锐的观察,并把术语作为一种文化历史现象来看待。但术语在他那里还称不上是一门新学科。他的巨著会载入史册,而他的光辉却或多或少被随后诞生的维斯特掩盖了。

维斯特是一个具有非凡创造精力的人。他一生的著述近500篇。他的学术、社会和经营活动的成就,同样令人赞叹。他在那篇具有开创意义的论文的开头提到了奥尔什基并且特别引用了奥尔什基的话,"语言学忽视科学语言的形成"。(郑述谱,2002)维斯特说:"然而,只要深入观察概念、名称及实物间存在的联系,他们就会愈来愈承认语言领域内科技工作的重要性。"

§2.2.1.2 现代意义的术语学

维斯特是现代术语学的奠基人,也是术语学中维也纳学派的创始人。其他如前苏联的艾·德列曾、察普雷金(1868—1942)、洛特(1898—1950)等人也在20世纪30年代初就开始了术语学的研究工作。洛特院士撰写的《科技术语构成原则》始终是前苏联术语工作的理论基础。察普雷金是空气动力学家,他和洛特同为后来兴起的术语学中莫斯科学派(亦有人称之为俄罗斯学派)的鼻祖。语言学中布拉格学派的后继者至今仍活跃在捷克斯洛伐克,致力于术语学课题的研究。30年代初期,他们从术语标准化的角度对术语学进行研究,其论点受到布拉格结构主义语言学派的影响。术语学中加拿大的魁北克学派兴起于20世纪70年代,在建立术语库和翻译(包括机器翻译)工作方面成绩显著。在魁北克的拉维尔大学,由隆多(Rondeau)教授开设了术语学理论讲座,并培养术语学硕士和博士(粟武宾,1990)。

现代意义的术语学,是20世纪初电工技术革命的结果。20世纪30年代奥地利学派的维斯特把它系统化。二次大战后由于信息科学的重大发展和突破,在各国建立术语数据库的过程中,加上国际标准化组织(ISO)的倡导,术语学愈来愈显示出它的重要意义。魁北克学派隆多教授认为术语学的发展有八个因素,①科学进展;②技术发展;③信息传播;④国际关系;⑤国际贸易;⑥跨国公司;⑦标准化;⑧国家干预。陈原在《社会语言学》中将其归结为两条:(1)科学技术的进展提出了许多新概念;(2)国际社会的交往日益频繁,需要一种规范性的标准。为了信息的收集,存储,传播,交换,分析,处理的准确、精确和有效(无论是国内的还是国际的,无论是一门学科的还是多科交叉的),都需要有表达同一内容

的标准术语。(陈原,1985)

现代意义的术语学并不是突然之间在空无当中产生的。与任何关于知识的严肃研究一样,要认识研究对象的内在规律,就必须研究其发展历史。因此,术语学研究中也有一个重要的分支——历史术语学。历史术语学就是研究专业词汇在历史上产生、发展的过程。对这一过程造成影响的因素很多,既包括语言学因素,也包括非语言学因素。了解这些内容,有助于认识术语产生、发展的规律,增强术语规范工作的科学性。现代意义的术语学,既是历史术语学的延续,也是在历史术语学基础上的创新和发展。科学发展最重要的元素是继承,现代术语学也不例外。

§2.2.1.3 术语学的语言学渊源

产生于20世纪30年代的术语学,经过几十年的发展,大约到了20世纪70年代,已经成为一个相对独立的综合性的应用学科。它的发展大约经历了两个阶段。20世纪30—60年代属于第一阶段,也可以把它称为材料的积累阶段。其代表人物应首推维斯特(E. Wüster)、洛特(Д. С. Лотте)等人。他们把术语这个特殊的词或词组作为一个单独的研究对象分离了出来,并在术语统一等方面做了不少工作,取得了很大的成绩。但是,诸如术语的本质,术语在语言系统中的地位,对术语应该有哪些实际可行的要求,术语的形式在多大程度上是可以控制的等等这些问题,在这一阶段,并没有解决。20世纪60年代末,术语学的发展进入到第二个阶段,有人把这一阶段称作思考的阶段。承认术语学是一门独立的学科是这一阶段的重要标志。在这个问题上,无论是维斯特以及他创建的国际术语信息中心(Infoterm),还是以隆多(G. Rondeau)为代表的加拿大学派,以及俄罗斯学派等,都持有同样的看法。同时,在这一时期内,对术语诸多特征的全面研究,对术语统一与应用的科学基础的探讨,也取得了新的成就。至于第一阶段已经开始的某些专业术语应用研究,也有了新的发展。术语学的综合性集中地体现在它与多种学科都有密切的关系,同时,它的研究方法主要也是从其他学科借用而来的,尽管它也有自己特有的方法。

术语学与语言学的关系较之与其他学科相比,历史是最长的。语言学实际上是术语学赖以产生的土壤。在术语还没有成为一个单独的特殊研究对象以前,它被视为语言中词汇的一部分。因此,语言学中的词汇学以及实际从事记录与描写词汇的词典学是术语研究最早"存身"的地方。至今,在一些普通语言学的著作中,在谈到词汇问题时,仍不忘记提到术语与术语研究。到20世纪30年代中期,术语研究开始逐渐从语言学中脱胎而出,成为一门相对独立的学科。术语学的上述"出身",决定了术语学最初采取的研究方法基本上是语言学的方法,或者确切地说是词汇学的方法。这从当时人们较为关注的问题可以看出来。人们探讨的是术语词、专业词与非专业词的区别,以及术语中所存在的同义或多义现象及其弊端,术语的来源以及构成方法等。显然,这基本上都是从词汇学的角度出发来提出问题,研究问题。随着术语研究的深入,也有人,例如俄国的著名语言学家维诺库尔(Г. О. Винокур),从更宽的超出词汇学的角度,依靠形态学与句法学的理论,对创建俄语术语的构词模式提出了自己的看法。

术语学研究的首要目标在于认识和揭示术语发展的一般规律。应该说,这是一项非常困难的任务。一般说来,语言范畴内的许多规律性的东西,并不能直接地展现出来,也不便于从外部进行观察,它至多体现为一种趋向,而这种趋向是要经过较长历史时期的渐进发展才得以显现的。至于术语系统本身的发展,更受到多种因素的制约,这自然增加了认识这一规律的难度。

§2.2.2 国际电工委员会的术语工作

为了更清晰地了解现代术语学兴起的历史背景,以及早期国际上术语标准化工作的推进模式,有必要对国际电工委员会从事名词术语方面工作的情况作一番回顾。国际电工委员会(International Electrotechnical Commission,简称 IEC)是世界上最大的两个国际标准化组织之一。它与国际标准化组织(International Organization for Standardization,简称 ISO)同为联合国社会经济理事会的甲级咨询组织。IEC 主要负责电工和电子领域的国际标准化工作,ISO 则负责非电方面广泛领域的国际标准化工作。

IEC 是世界最早成立的一个国际标准化组织,它的肇始可以追溯到 19 世纪的末期。当时各国的科学家、工程师和工业界人士经常在国际电气化会议上讨论电气化的发展和有关的问题,大家都认为有必要成立一个永久性的组织以作为学术交流的论坛。1904 年科学界和工业界的先驱集会于美国圣路易,声明要采取措施成立一个有代表性的委员会以研究电气设备和电机的名词术语和功率等问题,以便促进世界各技术学会的合作。1906 年 10 月,国际电工委员会正式成立,开尔义爵士被推选为首任主席(梁先明,1985)。目前 IEC 与大约 200 个国际组织保持联系。其中,与国际标准化组织(ISO)关系最为密切,并有明确分工,即 IEC 负责电工电子领域的国际标准化工作,其他领域则由 ISO 负责。

§2.2.2.1 名副其实的名词术语委员会

国际标准化活动是从电工领域开始的。1870 年以后,电灯、电热器等家用电器以及各种插头、插座、电阻丝等已得到广泛使用。由于产品质量差、标准不统一,常常发生人身事故。于是,用电安全和电工产品标准化问题被提到日程上来。1887—1900年召开的6次国际电工会议上,与会专家们一致认为,有必要建立一个永久性的国际电工标准化机构。1904年,在美国圣路易举行的国际电工会议上通过了关于成立永久性机构的决议:"代表团会议认为,这个类似的问题最好应由有关的政府代表团的国际委员会研究。""希望与会的政府采纳代表团会议的建议,将该委员会最终变成永久性组织。"就是在这次会议上,还通过了英国 R.E.B. 克隆普顿上校的建议:"应当采取措施,指派一个有代表性的委员会来考虑电机、电器的术语和功率的标准化问题,以便达到全世界各技术学会的合作。"

1906年6月,13个国家的代表集会于伦敦,正式成立了国际电工委员会(IEC),并起草了 IEC 章程及议事规则。1908年10月,由 A. 西门子在伦敦主持召开了第一届理事会,通过了 IEC 第一个章程(后经过多次修改)。当时有26个国家参加会议。英国物理学家、数学家开尔文当选为 IEC 首任主席。1947年,IEC 作为一个电工部门并入国际标准化组织(ISO),会址遂迁至瑞士日内瓦。1976年又从 ISO 中分立出来。中国于1957年8月加入 IEC。1980年,中国首次进入执行委员会。1990年,由中国首次承办的 IEC 全体大会(第54届)在北京举行。①

IEC 下设八十多个专业技术委员会,分工制定各种电工电子

---

① 国家标准化管理委员会:《国际标准化工作手册》,中国标准出版社,2003年版,第43—44页。

标准,成立初期就开展了名词术语工作,它于1910年正式组织了第一个专业技术委员会(简称TC1)即负责编定名词术语,兼管量值、单位和文字符号等工作。据《国际标准化工作手册》中提供的资料,1913年,IEC首批建立了4个技术委员会,在名词术语、图形符号、电机和水轮机方面开展标准化工作;1914年发布了第一个推荐标准,其内容涉及标准化概念、名词术语、图形符号、试验方法、安全等电工标准化基本问题。[①] 1925年,IEC将量值、单位和文字符号方面的工作移交另一个技术委员会承担,TC1成为名副其实的名词术语委员会。IEC的第一个名词术语出版物于1938年出版,它包括了约2000个一般电工技术名词。由于第二次世界大战的影响,这个出版物的修订工作中断了十多年,直到1948年才恢复工作。1949年TC1召开了战后的第一次会议,决定编制国际电工辞典的新版本(梁先明,1985)。国际电工学会为编制国际电工辞典制定了若干原则和程序,这些规则同样适用于包括社科术语在内的术语规范活动,至少具有一定的参考意义。此外,IEC的术语规范实践也从一个侧面表明,科学技术发展程度的明确标志,很可能通过术语规范的程度得到表现。

§2.2.2.2 编制原则与出版辞典的目的

关于编制原则,出版辞典的目的,(1)是对国际间所接受的概念给予正确而简明的定义并予以命名,以便可以识别这些已经规定了定义的概念。国际电工辞典绝不允许在电气电子工业的专题上出现错误,同时要求定义的准确性。(2)关于从概念到定义的过

---

① 国家标准化管理委员会:《国际标准化工作手册》,中国标准出版社,2003年版,第47页。

程，要求对于任何一个专门名词的构成和表述，首先要研究出现在某一专业领域内的概念和概念的分类。针对每一个概念要采用一个单独的定义，避免对几个相似的概念采用同一定义。(3)对定义的要求是简练清楚，原则上要求用一句话表达出来。定义必须从电工技术的观点完整地表达概念，既要尽可能概括特殊情况的一般化，又要限定于精确地表达某一相关的概念。(4)关于名词的选择，应考虑ISO关于《命名原则》的文件，符合国际交流和术语统一的目标。凡是牵涉到几个专业委员会或属于基础性和通用的名词术语，都由TC1直属工作组负责编写。(梁先明，1985)

当我们谈到IEC关于编制原则和出版辞典的目的时，不能不联想起近年来中国国内辞书出版活动的空前"繁荣"。若从术语工作或语言规范的角度来看，则是喜忧参半。套用经济学的说法，语言是针对全社会的制度安排。从某种意义上说，语文辞书就是社会语言规范的"法律文本"。但目前充盈于市的许多辞书，却很难做到"众口一词"。这样的辞书越多，社会语言的混乱现象就越难以约束。仅以一字为例，装帧之"帧"，在商务印书馆出版的《现代汉语词典》(1994)、中华书局出版的《王力古汉语字典》(2000)以及上海辞书出版社的《辞海》(1999年版缩印本)中均读做zhèng；但在中国三峡出版社出版的《学生实用汉语词典》中读做zhēn，外研社、语文社共同出版的《现代汉语规范词典》(2004)当中更被标明"统读zhēn，不读zhèng"。一叶落而知秋。从这一字的读音，"zhēn zhèng"可以看到辞书之间彼此冲突的状态了。

据有关部门提供的数字，从20世纪初到1949年，我国出版的辞书只有320部；新中国成立后到党的十一届三中全会前的30年中，出版的辞书也就是890部。这当中，经历了十年浩劫，当人们走出那个年代,开始大量地汲取知识的时候,他们急需辞书这"无声的老师"的帮助。中国巨大的辞书市场由潜在变成了现实。此后的 15 年间,我国出版的辞书多达四千余种,大型辞书的品种显著增加,专科辞典涵盖了各个学科,23 个有民族文字的少数民族基本上有了自己民族的语文辞书。(庄建,2003)但是这四千多种辞书中,既有专家学者的心血之作,也有许多鱼目混珠的滥品。

§2.2.2.3 术语规范需要多部门协调

消除名词和定义的重复现象一直是 TC1 考虑的一个重要问题,但是这个问题的解决并不是一件很容易的事情。IEC 关于术语工作的实践告诉我们,名词术语的标准化绝不仅仅是一项耗时甚巨的学术性工作,还需要与各有关部门充分协调,谨慎从事,不能粗制滥造。

严复说:"一名之立,旬月踟蹰。"周有光说:"一名之定,十年难期。"如今的时代,学问交叉纵横,语言相互渗透,许多名词都牵涉到多个行业或部门。对于这种局面所造成的术语规范方面的困难,必须有足够的思想准备。全国名词委根据当代科学领域文理渗透和紧密融合的发展趋势,将"探讨建立三院(中国科学院、中国工程院、中国社科院)合作研究工作体制的可行性"列为第四届委员会的工作计划(潘书祥,2000),无疑是远见卓识的安排。2005 年,在全国名词委第五届委员会工作计划要点中,又明确指出要"进一步完善科学名词体系",其中包括"在中国社会科学院的支持下,适时地、积极地开展社科领域名词审定工作,使科技名词规范化工作覆盖更广泛的领域,以促进我国经济社会协调发展"。(潘书祥,2005)

审定公布科技名词是全国科技名词委的中心工作。前四届委员会已经建立了61个分委员会,公布了66种科技名词,第五届委员会计划进一步完善这一科技名词体系,在已有的基础上,开拓新的学科领域,开展综合性学科的名词审定,基本完成自然科学与工程技术科学领域各学科的名词审定,同时开展社科领域名词术语的审定工作。这些成果和计划无疑都是令人振奋的。但是在笔者看来,仅有这些工作成果和计划还远远不够。

科学技术发展到今天,人类社会经济活动的综合性和不同科学学科之间的交叉联系已经是今非昔比。大量的名词术语分别出现在不同学科的术语集合当中,既有重叠,更多交叉。历届科技名词委所组织建立的不同学科的分委员会,分别从事着各自学科内部名词术语的审定工作,但是作为"全国名词委"本身来说,还应该考虑建立一个负责协调和审定各学科"公有"或"共有"术语的委员会和工作班子。这个班子的任务,是确定那些为各个学科乃至全社会所"共用"的科学名词和术语,以及协调这些具有共性的科学名词、术语的定义和使用,兼及对一部分社会新词提出命名与定义的建议。

回顾历史,科学语言统一规范工作的高潮总是出现在社会经济繁荣、国家实力充沛的历史阶段,同时也是"诸侯势力"相对薄弱、不能兴风作浪的时期,说明术语规范与社会统一之间存在照应关系:只有政令一致,多部门的协调才成为可能。与此同时,术语规范的过程及其成果,又会成为巩固政令一体,避免政出多门的有效手段。当今时代的特点,是体现出强烈"个性"的同时,又表现出强烈的"系统"性质,是从笛卡尔细分的原则出发,重又回到"系统综合"的时代。对不同学科之间"共有"术语的协调和再审定,可以说是时代赋予中国科技名词和社科术语规范工作者的伟大的历史使命。全国名词委有能力,也应该承担起这份责任。

§2.2.3 现代术语学的主要流派

现代术语学可以分为四个学派,即德国—奥地利学派(亦有称之为维也纳学派)、俄罗斯学派(亦有称之为俄国术语学派或莫斯科派)、捷克—斯洛伐克学派(亦有称之为布拉格学派)[①]、加拿大—魁北克学派。(冯志伟,2001)

§2.2.3.1 德国—奥地利学派

德国—奥地利学派的代表人物是维斯特、达尔伯格(I. Dahlberg)、魏尔希(G. Wersig)和费尔伯(H. Felber)。

维斯特是现代术语学的奠基人。他在柏林技术大学电气工程系毕业后,于1931年以术语学论文获得德国斯图加特大学博士学位,接着他回到故乡——奥地利南部的维森堡,经营一个生产木制工具和带钢的工厂。他在这里收集世界各地的术语研究文献,创立了世界上独一无二的术语综合图书馆。1977年维斯特逝世后,这个图书馆由奥地利标准化协会接管,并且从维森堡迁移到维也纳的国际术语信息中心。维斯特在维森堡建立了一个民间的研究所,专门从事术语研究,他还吸收了维也纳的一些术语学研究人员参与这个研究所的工作。这种研究后来又进一步扩展到联邦德国,逐渐形成了术语学中的德国—奥地利学派。维斯特倾其全力通过国际标准化组织(ISO)来制定术语学原则的国际标准,当时总共有230页的ISO推荐标准和标准草案,几乎全部出自维斯特之手。维斯特的研究工作涉及面很广,术语、术语标准化、术语索

---

① 本节下述部分内容参考并引用了冯志伟先生(2001)、郑述谱先生(2005)著作中的文字和结论,深表谢意。此前三对括号(亦有……)系引用者注。

引、术语文献编制、译音和转写、符号理论、分类法、语言规划、词汇学、词典编纂法都是他感兴趣的问题。1972年至1974年,维斯特担任维也纳大学普通语言学与应用语言学系的名誉教授,开设了"术语学理论与术语词典学入门"课程,这门课的教材后来形成了一本专著,于1979年作为维也纳技术大学文集第八卷出版。

德国—奥地利学派的主要观点是:

(1) 强调概念在术语学中的重要地位。他们认为,首先要划分概念,然后才能划分概念的名称,概念系统是术语的基础。因此,术语学的研究应该先从概念出发,即先从概念的定义开始,而不是先从词语开始。术语学应该研究概念的本质、概念的产生、概念的特性、概念之间的相互关系、概念系统的结构、概念的描述和定义、概念与事物的关系、概念与名称的关系等问题。由于概念王国是不依赖于词语王国而独立存在的,必须对概念王国的研究给以特别的注意。

(2) 在语言学方面,术语学的研究一般只限于词汇的范畴,术语的形态变化和句法规则与全民语言是一致的,它们应从全民语言中吸取。

(3) 术语学的方法是共时的方法,它只关心概念体系的现状而不涉及概念体系的发展历史。

(4) 强调术语学与语言学的不同。他们认为,术语学与语言学的不同之处在于:语言学只对语言进行描写,而术语学不仅要对语言进行描写,而且还要对语言进行规定。目前,ISO国际标准和其他标准化组织编纂的标准化词汇表已达一万份左右,这些标准都对术语进行了这样或那样的规定;语言学一般不对语言进行评价,而术语学则要对术语中的各种成分进行评价,以便筛选现有的术语并创制新的术语;语言学特别重视对本民族语言的描写,一般并不强调语言的国际化,而术语学则强调要用国际统一的原则和方法来指导各国的术语工作,这种国际性的原则和方法不随着国家的不同或语种的不同而不同;语言学既要重视书面语的研究,也要重视口头语和语音的研究,而术语学则以术语的书面语研究为主,并不强调术语的口头形式。

(5) 定义在术语学研究中占有特殊重要的地位,为了保证术语定义的一致性,他们建立了一套严格的定义方法。

(6) 强调术语学各门科学和各个学科分支中概念系统的原始基础。术语是传递知识、技术和不同语种之间的概念的工具。

§2.2.3.2 俄罗斯学派

俄国的术语学研究历史,相对于术语学在世界上存在的历史来说,应该算是比较长的。细说起来,这段历史还要从彼得大帝(1672—1725)的改革说起。

彼得大帝即彼得一世,是俄国沙皇(1682—1725,1721 年称皇帝)。1682 年他与其兄伊凡五世(1666—1696)同时即位,立为"第二"沙皇,其姊索菲娅(1657—1704)摄政。当时的彼得大帝只有十岁。1689 年,沙皇政权生变,彼得大帝推翻索菲娅后开始掌握实权。1697 年,他化名出国,在荷兰、英国等地学习考察。翌年,因国内军队谋叛返回。此后积极兴办工场、振兴贸易,同时改革军制,建立正规的陆军和海军,打击保守势力,巩固加强以沙皇为首的中央集权统治。1703 年,在涅瓦河口营建新都圣彼得堡。他的统治,为近代俄国的发展奠定了基础。

彼得大帝倡导改革,鼓励引入先进科学技术。随着全面学习西欧,大量科学文献被译成俄语,大批科技外来语也随之涌入。于是，如何处理科技术语的问题便被提上日程。俄国的物理、化学、机械、天文等学科术语体系的建立，与著名科学家罗蒙诺索夫（1711—1765）的贡献是分不开的。他在研究自然科学的过程中努力构造概念体系，创造并且规范了大量的俄文术语。罗蒙诺索夫是俄罗斯历史上光彩照人的大师级人物，他既是科学家，又是语言学家。19世纪20—30年代之前的俄语语法，通常被称为罗蒙诺索夫语法。其中许多沿用至今的术语及其体系都是罗蒙诺索夫创建的。

进入19世纪后的俄国，搜集整理术语的工作更为活跃。1807年，已有矿物学词典问世。据有关文献统计，19世纪上半叶，在俄国出版不同学科的术语词典就有4部之多。19世纪末至20世纪初，随着科学、技术、工业、农业，以及文化、艺术不同领域多种学科的建立与发展，术语更是大量涌现。与此同时，社会对术语研究的需求也日益迫切。反映这种研究成果的著作，包括百科辞典、语词词典以及翻译词典等，也越来越丰富多样。十月革命（1917年俄历十月）以前，俄国人在术语工作方面已经有过重要的尝试。1910年，俄国邮政电信总局属下成立了一个委员会，专门研究电工学术语问题。几乎同时，作为国际电工委员会（IEC）的成员之一，俄国开始陆续发布这一国际组织编写的带有术语工作性质的材料。（郑述谱，2005）

十月革命以后，俄国开始了大规模的工业化，尤其是20世纪20—30年代的技术进步，不仅促成了术语数量的与日俱增，也使术语越来越多地进入到全民语言之中。作为语言学当中的一个分支，术语学成了亟待语言学家研究的课题。俄国术语学研究在世界上的优势地位就是在这期间确立的，术语学研究中的俄罗斯学派就此形成。值得一提的是，参与术语学研究的不仅有语言学工作者,还有许多从事工程技术工作的科技人员。

俄罗斯学派的代表人物是洛特(D. S. Lotte, 1898—1950)、德列津(E. K. Drezen, 1895—1936)、戈龙文(B. Golovin)、丹尼连科(V. Danilenko)等。

20世纪30年代初,俄罗斯学者开始从事术语学的研究,他们把维斯特的著作《工程技术中(特别是电工学中)的国际语言规范》翻译成俄文,建立了技术术语委员会,后来改名为俄罗斯科学院科学技术术语委员会(KNTT)。这个委员会负责阐述术语学的基本理论,制定术语标准和术语表,汇编收集到的推荐术语,制定使用术语和创造新术语的原则。1931年,洛特发表《科技术语学当前的任务》一文。当时他是苏联部长会议标准化协会术语标准化的负责人,苏联科学院院士。加拿大著名术语学家隆多(G. Rondeau)评价洛特,说他"可以称得上是第一位真正的术语学教授"。(G.隆多,1985)洛特文中指出,术语学的现状与科学技术的发展极不适应,已经成了技术进步的严重阻碍。1933年,根据苏联科学院院士恰普雷京(1869—1942)的提议,建立了苏联科学院术语委员会。

1936年,标准化委员会与术语委员会的另一位成员,世界语学者德列津发表专著指出,术语的功能在于,在人的意识中尽可能充分地再现科学或技术对象的性质与特征。1939年,著名语言学家维诺库尔发表了《俄语技术术语中的某些构词现象》。这一著述对俄语科技术语的发展起了很大的作用。维诺库尔文中所涉及的许多问题,直至今日,仍然是术语学研究中关注的重点。值得注意的是,维诺库尔特别坚持强调了术语的语言学性质。(郑述谱,1999)

加拿大术语学家G.隆多(1985)高度评价俄罗斯学者对术语

学的贡献。他说:"自30年代的这些活动开始以来,苏联学派就以其双重发展的趋势而著称。一方面使术语学的理论和实践紧密地结合在一起,另一方面从语言学的角度来考察全部术语问题。从这个意义上说,术语资料的处理方法在奥地利问世之际,术语学作为一门科学在苏联诞生了。"的确,德国—奥地利学派的代表人物维斯特的工作总是面向实际的。在他的领导下,制定了编写国际术语词典以及建构术语体系工作的细则。而俄国的术语工作总是既注重实践,又重视理论,把术语研究发展成为一门学科,俄国学者功不可没。

归结起来,俄国的术语工作有一系列自己的特点。俄罗斯学派的主要观点包括:

(1) 术语学研究的对象属于语言范畴。解决术语学问题的方法应该从语言学中去寻找,应该在术语学中大量应用语言学的研究成果。俄罗斯学派研究术语的方法,一般是先从某一领域的语言单位出发,建立概念体系,而不像德国—奥地利学派那样,概念的划分总是先于名称的划分。

(2) 术语学是一门应用科学,它应该研究解决各种实际问题的原则和方法。俄罗斯的术语学研究首先要解决俄语和独联体其他各国的语言中出现的问题。例如,术语标准化问题和创造新术语的问题。

(3) 术语学的研究与社会文化有着密切的关系。俄罗斯的高等学校和俄罗斯科学院都十分重视术语问题,大部分俄罗斯的术语学研究人员不是属于某大学,就是属于俄罗斯科学院。俄罗斯科学院直接抓术语工作,他们总是把术语问题当做一个社会文化现象来进行研究。基于这种考虑,俄罗斯学派认为术语问题必须与高等教育结合在一起,才能从根本上提高全民族的社会文化水平。

国际标准化组织 TC37 委员会第一分委员会的秘书处设在莫斯科,由俄罗斯国家标准委员会的全俄技术情报分类和编码研究所具体负责。在第一分委员会的主持下,起草了《术语学词汇》、《术语命名原则与方法》、《概念与术语的国际统一》等重要的文件和标准,在国际术语学界有着广泛的影响。20 世纪 80 年代,俄国发表术语学方面的专著或论文,大约有 2000 部(篇),每隔两年就有一次全国性的术语学学术研讨会。20 世纪 50 年代中期,在苏联术语委员会工作的学者已达 400 人。术语学作为一门课程,更是早已进入了许多大学的课堂。

§2.2.3.3 捷克—斯洛伐克学派

捷克—斯洛伐克术语学派的主要代表人物有哈夫拉奈克(D. Havranek)、霍列茨基(J. Horecky)、克库莱克(K. Kocourek)、鲁登尼(M. Roudny)等。

布拉格语言学派是现代结构语言学中的三大流派之一。布拉格语言学派主张从实用的观点来研究语言的规范问题,也就是从社会生活的各个领域,特别是从人类文化、文明和技术交流的角度来研究语言的规范问题。语言学理论的目的在于应用,在于改善语言的使用状况,促进语言的规范。术语学中的捷克—斯洛伐克学派受到布拉格语言学派这些观点的影响。

捷克—斯洛伐克学派的主要观点:

(1) 继承布拉格语言学派的传统,强调从语言学的角度来研究术语问题。他们认为,要有意识地推广多数人认可的语言习惯,加强约定俗成的社会影响,消除少数人乃至个别人使用的不符合多数人习惯的和不精确的、重复累赘的语言现象。

(2) 重视术语的社会交际功能的研究。为了发挥术语的社会功能,他们主张:术语不要与日常使用的词语发生过多的联系,以免产生歧义;从几个同义术语中挑选标准术语时,要选派生能力强的术语;不要过多地干预术语的国际化,吸收外来语可以丰富本民族语言的术语。

(3) 注意术语特性的分析和研究。他们认为研究术语的特点,是正确地创造、翻译、移植术语的前提。

捷克—斯洛伐克的术语学研究起始于 20 世纪 30 年代。它的形成和发展同保护捷克和斯洛伐克两种语言和文化有着密切的关系,这一学派实际上是语言学中的布拉格学派在术语学中的代表。

§2.2.3.4 加拿大—魁北克学派

该学派的代表人物是隆多(G. Rondeau)。这个学派是现代术语学中后起的学派,20 世纪 70 年代才形成。他们批判地吸收了其他学派的观点,并将其应用于术语工作的实践之中,在建立术语数据库方面取得显著成绩。目前加拿大术语数据库是世界上规模最大的术语数据库。隆多教授在魁北克的拉维尔大学开设了术语学讲座,并培养术语学的硕士和博士。

加拿大—魁北克学派的主要观点:

(1) 概念是术语的基础,概念单位是术语分类和定义的对象,又是术语命名的出发点,术语工作应该建立在概念层级体系的基础之上。

(2) 术语在本质上是由概念和名称两个方面组成的语言符号,它之所以能作为特定的概念总体的一部分,是由于在概念总体中它同其他的概念存在着相互依存、相互制约的关系。

(3) 术语标准化工作应该从社会语言学的角度来进行,在术语标准化工作中,要注意强制标准和推荐标准之间的区别。

(4) 术语工作应该同语言规划的政策紧密地联系起来。

(5) 术语并不是永恒不变的,在术语工作中,应该特别注意新术语的研究。

加拿大—魁北克学派对世界上的术语工作,特别是对于维斯特的工作,进行了批判性的综合。这个学派在国际术语学的研究中一直十分活跃。国际标准化组织 TC37 委员会第二分委员会秘书处设在魁北克法语管理局内,负责研究专业词汇与术语词典的编辑方法,他们组织和起草了《单语种分类词汇的编排》、《分类词汇编辑指南》等重要文件和标准,在国际术语工作中很有影响。(冯志伟,2001)

§2.2.4 术语学发展与民族语言保护

魁北克(Québec)是加拿大东部一省。在哈得孙湾东南,面积154万平方公里,人口728.1万(1994),80%为法国移民后裔,通行法语。省会魁北克,在圣查尔斯河(St. Charles)汇入圣劳伦斯河处,市区面积89平方公里,人口16.8万(1991)。1608年建城。1832年设市。市内多教堂及古城墙、古堡等遗迹,旅游业发达,是重要的海港和铁路枢纽。从"国际标准化组织 TC37 委员会第二分委员会秘书处设在魁北克法语管理局内,负责研究专业词汇与术语词典的编辑方法"这一事实考虑,加拿大—魁北克术语学派的确立或许与"法语"应用之间存在某种关联。推广而言,关于不同语种语言与术语学发展之间的影响关系,也许是一个值得进一步研究的课题。但是,在"通行法语"的加拿大—魁北克地区形成的"术语学派",为什么没能在法语国家,例如法国形成？解答这个问题,可能有助于深入了解术语学发展的条件和规律。法兰西民族历来具有保护本民族语言的自觉。联系到捷克—斯洛伐克的术语学研究情况,它的形成与发展也同保护捷克和斯洛伐克两种语言及文化有着密切的关系,捷克—斯洛伐克术语学派实际上是语言学中的布拉格学派在术语学中的代表,可以很自然地联想到一种猜想或一个假设:术语学发展的动力,至少是部分地来自于纯洁和保护本民族语言的需要。或许,这种需要在事实上已经远远超出了"语言"本身,而成为民族独立意识的一种表现形式。

其他两个术语学派,德国—奥地利学派和俄罗斯学派,也是各有各的语言,各有各的特点。现今世界,英语的使用似乎已经呈现出铺天盖地的局面,但是术语学兴旺的热点,似乎并未在英语热销的国度发生。——尽管在研究讨论汉语术语的时候,人们总是首先考虑它们的英文表达,或者从英文词汇中寻找讨论的起点。笔者对此没有研究,不敢妄论。在此提及,仅是存疑而已。

§2.3 术语标准化

术语学之父欧根·维斯特曾经预言:"标准化工作将把人们从烦琐的日常工作中解脱出来,也就是说,把人们从对人类智能的滥用中解放出来。"(邱碧华,2001)而这种解脱的最基础的工作,就是术语规范。

§2.3.1 标准化和标准化中的术语工作

纵观世界,发达国家无不重视标准化建设,而其中最重要的基础任务,就是术语之规范,或称术语标准化。从某种意义上说,术语工作的进展和水平,直接反映全社会知识积累和科学进步的程度。由于名词术语的规范和统一是一个国家发展科学技术所必须具备的基础条件,所以世界经济发达国家都十分关心和重视科技名词术语的规范和统一。作为人类文化交流的重要基础条件,术语的规范和统一始终也是人类知识传播过程中的关键环节。术语标准化工作在发达国家已经获得普遍的重视。在国际上,ISO 的术语标准由大约 120 个技术委员会制定。到 1988 年底,ISO 发布的术语标准已经有 334 个。这些工作由 161 个分技术委员会以及 42 个工作组和直属于技术委员会的 30 个工作组分担完成。其中 ISO/TC37(国际标准化组织第 37 技术委员会,秘书处设在奥地利)负责"确立、编制、协调术语方法的标准化",根据术语学的基本原则制定相关的国际标准。也就是说,术语学原则与方法的标准化,是通过 ISO/TC37 来实现的。

§2.3.1.1 标准化的萌芽和古代的标准化

人类的标准化活动,与人类社会生产发展的历史一样悠久,人类不断征服自然的历史,也是一部不断走向标准、实现标准化的历史。

远古时代,人类的生活方式与其他动物相差无几。然而由于人类的进化,逐渐学会了使用木棒、石块等作为狩猎与防御的工具。由于同样的原因,人类的吼叫声也发展成为清晰易懂的声音,成为交流思想传达信息的手段,这些声音、音节和言语片段能为彼此理解和公认,即是含有一定的标准化意义。嗣后,在原始语言的基础上又创造了符号、文字,并发展成为今天的书面语言。这种萌芽状态下无意识的行为,却是人类标准化的创举。根据古人类学研究提供的资料,早在 300 万年前人类开始制造工具,170 万年前中国云南元谋人打造的石器同蓝田人、北京人用的石器例如砍砸器、刮削器、尖状器等很相似。在距今约2.8万年前的峙峪人文化遗物中发现石镞,表明这时已有弓箭发明。史前时代早期标准化的明显例证,是不论欧、亚、非洲出土石器的形状和样式都极其相似(李春田,2001),以致有人把这一切作为"地球是外星文明试验场"的证据。

人类有意识地制定标准起源于社会分工。社会分工提高劳动生产率,其直接后果是生产的发展和在等价原则下生产品的交换。而实现等价平衡的基本前提则是计量,是度量衡产生的社会经济原因。随着生产的发展和手工业技术水平的进步,人类不断地改革计量,实现计量器具和计量单位的标准化,也实现了手工业内部分工的细密化、规范化。春秋末期齐国人著《考工记》,是中国目前所见年代最早的手工业技术文献,记述了30项手工业生产的设计规范和制造工艺,是手工业生产技术的规范文献汇编。(戴吾三,2003)

秦统一中国后发布政令,对计量器具、文字、货币、道路、兵器等进行了全国规模的统一化,同时颁布各种律令,如《工律》规定:"为器同物者,其大小短长广必等。"要求器物外形尺寸一致。北宋雕印工匠毕昇在1041—1048年间(宋仁宗庆历元年至八年)首创胶泥活字印刷术,被称为"标准化发展的里程碑"——活字印刷是对人类科学文化的宝贵贡献,包含着近代标准化方法和原理的萌芽,其中运用了标准件、互换性、分合性、重复性等方法和原则。(李春田,2001)但在研制胶泥活字前,已有木活字在应用。当时印刷用水墨,木活字沾水膨胀且粘药,毕昇才改用胶泥制字。(张树栋、庞多益、郑如斯,2004)由此说来,这块"标准化里程碑"的树立地点,还应早于毕昇。

英国科学家李约瑟(Joseph Needhan,1900—1995)研究中国古代科技史料,所著《中国科学技术史》指出中国古代科学技术曾极大地影响世界文明进程,为全人类作出过巨大贡献。他评价历史上的中国,"在公元3世纪到12世纪之间保持了一个西方所望尘莫及的科学知识水平……,中国的这些发明和发现往往远远超过同时代的欧洲,特别是15世纪之前更是如此。"马克思也高度评价中国古代的四大发明"是资产阶级发展的必要前提"。李约瑟和马克思所说的贡献,当然并不仅仅是指"中国古代的标准化",这些关于标准化的行动和行为,已经深深地嵌入在科学成果之中,成为科学内容的有机成分。标准化本身就是科学的一部分,没有谁能够把标准化的发展从科学发展的历史当中分离出来。我们回顾人类社会标准化思想的萌芽,特别是中国古代的标准化,就是要更充分地阐明这个道理。

§2.3.1.2 近现代标准化的历史沿革

近代标准化是古代标准化的继承和发展,但两者有本质区别。古代标准化建立在手工业生产的物质技术基础之上,是现象的描述和经验的总结,以直觉的和零散的形式缓慢进化发展而成,其作用与当时时代的经济发展观念与规模相吻合。近代标准化则有本质不同,它立足于大机器工业的基础,需要适应大工业生产的各种特征。例如不断提高生产率、扩大市场需求、调整产品结构、实现资源节约、循环经济等等。

18世纪60年代,产业革命(也称工业革命)在英国兴起,在19世纪,法、德、美等国也相继完成了从以手工技术为基础的资本主义工场手工业,过渡到采用机器的工厂制度的过程。在此之后,由于竞争市场的压力,大家都在寻求提高生产率的途径。作为资本主义扩张的重要工具,武器需求的扩大成为重要问题,技术进步也在武器工业中率先得到体现。

1798年美国人艾利·惠特尼(Eli. Whitney)在制造武器过程中运用互换性原理,成批制造了可以互换使用的零部件。为了大量生产具有互换性的零件,必须有相应的公差与配合标准。1902年英国纽瓦尔公司编辑出版了纽瓦尔标准《极限表》,首开公差制先河。到1906年英国颁布国家公差标准BS27。以后,各种螺纹、零件和材料也先后实现了标准化。1911年美国工程师泰勒(Frederick Winslow Talor,1856—1915)首创"泰勒制",把标准化方法应用于制定标准工时,开展作业研究,通过管理途径提高生产率,开创了科学管理的新时代。1914—1920年间,在一系列标准化成就的基础上,美国资本家福特(Henry Ford,1863—1947)首创"福特制",打破了按机群方式组织车间的传统做法,创造了制造汽车的连续生产线,在标准化基础上实行流水作业法,形成大批量的连续生产,很快在全世界普及。(李春田,2001)

工业化初期,市场狭小,当时的工业标准只是对当地用户和有关工厂生产能力的反映。生产的发展对运输提出更高要求,也促成了以道路为基础运输的发展。1815年,使用细石块铺成的"马卡达莫道路"即"碎石路"成为英国的标准式道路;1820年萨思奈、1850年莫罗分别提出新方法,在天然柏油里混进烧热的焦油,将此洒在碎石道路上再行碾压。1835年,用这种方法铺成巴黎的协和广场。(中山秀太郎,1986)在此期间,水泥混凝土和沥青混凝土铺装的道路相继出现,交通运输能力大大提高。

1850年以后,运输业的发展导致交换范围扩大。由于不同地区生产的同一用途的材料和零部件不统一,买主必须经过修正才能使用,于是迫切要求在全国范围内开展标准化。1895年1月,英国钢铁商H.J.斯开尔顿在《泰晤士报》上发表的信件,代表了当时产业界的普遍愿望。1901年,由英国土木工程师学会(ICE)、机械工程师学会(IME)、造船工程师学会(INA)与钢铁协会(ISI)共同发起成立英国工程标准委员会(BSC或BESC),同年4月26日在伦敦召开第一次会议,[①]成为世界上第一个国家标准化组织。标准化活动从此进入新的发展阶段。[②] 到1932年已有荷兰(1916)、菲律宾(1916)、德国(1917)、法国(1918)、美国(1918)、瑞士(1918)、瑞典(1919)、比利时(1919)、奥地利(1920)、日本(1921)等25个国家相继成立国家标准化组织。与此同时,1906年成立了国际电工委员会(IEC),1928年又创立了国际标准协会国际联合会(ISA),人类的标准化活动的规模,已经由企业到国家,再由国家扩展到世界。

两次世界大战以及战后的复兴,都促进了标准化的发展。第一次世界大战期间,物资奇缺,美国军工局通过严格的标准化,对产品品种规格加以限制,取得了显著成效。战后经济恢复时期又出现了产品花色品种过多过乱的局面,影响生产率的提高。对此,美国商务部所属的简化应用局发动了全国性的生产简化运动。二战期间,由于军属品互换性差,规格不统一,致使盟军的供给异常紧张,许多备件要从美国运往欧洲战场,损失巨大。为此,军属部

---

① 1931年改为现在的英国标准协会(British Standards Institution,BSI),总部设在伦敦。

② 国家标准化管理委员会:《国际标准化工作手册》,中国标准出版社,2003年版,第210页。

门再度强调标准化;在战后重建的狂热中,也把加强标准、压缩品种列为首要任务。标准化逐渐发展成为保障国家资源合理利用和提高生产力的简化技术。(李春田,2001)国家标准化和国际标准化越来越成为人类发展的同步行为。

§2.3.1.3 标准化中的国际术语工作网

国际术语工作网(International Network for Terminology)简称术语网(TermNet)。根据1975年在维也纳召开的首届国际术语学学会的建议,在联合国教科文组织(UNESCO)支持下,由国际术语情报中心(Infoterm)负责组建。1988年以前一直是个松散的国际组织,其目的在于加强术语领域的合作,特别是术语标准化和术语文献编录方面的合作。凡从事术语工作或与其有关的机构或团体,均可申请成为该网成员。成员在各自可能的范围内参加工作,如:提供所在单位或地区从事术语工作的情况,参加术语网组织的工作、会议等;术语网成员可以免费获得该网的出版物和其他有关资料。过去积极参加术语网活动的主要有国际标准化组织术语学委员会(ISO/TC37)成员,如奥地利、苏联、西德、加拿大、丹麦、芬兰等国的有关机构团体。入网后,在获取资料、发表文章、参加国际会议等方面享受优惠。

术语网成立的最初十余年,即已对术语标准化和术语文献编录方面的国际合作起到了积极的推动作用。但是,随着术语工作在世界范围内的发展,术语网活动领域不断扩大,服务项目日益增加,术语网面临的经费问题逐渐暴露。为使术语网能够进一步发挥作用,1988年底,挂靠在奥地利标准学会的国际术语网按照奥地利现行法律重新登记注册,并修改章程,要求网成员重新申请,办理正式参加术语网的手续。新规定要求正式成员每年缴纳网成员费约1400美元。

术语工作是标准化工作的重要组成部分。目前,发达国家的术语工作已经普遍进入利用电脑、建立数据库的阶段。国际术语网通过其组织的活动和出版物,有力地推动了这一领域的工作。我国曾先后与该网建立联系的单位有中国科学技术情报研究所、中国标准化与信息分类编码研究所、全国自然科学名词审定委员会、中国大百科全书出版社、上海辞书出版社、机械电子部情报研究所等。标准化与信息分类编码研究所于1985年还应邀派代表参加了术语网首次全会。此外,我国也有一些学者曾以个人身份与该网建立了联系,向其索取有关术语方面的资料。自修改章程后,该网已基本停止向未重新办理入网手续的单位寄赠刊物和资料。

§2.3.1.4 国际术语信息中心(Infoterm)

Infoterm(The International Information Centre for Terminology——国际术语信息中心)以联合国教科文组织(UNESCO)与奥地利标准化研究所(ON)签署的一项协议为基础,于1971年在维也纳成立。1996年,Infoterm转为一个独立的、非政治性的、非营利性的国际组织,旨在:

(1) 作为一个组织机构,为国际的、地区的以及全国性的术语组织和机构(特别是官方承认的术语学文件中心和术语学规划机构)提供服务,为专业性组织和从事术语学工作、在其各自的活动领域中具有权威性的机构提供服务。

(2) 收集有关术语学活动及其成果的信息。

(3) 特别是为国际性的政府间的组织和非政府性组织,为公共机构和非营利性组织就以下问题提供建议:

◆ 在专业性资料和文献中涉及多语言方面的问题;

- 有关协调原则和方法的应用；
- 为术语学工作和其他术语学活动中开展最有效的实践活动提供建议。

(4) 促进和激励术语学领域的合作，旨在支持不同语言社区和不同学科中术语学基层组织的发展。

Infoterm 的活动涉及了术语工作的所有层面，例如：

- 术语学和方法论/术语方法论；
- 术语工作和术语学；
- 术语档案以及 T&D(术语和档案的综合)；
- 计算机工具的开发；
- 搞活术语和知识市场；
- 借助多媒体技术、信息和通信技术(ICT)、知识工程、知识管理、多语言信息社会等条件，在全球范围内开发对术语的新应用；
- 对那些创造、记录或使用术语的人给予一般性鼓励和支持。

Infoterm 总目标是：

通过促进术语领域的合作，以支持专家间的交流和知识传播与转化，其总体目标是依靠各领域专家及其团体来推动可靠的多功能术语的应用工作，进而支持全球多语言信息社会的工作。

这个目标是通过下述方式实现的：

- 提供关于术语活动的信息，并且记录和传播术语出版物和术语资料；
- 进一步发展全球术语档案中心互联网络，其方法是在收集和传播术语信息工作的组织和单位之间建立电子连接；
- 提供关于协调方法和原则的信息，交流这方面的经验。这些协调方法和原则是为下列工作服务的：

(1) 建立和管理术语档案中心；

(2) 准备高质量术语。

为实现其功能，Infoterm 正在积极与国际各地区和各国家机构及其各自成员进行合作。（邱碧华，2000）

§2.3.2 中国的术语标准化工作

术语学是指导术语标准化的重要工具。在科学技术高度发展的今天，术语标准化具有更加明显的现实意义。大约在20世纪50年代，国际标准化组织（ISO）和苏联、联邦德国、英国、法国等国家即已开始编写术语标准化的原则与方法，用以指导统一术语的工作。我国历史悠久，术语工作源远流长，但把术语学理论正式纳入术语标准化的议事日程，则是20世纪80年代才开始的。这期间，ISO/TC37 的秘书暨联合国教科文组织所属国际术语情报中心主任费尔伯教授和加林斯基先生等人多次来华讲学，介绍术语学的基本原则与应用方法。早在1968年，ISO 就发布了其术语工作委员会（ISO/TC37）制定的推荐标准 ISO/R 704—1968《术语工作原则》。1988年这个标准修订发布后，我国全国术语标准化技术委员会据以参照，制定了中国国家标准 GB1087—88《确立术语的一般原则与方法》。

§2.3.2.1 标准化的基本原理

标准化是人类社会化大生产的产物，是经济发展和社会进步的标志。人类社会发展，经历了从分散个体劳动，到集群规模生产的过程。由于这种集群活动形式的需要，产生了对于标准化的需求。标准化的基本原理，是指标准化工作中具有普遍意义的基本规律，以标准化的大量实践为依据,经过抽象总结,并为实践所验证。

人类的生产方式,与人口变化的趋势密切相关。根据联合国发表的人口公报和人口年鉴公布的数据,1000年前人口总数为2.75亿,到1830年世界人口达到10亿。到1930年,世界人口达到20亿,100年中人口增加了10亿。此后人口增加更快,1960年达到30亿,1975年达到40亿,1987年7月11日,世界人口数突破50亿。[①] 1999年10月12日世界人口达到60亿。

这50亿人口中,达到第一个10亿用了100多万年;1830年到1930年100年间,增加了第二个10亿;第3个10亿人口的增加,只用30年时间:1930—1960年;1960年到1975年,增加第4个10亿只用了15年;而第5个、第6个10亿人口增量的形成,都只用了12年。人类生产活动规模的扩大与人口的扩张保持了几乎同样的速率。随着生产规模的不断扩大,标准化越来越显示出其在降低交易成本、促进技术进步、提升贸易能力方面的重要作用。在中国,秦朝时代"车同轨、书同文字"的法令即是标准化。古往今来历代政府不同程度地颁布了各种涉及标准的法律规范。新中国成立后,1952年成立国家技术委员会标准局,以后,国务院陆续发布有关标准化方面的管理规定。1989年4月1日开始实施《中华人民共和国标准化法》。

1972年,英国人桑德斯(T. R. B. Sanders)在《标准化的目的与原理》书中定义:"标准化是为了所有有关方面的利益,特别是为了进行最佳的全面经济管理并适当考虑到产品使用条件与安全要求,在所有有关方面的协调下,进行有秩序的特定活动所制定并实

---

① 杨启帆、边馥萍:《数学模型》,浙江大学出版社,1990年版,第285页。

施各项规则的过程。"

1983年7月,国际标准化组织(ISO)《第二号指南》(第4版)关于标准化的定义:"标准化主要是对科学、技术与经济领域内重复应用的问题给出解决办法的活动,其目的在于获得最佳秩序。一般说来,包括制定发布与实施标准的过程。"

中国国家标准GB3935.1—1996中关于标准化的定义:"为在一定的范围内获得最佳秩序,对实际的或潜在的问题制定共同的和重复使用的规则的活动。"以上定义叙述的共同点,就是强调标准化的目的是在一定范围内获得最佳秩序;标准化是制定共同的和重复使用的规则的活动。(辛德培,2001)

桑德斯(1972)最早提出了标准化的七条原理。

① 标准化的本质,是有意识地谋求统一。其目的是减少不必要的复杂性:不仅针对目前可见的复杂性,也为预防将来可能产生的不必要的复杂性。

② 标准化既是经济活动,也是社会活动,需要所有有关者互相协作,在全体同意的基础上制定标准。

③ 标准必须实施才成其为标准,不能实施的标准没有任何价值。

④ 确定标准的过程,就是选择并将其固定的过程。

⑤ 标准不能一成不变,随着时间的流逝应重新认识并根据需要做出修订。

⑥ 提供标准、规定产品的性能或其他特点时,应该附带提供关于如何检验的方法,以确认该产品(商品)与标准是否相符。

⑦ 关于国家标准以法律形式强制实施的必要性,应该谨慎考虑其标准的性质、工业化程度以及社会环境等多方面因素。

§2.3.2.1 标准化的工作原则

标准化历来是国际性的问题,其中也有一些大家共同遵守的原则。这些原则是:

① 自愿性原则。参加标准化组织,参与标准化活动,使用标准申请认证,一律执行自愿原则。绝大多数的标准和认证结果都只有推荐性,不存在强迫因素。

② 公开性原则。标准化组织向一切人开放,标准化活动向公众公开,标准化活动成果,包括标准和相关信息,向全社会提供。

③ 统一和协调性原则。标准应覆盖全部领域,设立统一的技术要求;在各个范围、各个领域、各个标准之间,不应存在相互抵触的要求。

④ 相关性原则。关注外部变化,考虑外部影响。

⑤ 先进性原则。标准应追随科技进步,体现先进性。

⑥ 一致性原则。标准是协商的结果,是协调和妥协的产物。

⑦ 经济性原则。标准化的目的,是提高生产、服务和社会活动的经济性,考虑经济性特别是其潜在的经济性,是标准化工作的重要任务。

⑧ 公众利益原则。标准必须注重社会效益,维护公众利益。

⑨ 全球化原则。世界贸易和技术交流需要国际标准。服从全球化、加入世界市场,必须在标准化工作中坚持世界观点。(辛德培,2001)

积极参加国际标准化活动,参与国际标准制定工作并把适合国情的国际标准转化为中国标准,保护国家的技术经济利益和促进对外贸易,是中国国家标准化工作的一贯政策和重要组成部分。我国分别于1978年和1957年加入国际标准化组织(ISO)和国际电工委员会(IEC),这是目前世界上最大、最有权威性的两个国际标准化组织。我国现以国家标准化管理局(SAC)的名义参加ISO和IEC的工作。

ISO的宗旨是在世界上促进标准化及其有关活动的发展,以便于国际物资交流和服务,并发展在知识、科学、技术和经济领域中的合作。ISO现有188个技术委员会(TC)和550个分技术委员会(SC)。中国现在是ISO 140个技术委员会(TC)和319个分技术委员会(SC)的积极(P)成员,是42个TC和181个SC的观察(O)成员,同时承担了ISO的1个TC和5个SC的秘书处工作。

IEC的宗旨,是在电学和电子学领域中的标准化及有关事物方面(如认证)促进国际合作,增进国际间的相互了解,IEC通过出版包括国际标准在内的出版物实现这一宗旨。IEC现在有88个TC,86个SC,中国全部以积极(P)成员的身份参加活动。这些技术委员会和分技术委员会的业务涉及中国国内139个单位。有上千名国内专家参加对口ISO和IEC的国际标准化工作。中国加入WTO以后,参与国际标准化活动和采用国际标准已经成为当务之急。[①]

§2.3.2.2 中国的术语标准化机构

术语规范是标准化工作中的一个组成部分,术语规范是标准化工作的基础。这是因为标准化是一种社会活动,而任何社会活动都需要词汇和语言作为传播与交流的媒介。人是说话的动物,语言使人类别于禽兽。在讨论涉及技术问题时,用于表达技术概

---

① 李忠海:《国际标准化工作手册》"前言",中国标准出版社,2003年版。李忠海,国家标准化管理委员会主任。

念的"术语"的重要性更为突出。随着时代的发展和社会的进步，社会科学也越来越成为与自然科学、技术科学等量齐观的"科学"，研究日渐深入，交流日渐增多，术语日渐膨胀，术语标准化的问题也就慢慢地提上了议事日程。

全国术语标准化技术委员会筹备组1984年组建，1985年该委员会正式成立，受国家技术监督局领导，其秘书处设在中国标准化与信息分类编码研究所，下设三个分技术委员会：

第一分技术委员会（术语学理论与应用），设在中国大百科全书出版社；

第二分技术委员会（辞书编纂），设在上海辞书出版社；

第三分技术委员会（计算机辅助术语工作分技术委员会）1990年3月29日成立，国家语委曹先擢教授、国家新闻出版总署技术发展司张振威高级工程师、中国标准化与信息分类研究所所长易昌惠高级工程师等43名代表出席成立大会。这个委员会挂靠在国家语委，陈原教授任主任委员。

§2.3.2.3 术语标准化的中国国家标准

20世纪90年代初，国际上又开始修订关于术语的标准，前后提出该标准的工作草案（WD）、委员会草案（CD）和国际标准草案（DIS）《术语工作原则与方法》。中国是ISO/TC 37的积极成员，为建立规范术语的标准，由原国家标准局组建成立的全国术语标准化技术委员会，组织制定了指导术语工作的基础标准，即《确立术语的一般原则与方法》（国标代号GB 10112）、《术语标准编写规定》（国标代号GB 1.6）等国家标准。这些标准所确定的工作原则与方法以现代术语学思想和实践为依据，其中提出的原则具有通用性，适用于各个知识领域，当然也包括社会科学领域的术语工作。

§2.3.3 术语规范和标准化的经济学含义

术语规范是标准化的必要条件,是标准化的基础工作和重要组成部分。因此,术语规范具有与标准化工作一样的本质特征。其经济学含义,是这些特征当中的一个组成部分。与标准化一样,术语规范的经济学意义在于通过简化约定、提高效率、减少摩擦、方便交易等一系列具体形式,达到降低生产成本和交易成本的效果,最终实现降低社会成本的目的。

本质上的标准化,是一种制度安排,这种安排通过消除信息不对称使其经济意义得到体现。推行标准化,强调规范化的最终效果,是达成一种多边的契约关系。在这种"契约"关系下,各参与方使用同一种"语言",遵守同一的准则,以同样的法度为准绳,完全相等地约束参与契约的各方,增加共同福利。语言是思维和思想的载体,规范的术语是天下大同的基石。

§2.3.3.1 标准化是社会进步的加速器

其实,巴别塔的悲剧最初就是在社会科学的舞台上演出的。在社会科学领域,混乱的不只是术语,更深一层次,还包括对同一术语概念的不同理解。例如,对信息问题的重视是我们所处时代的显著特征。科学技术的迅速发展和传播媒介的进化给人类生活带来好处,也造成麻烦。当"信息"、"系统"这样一些术语疯狂兴起的时候,人们会手足无措。在这样的时候,某些词汇的使用范围急剧扩大,其内涵常常变得越来越不确定。虽然词的外壳是共同的,但不同的使用者由此术语所联想的内涵却很少一致。人们把这种情况称之为"术语兴起"。出现此类麻烦的地方并不局限于狭义的"术语"。大凡涉及对历史进程的考察与研究时,"代"的划分也会引起争议。从社会科学的角度观察,有些术语甚至是包含科学与民主在内的文明精神的载体。例如,中国古人提倡"慎独"、"自律"、"中庸"等做人原则,其中包含有非常广泛的思想与道德内容。从讨论、解释、规范、宣传这些术语入手,普及公民教育,能够起到教化民众的作用。

应该指出,术语对文明的表达未必都以正面形式出现,山西民间流传有"糊纸"之说,即是指"贿赂送钱给某某(人或部门)以逃避检查和处罚"。事实表明,大量安全生产事故隐患的存在以及对于事故调查处理的不规范和不严肃,甚至轻描淡写,肯定与"糊纸"有关(刘存瑞,2003)。尽管对"糊纸"一词是否适合作为"术语"出现并存在的问题可能还会有争议,但是这个词汇所表达的在一定历史时期内曾经普遍存在的社会腐败问题却是不争的事实。

2006年4月13日中央电视台新闻调查节目披露了安徽蚌埠某传染病医院利用"挂床"的手法骗取公众医疗统筹款项,作为医院收入的问题。所谓"挂床"就是"吃空头"。医院院长带头,院内各科室都有指标,96个"挂床"名额分派给全院职工,每人交200元钱,可以领走价值1000元的药品。"挂床"者以病人名义登记住院,但并不需要真的在医院里生活。医院负责为他们安排各种检查、诊断、治疗、处方,所有的手续都符合"国家要求"。医院可以凭着这些"手续"从政府财政骗得金钱。从电视节目中看到,明明是一名男性院长,他的病床标签却挂在女病房里的病床上。当然,院长从来也不需要"睡"在那里,他所关心的,只是医院经营的收益。据报道,这种现象并非个别,在全国各地都有大量事例。说明我们的医疗保障体系在制度安排上存在严重问题。在不适当的制度安排下,"挂床"是必然出现的问题。

上面所说的"糊纸"和"挂床",只是当今社会生活中众多具有特定含义的"新"词汇中的案例,是与吏治腐败和行政过度密切相关的"隐语",或称"隐形术语"。这些词汇或术语的出现,是语言与社会生活同步发展的鲜活例证,不以人们的主观愿望为转移。闭口不谈这些社会问题,对反映这些社会现象的词汇、术语视而不见不是科学的态度。可以这样说,研究、探讨此类词汇的出现及其作为"术语"的规范表达,应该是坚决反腐倡廉、忠实记录历史所需要的一项基础工作,有助于加速国家现代化建设的步伐。与此同时,这种研究本身,也从另一个角度证明了"社科术语规范,不是统一思想,而是同一表达"的理论价值和现实意义。

§2.3.3.2 "标准"是"强大"的重要因子

夫治国者,莫不欲其强。强大是一个国家物质与精神实力结合的综合体现。在那些"物质实力"的因子之外,存在有表现为"制度条件"的实力因子,"标准化程度"就是反映这种实力的因子之一。现代经济学研究中有"生产函数",表述投入(生产要素)之任意组合与所能产出的最大产量间的技术性依存(函数)关系。如以 T 代表小麦产量,L、K 与 N 分别代表劳动、资本与土地的数量,小麦的生产函数为 $T=F(L,K,N)$。仿照"生产函数"写出"强大"的函数表达式,在其自变量当中便会有"标准"这一因子。"强大"是"标准"的函数,即有:$Q=F(P,S)$,其中 Q 表示强大的程度,P 代表实力的度量,S 则是标准化的水平。

以美国的军用标准为例,它们最早从陆军标准和海军标准发展起来,后来两个军种间有了共同的产品,就出现了陆海军联合标准,成为美国军事标准的前身。二次大战以后,美国国防部加强了对军用标准工作的领导,统管并统一了国防部门的标准化工作,在此基础上实现了技术规范、标准与其他标准文献的统一、完整和配套,目的是要提高研制效率。这样做的直接效果,是解决了整个国防系统中大量规范和标准的重复问题,避免了各种规范与标准彼此之间的矛盾和冲突,从而保证了产品与管理标准化、系列化、通用化的实现①。为加强项目管理标准化工作,美国政府先后颁布了许多条例。1952 年,美国防部颁布"国防编目和标准化条例"(Defence Cataloging and Standardization Act);1954 年,制定"国防标准化与规范大纲、政策、程序与说明"(DSSP,Defence Standardization and Specification Program Policies Procedures and Instructions),发至全军作为标准化工作的准绳,称标准化手册,代号 DoD 4120.3—M。根据这个大纲制定的标准文献构成一个完整的军标体系,其中包括一部分专门用于指导防务采办工程项目(采办是国防部内部使用的一个术语,表示组织研制、生产和向用户提供武器装备工作的总和)中重大工程项目的采办管理的文件。(韩茂祥、翟丹妮,1996)

"冷战"结束后,为加快科技进步在军事领域的应用,降低获得前沿技术的成本,缩短武器装备的研制周期,增强军事工业的竞争力,美国政府积极推动军用与民用领域技术的双向转移,即"军转民"和"民转军"。1991 年,美国组建了"国防技术转移办公室",负责拟定国防技术转化和军民两用技术政策,全面指导和监督"两用技术计划"的实施。

---

① 此处所引并非原文,是因为所参见的原文语言表达似有含混。为避免误解,现据其本意整理以便于明确表达。这一段的原文为:"……目的是要提高研制效率。结果是保证了整个国防系统中制定的规范和标准消除重复的问题,从而实现产品与管理的标准化、系列化、通用化。……"

一方面,充分利用民用技术和军用技术融合的趋势,加强同工业界的研发合作。美国朝野均已认识到,随着信息时代的来临,民用经济逐渐引领了技术发展的潮流,在军用和民用技术领域出现了越来越多的交融点,因此军界越来越重视同工业界的合作。首先是加强政府部门和民间企业的研发合作,以一定的政府预算带动民用部门的国防科研投入。其次,通过政府采办改革扩大供应商基础,营造更加快捷地利用民用产品、民用技术的环境。为此,国防部实施了三项特别计划:①民用技术转移计划;②民用运转和保障节约计划;③两用科学和技术计划。

除了上述三项计划之外,在武器系统中采用民用现成技术产品也变得越来越频繁。国防部为此作了大量的工作,例如废除专门的军用条例和标准,改革采办条例,鼓励世界一流的民品供应商将其先进技术产品提供给国防部门。美国政府对科技信息传播和技术标准制定非常重视,专门资助成立了国家技术信息服务中心(NTIS)和国家技术标准研究院(NIST)。联邦政府认为,科技成果转化是公益性的事业,能使全社会收益,但其直接商业价值不明显,故而需要政府推动。为推进科技成果转化,联邦政府成立了国家技术转让中心(NTTC)和联邦实验室技术转让联合体(FLC),都是推进科技成果转化的中介机构。

"他山之石,可以攻玉"。当今世界最为强大的军事力量无疑集中在美国。这种强大是以雄厚的经济、技术和资源实力作为依托的。但是在这其中一以贯之的,以术语规范(例如采办)为前提的标准化工作的重视,也是非常重要的因素。没有标准,事倍功半;标准先行,事半功倍;缺乏标准,等于浪费。我们提倡"繁荣发展社会科学,一心建设强大祖国",这些经验值得借鉴。

§2.3.3.3 标准化成果的外部性

天下没有免费的午餐,做任何事情都需要成本。付出成本,做了事情,就要取得回报,产生价值,获得收益,看起来天经地义。可是这世界上总有离奇:推行标准化、为标准化工作、研究标准化的原则与方法、发布标准化文件、介绍标准化思想等,所有因为这些工作产生的效益,并不体现在从事标准化工作的人的手里。

经济学家说,这就是外部性(externality)。外部性分为"消极的外部性"和"积极的外部性"两种,标准化工作所表现的,是"积极的外部性",或称"正向意义的外部性"。

外部性,也有译作"外在性",意指个人或厂商没有承担其行为的全部成本(消极的外部性)或没有享受其全部利益(积极的外部性)时所出现的一种现象。(斯蒂格利茨,1997)

> 对完全竞争的描述有如下假设:生产产品的成本及其销售收益全部都归卖者,而得到这种产品的收益及购买它的成本全部都属于买者。但情况并不总是如此。……未被市场交易包括在内的额外成本及收益被称作外在性。
>
> 外在性可被分为积极的和消极的两类,其划分取决于个人是否无偿地享有了额外利益,或是否承受了不是由他导致的额外成本。具有积极外在性的产品——诸如研究与开发——在市场上会供应不足。在决定购买多少产品时,每一个人或厂商都只想到他自己获得的利益,而并不考虑带给别人的收益。同样道理,有消极外部性的产品,诸如空气及水污染,在市场上会供给过量。市场可

能并不能完全包括交易的成本和收益这一事实,为市场失灵提供了典型的例子,并为公共部门提供了一种可能的职能。

尽管本书所讨论的主题就是"术语",我们也不得不面对术语不规范的尴尬。外部性有"消极的外部性"或"积极的外部性",但是在《辞海》中却查不到这些词语。这些概念,《辞海》当中称之为"外部经济与不经济"。

§2.3.3.4 标准化中的术语规范实践和术语规范工作

标准化工作显然提供了"外部经济"。这正是一个国家必须推行标准化的理由。标准化的后果直接对应着资源的节约和合理利用,对应着社会活动中总体交易成本的下降。因此,标准化具有很强的"外部性","积极的外部性"。标准化是社会性的活动,可以产生巨大的社会经济效益。

但是我们终究还是面对着一个尴尬:到底是"外部性"还是"外生性",抑或是"外部经济"以及"外部不经济"?这个"术语"应该怎样确定?要解决这个问题,需要经济学领域的专家发言讨论,也需要语言学家提供意见,甚至也应该听一听标准化专家的看法。这个过程被称为针对"外部性"(或其他任何一个词汇主体)所代表的这个"概念"而进行的"术语规范"或"术语规范实践"或"术语规范实践活动"。

然而仅仅存在这种"术语规范实践活动"实在是不够的。为了使这种讨论或"实践"成为真实发生的事情,并且努力降低这种过程的成本,需要组成一个团队,负责组织完成。这些人未必是经济学家,未必是语言学家,也未必是标准化工作专家,但是这些人是能够组织各方面专家开展对话,并最终使这些对话转变成为"术语规范成果"的人,不是"单数",不是一个人,而是一个"人群"。这种能够产生术语规范成果的业务的总合,我们称之为"术语规范工作"。

换言之,"术语规范工作"概念的范围,大于"术语规范实践"的概念范畴;"术语规范实践"是小尺度下针对每一个具体"术语"而开展的规范实践"活动",而术语规范"工作"更强调这种活动的整体性和组织性。广义而言,每一个个人都可以"自发地"从事"术语规范实践",特别是"参与"本人所从事或熟悉的"专业"内部的术语规范活动,发表看法,阐述意见,提出批评,投入辩论;但是并不是每个人都有条件、有机会去参与或组织术语规范的"工作"。

除非有"术语规范工作"的整体支持,个人所从事的术语规范实践,通常只是个人对术语规范的"贡献",却不能"直接地"转变成为术语规范的最后成果。以经济学的语言来讲,这种个人的"贡献"倾向于成为一种"资源"的浪费。开展"术语规范工作"有助于减少这种"资源"的浪费。"术语规范工作"具有"组织"色彩,是社会公共部门有组织的集体行为,是"公益"活动。所谓术语规范,乃是针对"专业词汇"所开展的标准化工作,是"公共部门"以"标准化"为社会整体提供利益的一种形式。

§2.3.4 标准化的实践意义:以北京交通为例

推行标准化具有理论与实践的双重意义。在作为学术基础的术语规范化还没有得到普遍重视的时候,更深层次的标准化问题不会进入人们关心的视野。虽然由于标准化的欠缺所带来的社会损失有目共睹,但是大多数人还没有获得将其与标准化问题联系起来考虑的机会。

以北京城市交通为例,2003年,北京有1100万常住人口、380多万流动人口、国内生产总值3212.7亿元、机动车辆超过200万辆、私人汽车已达128万辆、每天高峰时段20%以上的路口严重拥堵(孙文剑,2004)。城市交通问题历来牵动着市民的视线,从上到下的各级领导也在绞尽脑汁地思考,希望在自己任上能为改善城市交通的紧张状况作出某种贡献。据北京市交通委宣传处孙文剑先生介绍,近年来,北京交通基础设施建设全国闻名,城市道路面积每年平均以近300万 m^2 的速度拓展,城市快速路网长度达210km。北京市(2003)全年市级交通设施建设预计完成投资超过207.82亿元。(孙文剑,2004)但令人尴尬的事实是,尽管每一年、每一届政府都为此付出了很多资金财力,但其收效相对而言却不能尽如人意。从长远的角度看问题,最终解决北京城市交通问题的"大思路",应该在"标准化"的框架里。

北京的二环路,是市内交通的主要环线之一,全长32km,沿线有32座立交桥。但是,这32座桥的走法却无一相同(王彤,2004),别说外地司机,就连北京市内的驾驶员也要小心谨慎、随时观察。试想,如果能够针对北京交通的路口路面、立交桥的行车方式推行"标准化"的设计,逐步改造,最终实现根本性的"简化"和"一致",至少可以降低北京城市道路交通的"难度"和"复杂程度"。这种关于难度和复杂程度的降低,当然可以折算为全社会交通成本的节省。推行标准化,实现标准化,其实就是节省资源、解放生产力。

§2.3.4.1 标准化是一种思维方式

标准化是一种思维方式,是一种舍弃繁文缛节而向事物本质真实的回归。一定范围内的标准化也称为规范化。具体到城市交通的标准化,其本质就在于拒绝"特例","简化"规则。(龚益,2004)而"特例"之所以成为特例,就在于它只能以个案形式得到表达,缺乏"互换性"。正如"特权"永远只能是"少数人"的权利。

城市交通,积怨甚多。在北京人的印象里,交通的改善总是落后于城市的需求。纳税人每年都要为城市交通建设、警务管理以及各种"协管"支付大量税款。有激进的观点认为,建设和管理领域的腐败直接导致资金流失和投资效率低下,在反贪斗争中陆续揭露出来的案例支持这一观点。但"腐败"只能部分地解释城市交通建设投资效率低下的现象而不是全部。城市交通规划的指导思想和具体道路的设计水平都存在调整和改进的空间,实现这种改进的关键,是引入标准化的理念。换言之,推行标准化,是在现有条件下提高效率、改善交通的重要出路。

标准,是衡量事物的准则,亦有榜样、规范之意。标准具有外生性,是人们为了降低成本、提高效率而约定形成的衡量尺度和规则、范式。本文所说的标准取"规范"之意。关于"标准化",其狭义的解释是对工业产品或零件、部件的类型、性能、尺寸、所用材料、工艺装备、技术文件的符号与代号等加以统一规定,并予以实施的一系列技术措施。按照推广实施的范围划分,标准化可分为国际或全国范围内的标准化和工业部门或工厂范围内的标准化。有时,也将工业部门或工厂范围内的标准化称为"规范化"。实行标准化能简化产品品种、规格,加快产品设计和生产准备过程,提高产品质量,扩大产品零件、部件的互换性,降低产品成本。[①]

我们使用"标准化"或"规范化"的扩充含义:将城市交通设计

---

① 《辞海》1979年缩印本,上海辞书出版社,1980年版,第1280页。

与建设的工程视为"产品",将交通工程中的路口、路面、桥梁视为"部件",以道路交通对于使用者的方便程度看做"产品质量";推行这种"标准",实现这种"标准化"或"规范化"的目的和效果,不仅在于降低"产品"成本,更要降低社会成本(主要是交通成本)。这种"规范化"的内容,不仅涉及道路桥梁等"硬件"的设计方式,更包括道路交通标志、通行方式等一系列属于"软件"方面的内容。城市交通是公共产品。关注城市交通"硬件"的标准化有助于简化产品品种、规格,加快产品设计和生产准备过程,降低生产成本;关注城市交通"软件"的标准化,则会起到提高既有道路、交通基础设施运用效率的作用,在现有约束条件下降低全社会的交通成本,兼有保护环境和改善生态条件的意义。通过推行标准化,杜绝拥堵或者减少车辆"绕行"的距离,可以折算成为节省燃油、减少汽车尾气排放的环境生态效益。换句话说,标准化可以削减"碳足迹"。

§2.3.4.2 标准化等于节省金钱

针对北京城市道路交通的调查表明,北京城市交通产品亟待"规范"。具体表现为:

第一,道路通行方式五花八门。同样是立交桥,走法却大相径庭。同样是十字路口,有的可以左转弯,有的禁止左转弯,有的甚至禁止右转弯。同样是丁字路口,有的可以直行而不必等待绿灯,有的却必须等待绿灯才能放行。可持续发展强调生物多样性,强调个性,但在城市交通、立交桥等通行方式的设计方面,整齐划一才是正道,片面强调特色会使人误入歧途。通行方式整齐划一,有助于克服生产者与使用者之间存在的关于道路交通信息不对称的情况,社会的利益由此获得。

第二,标识不足,标志标线紧邻路口,不能起到预先提供信息的作用,对于外地司机或者不熟悉该路口情况的驾驶员来说都会造成困难,助长加塞并道,形成事故隐患,降低路口通行能力。车公庄—展览路路口自东向西方向,调头车辆与左转弯车辆混在白色实线约束的同一路段内,相互影响,绿灯放行时调头车只能缓慢行驶,左转弯车辆与调头车辆和由西向东驶来的直行车辆互相干扰,两败俱伤。

第三,提示标识内容含混不清,使人无所适从。例如,在没有禁止调头的路口是否可以调头,何时可以(或不可以)调头,经常使许多司机困惑。交管局开设的网站上对此也含糊其辞。为避免"违章罚款",许多司机宁肯选择停车等待或看到路口没有警察时调头,丧失了交通规则的明确性,也导致道路通行能力下降。按照国际普遍通行的法理原则,没有明确禁止即应视为允许,类似这样指导性的基本原则需要通过标准化宣传加以明确。

第四,同一路上车道数目多变,从窄到宽从宽到窄,形成瓶颈。事实上,道路服从串联法则,其最大通行能力系由道路中最窄的地方所决定。就存在宽窄变化的道路而言,宽出的车道只相当于停车场,对于整体道路的通行能力没有贡献。这些"宽"出的路面虽然增加工程量,增加投资完成额,却没有增加城市交通能力的作用。此外,对于建设腐败问题研究的成果表明,包括城市交通、道路建设在内的任何工程,凡只有工程量而没有实际使用价值的部分都与腐败相关。

第五,通行路线设计安排不合理,严重脱离实际。例如右转弯和直行被限制在同一车道内,有一辆直行车等待红灯即会造成后面右转弯的车辆无谓等候。长安街延长线上建国门桥西中国社会科学院门前辅道宽阔,具备专设右转弯车道的条件,但在相当长的一段时期内却始终没有开辟右转弯专用通道。一些不熟悉此地情况或急于右转的司机选择走"自行车道"右转,于是每每遭遇"违章罚款",给人以"警察躲在树后设套赚钱"的印象,影响交警声誉,得不偿失。直到2004年国庆前,在社会各界的批评下,这个路口修改了交通标线,道路拥堵情况得到改善,树后也不再有躲藏的警察。只要稍微盘算一下撤掉在这里蹲守的警察的人工成本,以及减少司机无谓等候、提高道路通行能力的直接效益和间接效益,便可得出明确的结论:标准化等于节省金钱。

§2.3.4.3 实施城市交通标准化的原则和手段

如果变换一种陈述方式,那么具有规范化特征的城市交通,应该具有以下典型特征:

第一,拒绝"特例"。所有的路口、立交桥都采用完全同一的通行方式和设计规则:只要知道一个路口的转向方式,例如左转弯,那么按照这种方式行进,就可以在任何一个路口轻松地完成向左转向。所有的路口都设计、改造成为可以右转弯,而避免任何需要临时调整的"特例",不论在哪一个路口,右转弯都不应存在"违章"。这样规定,可以从根本上"简化"城市交通。

第二,标准化的原则能够为广大市民知晓并且接受,通过推广和实施城市交通标准化普及文明交通,改善城市交通状况。要使广大群众对此"津津乐道"、"众口相传",形成推进城市交通标准化的良好氛围。

城市交通是涉及全体居民的公共事业。在设计并且实施"标准化"的原则与具体规矩时,应在尽可能大的范围内吸引公众参与,在城市交通标准化的过程同时完善、普及和宣传交通法规。可以通过行政体系、报纸、网络等传播媒介甚至直接接受意见建议的办法广泛征集、整理、集中民间智慧,形成公开、公正、合理、透明的标准化机制。

20世纪90年代中期,笔者即设想并建议开展关于"路口路面"的研究课题。为探讨发动广大群众参与改善城市交通状况的可能性,曾对许多出租汽车司机进行过调查和访谈。几乎所有的被访对象都表示"有话要说",认为有必要开展这样一项研究。设想一下,全北京有一千多万人口,如果每十位市民或司机提供一条改进北京城市交通的建议,即有百万余条;由专门的人员集中、汇总、甄别这些建议,肯定能够从中得出一大批有价值、有群众基础的意见。北京市交通委员会2004年曾出台一系列措施,投入350亿元资金解决城市交通拥堵问题,说明政府与百姓心愿相同。如果能根据来自基层实际的意见而对北京城市道路交通实施标准化改造,一定会"合民意、顺民心"。

§2.3.4.4 推行城市交通标准化的现实意义

罗马不是一天建成的。由于北京城市交通发展历史的局限,过去兴建的一些道路设施显然已经不能适应新的交通形势,必须加以改造。这是贯彻标准化的好时机。纵观许多发达国家的经验,道路改建、改造未必一定要"推倒重来"。澳大利亚墨尔本市的许多道路与城市本身同龄;意大利古城罗马的城市道路体系在四百多年以前即以成型,多年来始终以增补整理为主要任务。北京城市道路的改造与建设则不然,在大多数情况下选择了"拆除另建"与"尽量扩宽"的方式。新道路宽则宽矣,却导致了"一路畅通到路口,路口一堵大家愁"的后果。更何况有些新路的设计啰唆、烦琐,华而不实,花钱不少,效果了了。前几年市井流传谜语:"北京城修马路",谜底"新加坡",暗讽架高的道路下面改成为当权部门牟利的收费停车场,倒也不失风趣。

"交通"的本意是"交叉顺畅,通达各方",形成多通道自由互联的网络结构。在这种结构下,针对同一终点目标可以有多种路径的选择,一旦某一路径发生阻塞,行进中的车辆即可选择转向另一路径,通过自组织、自适应的调整达到新的平衡。从一般的道理上来说,经济学所研究和讨论的就是"选择",没有选择余地的"经济"不可能达到"经济"的目的。同样道理,面对一套不能提供选择机会的交通体系,拥堵、塞车将是不治之症,只能在低效率下运行。进而言之,道路的条数可能比宽度对于改善城市交通具有更大的贡献作用。从思维方式的角度观察,可以肯定地说,在一座古老的城市里片面追求"道路宽广"一定是形式主义的表现。

"大道明而事理通,事理通则天下定。"强调标准化,可以事半功倍,避免头疼医头、脚疼医脚、就事论事、疲于应付。从本质上说,城市道路交通的"标准化"与社科术语规范一样,只是手段而并非目的。标准化的基本出发点和保证城市交通标准化推行成功、有效的前提是"合理",是以人为本。如果失去了"合理"这个准则的约束,那么所谓"标准化"也只能是少数人闭门造车的游戏。

第三章 汉语术语规范工作的历史沿革

2004年1月5日印发的中共中央第3号文件,提出了《中共中央关于进一步繁荣发展哲学社会科学的意见》。文件指出:"在全面建设小康社会、开创中国特色社会主义事业新局面、实现中华民族伟大复兴的历史进程中,哲学社会科学具有不可替代的作用。必须进一步提高对哲学社会科学重要性的认识,大力繁荣发展哲学社会科学。"为落实中央精神,建立改革开放新形式下的社会科学创新体系,规范社科术语的问题应该提上日程。可以肯定地说,推进实现社会科学术语的规范化,是繁荣发展哲学社会科学诸多工作中一项基础性的任务。

语言是思想的表达,术语是学问的凝缩。术语是语言的一部分,术语是学术的语言。为了更好地传播知识、技能,进行社会文化、经济交流,提高学术研究和成果扩散的效率,必须选择使用规范化的术语以指称所要表达、传播的思想。不同的概念要用不同的术语来说明,惟其如此,才有展开真正学术意义的讨论的可能。随着社会的发展进步,新概念大量涌现,必须用科学的、规范的方法定义、指称这些概念。《中共中央关于进一步繁荣发展哲学社会科学的意见》当中强调,"社会主义现代化,应该有发达的自然科学,也应该有繁荣的哲学社会科学。"由此可以看出,相对于自然科学的"发达"而言,社会科学发展的目标定位在于"繁荣"。所谓繁荣,当然是指学术空气、学术思想的繁荣,提倡百花齐放,允许百家争鸣。然而,在这些"争鸣"当中用以表述概念和事物本体特点、特征的语言词汇必须具有"规范化"的属性。用一句话概括,可以这样说:"社科术语规范,不是统一思想,而是同一表达。"

§3.1 科学文明与术语传统相伴而生

回看历史,顺应潮流的执政阶层总会倡导适应时代的科学文明,提供宽松环境,使科学与文明获得更广阔的发展空间。盛世昌明,是这种历史阶段经济发展、科学发达、社会稳定、风调雨顺、居民安乐、国力强大等一系列情景的高度概括。大凡盛世,术语事业发展兴旺,都会伴随着科学文化的进步和振兴。在文化与文明的历史上,科学始终与术语传统相伴而生。

§3.1.1 中国术语学的逻辑传统

中华民族具有古老的科学文明和悠久的术语传统。在术语思想方面,以孔子(前551—前479)、荀子(约前313—前238)为代表的先贤哲人一贯强调"正名",提倡"名正言顺"。孔子在政治上提出"正名"的主张[①],强调实副其"名";《荀子》著作三十二篇,其中《正名第二十二》主要阐述关于命名的逻辑思想,涉及并包含了有

---

① 参见《论语·子路第十三》。子路曰:"卫君待子而为政,子将奚先?"子曰:"必也正名乎!"子路曰:"有是哉,子之迂也!奚其正?"子曰:"野哉,由也!君子于其所不知,盖阙如也。名不正,则言不顺;言不顺,则事不成;事不成,则礼乐不兴;礼乐不兴,则刑罚不中;刑罚不中,则民无所措手足。故君子名之必可言也,言之必可行也。君子于其言,无所苟而已矣。"

关"术语"规范原则与方法的内容。他们的这些思想,即使以现今时代的眼光审看,仍然具有积极意义。

§3.1.1.1 出口之词,当为术语

回顾中国历史上关于术语的理论与实践活动,似乎更强调其中的"逻辑"属性。名学在英语作逻辑(logic),与德语之 Logik,法语之 Logique,同出于希腊语逻各斯(λογοδ)。逻各斯原兼二义:在心之意,出口之词,皆以此名。(屠孝实,1925)出口之词,当为术语。

把逻辑译为名学,近代以严复(1854—1921)居先。据屠孝实《名学纲要》(参考严译《穆勒名学》)称:"侯官严幾道①译为名学,义颇贴切。盖中文名字所涵,亦至精奥,足与逻各斯相当也。""近人更有主张不用意译,而迳依其本音,翻作逻辑者,说亦平妥。——章士钊②氏初主音译,说见甲寅杂志。"(屠孝实,1925)

"逻辑初至我国,译曰'辨学',继从东籍,改译'论理';侯官严氏陋之,复立'名学'。"(章士钊语)严复译这种词特别慎重,细考其源,必求译名与原词之深度、广度相符,故选用我国古代表概念的重要逻辑名词"名"来译 logic。(王克非,1992)据史料载,辨学之名"始于前清税务司所译《辨学启蒙》,而字作辨,不作辩。其实辩即辨本字,二者无甚则别"。(杨全红,2006)此言也是出自章士钊之口。

---

① 严复(1854—1921),中国启蒙思想家、翻译家。初名传初,曾改名宗光,字又陵,又字幾道,福建侯官(治今福州)人。福州船政学堂第一届毕业,留学英国海军学堂。1880年(清光绪六年)任北洋水师学堂总教习,后升总办。译《天演论》。主办《国闻报》。戊戌变法后译《原富》、《群学肄言》、《法意》、《穆勒名学》等,传播西方经济思想和逻辑学。首次提出"信、达、雅"的翻译标准。

② 章士钊(1881—1973),湖北善化(今长沙)人。字行严,号秋桐。著有《柳文指要》等。

由以上这些讨论,我们可以找到一种感觉,即中国术语学派历来所强调的逻辑特色。从另一个角度说,中国人现在所接受的"逻辑学",如果按照严复的译法,就是名学。很难说严复先生在确定这个译名的时候没有想到荀子的《正名》之论。而名学与现代之术语学颇有通近,足以构成名学——逻辑学——术语学的稳定范围。以逻辑学的严谨,回溯名学的深远,拓展中国术语学的未来,是对明天的预期。

时至今日,国际术语学术的发展,已经形成为数众多的学派。例如现代术语学即有德国—奥地利学派(维也纳学派)、俄罗斯学派(俄国术语学派或莫斯科学派)、捷克—斯洛伐克学派(布拉格学派)、加拿大—魁北克学派。未来中国术语事业的兴起,一定也会以形成某种相对稳定、相对独特的学派为标志。中国的术语学,应该沿着中国历史、文化乃至哲学、逻辑学的根脉扎实前行,中国术语学派应该具有明显的强调逻辑严谨的特色。渊源既久,叶茂根深。我们应该为此而努力。

§3.1.1.2 从名辩思潮看术语需求

名辩:名辩是先秦思想家关于名实问题的论辩。春秋时孔子主张"正名",老子主张"无名",战国初墨子提出"取实予名",儒道墨三家开始在名实关系问题上展开争辩。战国中叶,名辩之风大盛,出现了以惠施、公孙龙两家为代表的"坚白同异之辩"的"名家者流",对名实关系作了详细论述。后期墨家在总结自然科学和批判地吸收各派学说的基础上,提出了"以实举名"的原则,对于辩说的任务、原则和方法都有精密的研究,具体提出"辩"的任务是:"明是非之分,审治乱之纪,明同异之处,察名实之理,处利害,决嫌疑。"(《墨子·小取》)荀子并把名辩的基本问题具体分析为"名、辞、辩说"三方面。他们对中国古代逻辑学的建立作了巨大的贡献。

《辞海》1999年缩印本,第1000页。

名辩思潮是战国时期以辩论名实问题为特征的一股哲学思潮。这种思潮的形成,客观上是因为新旧社会制度的变革出现了新旧名实的混乱,理论上则是由于百家争鸣无不举名指实的辩论所推动。名辩思潮的先驱,可以追溯到春秋末期邓析的辩说"刑名"。后因孔子提倡"正名",老子提出"道常无名",黄老一派主张"循名责实",墨子强调"取实予名",法家讲究"控名责实",最后都聚集在名实问题上,其中,那些专门从理论上讨论名实问题,或通过名辩讨论哲学问题的人物,便属于所谓名家。战国时期的名家人物有尹文、兒说、田巴、桓团、惠施、公孙龙等。其中前四人的资料多已亡佚,惠施和公孙龙是最有影响和代表性的。虽然庄子曾经批评名家没有把握大道,荀子批评名家"辩而无用",韩非批评名家妨碍法治,然而名家的理论活动,在客观上大大促进了中国哲学思维水平的提高。(刘文英,2002)

顾名思义,"名辩"当是以"名"为核心的论辩。那么,"名"又何以为名?

《说文解字》释义:名,自命也。从口从夕。夕者,冥也。冥不相见,故以口自名。"名"字的本意,是名称,是命名。《易·系辞下》:"其称名也,杂而不越。"引申为动词,指称。《论语·泰伯》:"荡荡乎民无能名焉。"又在中国古代逻辑中表示与"实"相对的范畴。"名"之所指,乃是概念与表达概念的语词、名称。这与远古时代人们把"名字"和这个名字所称谓的东西,包括人、物、事视为同一的习惯一脉相承。

名家邓析(前545—前501)①赋予"名"以逻辑含义,主张"循名责实"。儒家提出的"正名",对逻辑的概念分析具有一定作用。墨家提出"以名举实"的思想,荀子也提出"制名以指实",都认为名是对实,也就是今天我们常说的"客观事物"的反映。后期墨家又把"名"细化,分为达名、类名、私名三大类,已经具有明显的、现代术语学当中的"层次概念"。

战国时惠施的名辩论题之一,叫做"大同异",与"小同异"相对。《庄子·天下》:"大同而与小同异,此之谓小同异;万物毕同毕异,此之谓大同异。"成玄英疏:"物情分别,见有同异,此小同异也。死生交谢,寒暑递迁,行性不同,体理无异,此大同异也。"惠施从这一论题引出"天地一体也"的结论。认为天地万物尽管千差万别,实质上是同一的,所以应该"泛爱万物"。这是在万物千差万别的基础上所强调的事物之共性,反过来说,所有可以相互比较、相互间存在差异的事物,都需要以上位概念相同为基本条件。没有"大共性"的事物,则不具备比较的价值。换句话说,没有"同",便没有"异",便没有相互比较的价值。用现代的语言表达,即是"没有可比性"或"不可比"。再后来,荀子进一步提出了"共名"和"别名"的分类法,以及由别名汇集到共名的概括法则,还有由共名辗转到别

---

① 邓析(前545—前501),春秋末法家先驱、名家。郑国人。他"不法先王,不是礼义","以非为是,以是为非",不满子产所铸刑鼎,自己编了一部刑书,写在竹简上,称为"竹刑"。并以此传授门徒,从其学讼者不可胜数。后为执政者驷颛所杀,但其"竹刑"终被采用。他"操两可之说,设无穷之辞",对后来辩者颇有影响。

名的限定法。细看与"名"有关的这些节目条陈,都是现代术语学概念中所要讨论的东西。

谈及术语需求与哲学思潮的推动关系,很容易联想到"究竟是先有鸡,还是先有蛋"的比喻。名辩思潮的历史作用已经写进《中国哲学史》,列入国家普通高等教育"十五"规划的教材,中国古代之"名"在哲学发展中的位置也毋庸置疑,只是因为现代术语学的概念还不够显赫,既没有列入"国家教材",也较少为人所知。其实当我们把现代术语学的概念作为背景,重新察看"名辩思潮"时,就会很容易地看到所谓"术语"的身影。

§3.1.1.3 术语需求与名学、因明与逻辑

时代进步了,科学发展了,老话不够用了,于是引入新词,创造新语,引起关于言语词汇的争辩和讨论,于是成为"名学"盛事,引发"逻辑"思考,形成"哲学"思潮。名学与逻辑,在中国古人,甚至不太"古"的古人如严复(《穆勒名学》译者)、屠孝实(《名学纲要》作者,1924年出版)等人看来,也是彻头彻尾的同样的事情。

极而言之,一个社会的发展,特别是这个社会处在转型期间的发展,不可能不引起关于"名"和新言语的需求。如王国维(1992)在《人间词话》中所言:

> 夫言语者,代表国民之思想者也,思想之精粗广狭,视言语之精粗广狭以为准,观其言语,而其国民之思想可知矣。周、秦之言语,至翻译佛典之时代而苦其不足;近世之言语,至翻译西籍时而又苦其不足,是非独两国民之言语间有广狭精粗之异焉而已,国民之性质各有所特长,其思想所造之处各异故。……西洋人之特质,思辨的也,

科学的也,长于抽象而精于分类,对世界一切有形无形之事物,无往而不用综括(cenerafization)及分析(specification)之二法,故言语之多,自然之理也。吾国人之所长,宁在于实践之方面,而于理论之方面则以具体的知识为满足,至分类之事,则除迫于实际之需要外,殆不欲穷究之也。

关于中国古代战国时期的辩论,王国维却是拿来与印度六哲学派和希腊的诡辩学派作比较。

> 夫战国议论之盛,不下于印度六哲学派及希腊诡辩学派之时代。然在印度,则足目出,而从数论声论之辩论中抽象之而作因明学,陈那继之,其学遂定。希腊则有雅里大德勒自哀利亚派诡辩学派之辩论中抽象而作名学。而在中国则惠施、公孙龙等所谓名家者流。徒骋诡辩耳,其于辩论思想之法则,固彼等之所不论,而亦其所不欲论者也。故我中国有辩论而无名学,有文学而无文法,足以见抽象与分类二者,皆我国人之所不长,而我国学术尚未达自觉(selfconsciousness)之地位也。

此处王国维所称"雅里大德勒",或许就是今人所译之"亚里士多德"。亚里士多德(Aristotelēs,前384—前322)是古希腊哲学家、科学家。生于斯塔吉拉。曾在学园中从柏拉图授业,是古希腊哲学家中最博学的人物,是欧洲形式逻辑的奠基人。"因明"一词不需改译,现在仍然是对古代印度逻辑学,或关于论证与反驳学说的称谓。"因"指原因、根据、理由,"明"含有学术的意义。因明也在发展,其中有古因明与新因明之别。公元5世纪印度哲学家无著和世亲吸取正理派成果构成的因明为古因明,古因明的推理用五支作法。6世纪陈那(Diṅnāga,约440—520,又译大域龙、童授)及其弟子所发展的为新因明。陈那著有《因明正理门论》,商羯罗主著有《因明入正理论》,为新因明中通行之书。新因明的推理用三支作法。在中国,唐代高僧玄奘于7世纪中翻译了陈那、商羯罗主的著作,并经他口授由其弟子作了某些注疏,其中窥基所注《因明入正理论疏》六卷最为重要,后人据以研究者甚多。另外,11世纪印度高僧法称的因明传入中国西藏,有很大的发展。有许多重要因明著作,在印度原文佚失,仅赖藏文译本流传至今。

笔者寡闻,未知王国维文中所谓"则足目出",是否即云无著与世亲。无著(Asaṅga,约4、5世纪)亦译无着,是古印度佛教哲学家,大乘佛教瑜伽行派理论体系的建立者之一,北印度富娄沙富罗国(在今巴基斯坦境内)人。无著与世亲是兄弟俩,无著为兄。他初习小乘,后归大乘,并多撰论著,阐扬大乘教义。曾劝世亲皈依大乘,共创瑜伽行派理论。其法相学说,对古印度哲学的发展影响很大。佛教尊为无著菩萨。著有《瑜伽师地论》(梵本和藏译题为无著,汉译题为弥勒)、《显扬圣教论》、《摄大乘论》等。陈那也是初习小乘,后改学大乘,是世亲的弟子,属瑜伽宗。除了《因明正理门论》,陈那的主要著作还有《集量论》、《因论抉择论》、《观所缘缘论》等,也是古印度哲学家。

在王国维看来,事物必须由"名"来表达。关于这一点,他的表述十分明确。此外,在术语对等的意义上,王国维认为conception之为"概念",谓之"共名"亦可。说明在"名学"接近现代"术语学"

的问题上,除了某些"术语"表达上的差异外,古今学者们的看法并没有太大的不同。

> 乏抽象之力者,概则用其实而不知其名,其实亦遂漠然无所依,而不能为吾人研究之对象。……事物之无名者,实不便于吾人之思索,故我国学术而欲进步乎,则虽在闭关独立之时代犹不得不造新名,况西洋之学术骎骎而入中国,则言语之不足用固自然之势也。
> ……至"conception"之为"概念",苟用中国古语,则谓之"共名"亦可(《荀子·正名篇》)。然一为名学上之语,一为文法上之语,苟混此二者,此灭名学与文法之区别也。
>
> 胡适:《先秦名学史》

综上所述,古老相传的"名学"虽然一直披着"逻辑学"的蓑衣,但是在那蓑衣下面的躯干里,却始终跳荡着"术语"的灵魂。战国时候的名辩思潮,熙熙攘攘之中,形形色色人等所讨论的事情,不过是关于术语定名的规则的理论分歧。中国术语学的逻辑传统由来已久,虽振翅却未高飞,没有最终突破思辨的樊篱。恰如在一个比喻当中所描述的:"仅仅发明或发现在先,而没有后继的努力去改善或完善雏形的东西,那只能是一件憾事,而不能引以为荣。当我看到水手们的指南针,并想到欧洲人借以作出的神奇的发现,便不禁想起我亲眼看到的我国古代天才的这一伟大发明被用于迷信活动而感到羞愧。"

说这段话的人,是《先秦名学史》的作者,胡适先生。那是一部关于古代中国逻辑方法的发展的著作,是他1915年9月至1917年4月住在纽约的时候用英文写成的。胡适先生认为,逻辑方法是每一部哲学史的最主要部分。

名,就是术语。

名学,就是以逻辑思维和逻辑方法研究的术语学。

术语和逻辑,犹如"鸡生蛋,蛋孵鸡"。但若非要分出先后,那么,一定是先有了术语,后来才生出逻辑。逻辑是蛋,术语是鸡。按照进化论的观点,最早的那只鸡并不是从"蛋"里孵出来的。是进化之手,塑造了鸡。正如生活中的需要,创造了最初的、原始的术语。

§3.1.1.4 社会发展呼吁语言逻辑规范

语言是思维的载体,因此当我们谈到语言逻辑规范的时候,其实就是在讲述思维的逻辑规范。但是,我们甚至很难彻底区分何为语言规范、何为逻辑规范。如果从语言技术的角度分析,语文之规范至少可以大致地划分为①文字规范、②词语规范、③语句规范、④文章规范四个同心圆环,依小到大,渐次包围。这其中,所谓①文字规范就是读、写正确的汉字;所谓②词语规范就是使用正确的词汇;所谓③语句规范就是选择正确的词语搭配,说合乎逻辑的话;所谓④文章规范,就是正确地组合语句,以完成合乎逻辑的思维表达。

这四个规范的范畴,体现了语言表述从微观要素到宏观组织的尺度变化,说明语言表述的优劣和品质高下实际上取决于所有环节的规范程度。观察身边的语言现象就可以发现,一个错别字连篇的人,通常造不出可以令人拍案叫绝的句子;一个语句含混的人,也不会写出石破天惊的美文。语言的混乱,其实就是思维的混乱。而一个思维混乱的大脑,也绝对容不下值得尊敬的思想。

众所周知,逻辑和语言是关于正确思维和成功交际的学问。它同每个人都有密切关系,在社会生活中发挥作用。尽管当今人类已经进入信息社会,可是在我们生活的范围里,语言应用水平下降的现象非但没有绝迹,反而愈演愈烈。现在在一些官员讲话、传媒报章乃至法律条文、经济合同、决策论证、广告说明当中,逻辑混乱、语言失范的现象非常严重,令人担忧。"几乎时时处处都能感到概念不清楚、推理不正确、论证不科学、语言不规范的现象。这些逻辑语言方面的问题,妨碍人们的正常生活,甚至造成严重的后果。"(刘国昌,2006)

最令人痛心和无法容忍的是,这种逻辑混乱、语言失范的谬误不仅仅存在于大众传媒,在经济生活甚至立法领域当中也不少见。有些经济合同文本由于措辞不当、破绽百出,在执行中使当事人蒙受损失;有些法律规定立法思维混乱,意图表达似是而非,宽严失济,自相矛盾,直接影响司法的公正性和严肃性,甚至使人怀疑个别行政立法部门的行为能力。其实明眼人不看也知,在这其中有很大一部分并非行为者缺乏执法能力,而是相关利益群体正在努力把手中的权力转化成为牟利的工具。

殊不知,如若一部法律的出台仓仓促促,执行起来令人无所措手足,特例频仍,普遍混乱,甚至全靠"执法者"现场度量,那么这部"法律"出台的结果绝不会起到"加强法治"的作用,而只能损毁法律的严肃性,损毁政府的威信,成为今天和日后人们蔑笑的谈资,或者成为若干年后学校教科书中的反面教材。这种在"公共权力"领域的逻辑混乱和语言失范,历来是执政者的大忌。但是,在"行政过度"(龚益,2000)泛滥的地方,这种问题既不可能避免,也难以得到彻底的解决。必须大力普及逻辑、语言知识,使其成为广大人民群众日常生活中人人能懂、随时可用的思辨和表达的工具,成为匡正权力谬误、追求科学真理的利器。

根据联合国教科文组织的学科分类,逻辑学是与数学、物理、化学、天文学、地理学、生物学平肩并立的七大基础学科之一。世界上,美国、加拿大、澳大利亚、新西兰4国的118所大学中开设逻辑学课程的有50所,占比42%。美国9所全国性大学全部开设了逻辑学课程。在中国北京,开设有"中国逻辑与语言函授大学",截止到2006年,21年来向50万学生传递了逻辑学知识,为提高全民族科学水平作出了贡献。(刘国昌,2006)

在中国历史上,"逻辑学"曾经等同于"名学"。"名"即是近代人们习惯称呼的"术语"。如今社会科学和语言学已经发展到21世纪,术语学作为语言学中的一个重要组成部分,与现代意义的"逻辑学"更加难舍难分。现代术语学是研究专门词汇的学问。由于这些词汇内在的科学属性,"逻辑"合理是它们得以存在的基本前提。而作为术语乃至更广泛意义下"词汇"的应用,又时刻不能脱离作为事物描述规则的"逻辑"。由此看来,逻辑与术语,术语与逻辑,算得上是一对形影不离的"和谐兄弟"。

§3.1.2 中国历史上的汉字规范

汉字是世界四大古文字中唯一持续使用至今的书写符号。汉字从诞生起,就在使用中不断发展、不断规范。初期不断有新造字出现,是发展;在发展中,汉字的字音、字形、字义不断出现各种变化、演替,出现了各种混乱现象,于是需要规范。汉字的传播和交流、使用是最重要的规范。不规范就不能起到传播信息的作用,所以传播、认识的过程也就成为一种自发的规范行为。这种情况与我们要讨论的术语问题一致。现在人们谈起"规范",往往会想到"政府"、"上级",其实最本质的"规范"是社会的自组织行为,在使用和交流中自发完成。

历代辞书、字书,如《说文解字》、《新华字典》,大体上可以看做是汉字规范的阶段性总结。

汉字的繁难在很大程度上并不完全是汉字自身的问题,更重要的是旧时代文化垄断遗留下来的一种弊病。19、20 世纪之交,中国语文变革的先驱者卢戆章和王照即曾分析过汉字繁难的本体原因和社会原因。到 20 世纪末,仍有学者(王宁,1997)对此持续关注。

对生活在中国的大多数人来说,汉字教育是一切教育的基石,汉字是公共交流的基本工具。汉字规范不仅具有文化教育方面的意义,还具有降低社会经济成本的作用。这与社科术语规范的目的有相同之处。与之相同的,当然还有汉字规范产品(结果)作为"公共产品"的"外部性"特征:有人使用,甚至大家都会使用,因为使用它可以降低成本,但却几乎没有人为此付钱。

汉字如是,术语亦然。在中国,以汉语形式表达的术语的书写形式,都由汉字组成。汉字的生灭与规范,其过程与术语生灭与规范的过程,存在很多可以类比的地方。因此,研究社科术语,有必要了解和借鉴中国历史上汉字规范的情况、教训和经验。

§3.1.2.1 新中国汉字规范的历史回顾

简化汉字是建国初期第一次对汉字进行规范的措施。建国初期,中国有 40% 左右的文盲,农村文盲的比例更高。简化汉字,可以降低扫除文盲的成本。从历史上看,由繁向简,是汉字演变的主要趋势。汉字简化符合汉字发展的总方向,也符合广大人民群众学习文化的迫切愿望。多年来的实践证明,汉字简化的方向应该肯定。(刘又辛,2004)

1952年,为适应扫除文盲工作的需要,国家公布了两千扫盲常用字,每字平均10.98笔。

1955年召开了全国文字改革会议和现代汉语规范问题学术会议,会议确定了推广普通话、推行汉语拼音方案、简化汉字三大任务,谋求中华民族共同交际工具的全面规范化,这是中国历史上第一次提出的宏伟目标。但是,也有观点(刘又辛,2004)认为,1955年的现代汉语规范问题学术会议谈的是现代汉语规范,没有讨论汉字规范。关于汉字,只谈到异体字整理和简化汉字。直到《国家通用语言文字法》(2000),才正式提出了"规范汉字"这一用语。

1955年12月,文化部和中国文字改革委员会联合公布《第一批异体字整理表》;1956年2月1日正式实施。

1956年,颁布《汉字简化方案》。按照这个《方案》,在《第一批异体字整理表》中刚刚确定的一些"正字"在简化字表中又制定了新字,因而不得不在"异体字表"发布时加以说明:"各字组中选用字暂未采用简化字,《汉字简化方案》公布后,应以方案中所规定的字形为标准,随简化字推行情况逐步修改。"这个"说明"一共49个字,用了八个简化字。在《第一批异体字整理表》中的这八个字,在公布之前便失去了其"标准"地位。由此可以看出当时这种三步并作两步走的急于求成的心情。(刘又辛,2004)

1956年《汉字简化方案》包含515个简化字。

1964年,公布《简化字总表》,类推扩大为2236字。1952年公布的两千扫盲常用字,每字平均10.98笔,这次简化后每字平均

8.94笔,减少2.04笔,即笔画减少20%。(周有光,1978)

1978年公布"二简",即第二批简化字,成败是非,带来很多争议。

1986年国家语委重新发表《简化字总表》,对表中内容作了某些调整。

1965年1月,由文化部和中国文字改革委员会联合发布《印刷通用汉字字形表》,收字6196个,被看做是印刷宋体字形的规范依据。

1988年3月25日,国家语委、国家新闻出版总署联合公布《现代汉语通用字表》;删去1965年1月《印刷通用汉字字形表》中的50个字,增收854个字,共收7000字,发布这个表时明确指出"字形标准未作新的调整"。

该表综合此前三项字表的规定,是20世纪80年代以前关于汉字规范的总结。字表实际包含三个层级——共7000个通用汉字,其中2500个常用字,1000个次常用字。这些已经公布的字表,涉及字样、字形、字数,该规定的都规定了。虽然并不都是国家最高权力机构发布的,但在实际上已经成为群众公认的标准,在现代语文生活中取得了应有的规范地位。(王宁,2004)

2001年4月,教育部(国家语委)经慎重调研和科学论证,启动了《规范汉字表》研制项目。该项目是"十五"即第十个五年计划规划的重大课题,并被列为教育部2003年重点工作之一。

2002年5月至8月,针对《规范汉字表》研制过程中难于处理的异体字整理原则问题、简化字同音代替造成的"一对多"关系问题、类推简化问题以及汉字印刷字形问题等,教育部语言文字信息管理司和教育部语言文字应用研究所联合有关单位,分别召开了三次专题研讨会。

2004年,商务印书馆出版《汉字规范问题研究丛书》。

2005年底,《咬文嚼字》杂志宣布,要发动读者为中央电视台2006年的春节晚会"会诊",因为"全国人民都收看的这道荧屏大餐年年出现错字"。2006年3月,"会诊"结果出炉:"咬"出2006年春节晚会上28处文字错误,公布在3月号的《咬文嚼字》上。有人认为这是小题大做,电视节目上的错别字,好像在食堂饭里吃出沙子、菜里吃出虫子一样,很自然。但是杂志主编说:"社会对语言文字缺乏应有的敬重,这是很不好的。中华民族之所以能有今天,与我们独特的语言文字有很大的关联,我们应该保护好自己的文化遗产。"(赵学勤,2006)的确,受众不仅要通过传媒接受资讯、获取知识,也要通过纯洁健康的语言文字享受文明,让民族文化的血脉得到传承。在社会上形成自觉"规范"汉字的风气,这件事本身就值得高兴。

§3.1.2.2 从汉字规范看术语规范

从单体的汉字来说,并不能简单直接地对应于"术语"。术语通常以"词"的形式出现,由两个或两个以上的单字组成。但是回顾汉字发展史却可以发现:汉字的诞生,即人们通常所说的"造字",以及后来发展过程中的"繁化"(原本简单的字形被改变成烦琐复杂的形式)、"简化"乃至"废弃",与"术语形成"的早期行为情况极其相似。因此,了解中国历史上汉字的变化情况,可以借汉字规范之石,攻术语研究之玉。

现今时代,信息爆炸,新词"术语",层出不穷,良莠参半,鱼龙混杂。这种情况与汉字的形成机制颇为类似。汉字存在异体字和简化字问题,术语则有同义术语—意多名的问题,也存在一名多义的现象,即术语二义性问题。

　　术语与汉字一样,并非造于一时,也并非出自一手。中华民族历史悠久,疆域广大,众多无名造字者没有受过后代文字学的训练,有条件叫喊新名词的人也未必都能掌握现代术语学甚至更基础的语言学常识。新字的造就,新词的提出,常常顺手而来,既不一定考究造字的"理据"、成词的"规则",也不可能协商于决策之前,更不要说预测后世的遗留问题。虽然汉字、汉语历时既久,潜伏着某种内在规律,但就创造者和使用者而言,仍以"不自觉"者为多。更何况还有不少故意标新立异、哗众取宠、专以营造"怪字""新词"作为标榜的人,给历史上的汉字规范和未来将要面对的术语规范带来麻烦。

　　例如,"礙"简化为"碍"(始见于《正字通》)、"報"简化为"报"(始见于居延汉简)、"東"简化为"东"、"過"简化为"过"、"時"简化为"时"(始见于敦煌汉简),有什么"理据"可言？(许嘉璐,2004)又如"才"、"云"、"礼",查《说文解字》可知,都是原本就有的字形,却"毫无道理"或"多此一举"地被"繁化"成为"纔"、"雲"、"禮"。原本无辜的"林荫道",据说又因"荫"应被统一为"阴"的一纸禁令,而成为令人啼笑皆非的"林阴道"。《笑林广记》大概要有新的版本问世了。

　　新中国成立以后,在汉字简化过程充分体现了行政手段的有效性,有很多简化字是值得赞许的。例如:"龍"简化为"龙"、"龜"简化为"龟"、"塵"简化为"尘"、"豐"简化为"丰"、"兒"简化为"儿"等,都简化得很好。这些字都见于古代字书,说明它们都曾被使用过。笔画都比与之相应的繁体字少得多,符合简化的基本原则(刘又辛,2004)。然而,这种情况恰恰也说明了许多汉字在发展历史上曾经有过一义多字和由简到繁的经历。

这些问题,与现在让语言文字专家和官员们头疼的简化字与繁体字"一对几"的问题,如同一个名词对应多种概念,或者一个概念拥有多种称谓的术语问题一样,均非始于今日,也不会瞬间消亡。文字方面的例子比如"干"之与"幹"、"乾"(始见于刘熙《释名》和汉碑),"沈"之与"沉"、"瀋"(始见于《礼记》和《集韵》)(张书岩,1997);术语方面的例子比如"雷射"、"镭射"、"莱塞"与"激光";"SARS"与"非典"、"非典肺";"报料"与"提供新闻线索"等等,不一而足。在有些场合,术语的趋势不是走向简化,而是越发烦琐,越来越失去了本该简明确切的含义。这种现象值得研究。

§3.1.2.3 规范的取向受到时代制约

这种情况,使人联想到汉代石刻造型的简约古朴以及后来朝代石刻形象的烦琐雕琢。再以中国家具为例,明代国力强大,科学进步,明式家具则线条简练,造型清雅,到清朝却越发变得不简洁了。及至晚清,家具雕花刻草,遍镶螺钿,恨不得珍珠玛瑙玳瑁车磲全要铺将上去。这是崇尚繁文缛节的时代烙印,是社会衰变、文化堕落的反映。映射到社会语言,亦有同样问题。现在坊间有些"新词语"、"新口号",要么空空如也、毫无内容,要么就是根本无从落实的废话。喊者亏心,听者闹心;从虚到假,从假到虚,看似语言现象,实在是社会政治文化的问题。这些问题,并非仅靠语言界的努力就能克服,因为它反映的,本来就是一个民族文化中年深日久的痼疾。

语言文字学者认为,汉字可以分为表形字、假借字和形声字三类,分别代表汉字造字的三种方法。从整个汉字发展的历史看,从甲骨文到现代汉字,一直使用这三种造字方法。古今汉字体系的实质区别,是这三类汉字占有的比例不同。商周文字以假借字为主要成分,表形字是基础(很多表形字兼用为假借字),形声字只占少数。秦汉以后的汉字,则以形声字为主要成分,表形字多成为形声字的部件,假借字只剩下极少数。这是汉字发展的规律。我们谈论汉字简化,也以此为准则。(刘又辛,2004)

形声字在现代汉字中占90％以上,是现代汉字的主要字类,简化字中的形声字也比较多,其中很多是于古有据,由繁化简,易于推行的字。由此又回到我们曾经表达过的困惑:既然在简化汉字的时候我们能够找到"于古有据"的"简字"使"繁字"得到简化,那就等于是说,在历史上的某一个时期,曾经有过将"古已有之"的"简字"变得烦琐起来的过程。需要解答的问题是,这种"繁化"的理由和原因是什么?这种"繁化"与一个国家、一个时代的"繁华"是否存在对应关系?再有一个更外行的幼稚问题:"繁化"之"化"与"繁华"之"华",可否"通假"?

术语方面,类似语言文字那样,舍简就繁、逆向变异、混淆凌乱、故弄玄虚的现象也不乏其例。比如,"经济计量学"和"计量经济学"原本来自同一英文词汇"econometrics",却始终不能"言归一统";再如经济计量学词汇"cointegration",张三译成"协整",李四翻作"同积",王五认定"协积",赵六则一定要另辟蹊径,写作"积整"。(龚益,2004)恨不得每一个新词都是"迄今为止,尚属首次","世界未曾有,中国数第一"。按照世界通行的做法,产品发现设计生产方面的缺陷,应由厂家负责"召回",但是,据2004年12月20日中央电视台(CCTV—2)《读报节目》报道,广州本田汽车厂坚持称之为"回店",其理由是,在日语中,召回就是"回店"。这种情况,是对概念命名权的争夺;从积极意义上可以理解为强调以自己的理解阐述概念,或以本国的语言表达概念。虽则如此,却令人喜忧参半,不敢乐观。

一方面，新词术语的不断涌现，说明人类知识不断丰富，科学文明不断进步，也代表了这些知识和文明在中国普及的速度迅速；另一方面，从全民族的整体意义上，说明我们对新知识的接受还只是分散、个别的，缺乏整体性和系统性。如同汉字一样，这种现象也从一个侧面反映了术语，特别是现代术语的复杂性。按照哥德尔"不完备定理"，没有哪一种"系统的解决方案"是"系统的"，"任何所谓完备的定理系统都是不完备的"。这正是我们在社科术语规范工作中需要注意的问题。不仅要注意其中的科学性，也要考虑术语应用的社会性问题。

中国历史上的汉字整理工作一直在不断地进行，但是整理多半遵循"述而不作"和"约定俗成"的原则。"述而不作"就是整理者不制造新字，只是把已经使用的字加以提倡或抑制。（刘又辛，2004）这种办法，首先务虚，不忙做实，从某种意义上说，更像是一种学术的研究和科学的宣传，值得我们在从事社科术语规范的过程中借鉴。进而言之，无论是文字规范还是术语规范，均应以维护社会生活稳定、降低社会交易成本为首要原则。如果过分迷信"权力"的作用，以为行政措施可以无往而不胜，就可能会引起各方面的反感乃至混乱，造成无谓的损失。

§3.1.2.4 现代汉语用字的定量问题

语言文字学家周有光先生在20世纪50年代提出现代汉语用字问题，他说：

> 汉字随时随地增加，出生不报；又随时失去作用，死而不葬。字典里死字活字并立，不加区别。书写现代汉语究竟要用多少个汉字？谁也说不出来。这种现象不应

当长此任其自然。

整理汉字的一项基本工作就是清点汉字的家底,编出一份现代汉语用字全表的清单来。应当一方面埋葬死字,把现代汉语用字和非现代汉语用字分开;另一方面登记出生,新造汉字必须经过国家机构同意登记才算成立,并且到适当时候宣布停止再造新字。如果拿不出一份现代汉语用字全表,不知道活字究竟有多少,那么,限制和减少汉字总数的工作也就不能不是盲目的。

有一天我们能够告诉人家书写现代汉语究竟要用多少个汉字,把不可知数变成可知数,这将是汉字史上的一件大事!

周有光:《现代汉语用字的定量问题》,《辞书研究》,1984(4)。

周有光认为,得到一个现代汉语的"用字全表"是汉字计量学研究的最根本的一步。这个字表,简称为"现代汉字表",要求达到"四定",即:"字有定量"、"字有定形"、"字有定音"、"字有定序"。"四定"的基础是"定量"。现代汉语的"用字全表"跟"常用字表"是不同的概念,必须明确区别开来。"用字全表"是根据"字性"来审定的。"常用字表"是根据概率来选择的。"用字全表"是新的概念,20世纪50年代以前没有提出过。

1956年中国文字改革委员会曾印发一个通用汉字表草案初稿,向各方面征求意见。这个表共收通用汉字5448个(后来又加500个),分为常用字1500个,次常用字2015个,不常用字1933个。不常用字包括文言成分、姓名、史地、动植物、科学技术、其他

（宗教、民族、方言、译音）六类。这件工作可以说是对汉字的初步摸底。但这只是一种比较精细选择的通用字典的字表，还不是现代汉语用字全表。（周有光，1961）"通用汉字表草案初稿"由翟健雄主编，他去世后这项工作就停止了。

在中国，汉字计量学的研究方法最早是从美国引进的。在美国，语文教学需要研究"词儿"的常用性。美国给我们的借鉴只是从"词儿"常用性的研究改变为"汉字"常用性的研究。长期以来，没有跨出这条认识界线。"1921年陈鹤琴开始用统计方法研究白话文中汉字的出现频率，1928年出版《语体文应用字汇》，选定4261字。1929年敖弘德继续陈氏的研究，发表《语体文应用字汇研究报告》，改定为4329字。1930年王文新发表《小学分级字汇研究》，选定小学应识字量为3799字。后来的研究者综合各家常用字编汇成综合统计，例如庄泽宣综合四种常用字汇编成基本字汇5262字，李智根据六种常用字汇编成新的综合统计5552字。""1951年订定一等常用字1010个，次常用字490个，共计1500字，此外另选补充常用字500个，合成2000字，1952年6月5日由教育部公布，作为扫除文盲的识字标准。"（周有光，1961）以上这些都是"常用字"的研究，不是"用字全表"的研究。用字全表，是要从定性的审查入手查明现代汉字家底，使数量化的汉字研究成为可能。

§3.1.3 中国历史上的语文规范

《中华人民共和国国家通用语言文字法》第六条规定："国家颁布国家通用语言文字的规范标准，管理国家通用语言文字的社会应用，支持国家通用语言文字的教学和科学研究，促进国家通用语言文字的规范、丰富和发展。"许嘉璐（2004）认为，这是我国几十年经验的科学总结,也是我国语言文字工作能够取得骄人成绩的重要原因。

事实上中国语文规范的历史并非仅止这几十年,在我们考虑语言文字和社科术语规范工作的时候,一定要想到中华文明的历史长度是几千年而不是区区的几十年,甚或只有二十年。这个背景对于社科术语工作未来的发展至关重要。前人创造了灿烂文化:春秋战国诸子哲学、汉魏六朝丰碑巨制、韩柳欧苏大块文章、明清之际人生画卷,都是哲人与平民的情怀,是中华民族不绝的文脉。这些文化并未因朝廷改换和政权更迭而湮灭,其中一项重要原因,就在于历代王朝都不约而同地坚持了以文字统一和语言统一为主要线索的基本国策。正是这种持续不断的"规范"活动,才能使一种语言不断地保持活力,保持青春,保持着这种语言"鹤发童颜"的形象。中国语言的生动与深刻,无与伦比。笔者曾有在日中友人集会上演讲的经历,帮助翻译的日本朋友事后向我道歉说,中国的文化和语言实在太深刻、太精练,你讲的事情我可以明白,却很难完整地翻译出来。

历史研究表明,中国夏、商、周三代已初步形成天子为"共主"的统一多民族国家,并且有了文字和谱牒一类典籍。《礼记·中庸》:"非天子不议礼,不制度,不考文。"说明最迟从西周开始,天子在制定国家的礼乐大典时,就包括了以"考文"为内容的语文规范制度。西周是宗法社会,学在官府,政教合一,以礼乐为核心的周代文化是等级森严的宗法文化。这种文化对语言文字的要求是定名分、别贵贱,由国家统一名号,绝对禁止乱名改作。随着西周的灭亡,历史进入春秋时期后,诸侯力征,各行其是,周礼崩坏,学下私门,乱名改作屡禁不止,语言文字失控。

对此,社会上出现了两种不同的认识:一是只维护语言文字的继承性,按照旧有的标准衡量和制约变化了的语言文字;二是只承认语言文字的变异性,根据变化了的情况制作新名,以规范语言文字。孔子主张前者,他把辨正名物,统一语言文字的工作列为治国安邦的首务,认为"名不正则言不顺,言不顺则事不成,事不成则礼乐不兴,礼乐不兴则刑罚不中,刑罚不中则民无所措手足"(《论语·子路》)。孔子正名的宗旨是"克己复礼",述而不作,循名以正实。孔子只知道维护西周的制度,强调语言文字的规范,而忽略了语言文字是不断发展的,规范的标准并非一成不变,所以他的正名论在诸侯纷争、自专一国的年代里行不通。

与孔子相对立,墨子主张后者,即不囿于旧名而根据现实"择务从事","取实予名"。但他因反对孔子的正名论,过分强调语言的变异性而轻视语言的继承性,同样是不完善的。战国末年,适应大一统政治需要,荀子有见于孔墨以来在名实问题上各有家法,主奴是非,言人人殊,于是"推儒墨道德之行事兴坏",专门写就《正名篇》,历史地总结了名学,阐发了他的正名主张,为秦汉开始形成的统一的多民族中国社会的语文规范奠定了理论基础。(李建国,2000)

抽象而言,"规范"是简约却不是束缚。郑板桥向往的"删繁就简三秋树,领异标新二月花",正是中国语言不断发展、不断出新、不断规范、不断成熟的意境。语言文字不是全部文明与文化的唯一载体(例如手工艺、绘画和舞蹈,都属于文化与文明的范畴,但并非依靠语言文字而传播),却在文化与文明的传承中至关重要、无可替代。语言追随社会发展而发展,社会又因语言进步而进步。新事物不断出现,新概念不断形成,于是需要描述,于是术语倍增,"乱名乱作屡禁不止",创新创造层出不穷。这是历史发展的规律,也是语言发展的条件。

简而言之,科学进步、社会发展,必定引起"乱名"的发生,表现为关于"立名"的需要。社会发展,总有"乱名"在前,于是需要"规范",去其"乱",而正其"名"。于是"乱名"不再,语言发展。社会继续进步,又有新名诞生。此时因着前人"规范"后果的传承与延续,新名之立,尝有楷模可以比依,客观上降低因社会发展需要而"立名"的成本。由于"规范"的简约作用,社会上"用名以传实"的成本得以降低,因"名乱"而导致的误解与冲突减少,政权获得稳定,公共福利水平相对提高,"规范"带来正向的"外部性",体现为术语规范和语言规范的社会效益,即"正向的"外部性。

§3.1.3.1 语文规范关系到政治统一

字书是古代字典、词典的统称。中国古代的字书是从小学读物脱胎而来,古代小学读物的产生可以远溯到周朝。(张明华,1998)这里所说的"小学"虽然也与"大学"对应,却不仅仅是今天教育体系"大学、中学、小学"意义上的"小学"。汉语中"小学"一词有两个义项。①对儿童、少年实施初等教育的学校,给儿童、少年以全面的基础教育。②指研究文字、训诂、音韵的学问。古时小学先教六书,所以有这名称。"小学"作为一个名词的变化,其实也能折射出语言和词汇统一的问题。

章太炎说,小学二字,说解歧异。汉儒指文字之学为小学。《汉书·艺文志》:"古者八岁入小学。"《周官·保氏》:"掌养国子,教之六书、九数。"六书者,象形、象事、象意、象声、转注、假借也。而宋人往往以洒扫、应对、进退为小学。……保氏所教六书,即文字之学。九数则如《汉书·律历志》所云:数者,一十百千万是也。(《小学略学》)(庆善、于唐,2003)

中国西周即有实施初等教育的小学,其后各代继续设立,但名称不一。近代小学创设于清末,上海正蒙书院的小班(1878年设)、沪南三等学堂(1896年设)是它的萌芽。1897年南洋公学设外院(后改称"南洋公学附属小学"),为公立小学之始。西方国家小学起源也很早,19世纪末推行义务教育,始有较大发展。中国旧时的儿童教育课本也叫"小学"。宋代朱熹、刘子澄编有《小学》六卷。明代陈选作《小学集注》,清张伯行作《小学集解》。汉代时,称文字学为小学,是因为儿童入小学先学文字,故名。隋唐以后,范围扩大,成为文字学、训诂学、音韵学的总称。至清末,学者章炳麟(太炎)认为"小学"之名不确切,主张改称语言文字之学。"小学"兜了一个大圈子,也害得许多研究语言文字的大学者,一辈子都在读"小学"。

古往今来,先贤哲人无不认识到"小学"之重要,认识到教育的重要。商务印书馆元老张元济自入馆之初,便与商务的创办人夏瑞芳约定"吾辈当以扶助教育为己任"。另一位商务元老高梦旦在担任浙江大学堂留日学生监督赴日考察年余之后,发现"日本所以兴盛之由,端在教育,而教育根本在小学,因发编辑小学教科书之志愿,解职而归",进入商务印书馆,从此与商务荣辱与共。民国以前,商务印书馆是国内唯一一家有计划推出成套中小学教科书的出版机构。1906年,清政府学部第一次审定初等小学教科书暂用书目,计102种,其中民营出版企业出版的有85种,占教科书总数的80%以上,商务印书馆一家编印的《最新初等小学教科书》等占到54种的绝对优势。[①]

[①] 李泽彰:《三十五年来中国之出版业》,引自张静庐:《中国现代出版史料》丁编下卷,中华书局1959年版,第210—211页。参见史春风:《商务印书馆与中国近代文化》,北京大学出版社,2006年版,第152页。

语言文字学家考察研究发现,中国从古以来的传统就是统一文字,把文字作为统一的象征(陆锡兴,2002)。唐朝诗人温庭筠《送渤海王子归本国诗》有句:"疆理虽重海,车书本一家。盛勋归旧国,佳句在中华。""车书本一家",说明车同轨、书同文,"本一家"点明是在统一的国度。(陆锡兴,2002)"渤海国"在东北,是唐朝的一个地方政权,中央政府把渤海作为特区对待,封王自治,是中国东北地区的一个行政单位。其都城称上京龙泉府,在今黑龙江省宁安县境内,俗称东京城。(景爱,2002)渤海与唐朝的臣属关系表现在三个方面:一是新继王位必须有唐册命,方可称王,而不能自封;二是贺岁,尽缴纳赋税之责;三是实行"质子入侍",由特区的"王"把自己的儿子送到中原来,实际上是作为人质,表示自己臣属于朝廷而没有外心。到一定时候,"人质"任期届满,再返回"旧国家园"。温庭筠送渤海国王子归本国,就是记录此事,反映当时渤海与唐朝关系,是可贵的历史资料,也说明语言规范实际上也是国家政治统一的一部分。

论及语文规范,以字典功劳最大。但是直到20世纪60年代,"中国的字典。历来尚无人写为专书来介绍"。1960年,刘叶秋先生写成《中国的字典》,由商务印书馆出版,1962年又完成《中国古代的字典》,次年由中华书局出版。后又完成《常用字书十讲》,仍由商务印书馆出版。这三本书中,前两本带有史论性质,后一本则着重论述有关古今常用字书的基本知识,比较偏重实用。1981年,先生更以《中国古代的字典》为基础,或增饰旧章,或补充新意,撰成《中国字典史略》。此书起战国、秦汉至近世,次第演述,纵横捭阖,是以字典为线索,对中国语文规范历史的一次检阅,其功甚伟。至于解放以后,刘先生说:"解放后,辞书编撰,已入新纪元,当

另为史传,故不论列。"(刘叶秋,1992)

§3.1.3.2 词语规范就是广义的术语规范

谈及词语规范,首推《现代汉语词典》。这部辞书的历史,是新中国成立以来词语规范活动的投影,是广义"科学术语"规范的具体实践,也是未来社会科学术语规范工作的基础。社会是复杂的巨系统,社会发展是复杂的过程。在这样的系统环境中,面对充满变数的未来,我们应该如何盘算中国社科术语规范的远景?社科术语规范工作的道路应该怎样前行?在以往工作的经验和教训当中,哪些可以成为帮助我们可持续发展的营养?虽然不会有百分百的答案,但对所有这些问题,都可以透过《现汉》经历的投影看到某种轮廓,从而成为继续讨论的积极起点。这种讨论,至少可以在"规范的稳定与变化"以及"辞书的经济性质"两个侧面上展开。

首先,关于"规范的稳定与变化"。我们讨论的前提有两个:一、辞书是规范表达的固化。二、规范必须稳定,才能真正成为规范。

词典的作用,在于弘扬正确,厘正错误,但是我们看到:历来只读做"zheng"音(第4声)的"帧"(《现代汉语词典》第1478页)字在2005年出版的《现代汉语词典》(第5版)中已经改读做"zhen"(第一声)。这也许是语言的发展变化,或许是《词典》改正了自己的错误,或许更进一步地说,是对"规范"的规范。然而不论如何,我们在这里看到的是"正确"与"错误"的一次易位。这种易位对于不读书、不看报的人,或者那些"位(莅)临、毛(麾)下"读"错"字也无所谓的人来说的确是"无所谓",但却苦了临近高考或者中考的莘莘学子。据说他们在临考试之前被"负责任的语文教师"告知:赶快去买最新的某某《汉语词典》,所有读音一定以那里的读音为准,否则在考卷上"扣你的分,没有商量"。想起来,真该为那些因为把"帧"标音为"zhèng"的孩子们喊冤:难道一本《现代汉语词典》只能用到新一版本的《词典》出笼之前?如果真的如此,那我们只好"负责任地"告诉孩子们:"历史也荒唐。"同时还要准备着回答孩子们的提问:"是谁动了我们的标准?"

§3.1.3.3 语文规范产品不应崇尚豪华

除了注意规范的稳定性,我们还需要关注语文规范产品——辞书的经济性质。

前若干年,全社会"辞书狂热",有"辞书经济"之味道。此时的辞书,除了在规范语言方面的作用之外,似乎更多地表现出作为一种"商品"可以用来赚钱的属性。辞书当然是商品,但却是一种特殊的商品。让它自生自灭地进入市场经济,必然会引来大批"不合格"商品的冲击。

表3-1简要列出《现代汉语词典》面世以来的定价变化,其中不包括特殊开本、豪华本的数据。——每每听到"辞典豪华本"的称呼,心里总有一种不舒服的感觉,它使人联想起的,似乎不是学问和学术,倒像是珠光宝气的庸俗商人。这可能只是笔者个人的偏见,不足一提。

查1994年出版的《现代汉语词典》,关于"豪华"的解释:

> ①(生活)过分铺张;奢侈。②(建筑、器物设备或装饰)富丽堂皇,过分华丽。
>
> 《现代汉语词典》,1994年版,第444页。

再看2005年6月第5版,同年8月北京第340次印刷《现代汉语词典》的"豪华"解释:

①(生活)过分铺张;奢侈。②(建筑、设备或装饰)富丽堂皇;十分华丽:～的客厅|～型轿车|室内摆设非常～。

《现代汉语词典》,2005年版,第542页。

两相比较,改动微微,仅将括号中的"器物设备"简化为"设备",把"过分华丽"改成"十分华丽"。至于"十分"是否"过分",则要读者自己判断。在笔者看来,这种改动的倾向十分明显,"豪华"已经成为可以羡慕和追求的对象,当然也就不再是彻底的"贬义词"。——纵看今日之社会,风气如此,趋势如此,追求如此,辞书当中反映如此,虽则令人扼腕,却也无可厚非。唯独可以明确断言的是,今后关于"豪华"一词究竟是"褒义词"还是"贬义词"或者是"中性词"的判断,仁者见仁,智者见智,恐怕更难以有"规范"判断,社会公众荣辱观的尺度界限,也会随之漂移。

2006年5月10日新加坡《联合早报》刊登了作者吴韦材的文章:《在自信与浮夸之间》,次日即被北京《环球时报》(第1157期)以《从天价黄金书看中国人浮夸心态》为题摘发。

前不久,走进中国的书店,不难发现在最醒目的货架上摆着不少天价"黄金书",就是用金银珠宝作豪华包装的"书籍"。其中有售价1.96万元人民币的黄金版《孙子兵法》、1.8万元的纯金浇铸版《毛泽东诗词手迹》等。据说这些尊贵级黄金书是"最佳礼品"。所幸这些标价相当于普通书籍1000倍的黄金书,已被禁止出版及发行。

经济成果虽显著,但中国仍有相当多的贫困人口。政府正竭力扶贫。然而,奢靡之风近年却在某些地区、领域、群体中愈刮愈烈,黄金书只不过是浮夸潮流中的一勺浊水。有一则广告道出了黄金书汹涌上市的重要秘密:"由于国内经济不断发展,出现大量奢侈消费及收藏消费是必然的。特别是近阶段股票及房地产市场不景气,大量资金转向收藏品的保值投资,用黄金书作为礼品……"误区里隐藏的腐败显而易见。而此类利用浮夸主义作"社会发展理所当然论",更需深思。

黄金书不只是"浮夸过度"问题,背后还隐含着规模庞大的群体情结:一种因长久抑压的失常反弹。中国今天能喝到经济上汤的发迹群体,半世纪前也是一穷二白,他们除庆幸能赶上眼下的太平盛世,同时也把这盛世当成解压的气阀,而黄金书只属一例。其实城乡各处皆有竞斗浮夸之风,政绩工程等沾染浮夸风气者比比皆是。假若外国人在中国人面前表达看法,不难遇上些愤愤不平的回答:"中国人矮了那么久今天才抬起头,让自己膨胀一下又怎么了?"……

中国并非无视问题所在,全国性广泛传播的人文感性教育、公民道德教育并不匮乏。但就算每日24小时督促,也难挡物质化体验所带来的严重冲击。中国对盛世的社会管理仍在摸索中,在人文素质开始走形这方面,需要更努力去找出应对方案。全球应以平衡之心看待中国崛起,中国的社会更应有正确平衡的心态来内省自己。

《环球时报》2006年5月11日,第6版。

依笔者看来,豪华本的辞书无论如何要好过礼品化的黄金

书。——毕竟它还是一本工具书,是标准知识和文化的传播者。但若从"浮夸"论,则"五十步笑一百",实在没有本质的不同。说到底,语文规范产品必须讲究质量,却不该崇尚豪华。譬如辞书,还是应该坚守洁身自好的寂寞,保存古已有之的那一份清高。如果一部辞书为了读者不同的需求出版"大字本",自然不能与"浮夸"同日而语,但那只该是"大字本",却不必追随着"豪华"的虚名。

表2 《现代汉语词典》定价的变化

定价时间	词条数目	全书字数	印张	定价金额	版权版次	备注
1978.12	56000			5.40元	第1版	正式发行
1983.02		2730千		5.50元	第2版	重排本
1984.04				6.80元		
1985.01				9.30元		
1988.06				14.70元		
1989.04				16.90元		
1991.02				18.50元		
1991.11				22.80元		
1992.10				25.00元		
1994.01		2730千	54	28.00元		
1994.12				36.00元		
1995.04				40.00元		
1996.07	60000余条			55.00元	第3版	修订本
2002.05	61200余条			60.00元	第4版	增补本
2005.05	65000条		61⅜	68.00元	第5版	第340次印刷

§3.1.3.4 语文规范产品的外部经济性质

抛开对"豪华"的褒贬,辞书的经济利益问题更值得思索和研究。经济学的知识告诉我们,标准化成果具有外部性。语文规范产品的生产,也就是社会语言标准化的过程,语文规范产品的生产,具有典型外部经济的性质。

老百姓说,天下没有免费的午餐。经济学家说,做任何事情都需要成本。付出成本,做了事情,就要取得回报,产生价值,获得收益,这是天经地义的。但是,市场并非万能,市场也会失灵:为推行语文规范所做的工作产生的利益,将由全社会共同享受,市场却不会把全部回报交还到从事这项工作的人手里。

经济学家说,这就是外部性(externality)。外部性分为"消极的外部性"和"积极的外部性"两种,标准化工作所表现的,是"积极的外部性",或称"正向意义的外部性"。"消极的外部性"或"积极的外部性",在《辞海》当中称之为"外部经济与不经济":

> **外部经济与不经济** 亦称"外差因素"、"外部效应"或"溢出因素"、"相邻效应"。现代西方经济学名词。当一个经济主体的消费行为或生产活动给别的经济主体提供了好处而并未取得相应的报偿,称提供了外部经济;如他的消费行为或生产活动给别的经济主体带来损失而并未给受损者补偿,则造成了外部不经济。一项新技术的发明创造,使社会受益一般大大超过发明者得到的好处,即为提供了外部经济。一家工厂给空气、水源造成污染,则造成外部不经济。
>
> 《辞海》1999年版缩印本(音序),上海辞书出版社,2002年版,第1718页。

仅从《〈现代汉语词典〉五十年》的"附录:现代汉语词典大事记(1955—2004)"中提供的数据看,对《现代汉语词典》的生存构成威胁的事件,除了"1974年春,'四人帮'借'批林批孔'对《现汉》进行扼杀,已印出的《现汉》被封存,停止销售,在报刊上进行公开批判"以外,直到1986年以前,还没有"严重抄袭《现汉》"或对《现汉》进行盗版的公开报道。但在此之后岁月,抄袭和盗版即有泛滥之势。

1986年5月,语言研究所和商务印书馆就新华社4人编辑《新法编排汉语辞典》严重抄袭《现汉》,侵犯著作权事,向北京市中级人民法院经济庭起诉。6月,由法庭调解结案,原告胜诉。

1993年7月15日,语言研究所和商务印书馆向北京市中级人民法院知识产权庭起诉王同亿和海南出版社编辑出版的《新现代汉语词典》和《现代汉语大词典》抄袭《现汉》及其补编本,侵犯著作权。1996年12月,北京市第一中级人民法院下达判决书,语言研究所和商务印书馆诉王同亿和海南出版社侵权案胜诉。

1997年1月,王同亿和海南出版社不服北京市第一中级人民法院判决,向北京市高级人民法院提出上诉。同年7月,北京市高级人民法院下达判决书,驳回王同亿和海南出版社的上诉,维持原判。语言研究所和商务印书馆诉王同亿和海南出版社侵权案终审胜诉。12月31日,海南出版社在《光明日报》上刊登道歉声明,服从法院判决。

1997年3月、4月、6月、8月,先后在北京、上海、重庆、江苏常州等地查处盗版《现代汉语词典》8万多册。

1998年4月24日,北京市海淀区人民法院公开审理印平华涉嫌从事复制发行盗版《现代汉语词典》等四种辞书19.1万册的案件,当庭判决被告有期徒刑6年,罚金30万元。这是中华人民共和国《刑法》新增关于侵犯著作权罪条款后的首个判例。

6月19日,河北省大厂回族自治县人民法院公开审理陈福金涉嫌从事非法复制《现代汉语词典》8000册的案件,当庭判处被告有期徒刑1年。罚金5万元。同时判决被告赔偿商务印书馆人民币36374.8元。这是我国在审理侵犯著作权罪的案例中,首个刑事附带民事的判例。

8月14日,河北蔚县人民法院公开审理刘润生涉嫌从事非法复制发行《现代汉语词典》5000册的案件,当庭判决被告有期徒刑5年,罚金15万元。同时判决被告赔偿商务印书馆18768元。

1999年6月、7月、10月,先后在上海、浙江义乌、江苏无锡查处盗版《现代汉语词典》6万多册。

2000年1月、4月、7月,先后在北京、浙江义乌、陕西长安查处盗版《现汉》等书3万余册。

2001年2月、3月、8月,先后在陕西汉中、河南郑州、湖南湘潭、江苏南京查处盗版《现汉》4万多册。

2002年7月、9月,先后在河南新乡、山东临清查处盗版《现汉》1万余册。

2003年1月,在山东济宁收缴非法录制《现汉》等书的光盘、胶片40余种。

2004年1月、6月、7月,先后在山东菏泽、河南鹤壁、北京通州查处盗版《现代汉语词典》1.4万册。

《〈现代汉语词典〉五十年》,商务印书馆,2004年版,第184—206页。

何以出现这种情况?因为辞书可以赚钱。天下众生,在经济利益面前能够淡然处之者,为数盖寡。一部《现代汉语词典》的定价,从1984年4月的人民币6.80元涨到2005年的68.00元,是20年前价格的整整10倍。正是这种利益的驱动,引来了抄袭《现汉》、大编辞书的人,也激起了盗版者持久不衰的热情。设想若是国家考虑到《现汉》对整个国家和全民族语言规范的意义,以及语言规范对于国民素质培养的重要,对《现汉》实行补贴政策,将这部辞书的定价规定在根本不值得拼命盗版的地步,又有哪个"充满经济理性"的盗版者会冒着违法的危险来盗版此书?"城中好高髻,四方高一尺。"人民群众中存在着对于语言规范文本的需求,善哉善哉!政府顾及语言规范文本、辞书"公共产品"的性质,给予补贴,控制售价,将优良健康的合格产品提供给社会,直接施惠于民,就是普及全民教育。反之,如果对此弃而不顾,任凭浊潮冲击净土,那才是典型的"不舍小利,而忘大义,不顾长远,只看钱眼"。

回顾《现代汉语词典》从问世到成长的历程,就是回顾汉语词汇规范的历史。在今天,汉语词汇的规范实际上也面临严峻的挑战。我们应该更加冷静地思考,如何在语言规范产品的公共产品性质与辞书、词典的商品性质和赢利倾向之间做出选择,给后代中国人一个交代,给历史一个交代。好在在这一方面,政府能力容易体现,亲民形象可以彰显。

§3.1.3.5 语文规范的途径可以借鉴

语文规范,或语文规范当中的词语规范,是一切术语规范的基础和前提。即使不从这样的角度考虑,仅就语文规范活动本身来说,它所沿用的途径也是科学术语规范可以借鉴的通达之径。

语言和文字是文化的载体,是社会交流的工具。任何一个统一的国家,都需要有统一的或通用的语言文字。语言文字的规范和统一关系到国家的统一和稳定。中国历史悠久,地域广大,却始终没有分裂,什么原因? 除了政治、社会的原因外,中国自秦始皇以来就有统一的文字是一个很重要的原因。在封建社会,统一的文字使政令、军令得以统一下行;尽管各地方言不同,但书面语却完全一致。在实际生活中,光靠"书同文"是不够的,为了消除或减少交际的障碍,人们还力求做到"语同音"。历史上的"雅言""通语"以及明清以来的"官话"就是当时流行的共同交际语。今天的普通话则是国家正式确定的中国各民族的共同语。(江蓝生、张国宪,2002)

教育也是规范,而且是从根本入手,最为彻底的规范。为了纠正已经存在的不规范现象,利用政权力量是切实可行的渠道。从经济学的意义上考虑,利用政权或思想引导的力量推行规范,可以收到激发民智、振奋国民精神的效果,事半功倍,是非常值得实践的投资。

1997年7月1日香港回归祖国,在特区成立大会上,"特首"董建华先生致词说,香港"终于重新跨进祖国温暖的家门"。他在"向全世界宣布"这句话前面加了一个修饰语,他说"我们在这里用自己的语言向全世界宣布"。只有当过殖民地亡国奴的人民才懂得"用自己的语言"这几个字的含义和分量。所以说:爱国,从语言开始。(江蓝生、张国宪,2002)

1951年,《人民日报》发表社论,《正确使用祖国语言,为语言的纯洁和健康而斗争》,同时连载著名语言学家吕叔湘、朱德熙所著《语法修辞讲话》,在广大干部群众中掀起了学习语法修辞的热潮,有效地推动了干部群众文化水平的提高。站在今天的角度看,借重群众运动的方式推广普及文化知识,促进语言文字规范,既能凝聚民心党心,又能提高民力国力,于公于私都有好处,实在是一箭双雕,一举数得。退一步想,与其耗费时间、浪费金钱去搞那些不着边际的空洞说教,倒不如通过规范和教育的形式使全民文化水平得到一定程度的提高。

上下几千年,中国社会延续坚持的语言规范,已经成为民族传统当中的一份基因,在这当中可以看到中国古代贤人智者思想的影子。例如荀子的语言规范理论,虽然产生于中国封建社会形成时期,是在先秦诸子学术争鸣基础上对西周至战国语文规范实践的理论总结,却深深地影响着后世的语文规范。在从秦汉到清末两千年历史中,中央政权高度集中,政令统一,思想统一,统辖着千千万万分散孤立的小生产者。政治高度统一,经济极度分散,二者对立并存(李建国,2000)。李建国认为,周秦以来,传统语文规范大体通过以下三种途径实施:(一)由国家制定规范标准,用行政力量向社会推行。(二)以学校教育为基地,培养人才,带动社会语文规范。中国的学校教育肇自夏代,至西周初具规模。周代重视教育,"建国君民,教学为先"(《礼记·学记》)。(三)编纂语文辞书,贯彻规范宗旨,传播规范成果。

与汉字规范相比,中国历史上的语文规范与我们将要从事的社科术语规范的情形更为贴近。历史上语文规范的经验和教训,是社科术语规范的营养。例如上述传统语文规范的三种途径,在社科术语规范的过程中几乎可以通盘借鉴。有条件的院校,特别是从事社会科学教育的学校,应该创造条件,普及术语知识,开设"术语学"课程。这对于培养能够与世界水平接轨、符合新世纪需要的社会科学研究人才来说十分重要,若能确切落实,当有立竿见影之效;即使不能立竿见影,也必定惠及后世,利益千秋。推而行者,功莫大焉。

§3.1.4 关于汉语词汇的定量研究

联系到社会科学术语的规范,或者可以说所有术语的共同问题,即是要考虑这些术语(目前)实际上的总量,以及未来发展可能达到的总量问题。这当中,既有需要定性讨论的部分,也存在着应该定量测度统计的内容。这种度量首先需要分别领域、分别学科门类,由这一领域内的专家兼语言学家才能完成;在此基础上,还需要更高综合程度的计量统计,找出这些学科门类术语当中共同存在的术语的数量,判断这些术语分别出现在多少个不同的专业内部;再然后,我们还需要统计和研究那些"几乎"出现在"所有专业"术语当中的"术语",它们也许应该被叫做已经"社会化"的术语,脱去了"专业"的外衣。

§3.1.4.1 词汇或术语计量的可能性

在达到这一境界的时候,我们的"术语计量学"实际上已经大致地等同于"词汇计量学"。成为语言学当中"词汇工程"的重要组成部分。这是一种必然的发展,也是术语工作应在的位置。毕竟术语就是词汇,而且是颇具专业性质的词汇,按照语言学界的习惯说法,是"词儿"。"词儿"的复数形式,是"词汇"。

为了推广汉语拼音,采用了"汉语拼音正词法",简称"正词法",就是以"词儿"为单位的拼写规范。研究正词法,必须研究"词儿"。中国语文的传统,原来只有"字"的概念,没有"词儿"的概念。《说文》:"意内而言外也。"以意义为内容,以声音为外形,这是"语言",不是"词儿"。"词儿"在现代汉语中指的是"语言的意义单位",不是"语言"。"词儿"的定义是:"在句子中间能够活动的最小意义单位。""词儿"这个词语是一个比较新的概念,它的说法还没有完全定形。"词、语、词语、语词"都跟"词儿"同义。"正词法"是更为新起的说法,到 1960 年代用的人开始多起来。以前有"正字法"。汉字的笔画形式要写得合乎规范,这是"正字法"。拼音的词儿形式要写得合乎规范,这是"正词法"。(周有光,1986)在术语规范的概念下,也许可以给"正词法"赋予新的含义:不仅包括正确的拼音读写,还应该包括使用稳定规范的字或者字与字的搭配。

然而,社科术语研究最重要的任务并非仅仅体现在它的语言学和词汇学的"技术"层面,这种研究的最大贡献,其实在于它的社会价值,在于语言中词汇与社会的作用与反作用,是语文的社会功能。美国是当今世界上科学最发达、国力最强大的一个政治单元,它以二百多年的努力,造就了超过欧洲两千年、亚洲五千年的经济奇迹。许多人都以为美国的发展是建立在发达的自然科学的基础上。其实这种看法并不全面。美国奇迹的基础是科学,是民主。其中首先是发达的社会科学。只有在发达社会科学的基础上,才能提供自然科学发达所需要的气候和土壤。

为什么这样说?因为所谓社会毕竟是以人为主体的复杂系统,社会科学的研究对象是人,以及由这些人的活动繁衍派生的各种现象。新世纪新一代中国领导集体提出"以人为本",是从本质上对社会科学的理解和承认。

但是,想要实现"术语计量",谈何容易。从理论角度说,要实现"术语计量",首先需要回答"术语计量"可能性的问题。天下并非所有的事情都是可能的,也有更多不可能实现的事情存在。大凡要做一件事情,人们都会希望做到"完美";但是"完美"谈何容易,于是人们想到"完善";其实"完善"同样不容易,我们真正应该努力的第一个目标,充其量只是"完成"。能把一件事情"完成",已经功莫大焉。在自然界中,蜜蜂可以凭借本能造出标准六角形的蜂巢,人类不能。人类的优势,仅仅在于他能够在事情开始以前决定是否去做这件事情。

因此,在开始术语计量这项工作之前,我们至少要以"相对"令人信服的理由说明"术语"之数量是可计数的。这是一个很大的挑战,因为按照目前我们所"遭遇"的情况,术语倍增、术语爆炸,"绝对地"断言说"术语"一定可以"计量",可能为时尚早,不能仓促地做出这个结论。推而言之,如果术语的数量是不可计量的,也就是说,关于术语的集合,是一个具有无穷元素的不可数集,那么"词汇计量"也是不可能的。如果词汇的集合也是不可数集,则同样时段概念下的"语言"也同样是不可以计量的。巴别塔的故事可能就是讲到这里而中止。上帝也有疲惫的时候。

新闻报道说:英语已经有一百多万个语词,其他语言望尘莫及。法语只有大约 7.5 万个语词。英语原来是一个小岛国的语言,竟然成为全球性的共同语,原因之一是它吸收了四面八方的语词。(美国《读者文摘》)英语已经成为事实上的国际共同语,虽然没有法定程序予以肯定,也不会有法定程序予以肯定。这是众所周知的事情了。(周有光,2004)现在的问题是:汉语中有多少语词? 要回答这个问题,首先需要想到汉语内部的不一致性:从外国人的眼光来看,有三种汉语:1.大陆汉语;2.台湾汉语;3.香港汉语。三地的词汇有大量的差异。要做到汉语的语词统计,还需要由语言学家们来研究确定:什么是语词,什么不是语词。

如果去掉语言随着时间不断发展的因素,仅在某一时点"切断",然后研究在这一时点上的术语数量,从直观上判断,此时的"术语集合"似乎应该是一个可以穷尽的"可数集"。可以想象有这样一面"魔镜":在我们将它举起的那一瞬间,世间的一切"术语"都在镜中固定,不生不灭,不垢不净,静听"如是我言"。"术语计量学"的希望,盖系于此。然而即使是在这样的假设条件下,术语计量也不是一件轻而易举的事情,其中还有太多太多的技术难点需要克服。个中艰巨,远非笔者所能穷尽,只能期待后续学者和各路高人研究。

§3.1.4.2 人口、虫口、词口

谈及词汇数量,与之类比的概念,大约是"人口",或"虫口"。可以仿照这两个"术语"再创造一个"词口"。人口反映人的数量,虫口表示虫子的多寡。词口如人口,也有出生率和死亡率,有增长率,有反映倍增时间的"70法则":如果人口增长率为1‰,那么人口总量翻番需要70年,条件是人口增长率保持不变。在"以词为本"的术语规范工作机构的领导下,也有"词口统计",类似于"人口统计",也有类似于"人类分析"的"词类分析"。这样一来,"人口学"的研究方法,人口的统计方法等等,也可能成为术语学、词汇学、语言学的工具。

严格定义下的人口,是指居住在地球上或某个地区(区域、国家、省、市、县、区等)的人的总和。包含人的数量、质量、构成、分布、迁移和发展等多种因素,是一切社会存在和发展的必要前提。

为清晰掌握人口数据,一国(或地区)政府通常在特定时期专门组织一次性的"人口普查",以全面调查人口情况。对国家而言,"人口普查"是重要的国情国力调查,对国家的经济建设、社会发展与行政管理都有重要意义。为了更好地研究语言,规范词汇,说不定我们也可以考虑安排一定范围的"词口普查"。在此基础上,研究"词口统计"、进行"词口预测"、实现"词口控制"。到那时,形成一门新鲜的学问叫做"词口学",倒也有趣。

笔者曾经为北京电视台创作向孩子们普及科学的系列动画片《小熊笨笨的故事》。故事中的主人公小熊笨笨是一个聪明的孩子,他的爸爸是"老笨笨",妈妈是"笨笨妈"。小熊笨笨的脑袋里总会想许多奇妙的问题,这些问题有时候就连大人们也没有答案,例如悖论、莫比乌斯带、循环的瀑布、科赫雪花、康托洛维奇尘土、混沌现象(Chaos)等等。能够帮助小熊笨笨答疑解难的是"笨笨大叔",也就是"笨笨大书",以及小熊笨笨自己的思考。小熊笨笨还遇到一些根本无解,或者虽然有解决办法,但却还是无法解决的问题。现在可以再写一集新的故事:《小熊笨笨数词儿》,类似于介绍人口普查知识、宣传人口统计和人口普查意义的《小熊笨笨数人儿》,倒也可以算作是对社科术语规范和语文知识的宣传和普及。

倘若从一般的意义上论及汉语词汇统计,则绝不是什么新鲜的概念。早在公元1922年,黎锦熙就有《国语中基本语词的统计研究》发表(《国文学会丛刊》一卷一号,1922年)。黎锦熙说:"我们如果要作一番客观的统计研究工夫,必须先从国语的本质上找出我们语言中表示整个观念的真正单位来……我们若不先从国语文法的范围内,将这些组成语句的单位分子作一番检查归纳的工夫,明白规定出来;一味率循旧章,把一个一个方块儿的单字,比照他们的 words,便仿效他们的统计方法,来研究解决这基本词汇问题;其结果,纵然制成了精密的图表,恐怕……和自己语言中运用词类的实际也不相符。"黎氏所言,要点在于寻求"表示整个观念的真正单位",这是现代语言概念中"词"的本意,"词口"研究与"人口"研究难点的最大不同,是"人与非人"一目了然,没有"白马非马"的问题。而"词之分属"却远不像"人与非人"那样容易辨别。此外,再读前人语录,也使我们体会到"阳光照耀之下,学问探索之难"。一切想法似乎都有先人曾经提及,后学欲求精进,必须尽竭先知所见,于中寻得蹊径,才有前途可言。动辄"尚属首次",沾沾自喜,则学问之命休矣。

§3.1.4.3 词汇定量研究的基础:词汇学

这里所说的词汇学,严格说来应是指现代汉语范围内的词汇学。实行"词口统计"或"词汇计量",必须首先划定要进行"计量"的"区间"或"段落",划定边界范围,规定品质特征,然后才能谈到计量。除了按照时间段落的划分,还需要研究专业界限,如果不分畛域,统而列之,词汇统计恐怕绝难完成。

一般认为,现代汉语是以20世纪初"五四"新文化运动为标志而诞生的。现代汉语词汇学是在现代汉语形成之后,对它的词汇方面所进行的理论探讨(周鉴,1995)。但是在现代汉民族共同语正式形成以前的很长一段时间里,传统语文学在中国曾经产生过重要的影响。从以汉初《尔雅》为代表的一系列雅书、汉末《说文》为代表的一系列字书,直到清季学者们的研究,传统语文学中的训诂学、文字学在对字义(有不少字义就是词义)的考辨、分析上,取得了辉煌的成就。尤其是以清代高邮王氏父子为代表的训诂学家,更把这种对字义的研究推向了一个新的阶段,形成了中国语文学在那一时段的最后一个高峰。

其实,现代汉语究竟应从何时算起,迄今还是一个说不大清的事。虽然有许多人甚至"绝大多数"的人主张从1919年的"五四"运动算起,但"五四"更主要的是个政治概念;"五四"之前白话文虽然尚未占据统治地位,但在百姓嘴里使用至少一二百年却是不争的事实。即使从书面语看,19世纪末至20世纪初一些重要的报刊,如《时务报》、《清议报》、《新民丛报》,已出现了大量为现代继承下来的词汇单位。[①] 现代汉语的起点说不清,我们就无法把现代汉语的词汇单位与近代汉语的词汇单位科学地分开,现代汉语的词汇单位的数量也就难于得出一个准确的统计数字。事实上,现代汉语的起点说不清,迄点同样说不清。(周荐,2004)

学者们注意到中国传统"语文学"对现代中国"语言学"的影响,认为现代汉语词汇学受到中国传统语文学中训诂学、文字学的重大影响。例如现代汉语词汇学中关于同义词的研究,就在一定程度上受到训诂学中同训的方法的启发;词义系统问题,宋元之际的戴侗在其《六书故》一书中有所探讨;现代人常常谈到的偏义词,清人王引之也作过较为详明的分析。晚近的中国学术界似乎存在着一种危险的情绪,即凡事总要另立门户,找一个光鲜水亮的新起点,看起来标新立异,实不过数典忘祖。

其实我们说对汉语词汇学的讨论,绝不能脱开历史与传统,否则就会误入歧途。汉语词汇体系的研究,历来重视词汇的意义、词义的来源、词义的演变和发展、一词与他词之间的微妙关系等等。

---

① 参见黄河清、徐文湛、姚德怀:《近现代汉语新词词源词典》,上海:汉语大词典出版社,2001年版。

这中间既包括了单一脉络词汇的生成、演化,也含有不同词汇的区分和比较。比较词汇学将成为词汇研究的主导流派。对汉语词汇来说,这种比较研究具备融入历史的优势,成为可资比较分析的另一个可参照体系。

今人所谓"现代汉语",大体是以"白话"相称。其实在"五四"之前,即有人提倡白话文运动,如戊戌变法(1898)时代的裘廷梁曾提出"崇白话而废文言"的主张;其时亦有大量白话文读物"如潮水一样涌现出来"。据谭彼岸(1956)统计,其间"白话报纸有十多种,白话教科书有五十多种,白话小说有一千五百多种"。"五四"运动(1919)前夕,曾有学人对词汇提出过较为新颖的见解,如章士钊(1881—1973)《中等国文典》(商务印书馆,1907年版)。后人(周荐,1995)认为"那些认识还比较零散而不成系统",因此"这一时期的初步探索,可称为前语言学时期的词汇研究"。新中国成立以来,现代汉语词汇学在苏联语言学的影响下建立起来,许多学者投身研究,涌现了更多的词汇学专著。

广义而言,因为术语属于词汇范畴,所以词汇学知识也是术语问题研究的基本课程。但是从术语描述具体专业概念的角度看,术语作为词汇的研究,与一般词汇的研究不同,甚至可以说有很大不同。究其根本,似在于对"词"的理解不同。王力先生指出"能代表一个意义的语言成分叫做词",因此他对词的分别主要是从意义而非词的结构着眼。(周荐,1995)1940年,汪馥泉在《语汇试论》一文中首次探讨词义变化的现象,指出词义的发展变化有三种情况:"或者将语义扩大,或者将语义缩小,或者将语义移动。"汪氏的这一论断具有开创意义,对后世产生了重大的影响。

1942年,王力(署名王了一)探讨了词产生新义的方式,指出:

"新义的产生可以分为两类:第一是孳生;第二是寄生。所谓孳生,就是由原来的意义生出一种相近的意义。古人把这种情况叫做'引申'。……所谓寄生,却不是由原来的意义生出来的,只是毫不相干的一种意义,偶然寄托在某一个字的形体上。但是,等到寄生的时间长了,也就往往和那字不能再分离了。古人把这种情形叫做'假借'。"王力在这里虽主要是在探讨字义,却也涉及词义的问题,或者说新词义的产生和新字义的产生有异曲同工之妙。张清常在1948年发表于《周论》1卷18期上的《辞义演变与文言文》中也探讨了词义演变问题,指出:"辞义演变可分为两方面,一为古今的,一为方言的",认为"还是古今的演变重要"。孙良明(1958)提出:"词的多义性是指一个词在现代语言中使用的情况,有几个意义;词义的演变是指一个词古今意义的变化。前者是从横的方向看,后者是从纵的方面看。"换言之,词义演变是历时的现象,词的多义是共时的现象,二者之间有联系,却不可混淆起来。(周荐,1995)

§3.1.4.4 术语研究在词汇学研究中的特殊地位

近几十年来,关于语词或词汇的研究成果汗牛充栋。但其中对"词"的研究,较多的还是关于一般词汇和基本词汇的探讨。对在这些探讨中所不得不涉及的"术语",没有从严格"术语"的角度加以探讨和深究,人们关于"词"或者"词汇"的研究,你说我道,各言各理。

20世纪60年代有学者(葛本仪,1964)认为"词汇就是词的总称","一种语言里所有的词就构成为这种语言的词汇";到90年代(葛本仪,1985)又进行修正:"词汇应当是一种语言中所有的词和所有的相当于词的作用的固定结构的总和。"也有观点(刘叔新,1980)认为词汇系由词和词汇性的固定词组——固定语构成,认为

"词汇不只是语言系统的全部的词。……语言中很多结构稳定的、比词大而作用和词相当的固定语……无疑地也应当是词汇的成员。因此,实际上,词汇是一种语言系统的全部词语的总和"。

我们试着抽取这些描述当中引用的"术语",就可以发现其中关于"词"、"固定语"、"词汇"、"词语"等概念之间,都存在着可以进一步探讨的内容。说明在关于"词汇"或"术语"的研究中,需要"术语"理论的支持。说明"术语"研究具有双重身份:一方面,它是词汇学研究内容的一部分;另一方面,术语研究的结论和结果,又可能成为关于词汇学(和/或其他各种科学学科)研究过程中所必需的形式判断工具以及理论边界的界标。

词汇学所研究的内容,通常指向广义的"词汇"。20世纪50年代现代汉语词汇学开始确立词本位概念。关于词汇学的研究范围,熟语、缩语、略语、同义词、反义词、成语、非成语,甚至歇后语、短语、虚词、实词、基本词汇、常用词汇、语汇、词和词汇性的词组、语素和具有特定意义的语素组合,林林总总,无所不包。在最广泛的意义上,术语显然也包含在"词汇"当中。

但是,术语毕竟是词汇当中具有特殊性的一类,它的概念意义似乎更强过它自身所具有的形式上的意义。例如"逻辑"一词,今天几乎无人不知、无人不晓。但若仅从词语形式上分析,逻辑也许根本就算不得是一个"词"了。术语之为"词",更主要的是为了表达确立概念而担当的"符号"或"标识"上的意义。比如"雷达"、"激光"、"硅谷"、"免疫"等术语所代表的概念,已经远远超过了术语作为一个"词"所能表达的内容。

什么是词?什么是词汇?或者说,词汇中包括了什么样的单位?这些问题看似简单,却是研究和理解术语与词汇关系问题核心的关键。关于词的性质,历史上曾经众说纷纭。黎锦熙在20世纪20年代出版的《新著国语文法》中说:"不问它是一个字或是几个字,只要是表示一个观念的,就叫做词。"这可以叫做词的"概念说";王力在20世纪40年代出版的《中国现代语法》中说:"语言的最小意义单位,叫做词。"这可以称作词的"意义说"。吕叔湘在1953年曾提出一个新的提法:"语言最小的独立运用的单位是词。"试图从词的运用的角度来探讨词的性质的问题,或可称其为"运用说"。郑林曦对此持异议,他认为:"汉语的词是由一个简短的语音组合表达一个单一完整的意义或者起一定的语法作用的,能够自由运用来构造句子的基本语言单位。"高名凯在1957年出版的《汉语语法论》(修订本)中提出:"词是语言建筑材料的单位。"

虽然有学者(周荐,1995)认为黎锦熙和王力所持的概念说与意义说"这两种观点到50年代下半叶早已过时"。但若从现实术语发展的实践来看,概念与意义仍然是术语作为"词汇"的本质。按照历史循着螺旋轨迹发展的规律,黎锦熙所倡导的概念说,应该得到重新的认识。

§3.2 荀子《正名》思想的现代意义

荀子(约前313—前238)是战国时思想家、教育家。名况,时人尊而号为"卿"。赵国人,在齐国游学,后三为祭酒[1],深得敬重。

---

[1] 祭酒:古代飨宴时酹酒祭神的长者,后亦以泛指年长或位尊者。《史记·孟子荀卿列传》:"而荀卿三为祭酒焉。"司马贞索隐:"谓荀卿出入前后三度处列大夫康庄之位,而皆为其所尊。"祭酒的另一个含义是学官名,汉代有博士祭酒,为博士之首。西晋改设国子祭酒,隋唐以后称国子监祭酒,为国子监的主管官。清光绪三十一年(1905)废国子监,设学部,改国子祭酒为学部尚书。荀子生活的时代没有国子监。

继赴楚国,由春申君用为兰陵(今山东苍山县兰陵镇)令,著书终老其地。韩非、李斯都是他的学生。他批判和总结先秦诸子学术思想,著有《荀子》共三十二篇,为中华民族留下了弥足珍贵的精神财富。其中《正名第二十二》主要阐述关于命名的逻辑思想,涉及并包含了有关"术语"规范原则与方法的内容。在荀子生活的时代,人们所关心和侧重的术语问题多半与社会生活有关,而非现代意义上的与科学技术有关。因此,研究荀子的术语思想可能对现今时代开展的社会科学术语规范工作有所补益。(龚益,2004)

§3.2.1 术语源流:延续性与约定俗成

关于术语源流,荀子强调历史的延续性,强调命名的约定俗成,同时指出术语对于边远交流的重要性。《正名》篇开宗明义:"后王之成名:刑名从商,爵名从周,文名从《礼》。散名之加于万物者,则从诸夏之成俗曲期,远方异俗之乡则因之而为通。"荀子所谓之"名",就是现代语言意义上的术语。他列举了许多关于人事方面的具体名称,例如"性"——天性、本性、"情"——感情、"虑"——思虑、"伪"——人为、"事"——事业、"行"——德行、"知"——知觉、"智"——智慧、"能"——才能、"病"——疾病、"命"——命运等,以达到用示范方式阐明概念的目的。这种办法也是我们所要采用的。

所谓"约定俗成",是指事物的命名和社会习惯往往是群众经过长期社会实践而确定、形成的。按照人类行为的道理,原始的"约定"起源于双边行为,接触的双方"依约而定",渐及多边;"俗成"则是彻底的群体行为,是多次双边约定向多边约定浸及,并引起从量变到质变的结果。成语约定俗成的来源大概就是《荀子·正名》:"名固无宜,约之以命,约定俗成谓之宜,异于约则谓之不宜。"但是究竟怎样实现"约定俗成"？荀子没有讲。周有光认为：

> 汉语拼音正词法充满着内在矛盾。解决矛盾的办法是"约定俗成"。"约定"就是在群众的拼写实践基础上研究规律和拟定规则。"俗成"就是通过拼音教学和出版拼音读物使它成为群众的拼写和阅读习惯。
>
> 周有光：《汉语拼音正词法的内在矛盾》，《文字改革》1983(9)。

理解"约定俗成"，关键在于弄清"约"与"俗"的真正含义。据王力《古汉语字典》（中华书局，2000 年第 1 版，第 911 页）古文"约"之字义有六。

① 缠束。《说文》："缠束也。"《战国策·齐策四》："鲁连乃为书约之以射城中。"也指缠束车马，以便驾驶，即套车。《战国策·赵策四》："于是为长安君约车百乘，质于齐。"用作名词时，指缠束用的绳子。《左传·哀公十一年》："人寻约。"章太炎《左传读》："寻约者，每人各持八尺绳也。"

② 约束，阻止。《论语·子罕》："夫子循循然善诱人，博我以义，约我以礼。"宋王安石《上皇帝万言书》："亦尝约之以制度。"《战国策·燕策二》："秦召燕王，燕王欲往，苏代约燕王…燕昭王不行。"

③ 少的。(1) 与"详"相对指简要。《荀子·强国》："约而详。"(2) 与"富庶"相对指贫穷，即财物少。《论语·里仁》："不仁者不可以久处约，不可以长处乐。"《南史·

吉士瞻传》:"在郡清约,家无私积。"(3)与"奢侈"相对指节俭。《论语·里仁》:"以约失之者鲜矣。"《荀子·荣辱》:"约者有筐箧(qiè,音妾)之藏,然而行不敢有舆马。"(4)少而起决定作用的,即要领、关键。《孟子·公孙丑上》:"然而<u>孟施舍守约</u>也。"

④预先商订的相互有约束作用的许诺,包括结盟方面的,婚姻方面的,等等。《史记·项羽本纪》:"怀王与诸将约曰:'先破秦入咸阳者王之。'"《礼记·学记》:"大信不约。"用于名词,指约定的事,议定的条文等。《史记·廉颇蔺相如列传》:"相如度秦王虽斋,必负约不偿城。"《盐铁论·和亲》:"匈奴数和亲,而常犯约。"

⑤用为动词,指减少。《三国志·蜀书·诸葛亮传》:"诸葛亮之为相也,抚百姓,示仪轨,约官职。"

⑥大约(后起义)。《三国志·魏书·华佗传》:"疾者前入坐,见佗北壁悬此蛇辈约以十数。"

王力:《古汉语字典》,中华书局,2000年第1版,第911页。

《现代汉语词典》中"约"字有两个读音:读作"yāo"时只作口语动词,表示"用秤称"。读作"yuē"时有8个解释。

①提出或商量(须要共同遵守的事);②邀请;③约定的事;共同订立、须要共同遵守的条文;④限制使不越出范围;拘束;⑤俭省;⑥简单;简要:由博返约;⑦大概;⑧约分。

《现代汉语词典》(第5版),商务印书馆,2005年。

王力《古汉语字典》释"俗"字义有二。

①习俗、风俗。《书·君陈》:"败常乱俗。"《史记·李斯列传》:"孝公用商鞅之法,移风易俗。"

②世俗,当代人。《孟子·梁惠王下》:"寡人非能好先王之乐也,直好世俗之乐耳。"《商君书·更法》:"论至德者不和於俗。"《庄子·骈拇》:"彼其所殉仁义也,则俗谓之君子;其所殉货财也,则俗谓之小人。"又《庄子·刻意》:"刻意尚行,离世异俗。"引申为庸俗,与"雅"相对(后起义)。《三国志·蜀书·诸葛亮传》裴松之注引《襄阳记》:"儒生俗士,岂识时务?"南朝齐孔稚珪《北山移文》:"请回俗士驾,为君谢逋客。"

王力:《古汉语字典》,中华书局,2000年第1版,第31页。

上引《庄子·骈拇》句,已经包含了关于"君子"和"小人"两个术语的定义。这两个定义的来源,就是"俗成"。《现代汉语词典》(第5版)释"俗",有4个义项。

①风俗;②大众的;普遍流行的;③庸俗;④指没出家的人(区别于出家的佛教徒等):僧俗。

细看"俗"字很有趣味:关于这个字的解释,十中八九还要用到"俗"字,这就是说,对俗字的解释,还要用到"俗"字本身才能完成。上列释义中,除了"当代人"、"大众的;普遍流行的"、"指没出家的人"几处之外,其余的各项释义都直接用到"俗"字。另外,形容词的"俗"还与"官"相对。例如"俗体字":指通俗(民间)流行而字体不合(官方)规范的汉字。又如"俗文学":指古代的通俗文学,包括歌谣、曲子、讲史、话本、变文、弹词、包卷、鼓词、民间传说、笑话、谜语及宋元以来南北戏曲、地方戏等。再如"俗语":也叫俗话。通俗并广泛流行的定型的语句,简练而形象,反映人民的生活经验和愿望,如"天下无难事,只怕有心人"。

由此看来,在术语工作中,"约定"已经渗透了官方色彩,"俗成"是民间潮流的力量。"约定"要考虑"俗成"的背景,"俗成"却不在乎"约定"的认证。社科术语,离不开"约定俗成"。

§3.2.2 乱名之过,谓之大奸

术语的目的是分辨事物。确立了定名的原则,思想就容易沟通。荀子认为,肢解概念、乱造新词而疑惑视听导致术语混乱与伪造符节、度量衡一样罪大恶极。说明荀子对术语混乱危害性的重视。《荀子·正名》原文:"故析辞擅作名以乱正名,使民疑惑,人多辩讼,则谓之大奸,其罪犹为符节、度量之罪也。"所谓符节,是古代门关出入所持的凭证。《周礼·地官·掌节》:"门关用符节。"

关于术语规范,荀子看重"圣王"即圣明帝王的作用。他认为"名称管理的松懈,怪僻词句的产生,名实关系的混乱"都是因为没有了圣明的帝王,以至于就连掌管法度的官吏、讲述礼制的儒生,也都昏乱不清:"今圣王没,名守慢,奇辞起,名实乱,是非之形不明,则虽守法之吏,诵数之儒,亦皆乱也。"荀子预言,若王者再现,一定会沿用旧称谓、创制新名词,并由此展开关于术语重要性、术语差别的依据以及制定术语、名称的关键环节等问题的讨论:"若

有王者起,必将有循于旧名,有作于新名。然则所为有名,与所缘以同异,与制名之枢要,不可不察也。"

另一方面,无论是否"有王者起",社会生活均不可能停滞。散乱的社会也是社会。但是当一个社会处于散乱状态时不可能"有循于旧名,有作于新名"——既无必要,亦无可能。若"圣王没",则诸侯起,各行其政,各设其令,是乱世之症。荀子所谓"王者起",是指社会处在统一状态,处在繁荣兴盛的一段时期。"王者再现",是社会之幸,是社会经济兴旺发达的盛世之光。就术语规范而言,从乱到治,当值此时。历史进步的节奏感于是得到体现。

§3.2.3 知者并非仅指圣王

荀子看到术语规范的重要性,"异形离心交喻,异物名实玄纽,贵贱不明,同异不别,如是则志必有不喻之患,而事必有困废之祸。"他认为交流中如果使用不同的意念标准,混淆缠结不同事物的名称和实际内容,就会导致社会道德层次的错乱;无法分别事物的同异,则社会生活必定误解丛生,举事困顿而多有不成。

既然规范术语如此重要,那么应该由谁来完成这些工作呢?荀子说:"故知者为之分别,制名以指实,上以明贵贱,下以辨同异。"何为知者? 知道、了解之人谓知者,并非仅指明智的圣王。圣王固可为知者,但是知者知道的可能比圣王更多。盖如圣人之知天下,必有所为而有所不为。孔子教习"六艺"[①],但是孔子驾车的技术绝对比不上专业的车夫。进而言之,"马永远比车夫有力气"。

---

① 六艺,西周学校教育内容。起源于夏、商。包括礼(礼仪制度、道德规范)、乐(音乐、诗歌、舞蹈)、射(射箭)、御(驾车)、书(文字读写)、数(算法)。见《周礼·地官·保氏》。

又如韩信点兵:善将兵者,多多益善;善将将者,十数足矣。圣王的责任及其伟大之处,在于使知者尽用其知。翻查典籍,常有《帝问》,可证此言。

古文"知""智"同源,多"知"为"智"。"知"在古文中的另一用义为"掌管",《左传·襄公二十六年》:"子产其将知政矣。"若依此义,则上文"知者"可理解为"掌管术语方面工作的人"。但是现代术语规范工作的实践告诉我们,即使是负责术语工作的专门机构,最终还是要依靠相关领域内的专业人士实现术语规范。细加区分,"对术语加以规范"与"推动术语规范工作"是两个不同层面的问题。推动术语规范工作,需要一批有见识、有社会责任感、具备一定语言综合能力和科学素养的热心人士;但是具体到对专业领域某一术语的规范,则必定要由该领域的专业人士最终参与才能完成。在"这一个"专业领域,术业有专攻者是真正的"知者"。相比之下,从事"社会科学术语规范工作"的人所要掌握的,更多的是属于语言和语言应用、科学和科学思维、术语和术语学基础等多方面的知识或高等常识,以及与各领域专业人士在术语层面对话的能力。这两类人同为知者,虽所知领域有不同,但彼此互为补充,合力绘制术语规范的宏图。

荀子强调以不同的感官区别判断事物的同异,同时也强调表达的重要性。他认为,如果五官接触了外界事物而不能认识,心灵感受外物而不能言述,那就是无知。为了表达事物的同异,必须给它们配以有同有异的术语或名称。为了表达同异,必须确立术语的层次。——"同则同之,异则异之。""推而共之,共则有共,至于无共然后止。""推而别之,别则有别,至于无别然后止。"向上则求同,向下以问异,晓以层次,逐级划分。荀子以"物"、"鸟"、"兽"以及"物含鸟兽"为例,描写术语的层次状态。按照事物本质的不同分别赋予它们不同的名称,而对于实质相同的事物则以相同的术语去称呼。这种分类方式,与现代术语学强调的层级概念相似。

就今天的社科术语而言,荀子的这些认识固然可以深化,然而他所强调的那些原则并未过时。例如我们从事研究的目的,是要"繁荣发展哲学社会科学",那么从术语或者更广义语词的概念出发,至少有四个问题必须回答:其一,何谓繁荣?如何界定?其二,何为发展?判断发展与否的标准是什么?其三,所谓"哲学社会科学"的定义是什么?其四,如果哲学、社会科学是两个可以分别独立出现的"术语",那么这两个名词或术语所代表实体之间的关系又是如何?宣传口号可以大而化之,科学研究则不能满足于笼统。当科学成其为科学的时候,必定要求更为严格的定义和解释。这些问题在社会科学发展的过程中必定不可回避。与其临渴掘井,不如未雨绸缪。圣王知者,可以三思。

§3.2.4 分类原则:事物本质的多样性

所谓事物的本质,通常并不是简单唯一的。按照不同的分类方式,事物本质当中不同的侧面得以强调。"事物的本质"是一个由多维因素构成的复合体,如同一块钻石那样具有很多可以折射、反射光线的表面。举例来说,我们在日常生活中经常向往的"真、善、美"就是不同分类体系下的不同结果:真实的未必善良,善良的未必美好,而美好也不能直接等价于真实。它们可以是三件互不相干的事情,各自属于不同的分类体系。"真"的对称是假,"实"的对称是"虚",纵然是"虚"也可以是"真"的;"善"的对称是"恶","美"的对称是"丑"。一相情愿地认为一件事物只有唯一"本质",

是把复杂的世界简单化,也是造成术语命名困难的根本原因。

更为一般地,分类是判断的前提,不同分类体系之下的判断结果没有可比性。除了分类体系的差异,导致术语困难的另一个重要原因是分类标准的不同。例如:何为真实?由现代电子技术应用引起的"虚拟实境"(virtual reality,VR)算不算"真实"?何为善良?何为美好?不同人的理解会有不同的尺度,大相径庭。如果追根溯源,这其中所包含的又是若干通用核心术语的定义问题。

事物本质的不唯一性,决定了术语分歧的普遍性。由此推及,不同知识背景的人们,基于不同的观察和理解,会对同一事物提出不同的术语定义和命名。这些定义和命名未必全面,但却很可能并不存在"正确"或"错误"的绝对差别。这种现象的普遍存在,使得在术语规范工作中需要更多地服从"约定俗成"的妥协。

荀子明确指出:"名无固宜,约之以命。约定俗成谓之宜,异于约则谓之不宜。名无固实,约之以命实,约定俗成谓之实名。名有固善,径易而不拂,谓之善名。"说明术语确立的标准实际上是约定俗成的结果。名实本来分立,后以约定相系,直接平易而不违背事理,就是好的术语。在现代意义上,荀子的这一思想当中还包含有传播的意义。

所谓约定,必然涉及实施约定的主体和被约定的内容。无论何时何事何种术语,参与约定的总是少数,而更多的是对于约定内容的应用与沿袭。如果不考虑传播问题,不能把约定的内容传递给需要接受传播的那个群体,则会有另一个甚至多个"约定"的结果出现并且活跃起来。术语之混乱,由此形成。不考虑传播环节而约定术语,其结果只能是在一个小圈子当中的游戏。寻找"好的术语",是专业领域内"知者"的责任;解决传播问题,则是术语规范工作的内容,二者相互支持,不可偏废。

中华民族历史悠久,文明深厚,术语传统,惠泽千秋。两千多年前荀子所表达的术语思想,今天依然璀璨夺目。重温这些智慧的华章,在感受震撼与荣耀的同时,也意识到责任。术语规范,任重道远。荀子讲述的《正名》故事①,应该有21世纪的新版。

§3.3 中国历史上的科学名词和术语

作为世界文明古国,中国古代的科学技术十分发达,在科学技术发展史上占有重要地位,其科技名词术语的出现也相当久远。

从春秋战国到秦汉近千年,后经唐代贞观之治的繁荣时期,一直到宋代,许多科学技术部门均已形成独特体系,许多学科超过西方,达到当时世界的高峰。正像英国科学史学家李约瑟(J. Needham)教授(1954)所指出的那样:"从公元3世纪到15世纪,中国保持了一个西方所望尘莫及的科学知识水平……,许多发明、发现远远超过同时代的欧洲,特别是中国的四大发明,代表了中国古代文化科学的光辉篇章。"值得一提的是,李约瑟先生在研究中国科学技术历史的时候,十分注意采用"综合"的视角进行观察,通过归纳得出结论。《中国大历史》和《万历十五年》②的作者黄仁宇对此感触颇深,他强调任何具体的历史段落

---

① 本文写作据以引用的《荀子》版本,见于(a)湖南人民出版社与外文出版社合作出版的汉英对照本《荀子》,1999年;(b)北京国学时代文化传播有限公司研制、商务印书馆国际有限公司出版的《国学备览》,2003年;这两个版本之间略有差异。现代汉语译文参考了(a),译者张觉。谨此声明,并致谢意。

② 黄仁宇:《万历十五年》,生活·读书·新知三联书店,1997年版,第280页。

相对于人类历史来说都不过是长弧线上的一个小段落,因此需要采用更为宽容的"综合精神",以实现符合"自然法规"(natural law)的历史证实。这种思维,在我们研究社会科学术语问题的过程中,也是十分必要的。

科学技术的发展,必然产生大量经过定义的科学技术术语。反映中国古代科学技术概念的术语,早已有了自己的独立体系,形成了一整套严密的命名原则和方法。这些术语起到了正确标记科学、技术以及生产、生活的各种概念(事物、现象)的作用,是中国古代科学家科学思维的产物,简单明了,具有明显的专业性、科学性、系统性,是宝贵的术语财富。

§3.3.1 古代较早时期的术语实践活动

中国古代科技术语的结构,主要依照汉语的规律形成,体现了汉语的特征。大部分术语都是由单音节或双音节构成,既能反映出概念的分化原则,区分一事物与他事物的不同,又能表达出事物的特征和属性,简明扼要,而寓意深切。中国的科技术语经过几千年的演化、发展,形成了确切反映现代科学概念的独特语言风格(吴凤鸣,1985)。我国古代科学技术术语,在中国浩如烟海的古籍中,有着大量的记录和描述(叶笃正,1985)。

在殷商时代,甲骨文中即用"今日、今夕"表示当天,用"昔"表示过去,用"旦"表示上午,"夕"表示下午(冯志伟,2000)。甲骨文中频繁出现的"天干地支"具有明确的纪年意义,说明我们的祖先在这一领域的观测与研究已经达到相当准确的程度。甲骨文献中记述日全食天文现象而使用的"天再旦"成为今人研究中国历史上夏、商、周断代问题的重要线索。西周(前1066—前771)《诗经小雅·十月之交》①中有"高岸为谷,深谷为陵",这"谷"与"陵"所表达的正是经过定义的地学概念。战国管仲(前？—前645)《管子·地数篇》中"上有赭者,其下有铁,……上有慈石者,下有铜金,上有陵石者,下有铅锡"表明中国古人不但认识了事物外部特征,同时还认识到了这些矿物内在的专属性。用近代术语来说,就是掌握了某些矿物的找矿标志。战国(前475—前221)时期的作品《尚书·禹贡》②,记述了三十余种常用矿物名称,如金之品(金、银、铜),瑶琨(玉),丹砂(水银),赤埴坟(红色黏土)等,可以说各自都代表了一种事物的特性和属性。同时代作品《考工记》③卷三十九中有"郑之刀,宋之斤,鲁之剑"的记载。《竹书纪年》④中,除有地震概念外,还记述了山崩、地坼(chè)、涌泉等术语概念。《山海经》的《五藏山经》中,除记述山、川、陵、台术语外,还记述了各类矿石、矿物70余种名称(吴凤鸣,1985)。这是世界最早的关于矿物

---

① 《诗经》是中国最早的诗歌总集。本只称《诗》,儒家列为经典之一,故《诗经》。编成于春秋时代,共三百零五篇。分为"风"、"雅"、"颂"三大类:《风》有十五国风,《雅》有《大雅》、《小雅》,《颂》有《周颂》、《鲁颂》、《商颂》。《诗经》对中国两千多年来的文学发展有深广的影响,而且是很珍贵的古代史料。

② 《尚书》是中国上古历史文件和部分追述古代事迹著作的汇编。亦称《书》、《书经》。儒家经典之一。相传由孔子选编而成。事实上有些篇如《尧典》、《皋陶谟》、《禹贡》、《洪范》等是后来儒家补充进去的。"尚"即"上",上代以来之书,故名。另:尚书为官名,始于战国,或称掌书,尚即执掌之意。

③ 《考工记》是先秦古籍中的重要科学技术著作。作者不详。据后人考证,它是春秋末齐国人记录手工业技术的官书。西汉河间献王(刘德)因《周官》缺《冬官》篇,以此书补入,刘歆可改《周官》名《周礼》,故亦称《周礼·考工记》。主要记述有关百工之事。分攻木之工、攻金之工、攻皮之工、设色之工、刮摩之工、抟埴(tuán zhí,音团志。捏黏土做成陶器的坯子)之工六部分,分别对车舆、宫室、兵器以及礼乐诸器等的制作作了详细记载,是研究中国古代科学技术的重要文献。

④ 《竹书纪年》是中国古代的编年体史书,因原本写于竹简而得名。晋咸宁五年(公元279年,一作太康元年或二年,即公元280年或281年)在汲郡的战国时魏墓中发现。凡十二篇,叙夏、商、西周、春秋晋国和战国时魏国史事,至魏襄王二十年(前299年)为止。

记录的文献。

§3.3.2 辞书是科学术语的重要载体

早在两千多年前,中国第一部辞书《尔雅》[①]中就收列了不少术语,包括人文科学、应用科学、自然科学初始的名词概念。"尔雅"一词是古代的习惯用语。"尔"是近的意思,"雅"是"正"的意思。刘熙《释名》说:"五方之言不同,皆以近正为主也。""尔雅"就是解释词义要近于雅正,合乎规范(李建国,2000)。

唐代《一切经音义》[②]注释了佛教用语。北宋年间的《营造法式》规定了建筑业的术语。宋代学者高承撰有《事物纪原》十卷,初刊于宋庆元三年(1197),应名言是,考论事物起源。明代李时珍(1518—1593)的《本草纲目》命名了大量动物、植物和矿物。明董斯张撰《广博物志》五十卷,改编西晋张华(232—300)《博物志》[③]体例,分天道、时序、地形等22门,167个子目,汇编事物起源资料。徐光启(1562—1638)在《农政全书》中创造了大量农业、土壤

[①] 《尔雅》,中国最早解释词义的专著。著作具体年代和作者都不可考。语言学家罗常培(1899—1958)认为它是汉代(前202—220)经师解释六经训诂的汇集,约成书于汉代,由汉初学者缀辑周汉诸书旧文,递相增益而成。今本十九篇。首三篇《释诂》、《释言》、《释训》所收为一般词语,将古书中同义词分别归为各条,每条用一个通用词作解释。《释亲》、《释宫》、《释器》以下各篇是关于各种名物的解释。为考证词义和古代名物的重要资料。

[②] 《一切经音义》二十五卷,[唐]释玄应撰。是我国最早的佛教辞书。据《大唐内典录》载,原名应为《众经音义》,《开元释教录》著录始改今名,简称《玄应音义》。约成书于唐贞观(627—649)末期,兼有佛学词典和普通词典的作用。后有《一切经音义》一百卷,[唐]释慧琳撰;续十卷,[辽]释希麟撰。亦称《慧琳音义》、《大藏音义》。注释佛经1300部,5700卷,是我国最大的古代佛教辞书。百卷本《一切经音义》成书于唐宪宗元和二年(807)。

[③] 《博物志》,笔记。西晋张华撰。十卷。多取材于古书,分类记载异境奇物及古代琐闻杂事、神仙方术。其中关于我国西北地区石油和天然气的记载,颇有资料价值。原书已佚,今本由后人搜集而成。

和水利工程方面的术语。宋应星的《天工开物》初刊于明崇祯十年(1637),其中有大量工程技术术语。再如清代陈云龙的《格致镜原》一百卷,仿宋高承《事物纪原》而编,初刊于清康熙五十六年(1717),是自宋以来考察事物起源沿革的类书的发展和总结。全书分30部,每部又分细目,总计达886目之多。某种事物资料较多时,即以总论、名类、称号、纪异等分别标列其首。上陈诸本以及1936年编纂完成的《辞海》[①]等大量著作都表明我国在术语工作方面早已存在相对严密的命名和释义原则,以术语反映概念,而且不少术语的释义采用了定义式的方法。

§3.3.3 近代科学技术概念的引进和释译

及至近代,西学东渐使世界近代科学技术的概念涌入中国。中国近代科技术语,多从西方引进和翻译西方科技著述而来。自元代始,经明、清两代达到一定繁荣程度,特别是在介绍近代科学技术成就中创用了大量科技术语,其中著名数学家李善兰、华蘅芳、化学家徐寿,以及严复等作出了重大贡献(叶笃正,1985)。1583年意大利传教士利玛窦(Ricci. Matteo, 1552—1610)[②]来华以后,中国学者翻译了大量西方科学著作如《几何原本》、《天文举要》、《测量要义》、《金石鉴别》、《地学浅释》、《化学鉴原》、《天演论》等等。在这些译著中,简明、精确地创立了一批反映科技新概念的译名(粟武宾,1990)。在外语辞书方面,早在明代,就有《华夷辞

---

① 《辞海》是以字带词,兼有字典、语文词典和百科词典功能的大型综合性辞典。1936年由中华书局初版于上海。1957年秋,毛泽东(1893.12.26—1976.9.9)接受《辞海》主编人之一舒新城(1893—1960)的倡议,决定修订《辞海》,1965年4月出版《辞海》(未定稿)。以后陆续出版了1979、1989、1999年版。

② 利玛窦,人名,引文原作(Ricoi. Matthleu),今据《辞海》(1999年版)改注之。

典》问世,其中译有西天语(梵语)、阿拉伯语等基本词汇(龚莉,2003)。

术语随科学的发展而发展,随知识的传播与交流而出现规范统一的需求。19世纪70年代,华南何了然和华东徐寿(1818—1884)分别译出了韦尔斯(Wells)的巨著《化学原理和应用》(*Principles and Application of Chemistry*),以他们所使用的化学名词和化学术语为基础,民国时代,国立编译馆出版了一部《化学命名原则》,归纳出一套系统命名法(张青莲,1985)。1904年,由杜亚泉(1873—1933)翻译并由商务印书馆出版了中学教科书《植物学矿物学》和《最新矿物学》,其中引进、创造了很多新矿物名称和名词术语(潘云唐,2003)。

1908年商务印书馆出版《物理学语汇》、《化学语汇》,是中国最早出版的审定科学词汇。1915年(民国4年)该馆为中华工程师学会出版《新编华英工学字汇》,是由中国学者自编最早出版的专科辞书之一,这本书的编译,花费了中国杰出的铁路工程师詹天佑先生将近二十年的时间(龚莉,2003)。詹天佑先生在为该词典所撰之《编纂缘起》中慨言:"窃维构成学术之发达,必待名词之统一。西学东来,历时虽久,工学名称,迄未准定。南北既异其方言,文俗复不同乎称谓。且扶桑三岛,文化蹶兴,所用名称,多系汉字,而其义则不尽与中国合;留东学子沿而用之,本义尽失。于是西文一名,中国则有文义俗义之分,南言北言之异,以及日本名词之别;搀杂错乱,莫衷一是。学者既苦其纷纭,事业亦因之阻滞。天佑夙鉴于此,不揣浅陋,久欲编译工学名词,以便实用。自服务北洋[①],

---

① 1888年,詹天佑先生开始在北洋铁路(即关内外铁路,今京沈铁路)工作。

从事工程之际,凡关于工学之名称,辄随时记录。……逐次增益,积二十年之岁月,勉得成编。"(詹天佑,1915)这本《字汇》"斟酌损益,易稿屡矣",至原稿形成,适逢中华工程师会成立,"各会员闻天佑辑有是篇,屡促付梓,以符会章审定名词之旨"。说明至迟在民国初年,中国科学界的知识精英已经相当普遍地认识到审定规范科学名词的重要意义。

§3.4 中国历史上的科学名词审定机构

中国历史上第一个从事科技名词审定的专门机构成立于清朝末期的宣统元年——1909年,当时在大学部设立了科学名词编定馆。

辛亥革命后的1912年,江苏教育会的理化教授研究会审定了物理和化学名词;中华医学会组织了医学名词审查会;1915年相继审定了化学、物理学、数学、动物学、植物学、医学各类术语;1918年中国科学社起草了科学名词审定草案,1919年成立了科学名词审定委员会;1923年出版了《矿物岩石及地质名词辑要》。1927年国民党政府仿法国教育制度,改教育行政委员会为大学院[①]。1928年在大学院内成立了译名统一委员会,截至1931年共审定各学科名词(草案)14部,形成了中国科技名词统一工作史上的第一次小高潮。

1932年成立国立编译馆,开始有了统一学术名词机构,专门聘请审定委员多人,在当时的教育部主持下组织专门队伍开展了

---

① 大学院,国民党政府的教育行政机关。1927年,国民党政府仿照法国教育制度,改教育行政委员会为大学院,取消省教育厅,分全国为若干大学区,规定每区设大学,以大学校长总管所在区的教育,隶属于大学院,次年即废止。

多学科的名词术语审定。其间召开过天文学、物理学、数学名词讨论会,1933年制定了化学命名原则,1934年出版物理学名词草案和天文学名词草案,1935年出版数学名词,1936年审定矿物学名词草案,1939年完成气象学名词草案。截止到1949年底,中国科学家和术语工作者共同努力,审定了包括经济学名词在内的科学技术各学科名词草案近60种(吴凤鸣,1985),形成了中国科学名词术语统一工作的第二次高潮。

§3.4.1 历史上对于经济学名词的审定

§3.4.1.1 "经济"一词的来历

国人所称之"经济",是古书中"经邦济国"的简称。后引申为"经世济民,治理国家"。"经济",原义是"经国济民",义近"政治"。《晋书》:"起而明之,足以经济。"李白诗:"令弟经济士,摘居我何伤。"杜甫《上水遣怀》诗:"古来经济才,何事独罕有。"《宋史·王安石传论》:"以文章节行高一世,而尤以道德经济为己任。"

现代意义'经济学'当中的"经济",系指国民经济或部门经济以及经济活动,包括生产、流通、分配和消费以及金融、保险等活动或过程。[①] 亦有概指其为"社会物质生产和再生产的活动[②]"。近代启蒙思想家、翻译家严复(1853—1921)早年在介绍英国古典政治经济学(《原富》)时,称"经济学"为"计学"。(陈原,1997)当时也有人将其译作"生计学"等。按《简明社会科学词典》(上海辞书出版社,1984年)称,"据现有资料,在中国,'经济学'一词最早是

---

① 《现代汉语规范词典》,外语教学与研究出版社,语文出版社,2004年版,第689页。
② 《现代汉语词典》,商务印书馆,1994年版,第598页。

1908年朱宝绶翻译美国人麦克凡的《经济学原理》一书时使用的。"①

经济学的译名,清朝末年即以"富国策"定之。当时同文馆开设经济学课,定名为"富国策",以英国人福西特(H. Fawcett, 1833—1884,旧译法斯德)的《政治经济学提要》为教材,中译本即以《富国策》为书名,于1880年(清光绪六年)出版。1886年英国杰文斯《政治经济学入门》出版,中文译本取名《富国养民策》,将经济学译作"富国养民学"。1901年严复在《原富》中译经济学为"计学"。次年梁启超在《生计学学说沿革小史》中改计学为"生计学"。同时日本译名"经济学"亦传入中国,其中文译名还有"理财学"、"平准学"、"资生学"等。当时以孙中山为首的资产阶级革命派一直使用"经济学"译名,后渐至推广,遂统一译为"经济学"。②

经济可能是现今人类使用频率最高的一个词汇,至少在20世纪末和21世纪初中国的新闻和传播媒介的表现如此。按《现代汉语词典》解释,"经济"一词有五个义项。①经济学上指社会物质生产和再生产的活动。②对国民经济有利或有害的:～作物|～昆虫。③个人生活用度:他家～比较宽裕。④用较少的人力、物力、时间获得较大的成果:作者用非常～的笔墨写出了这一场复杂的斗争。⑤〈书〉治理国家。③

英文表达的"经济"economy有三个义项。①(金钱、力气、时间、资源等的)节省、节约;②理财;③(国家的)经济管理;经济制度;或一个社区的财富和资源,尤指通过商品和服务的生产、消费

---

① 《简明社会科学词典》,上海辞书出版社,1984年12月第2版,第704页。
② 《辞海》1999年缩印本,上海辞书出版社,2000年版,第1243页。
③ 《现代汉语词典》,商务印书馆,1994年版,第598页。

体现出来的经济情况,以及节约、节省、简练等等。economic 也是"经济",也有三个义项。①[作定语]经济学的;经济的;例如 *the government economic policy* 政府的经济政策;又如 *economic development* 经济发展;*economic sanctions* 经济制裁。②[作定语]与贸易和工业有关的;例如:*economic geography* 经济地理。③为获取利润的;有利可图的;例如 *an economic rent* 有利可图的租金(给业主带来至少相当于其花费于该房产的钱者)。还有常用作形容词的 economical a. 经济的;节约的;节俭的;省时间的;另一单词 economics 对应中文为①经济学、经济原则;②国家的经济状况;而 economist 则表示为经济学研究者、经济学家,应该是那些关心人类福祉、倾心于追求经济学术真理的人们。

但是,英文的"经济"(economy)究竟出于何处?其原始意义是什么?弄清楚"词源",有助于我们对单词和作为术语的"经济"本意的理解。

按照新词语发生的一般规律,创造新词,要用文化源头文明古国的"古典语素",在西方取自希腊,在东方取自中国。例如:英语 *otorhinolaryngology* "耳鼻喉科学"这个"术语"是用希腊的"古典语素"构词的。正式术语不说 *ear-nose-throat* 学。日本早期翻译西洋术语,都是到中国古书(包括佛经)里去找"古典语素",有的"旧瓶装新酒",有的"旧料做新衣"。"经济"、"平等"都是具体的例证。"平等"的原义:无差别,义近"一体"。《涅槃论》:"如来善修,如是平等。"《景德传灯录》:"慈心一切平等,真如菩提自现。"(周有光,1997)

追根溯源,可以看到众多现象所反映的同一规律:一种光辉灿烂的文化,必定需要借助精致准确的术语才能得到阐述表达。术语如同荷叶上滚动的露珠,是由纯洁的语言凝聚而成。佛学在东汉初年传入中国,经过六百年酝酿,到唐朝(618—907)成为一股强大的文化洪流。"佛学"含义大于"佛教",内容包括宗教、哲学、科学和技术,在千年前的古代是一种灿烂的文化。时至今日,有许多佛教"术语"早已成为现代日常生活中的常用词。例如:

"世界"出自《楞严经》,"世"指时间,"界"指空间。

"真空"出自《行宗记》,指超出色相的境界。

"实际"出自《智度论》,指"真如"即宇宙本体。

"种子"出自《摄论》,指现象的原因。

还有唯心、享受、希望、援助、机会、储蓄、消化、圆满、赞助、谴责、评论、控告、厌恶、傲慢、转变、忏悔、轮回、念头、刹那、化身、因缘、烦恼、习气、散乱、神通、睡眠、绝对、现行、单位、清规戒律、昙花一现、不可思议、囫囵吞枣、得意忘形、一团和气等等。使用已久,词义变化,人们忘记了他们来自佛学[①]。

由于取材于中国"古典语素",日本早期翻译西洋著作所创造的大量新词,在中国看来一点也不陌生,都像是中国故有的"熟词"。在清末民初传来中国,成为现代汉语词汇中非常重要的组成部分。没有这许许多多的新词,今天中文报纸几乎无法出版。

§3.4.1.2 经济的生态属性

除了 economy、economical、economics、economist,英文中还有另一组词汇,如:ecocide(生态毁灭,生态灭绝)、ecoclimate(生态气候)、eco-friendly(生态友好的,对生态有益的)、eco-lable(生态

---

① 参见沈锡伦:《国语中来自佛教文化的词语》,台湾《华文世界》59,转引自周有光《文化畅想曲》。

产品标记,环境产品标识)、ecology(生态;生态学;环境生态学;人类生态学)、ecological(生态的;生态学的)、ecologist(生态学研究者;生态学家)、ecotourism(生态旅游,尤指为支持环保而组织的旅游)、eco-terrorism(生态恐怖主义:指环保分子使用暴力手段来达到自己的目的)。从构词角度看,这些单词有相同的成分:eco-。这个构词成分通常用来构成名词,例如:生态的、生态学的。常用词汇有 ecosystem 生态系统、ecotype 生态型、ecoactivet 生态活动等等。在宇宙中包括星球等适合生命生存的区域称为 ecosphere(生物圈;生态圈)。

细想生态与经济,的确密不可分。发展经济离不开工业生产,从事工业生产的工厂排出的化学物质,可以改变工厂所在地的生态。工业对生态的危害,可以表现为对空气、河流等的污染等等。现在人们常用的生态经济学在英文中表示为 eco-economics,前面六个字母竟是两组 eco 连写,也可算是颇有趣味的巧合。

据《牛津现代英汉双解词典》、《新简明牛津英语大词典》(*The New Shorter Oxford English Dictionary*),economy 在法语和拉丁语中分别表示为 *économie* 和 *oeconomia*,它们都来源于希腊语的 *oikonomia*,意为 household management,系由 *oikos*"house"+ *nemo*"manage"演变形成。

按照英语构词规则,economy 是由词根 eco-加后缀-nomy 构成,其原始含义是管理家庭成员和家庭事务,如监督仆人和管理家庭开支等,后来随着社会的发展和进步,其含义逐渐演变为管理一个社团的资源(如财务资源)、对资源合理利用、减少支出和节约开支等。

因此,经济是由两个成分构成:管理和资源。对资源的管理,就是合理利用;节约或减少开支,就是对资源消耗的控制和管理。经济的核心就是管理。如何合理利用资源既是科学,也是艺术。

§3.4.1.3 经济是对"家"的管理

如上所述,本意之"经济"是对"家"和家中"资源"的管理。推而言之,环境就是生存所需的资源,经济就是对这些资源的管理。为节约资源、减少资源损耗、提高资源利用效率而管理,就是经济。据 *Webster's Encyclopedic Unabridged Dictionary of the English Language*,-nomy 作为一个构词成分,其来自希腊语的本义是"分配"、"安排"、"管理"或者与法律或政府有关的,如:astronomy 天文学;economy 节约,节省,经济;taxonomy 分类法。

从英语"经济"一词的本意,很容易使人联想起美国的经济和看起来很不起眼的白宫。在美国,各级政府办公大楼都向公众开放。作为美国总统府的白宫每星期二到星期六对外开放,大概是世界上唯一定期向公众开放的国家元首官邸。据统计,每年前往参观的人数达150万人。游人看白宫,不仅会对这座历史性建筑有更多直观的了解,对美国政治中心的好奇心也会得到满足。许多参观了白宫的朋友说,想不到大名鼎鼎的白宫这么不起眼。白宫的造型十分简朴。这与美国建国者的民本思想息息相关。据说,美国建国之初,当时的国务卿杰弗逊就对首都的规划设计方案提出异议。原方案的总统府犹如庭院深深的皇宫。杰弗逊认为,基于美国民主建国思想,总统府应该与百姓的家一样,只不过是一幢盖在马路边的简朴住宅。他的这一方案成为美国民主思想的象征。(李群,2004)从一座简朴的白宫,可以洞见美国人的"经济",他们守着"economy"的古训,延续了"对家庭"的管理。中国人讲究"返璞归真","经济"也该如此。

追根寻源,我们知道英文当中的经济(economy)来源于希腊文"oikos",是对于"家"的管理。那么,"生态学"(ecology)一词又来源于何处?

生态学(ecology)同样来源于希腊文"oikos+logos",oikos表示住所和栖息地,logos表示学科,原意是研究生物栖息环境的科学。(李振基、陈小麟、郑海雷,2004)生态学(ecology)和经济(economy)在英文中的来源可以追溯到同一个希腊文词汇:"iokos",住所和栖息地,家,"house",它们来自同一根源。说明经济和生态具有密不可分的内在含义。

§3.4.1.4 近代经济学名词在中国的规范与传播

在中国,近代经济学名词的积累与传播,大致起源于20世纪30年代国人对欧洲经济学著作的翻译,其中涉及经济学原理、经济史以及经济思想史、大学教材等等。

这一时期的中国,曾经掀起出版经济学辞书的热潮。1933年,上海南强书局出版由柯柏年等人编著的《经济学辞典》。这是在我国出版较早的经济学专科辞典。其中收录常见经济学词汇1000余条,对经济学的基本概念有比较详细的解释。全书按部首笔画排列,后附笔画索引和西文索引。1934年,上海世界书局出版高希圣、郭真同编撰的《经济科学大辞典》,收录经济学、财政学、商业词汇及经济学家等共3000余条,按中文笔画顺序排列,书前有详细目次,书后有西文索引。此书于1934年初版,到1935年已有第3版问世。说明读者之众,流传之广。同样是在1934年,上海商务印书馆出版《英汉经济辞典》,何士芳编。此书搜罗经济学名词、术语15000余条,按西文字母顺序排列,后附汉译。书后有附录三种:经济名词略语、各国度量衡表和当时世界货币状况。

1935年,上海商务印书馆出版《实用商业辞典》,陈稼轩编。全书140万字,收古今中外商业名词约10000条。1937年,也就是英国经济学家凯恩斯(J. M. Keynes)发表著名的《就业、货币与利息通论》,全面系统地论证政府干预社会经济生活的必要性和可能性之后的那一年,上海中华书局出版周宪文等人编撰的《经济学辞典》。嗣后,由昆明中华书局于1940年再版,全书150万字,收词6000条。其中包括经济学、财政学、货币、金融、工业、农业、商业等名词术语,对经济学名词详细解释,以中文笔画顺序排列。书后附有"世界各国货币一览表"、"中国现时通行的经济法令"等19种附录和中西名词索引。

关于经济学术语的规范,国立编译馆成立后,即"感于经济学之发展,有赖于译名之统一,爰由编译何维凝着手编订",于1939年4月完成经济学名词审定草案,是年夏即以英文为序,分别系以德文、日文、法文及中文之各家译名释义,油印成帙,送请当时教育部所聘请的经济学名词审查委员会委员方显廷、朱偰(xiè)、何廉、何维凝、吴幹、吴大钧、李柄焕、李超英、周炳琳、金国宝、孙恭度、章元善、陶孟和、陈岱荪、陈启修、陈长蘅、张肖梅、傅筑夫、乔启明、杨端六、万国鼎、厉德寅、叶元龙、赵人儁(jùn)、赵廼搏(tuán)、赵兰坪、刘大钧、刘振东、刘秉麟、潘序伦、卫挺生、萧蘧(qú)诸先生(32人)审查。三十年(1941)三月由教育部召开审查会议于重庆,逐字校勘,详加讨论,又经整理,始成定稿,凡得(经济学)名词三千六百二十五则,于同年十一月由部公布(陈可忠,1946),1946年由上海中华书局正式出版。

由此看来,在20世纪30年代,中国知识界始终跟随着世界发展的步伐。至少在"经济学"词汇的引进和传播方面,中国的学者前辈们并未落后太远。

§3.4.2 历史上对于统计学名词的审定

§3.4.2.1 统计和统计学的历史

欧洲学者认为,统计方法在人类学上的应用可以说开始于17世纪配第(William Petty,1623—1678)爵士与格龙特(John Graunt)关于死亡统计表的研究,后来又由比利时天文学家奎特勒(L. A. J. Quetelet,1796—1874)加以恢复。(W. C. 丹皮儿,2001)事实上,人类开始统计实践的年代还要早得多。

最早的统计从人口和土地的计算开始。中国古代即有丰富实践。有证据表明,早在夏禹时期(大约公元前21世纪—前16世纪左右)就有了人口和土地的统计。相传成书于战国(前475—前221)时期的《尚书·禹贡》,用自然分区方法记述当时中国的地理情况,把全国分为九州,假托为夏禹治水以后的政区制度,对黄河流域的山岭、河流、土壤、物产、贡赋、交通等加以分类别记,体现了朴素的统计原则。此后的史记诸书,亦不乏列表绘图,以便参观比较。国家为战争和征税的需要,对人口、土地和财产等实行专项统计,建立了相关的社会经济统计指标。到明代(1368—1644),户口和土地统计已经初步具有现代统计图表的形式。至清光绪三十三年(1907)九月,即由宪政编查馆奏请饬各省设立调查局,各部院设立统计处,成为中国实施现代调查统计的萌芽。在国外,古希腊荷马时代(约公元前12世纪到前9世纪)就开始了人口和居民财产的调查、登记、计数和比较。

在统计学发展史上较为著名的有德国统计学派,亦称为记述统计学派或国势统计学派。其早期代表人物有塞坎道夫(Ludwig

Von Seckendorff,1629—1692)、康令(Hermann Conring,1606—1681)等。"统计是静止的历史,历史是前进的统计。"就是康令留给世人的名言(贾宏宇,1986)。国势学派的主要代表人物,德国学者阿痕瓦尔(Gottfried Achenwall,1719—1772)在其所著的《近代欧洲主要国家的基本制度》①一书里,分别记述了包括西班牙、葡萄牙、法国、英国、荷兰、俄国、丹麦、瑞典8个国家的领土、人口、物产、国境、殖民地、工业、贸易、货币、度量衡制、社会阶层、军事力量、政治经济制度、气候等基本情况,并尽量与德国的情况进行比较。但是他的研究方法以文字表述为主,还不具备现代统计的基本特征。

政治算术学派的创始人是英国的威廉·配第,主要代表作《政治算术》(*Political Arithmetic*)。这本书于1676年定稿,1690年,即配第逝世3年后出版。由于配第首次采用"数字、重量和尺度的词汇来表达自己的问题",虽然仍处于萌芽状态,但已经具有现代统计学的主要特征。配第在统计方法方面的重要贡献是开创了国民收入的估算。但是配第把估算的居民消费总额等同于国民收入总额,说明早期统计概念的局限。政治算术学派另一重要代表人物是英国的格莱葛瑞·金(Gregory King,1648—1712),其主要著作是《关于英国国势自然的和政治的观察及其结论》(*Natural and Political Observation and Conclusions upon the State and Conditions of England*),1696年写成,直到他逝世后近一百年才发表。

经济统计从单个指标的建立到指标体系的形成与变革,经历

---

① 由第三版起改为现名。转引自苏国荫:《世界经济统计学新论》,社会科学文献出版社,1999年版,第5页。

了漫长的历史阶段。例如在中国历史上的元代(1206—1402)即有诸如"岁印钞数"的货币统计数据(《元史》卷九十三)。按照公元纪年,中统元年(庚申)即为1260年。据《元史》卷十五《世祖纪十二》记载,至元二十五年(辛卯,公元1288年)正月"毁中统钞版",但是,自至大四年(辛亥,公元1311年)又有"中统钞"发行(陈高华,1985)。另据《元典章》卷二十《户部六·钞法》称:"中统钞废罢虽久,民间物价每以为准,有司依旧印造,与至元钞子母并行,以便民间。"说明当时货币流通的具体情形,同时也说明在当时已经存在概念相对稳定的货币和金融统计方面的专门语词,即术语。

§3.4.2.2 新中国建国初期的统计工作

新中国成立的第一年中,即已展开统计工作,以适应建设新国家的需要,其规模、现实性、正确性和组织性,超过了中国历史上任何一个时期的统计工作。在统计机构方面,在中央财政经济委员会的计划局中,成立了统计处,是集中统一的全国性统计工作领导机构的前身,负责拟议全国性的统计制度和机构,号召在所有国民经济部门中组织统计工作,并将这个工作集中在自己手里,力图以适当的方法,科学地整理关于发展中国国民经济的统计资料。

新中国成立初期的财经统计工作,在第一届全国财经统计会议总结中指出:为了"制定恢复和发展全国公私经济各主要部门的总计划",必须掌握公私经济各主要部门的调查统计资料及有关人民经济发展的各项必要资料。最重要的应该包括:(1)重要工农业产品的产与销的平衡状况——工农业产品的生产总值,工业产品与农业产品的平衡状况、人民购买力的现状及其发展趋势。(2)出口与入口的平衡状况——主要出入口品的现状、现存问题及其发展趋势。(3)商品与货币之间的平衡状况、现在的初步规律及其发展趋势。(4)干部、劳动力在各经济部门中的平衡状况,及其适应人民经济发展的趋势。

为研究以上问题并制订计划,还必须了解:我国经济的重要资源状况及地区分布状况,基本建设工作进行的状况,重要生产品及运输的成本价格状况及其利润状况,劳动、工资、税收状况及其发展趋势等等。这些正是以国营经济为领导五种经济统筹兼顾中的最主要的政策问题,也正是国家总计划中必须解决的问题。因而要求必须做好一系列的复杂的调查统计工作,这就是当时财经统计工作的任务:

(1)调查统计重要工业品的生产状况,各部门基本建设进行状况,主要原材料供应状况及产品销售状况,区别国营工业与私营工业,区别重要与次要,在要求上与方法上有所不同。

(2)调查统计主要农产品(主要粮食与工业原料作物)的生产状况、销售状况及重要原材料(如肥料、农药等)供应状况。这些资料的取得主要依靠抽样调查加以估算的方法:在个别地区如条件成熟对某些重要作物(如棉花)能进行普查,因而取得较精确的统计数字。

(3)生产总值的估算。重要工业产品的统计数字与次要工业品的估算数字,加上农产品的估算数字,再加上手工业产品及其他未包括在农业产品中的农副业产品的估算数字,就可取得工农业产品生产总值的近似数字。这一工作,除工业产品的生产总值外,基本上要依靠区县人民政府用典型调查、开调查会等方法取得资料,加以推算。

(4)选择重要的民生日用品二三十种分别在农民、工人、城市市民中进行必要的典型调查,研究其生活收支情况及对主要工农业产品的消费量及其发展趋势。这一工作基本上也要依靠区县（市）人民政府来做。

（5）人口及土地、森林、重要矿藏、水利、水量与其他资源的调查统计，除人口、土地、重要农作物、主要牲畜等基本数字，可结合土地改革、发土地证、查田评产、征农业税等工作，逐步求得比较正确的数字外，其他资源状况都需要依靠专业部门调查统计。这些资料的分地区综合，即可分析研究区域经济状况。

（6）出入口的统计，并研究其发展趋势，这要依靠海关及国营贸易部门取得。

（7）调查统计商品周转与货币流通的状况，这关联到生产、贸易、金融、税收及交通运输。除生产品的调查统计，上述一、二、三项已说过；为掌握这些资料，还必须进行商业的、金融的、税收的与交通运输的调查统计。这里同样要用不同方法区别不同经济成分，主要依靠是国家的贸易机关、税务机关、银行、交通部门及合作社与大中城市的工商行政部门。在成本价格的调查统计工作上，除工业交通企业应从成本计划的执行中进行调查统计外，农产品、手工业产品及其工业产值的比价，基本上应选择重要工农业产品及重要运输工具，从价格上、运价上加以调查统计（历史上的状况与现在的状况）联系成本分析研究，以便国家正确地确定价格政策。

（8）各经济部门干部、劳动力现在状况的调查统计，及适应国民经济恢复与发展的趋势，估算干部、劳动力需要的趋势，以便国家制定培养干部、培养技术工人、调查劳动力的计划。进行工资与农民所得的调查统计，以便国家确定工资政策与人民负担政策。这些调查统计工作，同样要用不同方法区别不同经济成分。

按照当时的要求,上述八项任务,一般要在1952—1953年间逐步办到,但是根据不同地区的具体情况,在进行步骤上可以有所区别。

上述文字的原始出处,是1953年出版的一部《国民经济实用辞典》(苏渊雷,1953,第1101—1102页)。从其中使用术语的情况看,大部分词汇与20世纪末21世纪初期的言语相差无几。只是那时的"出入口"后来习称为"进出口";那时有"人民经济"的概念,现在已经不再区分,似乎是做了全部"经济"都属于人民的假定。那时有所谓"人民负担政策"的概念,现在则不大提起。这些状况说明,就统计方面的词语而言,至迟在新中国成立之时即已趋于稳定,其后的五十余年间并无太大变化;也说明专业术语的规范与沿袭,可能并不理会行政意义上政权的更替。

§3.4.2.3 汉语统计学术语的规范

统计资料是对社会经济现象进行计量和分析的基础。经济计量学的发展,经济计量分析的需求,要求经济统计学家突破狭义统计的传统,建立大规模的资料积累,于是促进社会经济统计规模的扩张,刺激经济统计的发展。20世纪初,各国逐渐积累了一批可供分析的经济统计资料。对于经济计量学来说,是必不可少的数据建设。在现代经济意义上,统计是一系列社会指标和经济指标及其具体量值的总合。虽然由于社会生产实践和社会管理的需要,远在人类社会的早期就已产生了统计行为,但在当时并未形成完整的社会指标体系或经济指标体系,许多社会指标和经济指标杂居在一起。进入资本主义时代以后,由于社会分工和商品经济日益发达,以描述经济活动为主体目标的指标体系随之逐渐形成,促使统计成为系统化、科学化、有组织的社会行为,作为一个学科分支的统计学同时获得发展的动力,关于统计学的术语规范工作也随之提上日程。

在汉语统计学术语方面,1939年秋由朱君毅先生主持编订,并与中国统计学社第十届统计名词编译委员会合作,分类汇编,初步拟定译名1367则,印发初审本,函送国内专家审核。1941年1月呈请教育部聘朱君毅、吴大钧、吴定良、金国宝、艾伟、陈长蘅、陈达、许世瑾、王仲武、黄锺、褚一飞、芮宝公、邹依仁、唐启贤、郑尧枑、潘彦斌、刘南溟、朱祖晦、杨西孟、汪龙、刘大钧、赵人儁、厉德寅、乔启明、赵章黼(fú)、尤崇宽、罗志如、杨蔚、吴大业、倪亮、李蕃诸先生为该科名词审定委员,而以朱君毅先生为主任委员,分别审查,参注意见,是年3月26日在重庆国立中央图书馆举行审查会议,反复研究,悉心审核,为期三天,计得统计名词924则,于同年7月呈请教育部公布之。(陈可忠,1944)

§3.4.2.4 统计指标与术语的特殊性

按《辞海》(1999年缩印本)解释,术语是各门学科中的专门用语,每一术语都有严格规定的意义。如政治经济学中的"商品"、"商品生产",化学中的"分子"、"分子式等"。但在涉及统计技术、统计指标的术语时,问题似乎变得复杂起来:在很多情况下,仅仅依靠对相关术语字面上的理解所进行的定义,不能从根本上满足实际应用中的数据需求。例如"社会总产值"。——在经济研究中需要用到反映"社会总产值"的相应数据,必须附加许多其他条件,例如数据所处的时间段落、数据对应的区域范围等等。如果仅仅简单地给出一些数据的量值,而没有说明必要的、附加的约束条件,那么这些数据便不能在实际计算与分析中运用。

在经济研究中,指标是说明总体数量特征的统计范畴。(李金华,2000)在不同的核算体系当中,可能既需要用数值来表示的客观指标,也需要不能直接以数值来表现的主观指标。在这种情况下,需要依照一定的准则和尺度,将非数值的主观指标变换成为量化形态的数值指标。按照国家统计局提供的解释:

> 社会总产值是指一定时期内(通常为1年)以货币表现的农业、工业、建筑业、运输邮电业和商业(包括饮食业和物资供销业)五大物质生产部门的总产值之和,也称社会总产品。它是反映一个国家或地区在一定时期内物质生产总成果的重要指标。
>
> 在实物形态上,社会总产值可分为生产资料(第一部类)和消费资料(第二部类)两大部类。在价值形态上可分为:(1)生产过程中消耗掉的生产资料转移价值(物质消耗 c);(2)劳动者新创造的价值,其中包括相当于劳动报酬的那部分必要产品价值(v)和为社会创造的剩余产品的价值(m)。
>
> 社会总产值不同于国民生产总值。除了理论基础不同外,计算的范围和方法也不同。社会总产值是包括物耗在内的社会产品的总价值,而国民生产总值只是新增的价值。社会总产值只包括物质生产部门,而国民生产总值则包括非物质生产部门在内的国民经济各个部门。
>
> 张塞:《常用统计指标与术语》,中国统计出版社,1996年版。

阅读这段文字,我们注意到:为了解释和确定"社会总产值"的具体数值,需要用到更多的"指标"或"术语"。这些指标或术语对于"社会总产值"这个"指标"的解释来说具有绝对不可忽视的影响力。如果不考虑其他的那些术语,对"这个"术语的解释则不能完成。说明"社会总产值"这个指标(术语)不能孤立存在。如果把整个国民经济统计系统看做是一张网,"社会总产值"只是这张网上的一个节点。它的存在,需要周围格线的支持。去掉周围的某些格线,这个节点所代表的内容便不再完整,这个节点也会失去意义。这种情况与拓扑学和图论研究的问题相似。由此引发的猜想,是在关于统计指标与术语关系的研究中,可能会用到数学工具。而这种讨论的前提,自然是要构造一幅以"社会总产值"为节点的术语网络结构图。

图论(graph theory)是数学中的一个分支,以直观图形与代数方法来研究组合关系,其研究对象是图(graph),代表某些数学对象之间的二元关系。直观地说,由一些给定的点及连接这些点的某些边所组成的总体称为"图"。"七桥问题"与四色问题等都是图论问题。图论在计算机科学、运筹学、电子技术、通信科学、系统工程、经济学等方面都有应用。设以每个"统计指标术语"为一顶点,以各顶点之间的连线反映不同"统计指标术语"之间的联络关系,即可构成一幅对应于全部选定统计指标术语的"图"。

除了作为"术语"而不能独立存在的性质——我们称其为(术语)对其他(术语)要素的依赖性,或术语自身的非独立性,统计指标这一类术语通常还具有时间和空间上的不确定性。

仍以"社会总产值"为例,如果不作约束,我们便不能确定"这一个"社会总产值所对应的地区、部门或行业,也不能确定"这一个"社会总产值所对应的时段长度和时点究竟为何。这就是经济研究中所经常需要用到的统计指标"术语"的特殊性。之所以会发生这种情况,是因为我们对"统计指标"有特殊的要求。

在现代经济学或数量经济学的意义上,人们对于统计指标的关注不仅包括它的概念定义,还需要了解它所对应的数量值。经济计量学与数理经济学的研究,需要大规模的数据支持,它们几乎无一例外地来源于统计资料,是各种"统计指标"关于时间序列和横截面上的具体量值。

试想,当我们需要了解某一地区经济情况(E)的时候,其实已经隐含地包括了时间(t)、区域(p)、指标(v)三个维度的信息。这便意味着,关于 E 的描述,实际上是一个三维向量,按照数学当中的习惯形式,应该记作:$E(t,p,v)$。必须同时给出(t,p,v)三个分量的具体数值,才能完成对于变量 E 的确切描述。

再回到前述判断,对于"社会总产值"的指标(术语)定义,必须依赖其他指标(术语)的参与或介入才能完成。对这种情况的数学符号描述,可以表达为

$$E_i = f(E_1, E_2, \cdots, E_j, \cdots, E_n), (j \neq i) \quad \text{(式 1-1)}$$

式中,f 表示函数关系,$E_1, E_2, \cdots, E_j, \cdots, E_n$ 分别表示除 E_i 之外的若干指标(或术语),它们共同决定着指标(或术语)E_i 的确切意义。不失一般性,并为描述的完善起见,我们把不再需要依赖其他指标参与即可以独立存在的指标(术语)定义为元指标(术语)。相对而言,元指标(术语)是构造合成指标(术语)的最小术语单位。在排列成树状或网状的指标(术语)结构图中,元指标是最底层或最外层分支上的尽头端点。相对于数量经济的研究活动,元指标对应的是直接采集的原始数据。此时(式1-1)变形为(式1-2),即

$$(ED)_i = f(D_1, D_2, \cdots, D_j, \cdots, D_n) \quad (式1-2)$$

其中 D 表示元指标,或直接采集的原始数据;$(ED)_i$ 是对应于指标 E_i 的量值。

一般意义上的术语,其概念定义并不会随着时间的变化而变化,也不会因为其所在位置的改变而发生改变。换言之,常规的"术语"关于时间和空间(位置)都"不敏感"。统计指标(术语)则不然,它们通常不能孤立存在,并且在时间维度和空间位置方面存在"敏感性"。由这些特点所决定,社会科学的术语规范工作具有更强烈的复杂性和特殊性。

需要澄清的是,我们在此处所讨论的"时间变化"问题,不同于在术语字面含义与学术含义讨论当中所论及的"学术含义与时间变化的关系",冯志伟(2005)曾经指出:

> 术语的字面含义是独立于任何上下文的,而术语的学术含义则与它出现的上下文有关,特别是与它所适用的专业领域有关。
>
> 术语的字面含义又是独立于时间的变化之外的,它不考虑任何的历时变化,而术语的学术含义则会随着学术的发展而不断地丰富其内涵。

如果一定要在这两种时间变化中找到联系,那么可以这样说:我们在这一节所论及的"随时间变化而变化"的东西,不是指标或术语的"学术含义",而是与指标相对应的"数值关系"。

§3.4.3 历史上对于社会学名词的审定

关于汉语社会学术语,国立编译馆"于民国二十六年(1937)由编译董兆孚、全增祜搜集资料,从事编订,嗣请中央大学教授孙本文先生主持此事,复由本馆特约编审高达观先生加以整理;数度更易,初稿始竣。分送教育部聘请之社会学名词审查委员会委员王政、朱亦松、吴之椿、吴文藻、吴景超、吴泽霖、汪少伦、言心哲、李泰华、邵鹤亭、柯象峰、范定九、胡鉴民、孙本文、高达观、张鸿钧、许德珩、黄文山、陈序经、陈达、陶孟和、傅尚霖、费孝通、潘光旦、龙程芙诸先生审查,三十年(1941)三月由教育部召开审查会议于重庆中央图书馆,逐字校勘,详加讨论;又经补充整理,始成定稿,凡得(社会学术语)一千八百十八则,呈部核定,于三十年(1941)十一月明令公布"。(陈可忠,1945)

§3.5 术语定名工作的延续性

无论从何种意义上说,术语定名工作都是一件具有历史性的延续性的漫长工程。即使在政权更迭的条件下,术语定名和术语规范的过程也会持久运行。究其原因,是一个民族赖以存在的文明与文化,以及部分地表达并传播这种文明的语言和文字,通常并不会因为政权的更迭而更迭。在中国历史上,满民族人主中原,"失去了语言,同化于汉族,这是在满族掌权的时候不由自主地发生的,可见文化的同化力量有多么强大"。(周有光,1999)文化的延续强度大于语言,语言的延续强度大于政治和政权。从事术语工作,应该发挥政府的行政优势,却不能迷信行政的权力,而必须坚持从文化与文明的视角研读过去,继往开来。

§3.5.1 建国初期的社科名词统一问题

中华人民共和国成立以后,全国达到了空前的巩固与统一。一切政治、经济、文化、教育事业,都根据共同纲领规定的政策方针进行了有计划的调查、统一与改革。学术工作自然也是整个国家改造工程、改造工作中的一环。统一学术名词的要求,正是适应这新的情况,作为改革学术工作之一而被提出来的。政务院文化教育委员会成立不久,便接到了多位学者的来函,建议由政府领导来进行这项名词统一工作。这些建议,引起各方面普遍的重视,经多方商讨后,决定在政务院文化教育委员会下设立一个学术名词统一工作委员会,分设自然科学、社会科学、医药卫生、艺术科学与时事名词五大组;每组之下,按照学科范围分设若干小组和分组,延聘了全国各方面专家为工作委员,分头负责,协调进行。党和政府十分重视科技术语的规范与统一,甚至将这项工作的意义提升到了"肃清半殖民地思想的残余"的高度,认为"学术名词的统一乃是实现学术中国化的一项重要的准备工作"。(郭沫若;1951)

1950年,政务院委托中国科学院编译局接管了原国立编译馆审订的各类名词术语草案,并于1950年4月6日批准成立学术名词统一工作委员会,任命当时中国科学院院长郭沫若先生为主任委员。统一学术名词工作委员会分五个小组,自然科学组的召集人是竺可桢、杨钟健;社会科学组的召集人是沈志远、王子野;医药卫生组的召集人是贺诚、徐诵明;文学艺术组的召集人是丁西林、蒋天佐;时事组的召集人是纪坚博。学术名词统一工作委员会也汇集了当时各方面的知名学者,例如数学界的江泽涵、吴大任、段学复、姜立夫、华罗庚、苏步青；物理界的王淦昌、吴有训、钱三强、严济慈；化学界的邢其毅、唐敖庆、杨石先。还有社会科学界的李达、艾思奇、于光远、吴玉章、陈伯达、马寅初、雷洁琼等。

后来，一些专职从事名词工作的人员进入中国科学院所属科学出版社的自然科学名词编订室，其间他们组织各学科专家审查出版了许多名词及工具书。截止到20世纪60年代，委员会审定、公布、出版了各学科名词术语百余种（潘书祥，1998）。此后，所有人员"连锅端"到农村。1972年回到北京恢复工作后，在非常困难的情况下，仍然继续进行十分有限的名词工作，主要是编订双语工具书。（樊静，2005）在"无产阶级文化大革命"期间，由政府组织的名词审定工作被迫中断，学术名词统一工作委员会停止活动，直到20世纪80年代中期才得以恢复。

§3.5.2 一名之立，费三百载

2006年第1期《科技术语研究》刊登杨全红文章：《一名之立，费三百载——logic定名评述过眼录》，介绍了"逻辑"一词定名历经三百年的旧闻轶事。作者旁征博引，将平日所作笔记刊出，每录言论，则以言论者冠为名头，之后标引文出处，中规中矩。以"逻辑"定logic，是汉语术语规范过程的缩影，个中玄妙，也值得深思玩味。

据杨文引述，周振鹤认为：中国学术的发展过程中缺少"逻辑"这样的西方哲学的概念，致该概念引入中国以后其定名花了三百多年的时间。在明末，耶稣会士依拉丁语（logica）音译作"落日伽"，后又意译为"道"、"理"；至晚清，严复译作"名学"。日本人又译为"论理学"。据统计，到清末为止，逻辑的译名计有近五十种，

没有一种占压倒多数。民国初年,章士钊力主使用音译"逻辑",引起报上争吵。其后亦多词并立,至20世纪下半叶,逻辑终于取胜。

> 严复曾叹:"一名之立,旬月踟蹰!"译名之难,由此可见。不过,译名难,定名亦不易。以西人所云 logic 一语为例,据说至清末,其在我国即有50种译名之多。一个术语在一个国家之译名竟达半百,其混乱是怎么也难免的了。为规范和统一该术语,我国学人一直在努力,商榷和争鸣即时有所闻,据称民国初年报刊上还因此上演过一段"文斗"呢。该词之"逻辑"译名最终为国人接受已是20世纪下半叶。难怪有人要说:"一词之立,费三百载!"
> 杨全红:《一名之立,费三百载》,2006。

一语"逻辑",五十异名。"译名"自然不是"异名",但是译名确实可能导致异名。中国古文中常有通假,意指汉字的通用和假借,是用音同或音近的字来代替本字。包括同音通假,如以"公"为"功",借"骏"为"峻";双声通假,如借"祝"为"织",借"果"为"敢";叠韵通假,如借"崇"为"终",借"革"为"勒"。古书多用通假字;今简化汉字也常常采用,如借"谷"为"穀",借"吁"为"籲"等。①

"译"与"异"同音,倒也符合通假定义。然而从译名到异名的逻辑,却隐藏了"一名总有多人译,思前想后各不同"的客观道理。由此,译名之单数仍为"译名",译名之复数,便是"异名"。章士钊说,这是"文人通病,每不肯沿用他人已定之名"。他认为,"以义译

---

① 《辞海》1999年版音序缩印本,第1682页。

名"(意译)常常不能吻合原意,所举之例便是 logic(逻辑),以作为"音译可免争端之证"。但是音译与意译之争似乎经久不衰,难分轩轾。

陈福康:他(章士钊)以为"以义译名"(意译)常常不能吻合原意。他举的例子便是 logic(逻辑),当时或义译为"名学",或义译为"论理学",而后者已被严复在《名学浅说》中斥为浅陋。章氏认为"名学"一译,"足尽亚里士多德之'逻辑',未能尽培根以后之'逻辑'也"。……章氏从英国回国后,1912 年初起为《民立报》撰写社论。……尤其是在 4 月 18 日发表的《论逻辑》、同月 21 日发表的《释逻辑》等文中,他再次提出:日本人将 logic 译作"论理学",严复译作"名学",还有人译作"辨学",均未能恰当地表达原词的意义,倒不如严复曾提到但又被他抛置的音译"逻辑"。

1914 年 2 月 15 日天津《庸言》杂志发表胡以鲁的长文《论译名》。5 月 10 日,章士钊在自己主编的《甲寅》杂志创刊号上,以"秋桐"笔名再次发表专文《译名》,阐述自己的见解。……胡以鲁提出,宜由专家讨论抉择,复由政府审定而颁行之。章士钊认为:"此浅近习语,法诚可通;若奥文深义,岂有强迫?愚吐弃'名学'而取'逻辑'者也,绝不能以政府所颁,号为斯物,而鄙著即盲以从之。且政府亦决无其力,强吾为从。"……章氏在该文所附"注释"中又云:"近来文人通病,每不肯沿用他人已定之名;愚则颇戒之。'名学'之名,创于侯官严氏,愚不用之,非以其为严氏所创,乃以其名未安也。故'逻辑'二字,亦严氏始用之,愚即沿而不改,是即音译可免争端之证。"

陈福康:《章士钊〈论翻译名义〉等》,1992年。(转引自杨文,余同)

或问,西方逻辑何时登陆中国? 第一次中译文本又系何人所为? 有答者曰:

傅季重:明朝李之藻同傅汛济合译并于明崇祯四年(1631)刊行的《名理探》,为西方逻辑的第一个中译本,以"名理"译 logic。明末来华之意大利传教士利玛窦在向中国读者介绍亚里士多德的 logic 时,将其译为"辨学"(亦谓"辩学",见于《辨学遗迹》)。清道光四年(1824),乐学溪堂刊行的佚名译《名学类通》中,则将 logic 译作"名学"。清德宗光绪二十六年(1900),严复在作名学讲演时开始使用"逻辑"一词,并着手翻译《穆勒名学》。他既首创"逻辑"这一音译名,又不摒弃意译的"名学",因为他认为在中国只有"名"这个词才与西方的 logic 含义相近。1902年在《穆勒名学》的按语中,严氏说:"逻辑最初译本为固陋所及见者,有明季之《名理探》,乃李之藻所译,近日税务司译有《辨学启蒙》。曰探、曰辨,皆不足与本学之深广相副。必求其近,姑以名学译之。"

胡晓翔:《浅议译名的是非及翻译的标准》,《上海科技翻译》,1996(3)。

回首"逻辑"术语公案,杨文引王秉钦言论(《20世纪中国翻译思想史》,南开大学出版社,2004年版,第28页):第一个提出讨论这个问题的是章士钊先生,他在《民立报》和《甲寅》周刊上发表意见,主张音译。章士钊《逻辑指要》称:"明李之藻所译,是葡萄牙人傅泛际书半部,……马相伯讲授逻辑,以致知二字牒之,未定专称,所撰《致知浅说》……。"其中"傅泛际"或与"傅汎济"无异。李之藻(1565—1630)是明末科学家,字振之,又字我存,号凉庵,浙江仁和(治今杭州)人。万历进士。历任南京工部员外郎、太仆寺少卿等职。曾随利玛窦学习西洋历算,主张西法,致力于介绍西方天文学、数学、逻辑学等。

§3.5.3 关于行政力量的作用与局限

读杨先生文,使笔者联想起"经济"。经济是现今高频词汇,至少在20世纪末21世纪初中国新闻和传播媒介的表现如此。关于"经济"一词的来历,众说不一,颇有争议。有人说"经济"是日本人的发明,日本人从西方语言翻译过来,再传到中国。其实,对于中国人来说,"经济"这个词是"出口转内销"。早年间在中国,也有以音译"经济"即economy的时候,写成汉字,表示为"依康老蜜"(容挺公:《致甲寅记者论译名》),今天再看确实有趣。《甲寅》杂志创刊于1914年5月10日,章士钊主编。读者容挺公对以音译名词如"逻辑"、"依康老蜜"用作学名提出异议:"……倘指科学,用作学名,则愚颇以音译为不适。"百年以后,时过境迁,"老蜜"不再,"逻辑"依然。说明音译意译各有千秋,绝非一言所能判断之取舍。

天下文痴,乐在品书。读好文章,当然过瘾。得品一词三百载,幸甚至哉。不过也有小小困惑:章士钊(1881—1973)是湖南善化(今长沙)人,字行严,号秋桐。历史上另有"章氏"章太炎,即章炳麟(1869—1936),浙江余杭人,也是学者,太炎是他的号。杨文列在"章太炎"名下的言论(64页),称"愚吐弃名学而取逻辑者也,绝不能……所吾必从"。此与同文前引陈福康言论(61页)中"章氏认为……愚吐弃'名学'而取'逻辑'者也,决不能……强吾必从"。似为同调,只在最后四字中,有"所"、"强"之别。但两个"章氏"确有不同。或应释之。①

章士钊的陈述,见于1914年5月10日《甲寅》杂志创刊号上以"秋桐"署名的专文,是对当时(1914年2月15日)天津《庸言》杂志所发胡以鲁长文《论译名》的回应。胡以鲁提出,宜由专家讨论抉择,复由政府审定而颁行之。他的原话是这样的:"宜由各科专家集为学会,讨论抉择,折中于国语国文之士,复由政府审定而颁行之。"(《论译名》)我国今日译名之统一工作正是循此而行。(杨全红,2006)

但是章士钊却激烈反对。他认为学者独立的学术思考的价值,远在政府的审定颁行之上。学问的真谛,应是服从真理,而非顺从权威。严复既提出以音译的"逻辑",又坚持从意译的"名学",章士钊弃名学而择逻辑,不是因为严复是译界的权威,而是因为自己认定"逻辑"对logic的指称好过"名学"。这种对于自由学术的执著,反映了彼一时代学者的追求。在这些学者看来,"自由之思想,独立之精神"(陈寅恪语)是需要坚持捍卫的。

以世所公认为近代中国"西学第一"的严复来说,他从历史观、

---

① 《科技术语研究》在2006年(第八卷)第2期做出更正,指出两个"章氏"之误的源头出于林行止杂文《〈闲在心上〉》,上海三联书店,2003年版,第162—163页),可算得是一段插曲。

伦理观、学术观、教育观、自然观各方面,比较了中西文化的异同,几乎涉及所有领域,而把其中的诸多差别归结到一点就是:"自由不自由异耳!"自由不自由既异,"于是群异丛然而生"(严复《论世变之亟》)。面对中西方盛衰强弱的强烈对比,严复认为国家的兴盛首先在于全体国人的自强之志。他说:"国之兴也,必其一群之人……人人皆求所以强而不自甘其弱。"(《国闻报缘起》)这种思想,正是美国总统富兰克林·罗斯福曾经说过的:"世界可以由人的奋斗而改变,人的奋斗可以创造更新更美的事物。"(胡锦涛,2006)

回到关于译名统一的研究与选择,我们应该树立明确的意识:对一国科学的强盛和民族的振兴而言,没有什么比追求科学思想的自由更为重要。一切行政与政治,均应以培育"国人"之自由精神和科学追求为己任,兢兢业业,约束自己的行为在有利于人民的界限里活动。从这样的意义上说,所谓术语规范和审定的真正意义,不仅在于规范的结果;而其更加重要的意义,在于通过研究、讨论、争鸣、审定的过程使全民族的科学水平和民主精神,以及享受自由的权利机会得到提高。胡以鲁的看法和章士钊的表白,观点各异,却是从一件事情的两个侧面分别向着同一目标的逼近。以胡氏与章氏为代表,关于 logic 译名的讨论与争鸣,事实上促进了逻辑学在中国的传播。

退一步说,学术的讨论应在定名之前,术语定名的过程就是学术研究的过程。仅靠少数人闭门造车,坐在办公室里推心置腹,而把未必成熟的名字依靠所谓"行政"权力的力量发放出去,结果往往是无从推行。其最后的结局,实如同令而难行、禁而难止的官僚戒条,只能导致机构威信的降低,成为历史的笑料。古往今来,不乏其例。我们应该主动思考,防患于未然,避免这种情况的一再发生。也许可以考虑在"审定"之前发动民众更广泛地参与,实现审定机构与民众之间更为紧密联系的互动,推行"公众参与",并从观念上把这种互动看做是普及科学教育的过程。

总而言之,除开与自由为敌的专制政权不提,任何行政都应该成为自由的保证,绝不能为了所谓行政的权力和成绩而把科学的自由作为牺牲。值得思考的是,为什么总有人会把行政的权利奉若神明,以为行政是包治百病的神药?为人本当自重,学者尤应慎之。可最令人恐怖的,却是有些所谓的学者也在千方百计地攫取行政权力,以便把自己的"学术成果"借了行政的力量推销出去。未知此种学术,是否也具有"学术"意义呢?

第四章 术语规范工作是社会进步的晴雨表

繁荣科学,术语是纲,强调规范,纲举目张。术语是科学的基础,科学技术的发展、社会的进步必定要求术语规范的支持。从某种意义上说,术语规范工作开展的深入程度和普及程度,正是反映社会发展和进步程度的晴雨表。从中国近现代发展的历史上看,来自民间基层,呼吁术语规范的声音和身体力行实践术语研究的行动从未消失。即使在战乱和动荡的年月,真正的学者和思想者当中的有识之士也没有放弃对术语规范理想的渴望。一旦冬去春来,术语工作就会复苏。最典型的例证,莫过于新中国诞生伊始,政务院文化教育委员会成立不久,便接到许多位学者的来函,建议由政府领导名词统一工作(郭沫若,1951),以及"无产阶级文化大革命"浩劫之后,中国科学工作者要求恢复术语规范工作的强烈呼声。

§4.1 应运而生的新中国术语统一事业

新中国的诞生,推动了科学事业的蓬勃发展,国家深知自然科学术语在发展科学技术中的重要作用,1950年委托中国科学院编译局接管了国立编译馆拟订的各类术语草案。中央人民政府

1950年4月6日决议,在政务院文化教育委员会下成立学术名词统一工作委员会,任命郭沫若为主任委员,下设自然科学、社会科学、医药卫生、艺术科学与时事名词[①]五个小组,中国科学院负责自然科学组,由学术名词统一工作委员会推选中国科学院竺可桢副院长和杨钟健先生分任正副召集人,协同中国科学院编译局筹议工作推进计划。

按照政务院文化教育委员会学术名词统一委员会所指定担任学术名词编订的门类,自然科学小组的工作范围除包括天文学、数学、物理学、化学、动物学、植物(农学)、地质学、地理学、地球物理、矿物、岩石等,还包括心理学和语言学、考古、工程、古生物诸项。(参见中国科学院1950年档案资料(50)计字第1359号:学术名词编订情况调查表。全国科学技术名词审定委员会提供复印件,2004)参照这个调查表开列的项目,可以大体上了解在当时那个年代,人们概念当中的所谓"自然科学"都包括哪些内容。

此前自然科学组接收了国立编译馆的稿件与资料。当时这些资料存放在出版总署,其中包括:

1. 名词稿件计三十八项(见附件一:各种名词稿清单);
2. 辞典稿计二三九九○张,又十一本;
3. 名词(业经出版者)十四张;
4. 名词卷宗十三卷,簿册三本。

[①] 吴文(吴凤鸣,1985)此处作"时事文学、艺术",与郭文(郭沫若,1951)相异,从郭文。

自然科学小组接收的这些资料,是我国科学家在解放以前近20年名词审定工作的结晶。这些资料得以保存,对继续开展科学术语审定工作起到了重要作用。

按当时规定,"统一工作委员会均由有关自然科学学会及研究机构分别提名,科学院遴选后,由文委审核后聘定"。当时聘任的科学家达150人,其中著名科学家有:严济慈、华罗庚、钱三强、冯德培、茅以升、吕叔湘等。20世纪50年代中,集中力量审定了几十种各学科名词草案,以统一工作委员会的名义公布,对学术交流和新学科、新概念的引进起了重要作用。1956年国务院将这项工作交给了中国科学院,在科学院编辑出版委员会下设置了名词室,负责审定和统一全国自然科学术语工作。60年代初,该名词室改为中国科学院自然科学名词编订室,60年代中期,中断了术语的专门的审定工作,科学出版社在编订各学科辞书工作中,继承了术语的审定与统一工作。(吴凤鸣,1985)

若干年后,经历了"无产阶级文化大革命"的中国百废待兴。当时国家看到了名词工作的重要性,还有几位在"文化大革命"之前从事名词工作的同志给中央领导写信,要求国家成立名词工作的机构,并且国务院万里、方毅、张劲夫、李鹏等许多领导人都对一份有关的文件作了批示,由中国科学院组织、促进名词委的成立。名词委的正式成立与其说是名词工作的进步,不如说是科学进步的一部分,因为名词工作是科学的一部分。看到了落后,就要奋起直追。(叶笃正,2003)

学术名词编订情况调查表（根据前国立编译馆工作报告编制）

本院照文委会学术名词统一委员会所指定担任门类

部门	名词	初稿在编订中	初稿在油印中	初稿本在整理中	在初审中	二审本在整理中	在复审中	在整理付印中	已经出版
天文	天 文 学								1934+
	天文学（增订本）						+		
数学	数 学								1945+
	统 计 学								1944+
物理	物 理 学								1934+
	物理学（增订本）				+				
化学	化 学 命 名 原 则								1933+
	化 学 仪 器 设 备								1940+
	化学命名原则（增订本）								1945+
	化 学 术 语							+	
	生 物 化 学	+							
动物	发 生 学								1937+
	比 较 解 剖 学								1948+
	昆 虫 学				+				
	细 胞 学	+							
	组 织 学	+							
	普通动物分类学	+							
	脊椎动物分类学	+							
植物（农学）	植 物 病 理 学				+				
	植 物 生 理 学				+				
	植 物 生 态 学				+				
	植物组织学及解剖学				+				
	普 通 园 艺 学		+						
	植 物 形 态 学	+							
	植 物 园 艺 学	+							
	普通植物分类学	+							
地质	地 质 学						+		
地球物理	气 象 学								1939+
矿物	矿 物 学								1936+

(续表)

部门	名词		初稿在编订中	初稿在油印中	初稿本在整理中	在初审中	二审本在整理中	在复审中	在整理付印中	已经出版
岩石	岩　石　学					+				
古生物										
地理	人　文　地　理				+					
	自　然　地　理				+					
考古										
心理	普通心理学									1939+
语言										
工程	电机工程	普通部								1939+
		电化部								1945+
		电力部								1945+
		电讯部								1945+
	化学工程									1946+
	机械工程（普通部）									1946+
	土木工程	结构学部						+		
		测量学部					+			
		铁路与公路部				+				
	水利工程		+							
	机械工程	造　　船	+							
		铁路机械	+							
		自动车航空器	+							
		工具仪器动力厂设备	+							
共计			13	1	7	3	1	3	1	18

附件一：接收国立编译馆的各种名词稿清单

	名　　　称	类　别	数量		名　　　称	类　别	数量
1	昆虫学	意见本	12册	19	植物园艺学	卡片	3204张
		初审本	9册	20	生物化学	卡片	1587张
2	组织学（动物）	意见本	1册	21	土木工程（测量学）	初审意见本	13册
3	组织学（动物）	卡片	2649张	22	土木工程（测量学）	二审本	21册
4	植物病理学	意见本	13册	23	土木工程（结构学）	初审意见本	4册
		初审本	1册	24	土木工程（结构学）	二审意见本	4册
5	植物生理学	意见本	4册	25	土木工程（结构学）	二审本	7册
		初审本	6册	26	土木工程（铁路与公路）	意见本	5册
6	植物生态学	初审本	26册			初审本	20册
7	植物组织学及解剖学	初审本	25册	27	水利工程名词	卡片	5848张
8	细胞遗传学	卡片	3373张	28	机械工程名词 铁路机械	稿	2册
9	脊椎动物分类学	卡片	4537张	29	机械工程名词 造船	稿	1册
10	植物形态学	意见本	13册	30	机械工程名词 自动车 航空器	稿	3册
		初审本	4册	31	机械工程 工具仪器 动力厂设备	稿	2册
11	普通植物分类学	卡片	12512张				
12	普通动物分类学	卡片	10026张				
13	岩石学	意见本	7册	32	动植物中文命名原则	草案	2册
		初审本	9册	33	动植物中文命名原则	修正草案	2册
14	天文学	增订本	1册	34	数学名词	原稿	13本
15	地质学	稿	1部	35	土木工程名词（前大学院）	打字抄本	1本
16	物理学	增订本	13册	36	植物解剖学及组织学名词	旧油印本	1本
17	化学术语	决定稿	3册	37	人文地理	油印本	14本
18	普通园艺学	卡片	2373张	38	自然地理	油印本	8本

资料来源：档案资料，2004。

说　　明：据原档案资料，"学术名词编订情况调查表"栏中"人文地理"及"自然地理"行"初审本在整理中"栏下均无"+"标记，但表下总计行该栏总计值等于7。今据"附件一"表内容修正之。

§4.2　科学技术名词审定机构的恢复

从 1950 年开始,自然科学部分的名词统一工作就由中国科学院编译局承担,直至"文化大革命"前,这项工作一直在中国科学院的领导下进行。十年动乱期间,这些工作被迫中断。1978 年,粉碎"四人帮"之后不久,中国科学院就与国家科委一起向国务院呈交了《关于成立全国自然科学名词审定委员会的请示报告》,国务院批准后,委员会的筹备工作开始着手进行。1984 年,国家科委、中国科学院又向国务院呈送了《关于全国自然科学名词审定委员会工作的请示报告》,国务院再次批准后,经国家科委和中国科学院商定,由中国科学院牵头,有国家科委、中国科协、教育部、国家标准局参加,共同组成委员会领导机构并开始进行工作规划。委员会是负责全国自然科学名词术语审定与统一工作的权威性机构。科学院作为委员会的牵头单位,除在人力、物力、财力上对委员会的工作予以支持外,在学术上还将发挥科学院多学科的优势,积极推动广大科学工作者热心参加各学科名词审定工作。(卢嘉锡,1985)经过几年的筹备,全国自然科学名词审定委员会于 1985 年 4 月 22 日在北京正式成立。全国人大常委会严济慈副委员长在成立大会上讲话,国务委员方毅为大会写了贺词,国家科委副主任曾庆林同志代表两科(国家科委和中国科学院)为受聘为委员会委员的著名学者、教授 60 人颁发了聘书,卢嘉锡在闭幕式上发言。[①]

谈到全国名词委的建立与国家科学名词审定工作的恢复,就

[①] 《自然科学术语研究》(成立大会专辑)编后记,1985(1)。

不能不提到科学出版社自然科学名词编订室(名词室)各位同志的功劳。

1978年全国科学大会召开前后,科技发展的形势与国家经济的形势一样越来越好,人们高兴地称这是科学的春天。关闭的国门一旦打开,国外各种新科技、新知识、新理论迅速涌入,势不可挡。各种学术交流越来越多,国内外学者来往越来越频繁,但是关于新科技、新概念的命名和统一工作基本上没有人管,名词混乱,各说各的话。过去国内科技类双语工具书主要都是由科学出版社编订出版,而此时,全国出版行业已经形成辞书热,各出版单位,甚至机关、学校、行业都在编纂辞书。虽说这主要是形势发展而产生需求的反映,但其中也混杂着在金钱利益驱动下的乱拼乱凑、剪剪贴贴出版的低劣辞书,为害社会。由于没有权威性的名词统一机构,结果书出得越多,名词就越乱,混乱情况与日俱增。以ergonomics的译法为例,竟有20多种,如人机功效学、人机工程学、功效学、尔刚学、人类工效学、工程环境改造学、人类环境改造学等等。面对这种状况,术语工作的责任感使科学出版社名词室的同志们不再沉默。他们商定,要向上级写报告反映情况,建议恢复科技名词审定工作,组建有权威性的审定机构。

1978年初,信写好后,词典室的同志利用当时主管科学院工作的国务院副总理方毅同志的住所与单位大院相邻的条件,将信通过秘书直接送到了方毅副总理手中(樊静,2005),这才有后来的故事。

1978年10月6日,国家科委和中国科学院联合起草了《关于成立全国自然科学名词审定委员会的请示报告》,就成立全国自然科学名词审定委员会一事正式呈报国务院;同年12月,经方毅同志批准,当时国务院主管工作的几位副总理签发。请示报告中,委托中国科学院牵头,并任命严济慈同志为主任委员,在严老领导下开始了筹建工作,后因严老担任人大副委员长重任,辞去主任职务。1984年8月6日科学院院长会议任命钱三强同志为主任委员,并确认了中国科学院、国家科委、中国科协、教育部、国家标准局推荐的叶笃正、吴凤鸣、胡兆森、王寿仁、吴衍庆、戴荷生同志为副主任委员,组成了委员会的领导机构,开始全面筹建：1984年8月25日召开第一次主任、副主任会议,就委员会的方针、任务、组织机构、学术权威性、人员编制和经费问题展开讨论,并决定以国家科委和中国科学院名义就上述问题再行联名请示国务院,1985年2月11日由方毅同志签署,经万里、李鹏、张劲夫等国务院领导同志批准了《关于全国自然科学名词审定委员会工作的请示报告》。(叶笃正,1985)1985年4月25日全国自然科学名词审定委员会正式成立,揭开了中国科技名词术语统一工作的崭新一页。

§4.3 全国自然科学名词审定委员会

全国名词委原称全国自然科学名词审定委员会,是经国务院授权、代表国家进行科技名词审定、公布的权威性机构。1985年4月25日正式成立,以后掀起了中国科学技术名词工作新的高潮。国务院于1987年8月12日明确批示："经全国自然科学名词审定委员会公布的名词具有权威性和约束力,全国各科研、教学、生产、经营、新闻出版等单位应遵照使用。"[国函(1987)142号]

1987年9月,名词委在北京远望楼宾馆召开全体委员会议。会议进行中,参加会议的国家地名委员会专家周定国先生注意到,

"中国的三钱都来了"。当时中国科学界的泰斗,钱三强,钱学森,钱伟长,人称"三钱",都是著名的科学家。全国名词委的号召力和阵容之强大,由此可见一斑。

著名核物理学家钱三强,是全国自然科学名词审定委员会首任主任。此后8年,在他的领导下聚集了全国各学科的一千多位学者,开展了一系列学科名词的审定工作。钱老工作很深入,当得知一条重要的基础术语vector的中文名对于几个学科存在"矢量"与"向量"的分歧时,他亲自主持协调会,把相关的数学、物理、力学等学科名词审定委员会的主任、副主任请来共同讨论。既尊重科学,又尊重约定俗成的原则,实事求是地做出大家比较满意的协调意见。在1993年公布的《数学名词》中,与序码04.0671英文名vector对应的汉文名为向量,注释中标明又称"矢量"。

术语规范工作服务于社会,也是全国自然科学名词审定委员会工作的重要原则。钱老对此亦非常重视。对某些关系到社会热点的名词术语,他还召开记者会,亲自介绍,加以说明。在全国自然科学名词审定委员会成立初期,由于受到当时中国科学院研究领域的影响,委员会工作的重点相对侧重于一些基础学科领域。1990年前后,国家明确提出"科学技术要服务于经济建设,经济建设要依赖于科学技术"的发展方针,钱老及时对名词委的工作人员做出指示说:"名词工作要与国民经济相结合。"后来,委员会在一些工业、交通、能源、农业、林业、水产和高科技领域组织名词审定,受到相关学会、部委的欢迎。(樊静,2005)

1990年6月23日,国家科委(后改称国家科学技术部)、中国科学院、国家教委(现国家教育部)、国家新闻出版总署发出联合通知,提出三项明确要求:1.各新闻单位要通过各种宣传媒介宣传名词统一的重要意义,并带头使用已经公布的名词;2.各编辑出版单位今后出版的有关书刊、文献、资料,要求使用公布的名词。特别是各种工具书,应把是否使用已公布的规范词,作为衡量该书质量的标准之一;3.凡已公布的各学科名词,今后编写出版的各类教材都应遵照使用。

随着国家整体形势的发展,1997年,"全国自然科学名词审定委员会"更名为"全国科学技术名词审定委员会"。全国名词委的工作,进入了又一个新的阶段。

§4.4 全国科学技术名词审定委员会

全国科学技术名词审定委员会负责制定我国科技名词工作的方针、政策、原则和规划,负责组织科学技术各学科的名词审定、公布及协调、推广应用工作,其中包括开展海峡两岸及世界各国华语地区科技名词的交流、协调和统一工作,组织科技名词术语的研究和国内外学术交流活动。其具体工作,就是拟定科技名词术语审定的工作计划、实施方案和步骤,组织审定科学技术各学科名词术语,并予以公布。委员会由中国科学院、国家科学技术部、国家教育部、中国科学技术协会、国家质检总局、国家新闻出版总署、国家自然科学基金会、中国社会科学院、国家广电总局、知识产权局、国家语委分别委派有关领导同志担任正副主任。在中国科协各专业学会密切配合下,逐步建立了各专业审定分委员会,形成了一支由各学科著名专家、学者组成的审定队伍,负责审定各学科的名词术语。到2004年2月,已经按学科组建了60个学科名词审定委员会,2000位科学家参加审定并公布了包括理、工、农、医各领域50

多个学科的名词术语,其中已经和正在加注定义的学科术语有10多个。(潘书祥,2004)

全国名词委第一届委员会主任由著名物理学家钱三强教授担任。第二届、第三届和第四届主任委员均由著名化学家卢嘉锡教授担任。第五届主任委员是全国人大副委员长、中国科学院院长路甬祥院士。委员会主任和副主任组成常委会。由国家科学技术部和中国科学院共同聘请各学科著名学者、专家、教授100余人担任全国委员。事务中心是全国名词委的办事机构,负责执行委员会的各项决议,组织实施名词审定任务和海峡两岸名词对照与统一工作,协调各学科分委员会的工作,编辑出版名词委审定公布的科技名词,推广使用规范名词,建立相关网络与咨询服务,开展国内外学术交流并处理名词委的日常事务。

2005年9月8日至9日,全国名词委召开全体会议,产生了以路甬祥先生为主任的第五届委员会。在这次会议上,还作出了关于表彰突出贡献专家的决定。从全国科技名词委全国委员和分委员会委员中,评选出63人作为突出贡献奖获得者。

§4.5 术语学术期刊

§4.5.1 《自然科学术语研究》

1985年4月创办的《自然科学术语研究》,伴随着全国自然科学名词审定委员会的诞生而诞生,记录了新中国老一辈科学家如钱三强、卢嘉锡、叶笃正等同志,对科技名词工作所倾注的满腔热情。正是这本朴实无华、不定期的内部刊物,成为后来《科技术语研究》杂志的前身。

§4.5.2 《科技术语研究》

刊物名称:《科技术语研究》

英文名称:*Chinese Science and Technology Terms Journal*

刊物性质:全国科学技术名词审定委员会机关刊物

主管单位:中国科学院

主办单位:全国科学技术名词审定委员会

国内统一刊号:CN 11-3908/N

国际标准刊号:ISSN 1008-1984

邮发代号:(2-947)

《科技术语研究》是全国名词委主办的综合性刊物,1998年12月25日创刊,[①]面向国内外公开发行。杂志是发布规范的汉语科技名词的平台,是探讨科技术语的园地,也是集中展现我国科技名词术语审定工作情况的窗口。

《科技术语研究》是在原内部刊物《自然科学术语研究》的基础上创办的集知识性、趣味性、学术性、科普性于一身的综合性刊物,(路甬祥,1998)其办刊宗旨是:①宣传国家科技名词工作的方针、政策和规划;②研究术语学的理论及科技名词审定的原则和方法;③交流名词审定工作的经验和成果;④促进科技名词统一,包括台湾、香港、澳门地区的汉语科技名词的交流与统一。开设的主要栏

[①] 《科技术语研究》的前身是全国自然科学名词委主办的不定期内部刊物《自然科学术语研究》,1985年问世。

目包括：①科技名词工作论坛；②发布试用新词；③海峡两岸科技术语工作；④热点词、难点词讨论；⑤介绍已经公布的规范词；⑥术语学研究；⑦新科技、新概念；⑧探讨与争鸣；⑨辨析与杂谈；⑩征询术语命名等。《科技术语研究》读者面广，涉及科技界、新闻出版界、语言文字学界和教育界方方面面，成为术语研究与传播规范成果的重要手段。

然而，由于经费等方面的限制，到2004年，《科技术语研究》还只能维持每季一刊，每刊50个页码；2005年仍维持每季一刊，但扩大了开本，先由普通16开变为大16开本，之后又扩充版面，内文增加到64页，另加封面和插页，每期售价仍为人民币6.00元（国内）和美元6.00元（国外）。这是杂志编辑部以及国家名词委各级领导和工作人员努力的结果。

为贯彻名词委第五届全体会议精神，进一步办好《科技术语研究》，期刊编辑部于2005年11月24、25日邀请部分编委和科技界、语言界专家在京郊怀柔钟磬山庄聚会，共同商谈刊物发展问题。编委和专家们就刊物的定位、名称、刊期以及如何入选核心期刊等问题，提出了中肯的意见和建议。（牧岭，2005）

2006年（第八卷）开始，《科技术语研究》改由商务印书馆出版，加入商务印书馆语言学期刊方阵。但开本、刊期、定价均与2005年相同，未加改变。商务印书馆出版的《中国语文》、《方言》、《语言学论丛》、《中国语言学报》等语言学刊物，在国内外语言学界有重要影响。其语言学期刊方阵分三类，共有16种书刊。《科技术语研究》的加入，使得方阵阵容更加强大，也更加完整。

虽则如此，作为中国国家术语工作的园地，《科技术语研究》按中国科学界对于术语和术语学研究的需要，以这样的出版节奏，远不能满足中国术语工作在教育、研讨与宣传普及方面的需求,仍需改进。依笔者建议,应考虑整合"三院资源"(中国科学院、中国工程院、中国社科院),集中精兵强将,结合协调开展科学术语工作的战略意图,搞好术语学术期刊的编辑、出版和发行工作,使其成为中国科学术语规范工作的重要阵地。整合以后的刊物,兼顾自然科学、工程科学和社会科学三方的术语问题,刊名即可定为《术语研究》或《中国国家术语》。

为了进一步扩大科学术语工作的影响,发挥术语规范工作在促进科学发展和社会进步方面的作用,一方面要坚持提升《术语研究》刊物的学术性,使其成为真正的"学术期刊"、"核心期刊";另一方面,还应该积极考虑出版更为贴近大众生活的普及版"术语"刊物。只要真正抓住这两端,植根九州地,高可与天齐,术语工作的学术作用与社会意义一定能够得到更好的彰显。

§4.5.3 《中国科技术语》

刊物名称:《中国科技术语》
英文名称:*CHINA TERMINOLOGY*
刊物性质:术语标准化综合性学术刊物
主办单位:全国科学技术名词审定委员会
出版单位:商务印书馆
国内统一刊号:CN 11-5554/N
国际标准刊号:ISSN 1673-8578
邮发代号:(2-947)国内外公开发行
编辑部邮箱:<u>cnctst@263.net</u>

《中国科技术语》的前身,即是《科技术语研究》。自2007年开始,《科技术语研究》更改刊名;提高出版频度,由季刊改为双月刊,逢双月25日出版。

《中国科技术语》致力于建设有中国特色的术语学理论、促进汉语科技术语的规范和统一,是由科技专家和语言专家合力打造的集科技与人文于一体的综合性刊物,为术语的研究者、术语的审定者和术语的使用者服务。面向术语界、科技界、语言界、翻译界、新闻出版界、教育界的广大工作者和研究者,介绍国内外术语理论研究成果,公布规范科技名词,发布试用科技新词,组织重点、难点科技名词的定名讨论,探究科技术语的历史文化内涵,报道科技名词规范工作动态。

杂志的主要栏目包括:术语学研究、公布名词、规范应用、院士观点、术语名家、探讨与争鸣、热点词难点词、术语与翻译、术语辨析、两岸词苑、新语新词、术语探源、产品与术语、轻松学术语、科技文摘等。文章形式多样,包括学术论文、学术报告、笔谈札记、资料、书评等。

§4.5.4 《术语标准化与信息技术》

刊物名称:《术语标准化与信息技术》

英文名称:*Terminology Standardization and Information Technology*

刊物性质:术语标准化综合性学术刊物

主管单位:国家技术监督局

主办单位:中国标准化与信息分类编码研究所

国内统一刊号:CN 11-3815/T

国际标准刊号:ISSN 1007-2489

《术语标准化与信息技术》是由国家技术监督局主管、中国标准化与信息分类编码研究所主办的术语标准化综合性学术刊物。16开本季刊,国内外公开发行。旨在协调国际间科技名词的标准、规范与交流,扩大全社会对术语工作的了解与应用,促进海峡两岸科技名词的统一,发展术语工作,促进术语学术研究,推动各行业、各领域、各语种的术语协调统一。刊物内容包括国内外术语和信息技术领域的最新消息、工作动态;术语与信息技术工作经验的交流;术语学、术语标准化理论及信息技术领域的科学研究等。刊物设有①术语学研究;②术语标准化;③术语数据库;④少数民族术语;⑤教育与培训;⑥信息技术;⑦计算机应用;⑧国内外动态等栏目。(蔡富有、郭龙生,2001)

第五章 新世纪的科学术语工作

§5.1 关于"科学"的含义与界定

从语词演变的角度看,英文的科学 science 源于拉丁文的 scio,后来又演变为 scientia,最后成为今天的写法,其本意是知识。中国典籍《礼记·大学》中有"致知在格物,格物而后知至",用格物致知表示实践出真理的概念,日本转译为"致知学"。在明治维新[①]时期,日本著名科学启蒙大师、教育家福泽谕吉把"science"译为"科学",得到广泛应用。到 1893 年,康有为引进并使用"科学"二字。严复在翻译《天演论》等科学著作时,也用"科学"二字。(胡显章、曾国屏,1998)此后,"科学"一词在中国推广。

拉丁语词 Scientia(Scire,学或知)就其最广泛的意义来说,是学问或知识的意思。但英语词"science"却是 natural science(自然科学)的简称,虽然最接近的德语对应词 Wissenschaft 仍然包括一切有系统的学问,不但包括我们所谓的 science(科学),而且包括历史、语言学及哲学。(W. C. 丹皮尔,2001)由此可见,所谓科学,按照不同的分类体系可能存在多种的细分方式。但是至少在

[①] 日本在封建社会向资本主义社会转变时期发生的自上而下的改革运动。大致从 19 世纪中叶开始,到 1889 年颁布《帝国宪法》,确立近代天皇制为结束标志。

最广泛的意义上,科学应该同时包括自然科学与社会科学。社会科学是自然科学的对称。回顾中国科学术语规范工作的历史,我们可以从某些称谓上看到时间更替引起人们对"科学"概念认识变化的痕迹。

清代中期,1865 年在上海建立江南制造局,1868 年附设编译馆;

宣统元年(1909):科学名词编译馆;

1912 年:江苏教育会之理化教授研究会;中华医药学会;

1918 年:中国科学社起草科学名词审定草案;

1919 年:科学名词审定委员会;

1928 年:在大学院内成立了译名统一委员会;

1932 年:国立编译馆;在教育部主持下聘请审定委员多人;

1949 年 10 月:中华人民共和国成立;

1950 年:成立学术名词统一工作委员会;

1956 年:国务院将术语审定工作交给中国科学院;在中科院编译出版委员会下设名词室;

1960 年代初:名词室改为中国科学院自然科学名词编订室;

1960 年代中期:术语的专门审定工作中断;科学出版社在编订辞书的工作中实现审定统一;

1985 年:全国自然科学名词审定委员会;

1998 年:全国科学技术名词审定委员会;

2000 年:全国科学技术名词审定委员会成为国际术语信息中心(Infoterm)的联合成员;

2003 年初:全国名词委正式提出"依托中国社会科学院开展相关学科,特别是经济学和法学名词审定工作";

2009 年(?):科学术语审定委员会。

按《辞海》的解释,科学是知识体系,是一种社会意识形态,关于科学之分类,可以按照研究对象,或其与实践联系关系的不同加以划分。能够辖制其发展、限制其作用的是社会条件。

§5.2 新世纪社科术语工作的兴起

1998年12月15日,笔者写信给时任中国社会科学院院长李铁映同志,建议在社会科学院组织(国家级)的"社会科学名词委员会",解决统一社会科学名词术语的问题。对此,李铁映院长希望了解院里过去的意见和专家们的意见。院科研局经济片1999年3月12日报告称:"据我们了解到目前为止院里没有见著文字的有关这方面的意见。院里也未专门组织过专家们座谈和研究这个问题。"报告建议由院里组织召开一次有各个学科专家参加的"关于在我院组织'社会科学名词委员会'的座谈会"。请到会专家充分发表意见,汇总整理后报李铁映院长及有关部门。

1999年4月26日,根据院长指示,院科研局组织召开了关于"社会科学名词"问题的座谈会。出席座谈会的专家有数量经济与技术经济研究所所长李京文研究员、经济研究所戴园晨研究员、文献中心副主任黄长著研究员、世经政所刘国平编审、法学所任允正编审、语言所晁继周编审、历史所赫治清研究员等。会议由科研局副局长刘迎秋主持。会上由笔者介绍了中国社科术语工作的一些情况,而后专家们对有关"社会科学名词"问题进行了热烈而认真的讨论,提出了许多建设性的意见与建议,主要涉及(1)规范社会科学名词的紧迫性和必要性;(2)成立国家社科名词委员会的必要性及其意义;(3)单独成立社会科学名词委员会的可行性等等。

(吴忠群,1999)

2000年5月22日,中国科学院院长、全国名词委主任委员卢嘉锡先生致信邀请中国社会科学院院长李铁映同志出席预定6月15日在北京京西宾馆召开的全国名词委第四届委员会全体会议,并请李铁映同志作"指导性发言"。在随信所附的《全国名词委第三届委员会工作总结和第四届委员会工作计划(草案)》中提到:"社会科学院有意开展名词规范工作,曾派人到名词委了解情况。"并将"根据当代科学领域文理渗透和紧密融合的发展趋势,探讨建立三院(中国科学院、中国工程院、中国社科院)合作研究工作体制的可行性,在一部分需要规范术语的社科领域(如经济、法律、哲学等)开展工作,使名词规范事业涵盖整个科学领域"列为第四届委员会的工作计划。(潘书祥,2000)

2003年初,全国名词委正式提出"依托中国社会科学院开展相关学科,特别是经济学和法学名词审定工作"。中国社科术语规范工作,开始从少数学者的个人行为转变成为学科建设的有组织行动。"术语即学术"、"术语是学问的细胞"、"繁荣学术,术语先行"的观点开始被提起并获得认同。

2003年3月11日,《中国社会科学院院报》发表《从信息化等词语的翻译看学术界的责任》(黄长著)。

2003年4月3日,中国社会科学院召集部分专家学者,讨论社科术语规范工作。

2003年4月15日,《中国社会科学院院报》发表《积极推进社会科学名词术语规范化》(周大亚)。

2003年4月,《社会科学管理与评论》2003(2)发表《规范社会科学术语势在必行》(龚益)。

2003年6月4日,社科院院重点项目、交办委托课题《社科术语工作的原则与方法》启动。

2003年6月12日,《中国社会科学院院报》发表一组有关术语研究的文章:

  1.《术语、术语学和术语标准化》(龚益);

  2.《规范学术术语的必要性、原则和方法》(吴玉章);

  3.《词语翻译标准化管见》(黄长著);

  4.《术语三难》(董琨);

  5.《"增值"与"增殖"》(韩朝华)。

2003年8月11日《北京晚报》发表《社科术语亟待规范》(丁肇文)。

2003年第10期《数量经济技术经济研究》发表论文《WTO术语:reasonable》(龚益、余德和)。

2003年10月23日,社科院举办"社科术语规范问题"学术沙龙。

2003年10月30日,《中国社会科学院院报》发表《樊静:社会科学术语规范与方法》(韩胜军)。

2003年11月27日,《中国社会科学院院报》刊出"术语专版",包括以下文章:

  1.《汉语术语规范工作的历史沿革》(龚益);

  2.《网络与术语》(林琼);

  3.《"旅游产品"和"旅游商品"的互用问题》(韩海英);

  4.《从术语角度看"农村旅游"》(王恩同);

  5.《关于 Ecological Footprint 的汉译》(王利文);

  6.《术语资料:经济计量学》(龚益)。

2004年1月,香港《紫荆》杂志 2004(1)发表《两岸及港澳学术术语存在差异》(龚益)。

2004年3月,《科技术语研究》2004(1)发表《努力规范社科术语,繁荣发展社会科学》(龚益)。

2004年5月17日,《北京日报》理论周刊发表《混合所有制与混合经济不能混同》(晓亮)。

2004年5月17日,《北京日报》理论周刊发表《从社会变动看"同志"一称的意义》(散木,伦华)。

2004年5月17日,《北京日报》理论周刊发表《我主张慎言反科学主义》(龚育之)。

2004年5月30日,《中国数量经济学会2004年会》发表《关于数量经济学的术语规范》(龚益)。

2004年9月,《科技术语研究》2004(3)发表《Cointegration=协整=同积=协积=积整?》(龚益)。

2004年11月4日,《中国社会科学院院报》发表《术语探微:"经济"与"生态"同源》(龚益)。

2004年12月,《数量经济技术经济研究》2004(12)发表《关于"Econometrics"学术译名的统一问题》(吴承业、陈燕武)。

2005年1月,凤凰出版社、江苏人民出版社出版《现代经济词典》(刘树成主编)。

2005年12月,《科技术语研究》2005(12)发表《n阶等差数列的隐蔽公差》(龚益)。

2006年1月5日,《中国社会科学院院报》学术专版发表一组术语文章:

  1.《专业术语与专业名称》(郑述谱);

2.《术语探微:"经济学"的来历》(龚益);

3.《正确使用"苏联"与"前苏联"二词》(文有仁);

4.《汉语"新词"漫议》(雷颐)。

2006年3月,《数量经济技术经济研究》2006(3)发表《技术,技术进步,技术经济学和数量经济学之诠释》(钟学义、陈平)。

……

党的十六届三中全会提出建立哲学社会科学创新体系的要求,2004年新年伊始,中共中央又以第3号文件的形式提出意见,强调要像发展自然科学一样"繁荣发展哲学社会科学",说明中国的社会科学已经开始进入成熟的科学序列,预示着一个社科术语规范化的高潮正在到来。2007年10月15日,胡锦涛总书记在十七大报告中更明确指示:"繁荣发展哲学社会科学,推进学科体系、学术观点、科研方法创新,鼓励哲学社会科学界为党和人民事业发挥思想库作用,推动我国哲学社会科学优秀成果和优秀人才走向世界。"如同在新中国建国初期,国家领导层意识到名词术语的统一对于国家发展自然科学至关重要一样,21世纪中国共产党新一代领导集体对于社会科学发展的关注,是引导中华民族和中国社会持续发展与不断进步的福音。

§5.3 术语规范是社会科学进步的必然

术语,是现象和状态以及学术观点的抽象描述。不论统一与否,术语始终存在。学术交流促成"术语"的大发展和大集成(周有光,1997)。在不存在交流,或很少交流的情况下,术语规范和标准化都不是明显的问题。只有在需要交流,特别是较高层次学术交流,出现观点差异的时候,术语规范的问题才会显露。

在中国社会科学界重视术语规范问题的有识之士并非凤毛麟角,不少专家学者利用各种渠道呼吁开展并积极推进社科术语规范工作。1986年6月,中国社会科学院文献情报中心成立了"社会科学资料分类法研究"课题组;1987年决定研制《社会科学检索词表》;1993年词表正式通过国家鉴定;1996年由社会科学文献出版社出版。千禧年之际,在国家名词委和社科院领导的支持下,社科院语言研究所向国家社科基金申报"语言学名词审定"重点课题立项。根据学科内部的通常分类,分为理论语言学、语音学、词汇学、辞书学、语法学、方言学、修辞学、文字学、音韵学、训诂学、应用语言学十来个分支;动员、组织了诸多科研机构、高等院校的专家学者参与这一工作,是个不折不扣的系统工程。(董琨,2003)2000年7月在北京召开的"海峡两岸及香港人文社科译名研讨会"也是社科术语规范的典型工作。如果同时考虑澳门问题,术语和译名规范将会成为两岸四地开展学术合作的良好契机。

术语是学问的细胞。(张岂之,1990)基本术语是学术研究和理论建构的基础。(辜正坤,1998)中国学者从未放弃关于术语的探究。而且由于术语,特别是翻译术语带来的问题也让中华民族付出了足够的代价。(陈兆福、陈应年,2001)两千年前,秦始皇完成了"书同文,车同轨"的统一大业;90多年前,中国开始有了从事科学术语统一工作的专门机构;50年前,社会科学名词的规范问题已经为有识之士所提出;新中国社会科学术语规范的历程,恰似巨人行路,一步50年。

科学兴,术语兴。《中共中央关于进一步繁荣发展哲学社会科学的意见》带给我们春天的消息。如果用"虽有地火行深处,仍是寒天未春时"来形容以往这许多年的社科术语工作,那么当社会科学真正纳入科学范畴的时候,我们有理由期待更加理想的未来。

§5.4 社会科学究竟包括哪些内容

关于社会科学学术名词术语的统一问题,郭沫若先生在1951年的一篇文章中就曾指出:"目前我们国家正在积极准备进行计划性的经济建设。为了适应这种需要,文教部门必须大力发展科学研究事业与技术教育、大量培养科学技术人才、迅速提高工人中间的技术学习、并大量出版应用科学与技术的书籍。在社会科学方面,如关于政治经济学、哲学、历史等的理论学习,以及政治时事知识的追求,在绝大多数的青年与干部中间已形成空前的热潮。因此各种学术专门名词之使用,已经不只是少数高级知识分子的事情,且已成为广大人民的需要。这些情况说明统一学术名词工作在今天尤其有重要的意义。"(郭沫若,1951)但是,在新旧社会交替的时候,所谓"社会科学"的名词术语出现断裂是在预料之中的事情。1953年,中国科学院编译局曾以(53)发文词字第1891号函件致信文委学术名词统一工作委员会,其内容如下:

中国科学院编译局(53)发文词字第1891号

顷接出版总署函及附来该署前接收伪国立编译馆"学术术语"稿共三十六册及清单一份嘱检收参考等语。经查该项资料内除极少数自然科学名词计五本已由局抽存留备参考外,尚有卅一册均系社会科学名词,本局无留存必要,兹特随文缮具清单一份检送,祈　察收为荷

此上　文委学术名词统一工作委员会

附：名词资料三十一本（另包三包附上），清单一份

中国科学院编译局　启　九月廿日

在竖式公文稿纸左边空白处注有下列文字：

此项名词稿本已转送中央编译局供参考　一九五四、三、九　秋帆

另附一纸清单：

1. 法律名词　　　　　　　　四本
2. 会计学名词　　　　　　　五本
3. 历史学名词　　　　　　　一本
4. 体育名词　　　　　　　　三本
5. 政治学名词（政治思想部分）　一本
6. 财政学名词　　　　　　　二本
7. 政治学名词（政府与行政部分）三本
8. 政治学名词（国际关系部分）三本
9. 西洋哲学名词　　　　　　五本
10. 经济学名词　　　　　　　一本
11. 货币银行学名词　　　　　一本
12. 哲学名词　　　　　　　　一本
13. 国际贸易名词　　　　　　一本

以上共计三十一本

这份资料提供的信息表明，建国初期中国科学院编译局把关注目标集中于"自然科学"，而将法律、会计学、历史学、体育、政治学（政治思想、政府与行政、国际关系）、财政学、西洋哲学、经济学、货币银行学、哲学、国际贸易等方面的名词全部归入"社会科学"。其中一个值得注意的地方，是关于哲学：如果按照术语的层次划

分,哲学应为上位名词,在"哲学"之下,按不同分类体系包括"西洋哲学"、"东洋哲学"(或/和)"其他哲学"。但上述资料说明,在那时人们的概念中,"西洋哲学"与"哲学"可能需要分别讨论。由此引发的借鉴意义在于,开展社会科学术语规范,首先需要讨论确定作为术语的"社会科学"究竟包含哪些学科,在此基础上深入细化,由各学科内部的专家讨论约定他们所关心的术语,以及那些术语所包含的客体、概念和定义的具体内容。

1949年9月27日,全国政协第一届全体会议通过《中华人民共和国中央人民政府组织法》。据此在政务院下设"科学院",行使管理全国科学研究事业的政府行政职能。它与文化部、教育部、卫生部和出版总署等政府部门同受政务院文化教育委员会的指导。科学院又有别于政府其他各部,直接领导若干研究所,而不在各省、直辖市、自治区设置相应的地方分支管理机构。10月19日,中央人民政府委员会第三次会议任命郭沫若为科学院院长,陈伯达、李四光、陶孟和、竺可桢为科学院副院长。11月1日,中国科学院在北京开始办公,后来即以此日为中国科学院成立日。中国科学院建院后,先后组建了一批社会科学研究机构。至1955年6月哲学社会科学部成立时[①],已有哲学、经济、考古、历史、近代史、语言、文学7个研究所,后又建立外国文学、民族、宗教、法学、世界历史、世界经济、自然科学史和情报8个研究所,是全国社会科学的研究中心。1960年后,哲学社会科学学部划归中共中央宣传部领导。1977年5月在中国科学院哲学社会科学学部的基础上成

---

① 1955年6月召开了中国科学院学部成立大会。陆定一致辞。周恩来、陈毅、郭沫若、严济慈在主席台就座,哲学社会科学学部与自然科学方面的三个学部同时宣告成立。郭沫若在大会上作工作报告。

立中国社会科学院,胡乔木任院长。①

§5.5 中国社会科学的研究机构

从新中国建立到1977年成立中国社会科学院,中国科学院的建制中一直包含有"经济研究所"和"哲学社会科学学部"。但是新中国成立以前存在的那些"社会科学",包括经济学名词、哲学名词都在抛弃之列。

按研究机构的建制,"经济研究所"在新中国成立以前即已存在。建国后,狄超白曾任经济所所长;1954年筹建中国科学院哲学社会科学学部,于光远、刘大年等人受聘为学部委员;1956年制定1956—1967年哲学社会科学12年远景规划,刘大年任规划办公室主任。这个规划工作上面由中央宣传部科学处抓。在学部负责这个工作的是潘梓年,而具体工作便是刘大年做的。刘大年是近代史专家,同时又担任学部工作。1954年中国科学院聘任了哲学社会科学学部委员,到1958年作了增补后共有68位委员。在新千年到来的前两天刘大年先生辞世。到这时,原哲学社会科学学部的68位委员中仍然在世的"就剩下7人了"。(于光远,2000)

1978年,在原中国科学院哲学社会科学学部基础上组建中国社会科学院,逐渐成为中国社科研究的大本营,这是时代进步的重要标志。但长期以来社科术语的规范和统一工作没有受到应有关注的问题,不是一朝一夕能够解决的。究其根本,除了有术语,尤

---

① "社会科学是不是科学"讨论的背景资料,见《科学中国人》2003年第7期(总第103期),第9页。

其是社科术语内在之本体原因,还有更为错综复杂的社会原因。社科术语规范工作的繁难,在很大程度上是长期政治经济、历史文化甚至思想垄断遗留的综合反映。在诸多因素中,民主概念和科学实践的缺乏,是造成社科术语难以规范的最重要因素。

1984年9月20日,在全国名词委召开的座谈会上,武铁平先生指出:"术语是属于语言学研究的领域,术语学是语言学中的一门学科。但是非常遗憾,我国社会科学界,包括语言界,很少有人从事这方面的研究。这是一种很不正常的现象。现在反倒由自然科学家走在前面,带头从事自然科学术语的规范化和术语学的研究。社会科学家在这方面应该向自然科学家学习,迎头赶上。社会科学中术语混乱,影响交际的现象也很严重。……但是至今为止还没有人牵头从事社会科学术语的规范和统一。"(武铁平,1985)

好在时代的进步总是随着时代的发展而同时到来。从20世纪50年代新中国诞生伊始,中国科学名词统一工作委员会将"社会科学"列入组织,成为五个小组之一,到2005年国家语委重新将"社会科学"列在理、工、农、医之后,半个世纪间,历史完成了一次循环。人们常说,历史的发展总是循着螺旋上升的轨道,在看似重复的过程中完成伟大的进步。的确,中国社科术语规范工作的历程,正是这种循环与进步的注脚。从这螺旋轨迹的正上方看去,历史似乎又回到了原点,但是当我们从这螺旋轨迹的侧面观察时,两点之间刚好有五个十年。

第六章 实现术语规范是祖国统一的需要

语言的共同性是民族的重要特征之一。语言文字的应用水平直接反映一个民族或一个社会的发展程度。(刘涌泉,1985)术语学研究以及科学术语规范的水平是语言文字应用的重要内容,可以体现一个国家科学技术发达的水平,同时也是一个民族,甚至一个国家统一的潜在条件。术语标准化和民族统一问题也有直接的关系。随着香港、澳门回归祖国,台湾与祖国大陆的统一也会提上日程。和平统一是民心所向,众望所归。但是"文章千古事,社稷一戎衣",在科技、文化、语言等方面如何保证和促进这种统一的问题同样值得注意。如果在语言表达方面放纵分歧,肯定不利于民族的团结和统一,甚至可能助长分裂。

§6.1 欧洲走向统一的启示

2004 年 5 月 1 日,随着欧盟东扩,中东欧 10 个国家加入欧盟这个"欧洲大家庭"。至此,欧盟国家总数达到 25 个,面积随之扩大至 397 万平方公里[①]。欧洲学者认为,语言是民族统一的一个

[①] 欧盟主席:欧盟正在研究承认中国"市场经济地位"。http://www.wtolaw.gov.cn,2004-04-16.

因素。中央政权和征服者统治势力在不同程度上把使用共同语言作为统一的手段。扫盲的普及是行使民主权利的条件之一,而学习外语则是实现欧洲统一的途径。语言统一的另一个因素,就是许多技术用语或概念性词语都出自古希腊和拉丁语,如果没有这些共同的根源,不同国家的科学家互相交流就会极其困难,因为这些词语表达非常确切的概念,也许不可能准确地翻译出来(德尼兹·加亚尔、阿尔德伯特等,2000)。欧洲走向统一不是偶然的。正如阿尔德伯特所说:"任何河流、任何山峰脊线都不是语言天堑。欧洲大部分地区都四通八达,相对来说距离较近。所有这些因素都导致各民族和各种思想经常不断的混合,把欧洲变成一个永久性的种族和文化熔炉。"

语言统一对于国家政治格局,乃至世界政治格局的影响力量之大,可能超乎我们的想象。说英语的美国人以反对恐怖主义(counterterrorism,反恐)为借口出兵伊拉克,英国人则是忠实盟友。相比之下,非常强调国家和民族语言独立性的法国和俄国却不肯倾情投入。为维护法语的纯洁,防止英文单词入侵,法国政府甚至对流行全球的"E-mail"(电子邮件)一词下达禁令,转而使用"courriel"表达"电子邮件"。根据法国文化部的禁令,政府各部、官方文件、出版物或网站都不得使用"E-mail"一词。法国文化部下属的"术语和新词最高委员会"称,现在法国的网上冲浪者大多使用"courrierelectronique"表示电子邮件,缩写为"courriel",这个词常常在加拿大讲法语的魁北克省使用。2003年6月20日,禁用"E-mail"一词的决定首先在法国政府纪事上发表,然后公开宣布。据称,这是法国政府为保护法语纯洁性而采取的最新措施。尽管有因特网专家认为,法国政府的决定具有人为性,未必反映客观现实(魏星,2003),但却足以从另一个角度表明法国人珍惜民族语言独立性的良苦用心。

§6.2 存在差异的语言往往是误会之源

除了大陆各地、各民族的往来,我们还需要考虑"两岸四地"的学术交流。"两岸四地"指中国大陆、台湾省、香港和澳门。两岸四地的科学术语甚至生活语言的表达存在差异,是不争的事实。例如,大陆称"软件、硬件、程序、磁盘、终端",而港台则称"软体、硬体、程式、磁碟、端末";大陆的"导弹"在港台称"飞弹","航天飞机"叫"太空梭"。这种由于地域不同而导致的术语分歧并非肇始于今日,但在当今时代,地域之间科学技术与社会经济交往不断增多,遂使得由术语差异造成的障碍愈发显现,日渐突出。除了科学技术领域,社会交往中用语混乱影响交际的现象也很严重,由于语言差异引起的误解时有发生。

一次学术会议,有台湾学者致辞说,他感到很"窝心"。听者诧然,以为自己的工作出了纰漏。其实在台湾"窝心"是感到温暖舒适,心意畅然,而在大陆的多数地方,"窝心"是心里憋闷,虽有不满,却又难言。这当然是个小插曲,解释开来就会成为快乐的谈资。但若没有及时解释,这误会岂不要生根发芽?香港把乱丢垃圾的人叫"垃圾虫"(田小琳,2003),但在北京,所谓"虫(儿)"是指沉迷于某种事物,例如网络的人(网虫),或精于某种行道的准专业人士,也叫"人虫"——天子脚下的爷,不成龙也得变成条虫。精于倒腾房子的叫"房虫",倒腾古玩的叫"古玩虫",所谓"垃圾虫",通常指那些以捡拾垃圾为生的人。这些人着力实践垃圾分类和资源再利用,贡献社会。香港政府明示对"垃圾虫"课以罚款,若在北京说这样的话,捡垃圾的会落荒而逃。

科学领域存在同样的问题。术语是学问的细胞。规范术语是繁荣学术的重要内容,也是开展学科建设的重要手段。术语不规范,阻碍思想交流,影响统一认识。当前大陆流行口号"可持续发展"(sustainable development),台湾地区称"永续发展"。(叶笃正,2003)经济计量学中术语 cointegration,大陆和台湾译法不同:有人译作协整(秦朵,1984),有人译作同积(陆懋祖,1999),有人译作协积(林少宫,2000)、积整(Jack & John,2002),甚至"共同趋势"或"共和体"①,五花八门,各显神通。在经济计量学的概念中,协整性反映数个随机变量线性组合之后的非平稳程度之变动性质。数种译法,意思一样,只是称谓不同。作为现代经济研究必定需要涉及的术语,一词多译不利于学术交流,也说明了人们对于这个术语"概念定义"的理解存在差异。这种情况说明术语混乱之普遍,也说明统一规范学术术语的任务在两岸四地同样艰巨。

海峡两岸在语言文字的使用上有很大差异,近年来变化更多。两岸的专家学者,虽然使用同一种语言文字,却往往要从英文术语中寻求统一。在与香港、澳门的学者、专家接触中,也有类似问题。由于术语的差异和不统一所导致的误会,直接影响学术交流的效率和进程。例如,海峡两岸都有关于水产和渔业的杂志,但在名词称谓上缺乏规范,各行其是。中国大虾,在台湾称为大正虾;鲻鱼台称乌鱼;黑鲷在台湾被称为沙格(陆忠康,1997)。再以"指标"为例,台湾电脑界把大陆计算机的"鼠标"叫做"滑鼠"。台版图书称

---

① 华军世界在线,http://www.huajun.com,2003.10.10。

"鼠标指针"为"滑鼠指标"。人们当然不会把"滑鼠"误会成经济学家所考虑的"指标",却可以看到"指标"一词身兼数任。中文历史悠久,使用人数众多。20世纪90年代初澳大利亚甚至确定以汉语作为第一外语。国外建立的一些大型专业术语数据库,例如原联邦德国夫琅禾菲研究院的术语数据库、日本科学技术情报中心东京术语数据库、加拿大蒙特利尔大学术语数据库、联合国教科文组织的国际术语情报中心(Infoferm),都为汉语留有等效对应的位置。但是面对汉语中两岸术语不统一的现象,也只有遗憾。

§6.3 两岸四地科学术语规范意义重大

除了学科术语的不统一,一些专名,包括人名、地名以及用人名命名的术语也有类似问题。同一位美国总统,大陆、香港和台湾会有三个以上中文称谓:布什,布希,布殊;里根,雷根,里甘,雷甘。海峡两岸汉字存在简繁差异,名词不统一,比字体的不统一更麻烦。如果从社会发展的意义上考虑,这种现象是否会成为致命的问题?答案是肯定的。因为这个麻烦不可能立刻解决,更不会自己消失。会成问题的问题有两类,一类是严重影响到社会,但是一般人一时察觉不到,只有少数有远见的人忧心。例如四五十年前中国的人口。还有第二类,就是人人痛心疾首,天天受害,却没有人能够解决的那些问题。如果第一类问题不能及早拿到桌面上来研究解决,迟早也会转变成第二类问题。(徐统,1998)这是中国的历史故事:扁鹊见齐桓公,初言"病在肌肤",皇上不信。一而再,再而三,由表及里,终于熬到"病入膏肓",扁鹊失踪。学术名词术语的不统一、不规范,最终结果必定是学术涣散,而社会用语和生活概念的不一致,迟早会使社会变成一盘散沙。这也许是在两岸四地强调术语规范统一的更深层意义。回看历史即可断定,这个命题并非危言耸听。

多年以来,各种复杂原因导致两岸科学术语的混乱状态,令人忧心。一国两字、一国两词,甚至一国数词的现象在许多学科领域都有存在,妨碍两岸学术交流,也延缓了两岸和平统一的步伐。1993年两岸"汪辜会谈"提出可以探讨科技名词的统一问题,说明术语规范的意义已经超过了术语工作本身。香港和澳门先后回到祖国怀抱,提供了统一祖国的契机。抓住这个机会,实现更广泛意义上的"书同文",既是炎黄子孙的义务,也是两岸四地学者的光荣。中国历史上不乏武装的统治者最终被被统治者所拥有的文化所征服,并融入到这种文化体系当中的事实。说明从长远的角度看,真正强大的不是武装的强权,而是代表先进生产力的文化与文明。

§6.4 汉语拼音方案成为两岸共同标准

2000年10月30日,台湾"教育部"正式宣布采纳"汉语拼音"方案,从而终结了主张国际通行的"汉语拼音"与台湾自创的"通用拼音"系统两班人马的对抗。分析这一次台湾岛上的拼音方案之争,汉语拼音方案胜出的重要原因之一,是美国国会图书馆决定,从1998年起,把馆藏全部70万册中文图书的目录由旧拼法改为汉语拼音。

1949年新中国诞生后,为迅速提高大众文化,党和政府把研究制定汉语拼音方案作为重大工作,由毛泽东主席和周恩来总理亲自领导。1954年底,直属于国务院的中国文字改革委员会成立,简称"文改会"。1955年2月,文改会内部设立拼音方案委员会,委员15名。嗣后,拼音方案委员会指定叶籁士、陆志韦、周有光三人起草"汉语拼音文字方案初稿"。1956年2月2日,国务院发出《关于成立中央推广普通话工作委员会的通知》,公布了以陈毅为主任、郭沫若、康生、吴玉章、陆定一、林枫、张奚若、舒舍予(老舍)七人为副主任的中央推广普通话工作委员会名单。委员共43人。1958年2月11日,一届全国人大第五次会议通过《关于汉语拼音方案的决议》。

"无产阶级文化大革命"期间,汉字改革运动停滞不前。直到改革开放才红旗重展。1979年4月,国际标准化组织在波兰华沙举行"第46(文献工作标准化)技术委员会(ISO/TC46)会议",中国代表首次参加会议,提议采用《汉语拼音方案》作为拼写汉语的国际标准。在这次会议上代表中国发言的就是著名的语言文字学家周有光。他的发言刊登在联合国教科文组织1979年的《信息科学、图书馆学和档案管理》杂志上。至1982年,除美国"基于技术上的理由,表示反对"以外,其他成员国均投票赞成《汉语拼音方案》为罗马字母拼写汉语的国际标准,这一标准的编号为ISO-7098。《汉语拼音方案》成为国际标准,开辟了中国文化流向世界的通道,也成为中国海峡两岸语文交流的工具。

但当时在台湾,还有一批标榜自己代表中国语言文化主脉络的人在努力推行另一种"通用拼音方案"。然而标准的力量终究不容忽视。只要假以时日,一项伟大工作的意义总会通过标准的形式得以体现——没有任何口号可以替代——像积蓄良久的火山,在深深的地下运行,一旦喷发,便没有什么东西可以阻止它。1998

年,在《汉语拼音方案》公布 40 周年之际,当年投出反对票的美国人也不得不接受这个方案已经成为国际标准的事实。美国国会图书馆最终采纳汉语拼音标注馆藏 70 万册中文图书的目录,这在实际上已经宣布了台湾"通用拼音方案"的结局。

规范统一两岸四地的学术术语不可能一蹴而就。这是一项艰巨的任务,需要较长的时间和过程。随着科学技术的不断发展、社会经济的不断进步,新的名词术语还会不断涌现。因此,所谓学术术语的规范和统一工作,也需要与时俱进,不断地发展、补充、完善。

要让更多的人了解术语,了解术语规范的本质意义。术语是学术语言中所用的词汇,研究学问的人每天都在与术语打交道,但是"鱼在水中不知水",于是司空见惯,浑然不觉。治学之要义,在乎严谨认真。对一个学者来说,从术语出发是最容易逼近概念本质的思维方式。术语是学问道路上指示方向的路牌。术语还是拓宽知识领域的最短路径。要了解别个学科的知识,从术语入手最便捷。发展学术,术语规范是必由之路。如前所述,官府统一文字,是为提高管制效率,行商统一语言,是为降低交易成本。从经济和效率的角度考虑,术语规范可以提高学术活动的劳动生产率。术语,乃至由术语规范延伸开去的标准化,从经济学的本质上说都属于制度经济学的范畴,是"制度安排"。开展这一方面的课题研究是很有意义的,使术语规范问题得到经济理论的正确支持。

有观点认为,"术语统一"是自然科学的事,社会科学涉及思想意识,不可能统一。持有这种观点的人没有弄明白何为"术语"。与自然科学一样,社会科学术语规范化,不是统一思想,而是同一表达。也有观点认为,社会科学如此复杂,谁也没有能力"一语定乾坤",并由此推断社会科学术语的统一是"不可能"的。持这种观点的人,混淆了"术语规范"和"术语规范工作"两个不同的概念。术语分属于不同学科,各个学科的专门术语,需要由这个学科当中的专家通过研究讨论,不断接近规范和统一;术语规范工作则有更多"组织和促进"的性质。

第七章 从社会政治角度看术语规范工作

中国是个多民族国家,各民族的团结与融合促成了中华民族的繁荣。坚持融合,反对分裂,是大势所趋。为促进融合,需要多修铁路,允许人口自由移动。铁路四通八达,民族交叉渗透,就能打破封闭的局面。各个民族,各个地区,你中有我,我中有你,想分裂也不容易。换句话说,便捷顺畅的交通和交流是保证国家统一、民族团结、避免分裂的重要条件。从更进一步的意义上说,铁路发达、人口移动是遏制分裂势力的手段与形式,而语言表达统一、学术交流顺畅,则能从文化意义上确保各民族、各地区人民亲情巩固、相互认同。

从社会政治的角度看术语统一规范,它的作用可能远比我们想象的大。中国历史上,早在西周,就设官分职,专司厘正文字、统一语言的工作。周代官方语言称"雅言",雅是正的意思,古人认为天子居天下之中,王都之言最正。又雅与夏古字通用,雅言就是华夏各国通用的民族共同语。方俗语殊,五方之音不同,一律以雅言为准,正名辨物,区别品类,沟通人情,统一道术。从秦开始的历代封建王朝,出于政权建设和长治久安的考虑,都致力于语文的整合和规范。正是由于历代有所作为的明王贤君把语文规范纳入政权建设和社会文明的基础工程之中,才维护了中

华民族多元一体的格局,保证了华夏文化的一脉相承。(李建国,2000)

§7.1 科学发达需要社会安定的支持

中文术语,传统悠久,早在《诗经》、《尔雅》的年代即有术语遗存。1909年,中国有了从事科技名词审订的专门机构。回顾历史,关于科学术语规范和统一事业发展的历史经验值得深思:在中国,深明术语大义的有识之士并非凤毛麟角,呼吁术语规范的声音此起彼伏,社会科学术语规范问题在20世纪50年代即有提起,但是为什么在半个世纪的漫长阶段悄无声息?

1950年建国之初,学术名词统一工作委员会五个小组中,社会科学单独列为一组,与当时担任委员会主任的郭沫若先生同时也是社会科学家的身份不无关系。新中国诞生伊始,出现了全新的"社会",人们由此对"社会科学"寄予厚望。然而在此后的几十年间,新社会依旧,科学意义上的社会科学研究却没有多少进展。在无需交流的环境下,术语定义的确切与否自然无关紧要。到1957年,轰轰烈烈的反右,以至其后的社会变动、政治浪潮,虽然滋生了许多新颖奇特的政治名词,却没有术语交流的需求。其后的"无产阶级文化大革命",则非但社会科学,包括自然科学在内的全部术语工作悉数叫停。

历史长河,奔流不息。它以事实说明,术语事业的发展取决于科学的兴旺,而科学的发达需要社会安定的支持。改革开放以来,中国的社会科学研究随着社会民主化进程和现代化步伐的加快渐入佳境,社科术语的规范问题浮出水面,社会科学的春天正向我们走来。术语工作既是科学、民主的内容,又从科学和民主的空气中获得营养。所以,关于术语规范的宣传,一定要跳出仅就术语论术语的老套。新时代的术语宣传,既要高屋建瓴,又要细致入微,阐明术语问题与民族未来、社会发展、国家统一、文明进步的内在关系,达到普及科学和民主的效果。

梁启超在《五十年中国进化概论》中,将近代50年的历程分为三期,第一期从鸦片战争开始,"从器物上感觉不足";第二期始于甲午战争之后,"从制度上感觉不足",但政治变革终遭失败;第三期,便是从文化上感觉不足,人们开始意识到"社会文化是整套的,要拿旧心理运用新制度,决计不可能,渐渐要求全人格的觉悟"。普及术语是推行科学、扶助文化、教育国民、提升觉悟的具体行动,这与文化与文明的发展需要社会安定条件的支持并无两样。术语是语文,即语言文字范畴内词汇当中的一部分,语言文字又是文化与文明当中的一部分。从某种意义上说,术语就是文化与文明的核心表达。因此,术语发展需要社会安定的支持,顺理成章。

§7.2 规范术语是学术民主和政治民主的基础

华夏主体民族之一的汉族群体,在春秋战国时期就已经存在着语言高度分散的情况。此时的语言,依随居住地域的不同而分化成为许多方言。各地方言独立发展,很少交流,有些方言相互之间已经不容易听懂。在此基础上,春秋战国时候的文字也不统一。譬如战国七个国家,七国的文字并不完全一样,其中虽有部分相同,但是有很多文字是不同的。(周有光,2003)说明语言文字的统一依存于社会政治的统一。

秦始皇统一中国之前,政治没有统一,不可能在空间距离相对遥远的地域范围实现语言文字的统一。语言和文字发展的动力,来源于人类聚居生活的需要。而人类聚居群落的规模,直接取决于当时社会的交通能力。交通不便,来往很少,对语言文字统一的需求不会强烈。那时需要统一语言文字,要求"书同文"的有两种人,一是官府官员,文牍命令往来必须通文字,现在有很多地方把政府推行的"普通话"称为"官话"即来源于此;另一类需要语言统一的是商人,行商常用官话,利用官话交流,降低交易成本,增加售卖机会。这是推行标准化的经济价值。

正如我们一再强调的,术语是现象和状态以及学术观点的抽象描述。不论统一与否,术语始终存在。学术交流促成"术语"的大发展和大集成。(周有光,1997)在不存在交流的情况下,术语规范不是明显的问题。只有在需要较深层次的学术交流,特别是出现观点差异的时候,术语规范的问题才会显露。这个道理很简单:交流的双方意见一致,便不需深究,哪怕双方所说的并非是完全相同的事情,彼此也不会知晓。可是当观点相悖时则大不一样。为争辩到清楚明白,必须对术语奉行同样的标准。麻烦的是,生活当中的人们往往各自抱定内心认可的术语,以为自己的理解就是对方的理解,各说各法争得面红耳赤,却风马牛不相及,误会矛盾于是层出不穷。

由此说来,规范统一学术术语,正是推行学术民主和政治民主的基础,没有术语规范作为积淀,就不会有真理和科学的胜利。重视术语,就是溯本求源科学精神的具体体现。中国先秦时期的百家之学曾在稷下学宫①达到鼎盛,中国古代学术思想的发展也经历了自己的黄金时代。(白奚,1998)李慎之(1923—2003)先生曾将中国先秦时期的百家争鸣同古希腊的柏拉图学园②进行比较,指出中西学术在所谓"发轫时代"即存在不同的文化"基因",中国的诸子百家无一例外地与政治结下不解之缘,倾全力探讨治国之道,而不是柏拉图学园那样以探求真理为目的,因此也就没有能形成完全独立的学术传统,没有能开辟出"为求知而求知"的科学精神。(白奚,1998)这是导致中国社科术语规范工作乃至社会科学研究长期滞后的重要原因。

§7.3 从一药多名看术语规范的社会价值

21世纪的中国,社会发展表现出明确崇尚利益的特性。术语或专名的混乱也受到利益驱动。2004年11月20日《中国医药报》发表署名文章《一药多名为难医生贻害患者》,文中称比较常用的药物约在千种左右,但与之相对应的商品名、别名竟多过万种。

---

① 稷下:战国时齐国都城临淄(今属山东淄博)稷门(西边南首门,因在稷山之下而得名)附近地区。齐宣王继其祖桓公、父威王曾在这里扩置学宫,招揽文学游说之士数千人,任其讲学议论。当时这里汇集了道、法、儒、名、兵、农、阴阳等百家之学,成为各学派荟萃的中心,并逐渐形成一个具有一定倾向的学派,后人称为"稷下学",其中黄老思想居于主导地位。齐襄王后逐渐衰落。学宫的设置,对开展百家争鸣,繁荣当时学术起了很大作用。

② 传说在古希腊时代有一位名叫阿卡德莫斯的英雄,曾凭自己的智慧和责任感把雅典城从一场可能发生的大灾难中解救出来。他死后葬在雅典城的西北郊,墓地的四周环绕着大片橄榄林。人们把这处幽静的林园称作"阿卡德米"。公元前387年,著名的古希腊哲学家柏拉图在阿卡德米讲学,形成了柏拉图学派。因此阿卡德米也被称作"柏拉图学园"。这个学园的活动一直持续到公元529年,终因它推崇怀疑精神而被罗马帝国封了门。在文艺复兴时期之后,新柏拉图主义在意大利复活,许多学术团体都因崇奉柏拉图而自称"阿卡德米",它也就成了这类团体的共名。

(龚翔,2004)例如,伊贝特、德明、艾司莫、异乐定、艾迪莫尼、依母多、欣康、晋新泰、莫诺美地、臣功再佳、力唯、山苏、舒必莱特、丹佐、依索曼、丽珠欣乐、千新、诺可达、格芬达、鲁南新康,……这些名称都是单硝酸异山梨酯,用于预防和持久治疗心绞痛的药。

一药多名,阻碍药品信息的准确、快速交流,容易引致人为差错,使医师、药师在为患者提供服务时出现麻烦甚至差错。为了在开药方、指导病人用药时尽量准确,临床医师、药师不得不随时"恶补"药品名称不停变动的"新"知识。即便这样,医生们的"知识更新"还是赶不上药品生产厂家"造名"的速度:刚刚弄清楚异博定、异博停、维拉帕米、戊脉安是同一种药,又出来凡拉帕米,其实这还是原来就有的一种治疗心血管疾病的药物。

一药多名导致治疗过程中信息不对称的现象更为严重,其结果是造成医疗效率的损失和治疗成本的增加。治疗中,医生出于对用药安全和疗效的考虑,往往要询问患者是否曾经用过某种药物。但医生问的可能是药品的"通用名",患者却未必知道。反之亦然,患者可能反映前一段时间吃某种药物效果不明显,但医生却不知这种"药品"是何种"药物"的"商品"名称,于是尝试给病人换开另一种药品治疗。而这"另一种"与病人曾经用过的"那一种"也许就是"同一种"药物。

一药多名的最终受害者是病人。这种危害,除了医疗过程中的失误和差错,还包括经济上的损失。业内人士透露,一药多名是药品生产商面对市场过度竞争的无奈之举。通过命名,厂家还可以变相提高药品价格。(龚翔,2004)同一种药物,由不同厂家生产成为"药品"的价格高低不同。受利益驱使,医生可能选择"高价"商品以获得额外利益;或者医生在处方上写的是药品通用名,但药房或药店卖给病人的却是此种药物当中价格最贵的"商品"。对于没有选择余地的病人来说,既缺乏相关专业知识,又无从了解药品生产厂家不断"造名"的细节,他们只能无可奈何地承担损失。

卫生部第三次国家卫生服务调查(2004)结果显示,我国患病人次十年内增加了7.1亿,总数达到50亿。每100人中有13人患有医生明确诊断的慢性疾病。因经济困难,患病两周而未治疗者近四成。2004年11月23日《北京晨报》引述卫生部统计信息中心主任饶克勤的话说,虽然我国居民收入增加,但幅度未及医疗费用涨得快。① 近年来医疗费用的增幅大于居民收入,三成人口因病致贫。医疗费每年上升14%,全国居民一年医疗负担达6000亿元,占到GDP的5.4%。患病的人多了,看病的人却少了。据调查,城乡居民的两周就诊率从1993年的17%下降到13.4%,没有医疗保险人群的就诊率剧降至8.6%。

居民生活质量下降,就医成本增加,可能有多方面的原因。但一药多名肯定是其中因素之一。卫生部副部长王陇德透露(2004.11),国家将投入2.4亿元,建设医疗救治信息系统。2005年将投入12亿元,建立发达地区与中西部地区乡镇的医院对口援助机制,着力解决中西部地区农村"看病难"问题。② 在这个过程中,若能从术语和标准化的社会价值方面思考,组织人力、物力、财力,治好"一药多名"的顽疾,一定事半功倍,深得民心。

---

① 《卫生服务调查实话实说》,原载《北京晨报》2004-11-23,转引自《健康文摘报》,2004-11-28。
② 《卫生服务调查实话实说》,原载《北京晨报》2004-11-23,转引自《健康文摘报》,2004-11-28。

§7.4 学术行政化、官僚化是术语工作的大敌

术语规范工作是科学发展的必然。科学的发展离不开民主的支持。古今中外历史上,为科学民主而付出生命代价的事实屡见不鲜,说明对民主的反动必然也是科学之敌。学术行政化、学术官僚化是封建主义思想和旧时代衙门作风的现时体现。因此,在术语规范工作逐步展开的过程中,必须注意防止学术行政化和官僚化的倾向。所谓学术行政化,实质上也是迷信权力的简单化,以为权力万能,以体现权力的政令方式代替科学发展的内在规律;而学术的官僚化更是封建思想在科学领域的顽强坚持。我们要时刻警惕这些倾向。

为说明这种情况,中国术语学界多有转引严济慈先生和于光远先生的两篇文章。这两篇文章发表的年代相隔六十多年,所论及的事件却十分类似。从这两篇文章中可以得到这样的启示:尽管获得权力支持是科学的幸运,但是权力不能代表科学,更不能直接等价于科学。被错误运用的权力很容易成为反科学的帮凶。"大跃进"时期的"科学论证",已经成为中国科学史上无法抹去的污点,成为后人思考"科学"与"权力"之间关系的案例和教材。科学家阿尔伯特·爱因斯坦回答美国总统罗斯福说,从物质中获得巨大能量"是可能的"。于是罗斯福下决心拨款实施曼哈顿计划,终于制造出世界上最先进的杀人武器——原子弹。曾几何时,中国也有科学家论证说,按照光合作用的理论,在一亩地上长出一万斤粮食"是可能的",于是有了"大跃进"弄虚作假,人为制造"超级高产粮田"的悲剧。前车之辙,后车之鉴,在我们推进社会科学术

语规范化的过程中,这是必须严格注意的重要问题。这个问题如果处理不好,可能导致社科术语规范工作的停滞甚至夭折。

1998年12月25日,全国名词委主办的《科技术语研究杂志》创刊号"科技名词工作论坛"栏目中的第一篇文章,就是著名物理学家、科技名词工作元老严济慈先生写于20世纪30年代的文章:《论公分·公分·公分》,同时配发了"编者按"。于光远先生的文章《勿置我于非科学之境地》发表于2000年。囿于篇幅,不再引述,有兴趣的读者自可寻来细读,很是有趣。

第八章 社科术语规范的社会意义

随着我国社会科学事业的发展,对内对外学术交流的频繁和深入,规范社会科学名词术语的工作已经紧迫地提上议事日程。目前社会科学与人们的社会生活有着越来越广泛的联系,社会科学和自然科学的相互交叉、相互渗透、相互融合和相互影响也日益增强,这是科学发展的必然要求,也是科学一元性的必然结果。在这个过程中,如果社会科学的名词和术语不够统一和规范,势必影响两大科学的相互交流、相互借鉴,并进而有碍于科学的发展。

§8.1 术语是思想与行为准则的浓缩

§8.1.1 米兰达须知

西方电影警匪片中常有这样的场景:警察捉住嫌疑人,并对被控制对象发表一通言论:"你可以保持沉默,你所说的一切,都可能在法庭上成为对你不利的证据。"这一番套话,甚至成了孩子们在游戏中模仿警察和执法者的标签。这个场景,在司法行为的表达中只需要一个术语:米兰达须知。

米兰达须知是美国刑事诉讼制度中的一种判例。1966年,美国人米兰达向亚利桑那州提起诉讼,以警察询问时没有告知他拥有请律师的权利,并且在确无律师在场的情况下受到讯问为理由,对亚利桑那州基层法院的判决不服,提出上诉。后来此案上诉到美国最高法院,最高法院裁定撤销了州基层法院的判决,成为世界司法历史上著名的判例之一。

美国最高法院作出裁定的理由是:将被告人隔离并单独讯问违背了不能强迫自证其罪的司法准则,警察在讯问嫌疑人之前必须告知他享有获得律师协助的权利。此案形成的判例规定,警察在讯问犯罪嫌疑人之前必须对被讯问人出示《米兰达须知》,目的在于使被讯问人享有美国宪法第5和第6修正案所规定的权利,即有权不做自证其罪的供词,并有权聘请律师;如果被讯问人没有明确放弃上述权利,警察在讯问中所获得的供词就不能作为证据。

《米兰达须知》的内容包括:(1)被讯问人有保持沉默的权利;(2)若被讯问人放弃沉默,所叙述的一切都可在法庭上作为对其不利的证据;(3)被讯问人受讯问时有权请律师到场,同时其有同律师谈话的权利;(4)被讯问人愿意聘请而又无力聘请律师时,警察可以在讯问前为其指定一名律师。如果嫌疑人在已知自己享有上述权利的前提下,出于自愿放弃上述某项权利,并知道弃权的后果,警察机关通常要求弃权的嫌疑人在书面文书上签名,从而使弃权声明生效。

§8.1.2 无罪推定与有罪推定

无罪推定,是"有罪推定"的对称。按照无罪推定原则,如要处罚某人,必须证明他确实有罪;不能证明时则为无罪。资产阶级革命时期为反对封建司法"有罪推定"的专横擅断而提出这一概念。最早表达无罪推定思想的人,是18世纪70年代意大利法学家贝卡利亚(Cesare Bonesana Beccaria,1738—1794)。他在1764年所著《论犯罪和刑罚》书中指出,在没有作出有罪判决以前,任何人都不能被称为罪犯。任何人,当他的罪行没有得到证明的时候,根据法律他应当被看做是无罪的人。

现代法律把"无罪推定"作为普适原则规定在宪法和刑事诉讼法中。这项人类文明的成果,最早见于1789年法国的《人权宣言》第九条:"任何人在其未被宣告为有罪以前,应被推定为无罪。"在此之后,许多国家在立法中纷纷效仿,理论界又把它引申为:证明被告有罪的责任,应由控诉一方负担,被告人不负证明自己无罪的责任;被告人也没有必须陈诉的义务;甚至在对被告人的罪行轻重有怀疑时,也应该作出有利于被告人的结论。[1] 第二次世界大战后,在联合国有关法律文件中亦有规定。《世界人权宣言》中规定:"凡受刑事控告者,在未经获得辩护所需的一切保证公开审判而依法证实有罪前,有权被视为无罪。"《公民权利和政治权利国际公约》中规定:"凡受刑事控告者,在未经依法证实有罪之前,应有权被视为无罪。"

根据西方的诉讼理论,由此引申出被告人享有以下一些权利:被告人有沉默权,拒绝供述权,除非被告人自己承认有罪,不得强迫被告人自证其罪。在一般情况下,证明被告人有罪的责任由起诉方负担,起诉方必须以无疑义的充足证据确认被告人犯有被指控的罪行,被告人没有解释其行为的责任,也没有为自己申辩无罪的责任。如果起诉方提不出合理的、不容置疑的证明,就不能认定被告人有罪,如果对被告人有罪的根据存在合理怀疑时,应作有利

---

[1] 《法学词典》,上海辞书出版社,1984年版,第79页。

于被告人的解释,被告人有权得到释放。不能证明被告人有罪,就以无罪处理。对有罪证据不足,无罪证据不能排除时,应依照"罪疑从无"原则做无罪处理。①

但是,由于中国历史几千年封建社会的影响,审理案件一向以"有罪推定"为原则,即首先认为被告人是有罪的。"进门三百杀威棍,屈打成招铸冤魂。"到"文革"期间,更是登峰造极。那时候惯常运用的逻辑方法,是首先根据"×上级"或"××首长"的指示认定并且宣布某某人有罪,然后再罗织证据。这样提倡"红色恐怖",结果是人人自危。"有罪推定"和"无罪推定"仅仅一字之差,却是截然不同的两种治法原则。人类历史上,饱受"有罪推定"概念折磨的又何止是一人两人?中国几千年封建的历史,长期奉行"有罪推定"的理念。直到1996年3月17日,修改后的《中华人民共和国刑事诉讼法》在第八届全国人大四次会议上通过。这次修改没有直接采用"无罪推定"的提法,但开始体现无罪推定的精神。说明历史的车轮不会倒转,人类历史总是在款款前行。

修改后的《刑事诉讼法》第12条规定:"未经人民法院依法判决,对任何人都不得确定有罪";第162条规定:"依据法律认定被告人无罪的,应当作出无罪判决";"证据不足,不能认定被告人有罪的,应当作出证据不足、指控的犯罪不能成立的无罪判决"。这就是说,经法院判决有罪才是罪犯,判决前只是犯罪嫌疑人。犯罪嫌疑人和罪犯之间是有距离的。

以上述论,凝结为"无罪推定"这个术语。无罪推定是一种精神,一种文明,也是一种文化,一种思维和行动的准则。当一个社

---

① 《法律辞典》,法律出版社,2004年版,第699页。

会谈到"无罪推定"并以此作为社会共同行为方式的时候,一个术语即已代表了千言万语、长篇大论,代表了封建主义刑罚思想与资本主义思维方式的本质不同。术语的社会意义,由此可见一斑。

§8.1.3 美国人追求的绝对安全

术语是关于概念的浓缩程度最高的表达,这一点不仅体现于科学技术领域,在社会经济乃至国际政治方面也不例外。美国布什政府提出 21 世纪国家安全战略所追求的主要目标,就是一个专门的词汇:绝对安全(absolute security)。

所谓绝对安全,是要在没有任何威胁的条件下生活。为寻求绝对安全,不仅要消除对美国的威胁,而且要消除威胁美国的能力。建立一个对美国没有威胁,甚至是一个不具备任何对美国形成威胁能力的安全环境。

冷战时期,大国奉行建立在核威慑基础上的遏制战略,导致美苏之间出现核恐怖平衡。冷战的双方都认识到,核战争打不得也打不赢,只有"相互确保摧毁"(英文缩写为 MAD,意近"疯狂")才能保证相互安全。在冷战后过渡期内,美国虽然出现了想要摆脱这一局面的征兆,但其防务思想的基础仍然还是"相互确保摧毁"。

随着冷战后国际战略格局的变化和世界新一轮军事革命的发展,美国认为,凭借超强的综合国力和军事技术优势,现在可以走出怪圈,求得美国本土的"绝对安全"。2002 年 9 月 20 日发表的《美国国家安全战略》报告称,美国现在面临的,不是舰队和大规模军事力量政府的威胁,而是不定的,甚至是零星的、小规模的军事冲突的威胁。据此,布什政府否定了相互威慑战略思想,提出"绝对安全"概念,即要把对美国的威胁消灭在萌芽状态,不让这种能力出现。为保证美国的绝对安全,将采取"先发制人"战略,在威胁形成之前就采取行动,向恐怖分子和敌对国家发动进攻。美国是当今世界第一军事强国和经济强国,因此具备追求"绝对安全"的实力条件。冷战时期旗鼓相当的对抗阵容已经不复存在。山中独存一虎,凛然傲视群侪,扑灭一切隐患,方可绝对安全。

绝对安全战略的实施,对国际战略格局和世界安全形势有重大影响。美国更加强调奉行实力政策,比冷战时期的"遏制"战略具有更强的进攻性和冒险性。尤其是美国在追求自己安全利益的时候,从来不去顾及是否伤害了他国的利益。随着美国实力优势地位的增强,这种战略调整所带来的直接后果,是美国对外动武的门槛将会大大降低,从而陷许多国家于不安全之中。美国执意推动导弹防御系统的研发和部署,大幅度提高军费开支,发展太空战和信息战能力,将使许多国家不得不采取相应的跟进措施。尤其是美国不顾国际社会强烈反对,退出《反弹道导弹条约》,将会导致在世界范围内出现新一轮的军备竞赛。美国的新战略以绝对安全为目标,奉行单边主义政策,为达到目的,不惜运用一切手段特别是军事手段对付一切可能的所谓"挑战者",将对世界和平和人类安全产生巨大威胁。

美国人所追求的绝对安全,实在是一个无所不包的"战争理由大全"。无论何时何地,因何原因、有何结果,美国人都可以根据自行定义的"安全理由"采取"安全行动"。这是《狼和羊》的童话。想要吃羊的狼其实并不需要理由。未来世界的争端,最终归结的原因无非是关于资源的占有。美国人的理由,自然也可以来自资源因素所造成的对自身安全的威胁。绝对安全的真正价值,不在于它的理论创新,而在于美国人拥有了可以称霸全球的战争实力。

细看"绝对安全"的投影,其实表现为另一个术语:"绝对实力。"

当然,从另一层意义上考虑,美国人用 300 年的时间,达到了欧洲人 2000 年努力的水平,超过了中华民族 5000 年的辉煌,所以才具备了谋求绝对安全的绝对实力。中华民族要跻身世界,重振雄风,需要研究为什么美国人的 300 年能够等价于欧洲历史的 2000 年。

§8.1.4 韩国的首都叫首尔

对地名的命名权,是一个国家主权的一部分。而对他国地名的译名和使用,则在一定程度上代表着两国之间关系的亲疏冷热。2006 年 4 月 22 日(星期六)CCTV 新闻报道,日韩两国关于有领土争议岛屿问题的谈判无果而终。事情的起因就是因为韩方要向国际航道组织申请登记岛屿水下 18 个韩式地名。作为回应,日本人要对岛屿及周边进行重新勘测,韩国人反对。在这件事情上,"命名"再次成为争端双方"说事"的由头。

据新华社首尔 4 月 21 日电(记者张锦芳) 韩国和日本代表在首尔就两国有争议的独岛(日本称"竹岛")附近海域勘测争端进行谈判,但双方对海底地名问题各持己见,未能达成协议。韩国政府官员说,韩国外交通商省第一次官柳明桓和来访的日本外务省事务次官谷内正太郎当天下午举行了 1 小时 35 分的谈判,磋商由日本在独岛附近海域进行勘测所引发争端的解决办法。据悉,韩日双方谈判的焦点是如何处置独岛附近海域海底地名问题。日本方面提出,只要韩国停止向国际航道组织申请登记 18 个韩国式海底地名的申请,日本可以取消勘测计划。韩国方面则强调,向国际航道组织申请登记韩国式海底地名是韩国不可放弃的权利,韩方不能接受日方提出的撤销登记申请的要求。韩方还表示,有关申请的日程可以另行协商。

新华社电文中的首尔,就是韩国的首都。但是 1999 年版的《辞海》上说,汉城是韩国首都。汉城在汉江下游右岸,距海 30 公里。面积 627 平方公里。1994 年人口 1065 万。群山环绕,汉江迂回市区,形势险要。公元 11 世纪高丽国王在此建夏宫并筑城,商业渐兴。1394 年李氏王朝迁都于此,始称汉城。汉城有高等学校 37 所,集中了全国三分之一的大学,周围有多座卫星城。(《辞海》1999 年音序缩印本,第 633 页)

从 2005 年 10 月底开始,中国媒体开始启用韩国首都的中文新译名——首尔。原名汉城将不再使用。事实上,这座素有"汉江畔之明珠"美称的城市历史悠久,并且曾经拥有众多称谓。2005 年第 4 期《科技术语研究》刊登周定国先生文章《韩国首都新称——首尔》,对此介绍入微。

> 朝鲜半岛三国鼎立时期,即公元前 18 年百济王朝在此建都,始称慰礼城,意为"我们的城"。公元 392 年和 475 年,来自北方的高句丽占领此城,475 年改称南平壤,因位于平壤以南而得名。高句丽王朝在行政管理上于 474 年曾在此设置北汉山郡。而后统一的新罗时代,即相当于我国唐朝年间,新罗真兴王 16 年,称为汉山州。

公元904年又改称杨山。

　　高丽王朝建立以后,在文宗21年即1067年,在此大兴土木,设置夏宫,城市在规模上得到迅速发展,并定名为南京。1308年改称汉阳府。1392年,李成桂建立了李氏朝鲜王朝。1394年10月25日,李朝肃宗正式将首都从开京(即开成)迁此。第二年汉阳府正式改名为汉城(Hansong)府。从此,汉城成为李氏王朝500多年的封建统治中心。

汉城虽然历史悠久,却在近代承受过殖民之伤。汉城名称的变化,说明殖民的内容不仅包括掠夺和统治,也包括对"名称"的修理。

　　1910年,整个朝鲜变成日本的殖民地。次年汉城归属京畿道,并改称京城(汉文罗马拼写Kyongsong,日文罗马拼写Keijo)。连街道也逐步改用日本人的××町、××丁目等。

　　1945年8月,朝鲜半岛光复。1946年8月15日韩国发表城市宪章,宣布废除日本帝国主义强加于他们的名称Keijo,而选用汉语固有词命名之,罗马字母拼写为Seoul,在韩语中意为"京师"或"首都"。按韩语学家诠释,Seoul源于意为"首都"的新罗语古词Seorabeol,后由此词演变为Selabel,再演变为Seoul。

　　在半岛沦为殖民地时,市民百姓当然不情愿采纳日语名称Keijo称呼这座城市,而私下里已经采用韩语固有词 Seoul 这一本民族自己的语言称呼之。而一到二战后韩国光复,私下里百姓的 Seoul 称呼终于顺理成章浮出水面成为首都的正式称呼了。

既然如此,韩国首都自 1946 年改称 Seoul,为什么我们在这此后的若干年里仍然称其为汉城?原因多多,既有传统习惯的历史原因,也有语言译写存在的欠缺。

自 1395 年李成桂始称汉城至 1911 年日本占领改称京城,汉城这一名称在朝鲜半岛整整叫了 516 年之久。中韩两国是一衣带水的近邻,隔海相望,几乎是鸡犬之声相闻。历史上双方交往密切,汉城这一名称在我国明、清文献中频频出现,对这一名称国人久用定产生深厚的感情。由于历史原因,自 1945 年韩国成立以来的 40 多年时间里两国处于相互隔绝的不正常状态。对韩国政府将首都更改为韩语固有词 Seoul 的来龙去脉知之甚少,如何翻译 Seoul 这一名称可能感到难办,不如用旧名更方便,致使一直沿用了汉城这一名称。

处于隔绝状态下的政府,交流交往自然寡淡,即便是首都地名的中文名称,也无法太过在意。1992 年 8 月中韩两国建交,韩国政府一直积极推进变更汉城的中文名称,却一直没有定论。

为了推进这一改名过程,韩国方面于 2004 年 1 月成立了一个由专家组成的"汉城中文标识改善委员会"来拟定韩国首都的新中文名称方案。韩方并未简单地根据Seoul读音选用"瑟乌尔"三个汉字,而是经过层层筛选,在广泛收集各界意见后于2005年1月18日最终确定了采用"首尔"来做韩国首都的新中文名称。新名称"首尔"可解释为"首位的城市",汉语上有音义兼顾效果。

对照前中国地名委员会制定的《外国地名汉字译写通则》第三条,各国地名的汉字译写,以该国官方文字的名称为依据。韩国首都Seoul改译为"首尔"是完全符合这一要求的。另则,当今世界各国语言如英、法、德、西班牙、意大利、俄罗斯等语言都采纳Seoul这一拼写,中文名称首尔的采用有利于与世界各国读音接轨、有利于国际交流。

周定国:《韩国首都新称——首尔》,
《科技术语研究》2005(4)。

§8.2 术语失范导致社会思想混乱

§8.2.1 因纽特人的愿望

由于社会科学术语规范不足所造成的混乱,后果严重。比如"爱斯基摩人"系英语"Eskimo"的音译。虽然就"Eskimo"一词是否是蔑称尚有争议,但学术界普遍认为,这个名称用来指称一个民族并不合适;况且这个民族自己一直对用"Eskimo"称呼他们抱有反感,他们希望外界用"In(n)uit"(因纽特人)或"Yupik"(尤皮克人)来称呼他们。2001年,国际社会科学理事会秘书长、知名社会科学家科辛斯基来中国社会科学院访问,在座谈时谈到这个问题,他毫不犹豫地表示:"应该用'In(n)uit'一词来取代'Eskimo'这个称呼,应该尊重人家的民族感情。"(黄长著,2003)

这种现象并非中国特有。2003年9月24日,新西兰一位颇有声誉的记者就曾因为在早间新闻的广播节目中屡次使用"黑鬼"(Darkie)这种"明显带有种族(歧视)色彩的称谓"对联合国秘书长安南进行人身攻击而招来众怒。时任新西兰总理的海伦·伊丽莎白·克拉克迅速做出反应说:"这番贬低世界上顶级行政人员的言论完全不能被接受,我不愿意世人以任何方式将新西兰与这一言论联系在一起。"尽管这名记者——保罗·霍姆斯——并不承认自己是一个种族主义者,但迫于压力,他还是不得不赶在事件发生的第二天即在新西兰首都惠灵顿公开为自己的言论向公众道歉。说明术语甚至称谓问题都可能直接导致政治上的麻烦。

中国少数民族众多,有些少数民族的称呼也与"因纽特人"的称呼类似。例如在北方,内蒙古陈巴尔虎旗的鄂温克族,历史上曾被改称为"通古斯",新中国建国初期尚在沿用。1957年根据本族人民意愿,名从主人,恢复了鄂温克族的自称。

§8.2.2 各按所能不是各尽所能

马克思的一句口号"各尽所能,按需分配",按照原文实意,应该译作"各按所能,按需分配"。俄语、英语、法语、日语都译得很准确,将德语的"nach"译作"按",如俄语译作 no,英语译作 according to,法语译作 selon,唯独汉语误译作"尽",以致引起我国经济学界有些人仅仅根据"尽"字对这句口号进行了不少批评,有人说这是极"左"思潮的产物,有人据此批评马克思和斯大林。[①] 说明社会科学方面一个译法的错误,会造成严重的混乱,其后果之不良,远甚于自然科学。政治口号虽然不是严格意义上的术语,但也未尝不可纳入术语之列。例如"开放政策",既是政治纲领,又是社科术语。这些术语的准确性有十分重大的政治意义,应该引起社会科学工作者的高度重视。(武铁平,1985)其他如"大批判"等政治词语的偏颇译用及其泛滥流行,也曾给中国社会带来相当严重的后果。这些经验和教训都是应该总结和汲取的。

按《辞海》(1999年缩印音序本),"各尽所能、按需分配"属于共产主义的概念范畴,是与"各尽所能、按劳分配"的社会主义原则相对而言。"各尽所能、按劳分配"要求一切有劳动能力的人尽其所能地为社会劳动,社会则按各人提供劳动的数量和质量分配个人消费品。而"各尽所能、按需分配"的共产主义原则,则是"指在共产主义高级阶段中,劳动者尽其所能地为社会劳动,社会则按每个有高度文化修养的人的合理需要分配消费品"。由此看来,词条的撰写者已经意识到"需要"与"合理需要"之间在效果上的本质不同,注意到只有"有高度文化修养的人"才能成为共产主义的物质分配对象。21世纪的人类还没有进入共产主义社会,有识之士已经认识到无限制的"需求"所具有的无限性。在这种没有边界的"需求"的推动下,世界资源的枯竭指日可待。一个关于因纽特人与海豹的故事,也许值得我们思考:

[①] 武铁平:《马克思提出过"各尽所能"吗?》,刊《学习与探索》1979年第5期,《新华月报》文摘版1980年第2期转载;《斯大林同志并没有错!》,刊《经济问题》1983年第12期。

一个生活在极地的因纽特人,为满足生存的能量需要,猎杀一头海豹。这是无可厚非的事情。他还要住一间像样的房子,于是再猎杀一头海豹。为了出行方便,他还需要一辆汽车,于是要去猎杀另一头海豹。然后,他需要更换新的手机,需要到中国和印度去旅游……他需要跟上时代。然而他的每一次"进步"都需要以猎杀一头海豹作为代价。因纽特人的行为存在错误吗?他的行为似乎无可厚非。但是因纽特人对海豹的猎杀,应该在什么时候停止?

除了房子和汽车,因纽特人还需要领带、西装、微波炉、洗衣机以及一切我们司空见惯的器物。他的故事并不离奇,但却找不到结果。我们自己就是这个困惑的因纽特人。

§8.2.3 公民社会和法治的确切表达

学术术语的混乱在法学界也是比较明显的。术语的混乱表现在两个方面:一方面,对同一英文词组,有不同译法。例如,针对英文的"Civil Society"一词,就有"市民社会"、"公民社会"等不同译法。另一方面,汉语词汇与汉语词汇的英译有时差距很大。例如,虽然我们学者积极呼吁建设法治国家,但在英文对外宣传中,"法治"经常被译为"Rule by Law"。"法治"的英文是"Rule of Law",它的要害就是法律的统治,即法律之外没有统治,而"Rule by Law"恰恰没有传达出这样的意思。用这样的术语表达我们整个国家将要完成的任务不仅文不对题,而且在对外宣传中有自降身份的嫌疑。至于部门法中的术语,不统一也许就更严重了。(吴玉章,2003)

吴玉章先生所言,是汉语术语和其他语种语言表达的对应问题。这类问题不仅涉及学术,在参加国际事务包括联合国的活动中也备受关注。术语表达对应的契合程度与质量,与对该术语的理解直接相关。例如"法治",依《辞海》解释,是按照法律治理国家的政治主张。在中国,战国时法家大力提倡,韩非集法家学说之大成,把法治和术治、势治相结合,形成系统的法制理论,明确提出"以法治国"、"以法为本"、"治强生于法"、"刑过不避大臣,赏善不遗匹夫"等观点。古希腊亚里士多德在《政治学》书中论述法治胜于人治,认为"法治应包含两重意义:已成立的法律获得普遍的服从,而大家服从的法律又应该本身是制定得良好的法律"。资产阶级启蒙思想家也倡导法治,主张法律面前人人平等,反对任何组织和个人享有法律之外的特权。现代法治更强调法律与社会互动,强调人与社会及自然的和谐。

再按《辞海》,"公民"一词在历史上曾有不同含义,现在通行的含义始于17、18世纪欧洲资产阶级革命时期,指公民为"具有一国国籍的人",包括未成年人和被剥夺了政治权力的人等在内。《中华人民共和国宪法》规定:"凡具有中华人民共和国国籍的人都是中华人民共和国公民。中华人民共和国公民在法律面前一律平等。任何公民享有宪法和法律规定的权利,同时必须履行宪法和法律规定的义务。"信春鹰(2004)主编《法律辞典》对"公民"的解释更为详尽:

公民

具有一国国籍,享有该国宪法和法律规定的权利,承担相应义务的自然人。一个国家最基本的法律主体。各个历史时期和各国的法律制度不同,公民的资格情况也各异。在古希腊城邦,妇女、奴隶和定居于该城邦的外国人,通常被排除在公民范围之外。在古罗马,最初对公民资格也有严格限制。公元前31年,G.屋大维获得"奥古斯都"(意为神圣庄严)的称号,成为罗马的"第一公民",实际上成为罗马帝国的第一个皇帝。至公元212年,根据皇帝的一项敕令,绝大多数自由民有了公民资格。

在古希腊、罗马奴隶社会,不论政体如何,有公民资格的人,都程度不同地享有若干特权,当时的公民概念与现代公民概念有所不同。后来,随着资本主义的发展和资产阶级法制革命,产生了现代公民概念。在今天,绝大多数人都是特定国家的公民,但依不同的法律制度,一些人无国籍,因而不具有任何一国的公民资格。例如在英联邦各国,依有关国家的法律规定,一个人可以是一个以上英联邦成员国的公民,但有一段时间,不包括黑人和印第安人等。1866年美国的《民权法案》把公民范围扩大到黑人;1924年扩大到印第安人。公民权也可以集体变动或获得,如路易斯安那州领土由法国转移给美国,其居民便成为美国公民。

古代中国无公民的概念,通常使用的是庶人、民、子民、百姓、臣民等概念。光绪三十四年(1908年)制定的《宪法大纲》,仍用臣民概念。辛亥革命前夕,清政府于1911年9月13日公布《十九信条》,始用"国民概念"。1912年1月公布的《中华民国临时约法》将国民与人民通用……。此后的约法、宪法等均国民与人民通用,并在学理上把国民、人民和公民加以区别,如认为构成特定国家的自然人称为国民,其资格要件为国籍;公民则指享有国家公法上之权利及负担公法上义务之国民,因非人人均享有公法上权利或负担公法上之义务,故国民未必为公民;人民为国家构成要素之一,包括国民和公民,范围最广,如居住于该国领域内未获得该国国籍的,仅能称为该国之人民,而非公民,不能享有该国公民之权利。

中国共产党领导的革命根据地通过的第一个宪法性文件《中华苏维埃共和国宪法大纲》(1931年11月),不用国民而用公民概念。如该大纲规定:"在苏维埃政权领域内的工人、农民、红军士兵及一切劳苦民众和他们的家庭,不分男女、种族(汉、满、蒙、回、藏、苗、黎……)、宗教,在苏维埃法律面前一律平等,皆为苏维埃共和国的公民。"《陕甘宁边区抗战时期施政纲领》(1939年1月)和《陕甘宁边区施政纲领》(1941年11月)皆用人民概念。如后一纲领第6条规定:"保证一切抗日人民(地主、资本家、农民、工人等)的人权、政权、财权及言论、出版、集会、结社、信仰、居住、迁徙之自由权……"《中国人民政治协商会议共同纲领》(1948年9月)既用人民,也用国民概念。……现代公民资格的实质是享有权利的资格。取得公民资格,意味着享有公民权利。

《法律辞典》,法律出版社,2004年版,第207—208页。

据《辞海》,"市民"的含义所指似乎多过"公民"。①在古罗马,指享有公民权的罗马人,以别于没有公民权的外来移民。②指中世纪欧洲城市的居民。因商品交换的迅速发展和城市的出现而形成。包括手工业者和商人等。反对封建领主,要求改革社会经济制度。17、18世纪,随着资本主义生产方式的形成和发展,市民逐步分化为资产阶级、无产阶级、小资产阶级和城市贫民。③泛指住在城市的本国公民。

《辞海》没有"公民社会",只有"市民社会",指社会中的财产关系和经济关系。18世纪时由资产阶级学者提出,与表示国家政治法律关系的"政治社会"相对。马克思和恩格斯早期创立唯物史观时曾借用,首先在1843年的《黑格尔法哲学批判》中出现,后被经济基础、经济结构,生产方式等科学概念所代替。马克思和恩格斯有时亦用以指称资本主义社会。说明一词之下,有时含义多多,术语运用,当以严谨为要。

§8.2.4 增值与增殖

20世纪末到21世纪初,在涉及资产运作的场合,"保值"和"增值"两个词出现的频率极高。其中"增值"一词的使用语义含混,"资产保值增值"的说法实属不当,恰当的提法应该是"资产的保值和增殖",或者更严谨地表达为"资产价值的有效保全和不断增殖"。这是从资产运用的安全性和使用效率两个方面对企业经营提出的基本要求。其实,用词准确、表达严谨是逻辑性强的体现,它源于缜密的思考和透彻的理解,而含混的提法则往往是认识粗浅、思路不清的映射。(韩朝华,2003)

所谓增殖(accretion),是指本金(principal)所取得的利息;或指一项基金或一项投资的收益。"增殖"与增值(appreciation)的词义不同,后者指由于市价上升,而使一项资产超过其账面价值,即"价值"的增加。(《英汉现代财会大词典》,2004年版,第31页)

增值，appreciation 在现代财会领域也译作升值，指一项资产，例如不动产或有价证券由于市价上升而超过其账面价值；或指在汇率自由浮动的情况下，一种货币与另一种货币之间汇率的升高。在传统会计实务中，升值只是在实现（redization）以后才予以确认。（同上，第70页）此外，value added 也译作增值，或增加值，例如 value-added service（增值服务）、value-added statement（增值表）、value-added ratio（增值率）。中国现行税法中有增值税（VAT，value-added tax，也有写做 added value tax），是在产品销售时所课征的一种间接税。由最终消费者负担。是以企业产品的销售价格扣减原材料价格作为征收对象。增值额与利润、利息、工资和税收之和相等。（同上，第1013页）

增值税是对企业生产、经营成果中的新增价值部分（增值额）所征收的税。于1954年创行于法国。其后，欧洲经济共同体和拉丁美洲、非洲国家相继仿行。增值税的计算方法有三种：(1)加法，直接将企业在一定期间内的工资、利息、税金、租金和利润加在一起，作为增值额，乘以税率，即为税额。(2)减法，以企业的销售收入（或劳务收入）减去购入的原材料、燃料、动力、低值易耗品、零配件和其他外购商品（或劳务）等所支付的费用得出增值额，乘以税率，即为税额。(3)抵免法，为法国所创用。企业就本期销售收入额，乘以税率，再从中减去同期各项购入品内所含税款，即为本企业应纳税额。我国1984年起曾试行。1994年改行新的增值税条例，征收范围扩大到全部生产环节和批发、零售企业，包括销售货物、应税劳务和进口货物。一般纳税人应纳税额为当期销项税额减当期进项税额。（《辞海》缩印音序本，2002年版，第2131页）

如此看来，增值、升值、增殖，真是需要费一番脑筋才好辨识。

但愿有一天,经济学家、财会专家和语言学家、名词术语专家能够坐在一起,给出关于这些"词儿"正确用法的最终建议。

§8.3 译名表达混乱浪费智力资源

§8.3.1 译名混乱让我们多费眼力和脑力[①]

科学的学问总会有世界性的背景。因此在科学研究与学术交流中,科学家或者科学工作者的名字经常会被提起。但是非常遗憾,我们常常会遇到一个外国人的名字被不同的人翻译成各种各样中文名号的情况。如果说是在学术、学说流传的初期,这似乎还可以理解,但是对于一些应该在"领域"之内被熟知的人物也有姓名翻译的分歧,这至少意味着存在三个方面问题:

(1) 翻译者对于这一领域的基本文献掌握和积累不足,或者也可能是"隔行"人士所为。

(2) 姓氏译名缺乏标准,师承各异,翻译者面对不同的"范本",实难选择。

(3) 后译者认为前人之译欠妥欠佳,择善而从,善在自家。

无论个中原因几何,这种译名分歧的存在都是不争的事实。其中最主要的状况,便是"似曾相识说不识"。常常看到一些曾经的国外人名在"中国化"被一再重新起名,直到看到那些陌生名字后面括号内的英文姓名才恍然大悟,要是不幸译者没有附带他的英文原名,还要继续看他到底说了些什么,方才明白。可惜这样的

[①] 感谢李青研究员提供实例。李青:中国社会科学院数量经济与技术经济研究所研究员,博士,区域经济学专家。

现象太多,积少成多,为此我们多费了许多眼力和脑力。几例如下:

1. Frrançois Perroux(法国学者,增长极理论[1956]提出者):弗朗索瓦·佩鲁、佩罗克斯、佩尔鲁克斯、潘鲁克斯;

2. August Lösch(德国学者,《区位经济学》[1954]的作者):廖什、奥古斯特·勒施、洛施;

3. Manuel Castells(美国城市研究专家):曼纽尔·卡斯特、卡斯特尔斯、卡斯泰尔;

4. David Harvey(美国城市地理学者):大卫·哈维、戴维·哈维;

5. AnnaLee Saxenian(美国城市与区域研究学者):安娜李·萨克森宁、萨克森尼安;

6. Doreen B. Massey(美国城市与区域研究学者):多琳·马西、朵润·马西;

7. Jane Jacobs(美国城市研究专家):简·雅格布、雅格布斯、杰克布斯;

8. David Ricarrdo(英国经济学家,古典政治经济学完成者,1772—1823):李嘉图、理查多。

类似这样的例子比比皆是,无法穷举。但是这种现象不应该继续下去。

§8.3.2 如何表达我们的姓名

有人说,中国人在经济学研究方面正处在学习阶段。此话不无道理。可是学生也要交作业、写报告,也要署上自己的名字,以便老师打分。当我们需要把作业交给世界的时候,会用到英语,或其他语种的语言。因为我们的"老师"当中还有大部分人不懂汉语,不会说中文。中国是汉语大国,但还远远不是汉语强国。中国加入了世界贸易组织(WTO),但是 WTO 并没有把中文列为工作语言,以中文对 WTO 法律所作的解释"仅供参考",要想打官司,还请用英文。(余德和,2004)笔者在学习中国近现代史的时候发现,这种情况居然也有历史传统:1858 年签订的《天津条约》和 1860 年签订的《北京条约》,都规定英、法致中国的外交文件用本国(即英国和法国)文字书写,致使清政府急需培养熟悉英、法等外国文字和语言的人才。(张树栋、庞多益、郑如斯,2004)

表述这种状况,外交上有一个专门的术语:正式语文。即国际组织或国际会议的重要文件必须使用并认为以此写就的文件具有法律效力的语文。18 世纪前在欧洲主要是拉丁文,1748 年后由法文取代,1919 年巴黎和会上英、法两种文字被定为正式语文。1945 年旧金山会议上,中、英、法、俄、西五种文字被定为正式联合国正式语文,1973 年又增加阿拉伯文为联合国大会的正式语文。许多人一直沾沾自喜,因为在世界总人口当中,使用汉语的人数最多。现在这种局面遇到挑战,许许多多祖祖辈辈操汉语的人正在普遍化地努力学习英语。中文差点没关系,英语考不好,学历就混不到。

生活在世界东方的中国人有名有姓,姓在前,名在后。生活在西方的英国人、美国人似乎习惯于名在前,姓在后。中国人用拼音字母标注自己的姓氏名字,有人采用"中式排列",有人采用"西式排列",于是再也闹不清 Gong Yi 这个中国人到底是姓 Yi 还是姓 Gong,闹不清 Qing Li 到底是不是 Li Qing。有人说,此事无所谓,死不了人。可是即便无关痛痒,到底也还是麻烦。郑玉歆教授[①]

[①] 郑玉歆:中国社会科学院数量经济与技术经济研究所研究员,博士生导师,党委书记。

建议,姓氏全用大写,名字只用大写字头,例如 ZHENG YuXin,即便有人写作 YuXin ZHENG,也会一目了然,知道姓氏何在。

笔者认为这是一个好的建议,至少值得在中国社会科学院率先推广实行。这种区分方式,既能尊重个人对东方或西方姓氏名字表达顺序的选择,或前或后,都可坚持;又能明确宣示"我是谁"。对于一些不分姓氏的少数民族同志,还可以继续采用只有字头大写的方式拼写自己的"无姓之名"。按此方式,这种"规范措施",除了对于那些坚持自己名字中每一个字母都要"大写"的人士们,推广起来应该不会有太大的阻力。——据说在英文当中,全都使用大写字母,就表示作者在放声高呼,大致相当于满篇都是惊叹号的意思,未知确否。

想想也是,如果连明确传达自己姓氏与名字的手段都不具备,即便死不了人,活着也没有多大意思。我们现在讨论的这个问题,一直受到关注,却始终没有解决,其中牵涉到现行的中国人名汉语拼音规定中存在的问题。

1974年5月中国文字改革委员会公布了"中国人名汉语拼音字母拼写法",其中规定"汉语姓名分姓氏和名字两部分,姓氏和名字分开,名字如为双音,应连写"。按此拼音法规定,明代天文学家徐光启应拼写成 Xu Guangqi,而非过去中国人姓名英译常用的 Xu Guang-Qi。由于国家并未规定或公布中国人姓名英译法,而汉语拼音字母与英文字母的字形基本相同,所以全国上下都把拼音法视为中国人姓名的英译法规则。例如,中国外交部签发的护照中,文字说明为英语,人名则用汉语拼音拼写。这说明用拼音法代替英译法的做法有官方默认。

用汉语拼音法当做人名英译法产生了严重的后果,造成国际文献中出现中国人姓名的极大混乱。拼音法规定有两个弊病，一是双音连写，取消了双音之间的短横，按英语习惯姓名缩写后 Xu Guangqi 变成 Xu G.，而非过去的 Xu G.-Q.，损失了一个汉字的信息量，造成大量假同名人。二是不仅取消双名之间的短横，还规定姓的拼音放在名字之前，外国人就分不清 Xu Guangqi 中哪个是姓，哪个是名。西方人往往按照他们的习惯，把后面的 Guangqi 认作姓，而把 Xu 认作名。（林元章，2000）

中国学者的外文署名方式五花八门。有人按拼音法规定，把姓放在名字之前，也有人按西方习惯把姓氏放在名字后边；有人坚持在双音名字之间加上横划，也有人把姓全部大写；把姓放在前面，有人在姓与名之间加逗点，也有人什么也不加。面对如此混乱的署名方式，真是叫人头疼。或问，他们中间孰对孰错？谁也不错，只是缺乏正确统一的指令而已。正如大部队在郊野行军，有男有女，途中休息总有如厕问题。此时最重要，是指挥者的"宣布"：以部队行进方向为准，男士在左，女士在右。克服混乱，如此简单，一个安排，统统解决。在这种时候你会发现，由有头脑而且掌握完全信息的独裁者实行的"独裁"，其实是进入美好世界的捷径。

2000年《科技术语研究》同时发表了4篇关于中文姓名英译的讨论文章。其中王仁院士也建议"姓全用大写，后面加一个逗号，名字中的每个字第一个字母都用大写，字间加短横，若用缩写则不要短横，例如刘永康可写作 LIU Yong-Kang；Liu, Yong-Kang；Liu, Y. K.；Y. K. Liu。"

王国祯（2000）认为，汉语拼音方案是拼写中国人名的最佳方案，没有必要再提倡什么"英译法"、"俄译法"、"日译法"；但是需要对拼音法作某些修改，建议"姓氏全部用大写字母拼写；双名两字间用短横,两字首字母均用大写"。"在一般情况下使用全名如 WANG Guo-Zhen;在某些特殊情况下可使用缩写人名 Wang G-Zh 或 WANG G-Zh"。一般来说,由于缩写人名不会发生姓和名混淆的现象,故此时姓氏不必全用大写,缩写名后的缩写点可不用,这不仅使编排格式简明,而且符合国家标准 GB7714-87 文后参考文献著录规则[①]的有关规定。

余永年(2000)认为,汉语拼音拼写华人姓名给国际交流带来不良影响。他以 1982 年创办的《真菌学报》为例指出:"1994 年科学出版社整顿期刊、统一规格,强制执行汉语拼音原则,将双名两音之间的短横去掉,姓也不大写……",说明强制推行存在缺陷的"规则"不仅无益于统一规范,还会导致更严重的混乱,说明学术行政化、学术官僚化是标准化和科学名词术语规范化的大敌。

再后,2002 年《科技术语研究》(第 2 期、第 3 期)连续开展了关于中国人名外译问题的讨论,发表了十余篇独立的文章和几十人的意见、建议,同时摘要发表了 1992 年语言文字应用研究所"中国人名汉语拼音字母拼写规则"课题组制定的规则(汉语人名部分)初稿。这份当时尚未公布的初稿中,已经列入了关于姓氏大写的内容,同时规定:根据实际应用的需要,姓和名可以全部大写。说明中国人名的外文表达看起来简单,其实很复杂,还需要投入更多的智力才能解决。简单的事,其实最不简单。

§8.3.3 捉虫运动:变废为宝的建议

苏东坡说:"人有悲欢离合,月有阴晴圆缺,此事古难全。"我们

---

① 《作者编辑常用标准及规范》,中国标准出版社,1997 年版,第 275-292 页。

关注社会科学术语规范的问题，当然会看到、提到许多不尽如人意的地方。但是面对这些问题不应该一味消极。毕竟所有这一切，都是因为科学昌明、社会进步才带来的新问题。术语是概念的描述，术语追随概念而生。正是因为社会发展引致交流，才会有更为迫切规范的术语需求。一味抱怨于事无补，还是应该拿出顾炎武"天下兴亡，匹夫有责"的精神，为社会贡献自己微薄的力量。

以大量存在术语或译名表达分歧的图书为例。这些图书的出版，是现今科学文化需要的产物，可是其中"杂有乱名"。对此可以考虑选择一些"乱名"数量较多的版本，发动社会或者交给学生们"挑错捉虫"。有条件的出版单位或其他部门甚至可以考虑举办这样的"文化活动"：书本请你自己买，然后请你来捉虫，捉虫多者得大奖，得不到大奖的人也会有"小奖"，或者是"开卷有益"的收获。这种活动不是事先规定一个正确错误的标准答案，而是要根据大家"捉虫"的结果再做进一步的研究分析。

开展"捉虫运动"，应该有助于社科术语规范，有助于中国语言规范水平的提高，也有助于图书出版质量的整体改善。其中所谓"虫"的定义，应该各有阶层、各为所需。例如，学习经济学的人，除了要挑出图书出版过程中疏漏的错字、别字，更要调动自己的专业知识，挑出图书在专业方面术语描述的歧义和语言问题。如果一个大学生或者硕士研究生能够确切判断某某版本图书中专业描述方面的正确与错误，提出关于"术语"和"术语规范"的建议意见，那么我们绝对可以说：这是一位合格的好学生。从活跃社会生活的角度看，组织举办这样的活动，还能引导社会风气的走向，放弃欣赏无病呻吟，放弃追求时髦怪异，以不学无术为耻，以学富五车为荣，树立一种崇尚文化、崇尚文明的好风气。中华民族要可持续发展,非常需要这种健康的风气。

发展循环经济,需要物资回收再利用,变废为宝。物质产品如是,精神产品亦然。既然受到历史局限的社会已经生产、造就了存在文字错漏、术语歧义、"杂以乱名"的图书,当然应该考虑如何"变废为宝",化腐朽为神奇。据说当年北京著名的商人王致和,就是把发酵腐化的豆腐块加工成"酱豆腐"、"臭豆腐",也叫做"红方"和"白方",而成为北京人餐桌上两道新鲜的美味。令人困惑的是,若按照一般理解的"食品卫生"概念,早时淮南王刘安发明的豆腐,已经是加入了"有毒有害物质"——盐卤或石膏等才制造出来的,再变了红白两方,更有"腐败变质"之嫌。可是"花絮绵如雪,红白腐似霜,人皆称美味,食之却安康",想起来总觉得有些奇怪的快乐之感,偶尔还可以调侃一下,想一想"臭豆腐"如何"保鲜"。

§8.4 术语探讨增加学术趣味

故老相传,书中自有颜如玉,书中自有黄金屋。把其中所谓"不健康"的因素去掉,故人所讲,就是关于学习趣味与快乐的问题。教育学的研究成果表明,关于教育,知识的传授非常重要,人类智慧就是知识积累与加工比较的产物;然而与知识相比,获得知识的方法更为重要;与其送给兔子白菜,不如给它种白菜的种子并且告诉它如何种白菜。儿童心理学家说,比方法更重要的是兴趣,兴趣是打开学问大门的钥匙。教育的目的,首先是要培养孩子关于知识的兴趣。可是在我看来,有一件比这所有的一切更重要的东西,那就是快乐,是一种每天喜气洋洋,晴天高兴,下雨也高兴的愉快心情;是一种看见书就高兴,读起书来摇头晃脑、得意忘形、乐不可支的欢乐情绪。有快乐"垫底",无论学什么、做什么都可以事半功倍、水滴石穿。

佛教有一种至高境界,叫做"得意忘形",后来被人们用成了贬义。其实"得意忘形"的本意是"得其意境而忘其形骸",是出家人修行得到领悟真谛的至上成果。今人常渴望"寓教于乐",而"寓乐于教"可以收到更好的效果。千百年来术语活动所形成的名词术语,其中浓缩着各种各样科学的知识,也包含数不清的幽默和风趣。读读这些故事,可以在增进知识的同时感受快乐,也从点点滴滴开始,逐渐培养起学子关于学术的乐趣,使他们成为"脱离了低级趣味的人"。

§8.4.1 阻尼

物理学前辈学者钱临照先生(1988)在一篇回忆近代物理学名词工作的文章中提到:

> 中国物理学会于1932年春成立,设立了三个委员会,名词审查委员会是其中之一。翌年夏在上海淮海中路(当时称霞飞路),中央研究院物理研究所内召开第一次审查会议,到会者有丁燮林、何育杰、严济慈、吴有训、杨肇燫及编译馆人员。我任记录。记得当时议及"damping"一词,有译减幅、阻迟等说,总觉未妥。翌日继续开会,杨肇燫一到会即云,昨夜忽得一"尼"字有逐步减阻之意,众咸称善,遂定译为阻尼。

阻尼是一个基本的物理概念。按《现代汉语词典》(1994)解释,振动的物体或振荡电路,当能量逐渐减少时,振幅也相应减小,这种现象叫做阻尼。振幅逐渐变小的振动叫阻尼振动。振幅逐渐变小的振荡叫阻尼振荡。《辞海》词条有阻尼振动:振动(振荡)系统受到阻力作用,造成能量损失而使振动逐渐减小以至消失的振动(振荡)。

令人费解的是,在《现代汉语词典》第5版(2005)中,"阻尼"一词却不复存在。

英文中的damping,作名词或形容词,有减振、缓冲、制动、衰减、抑制、稳定、复原、回潮、润湿等多种意义,几乎可以全数包容在"阻尼"当中。damp一词本身,还有弄湿之意;damping-off就是名词,(湿)烂,猝倒病。(《英汉科学技术词典》,1991年版,第454页)猝倒病是一种植物病害名。植物的幼苗感染土传真菌后基部坏死而猝然倒伏。

《现代汉语词典》中"尼"只有一个读音ní,释作尼姑,指出家修行的女佛教徒。实际上,"尼"是梵语Bhikṣuṇī之音译"比丘尼"的省称,如僧尼;削发为尼。然而深究起来,尼字却还有另外两个读音nǐ和nì。

按《辞海》释义,尼读作nǐ(第三声)时,意为阻止,如:阻尼。《墨子·号令》:"淫嚣不静,当路尼众,舍事后就。"毕沅注:"尼,止。"但在《现汉》(1994),阻尼的"尼"是标为第二声。

再按《王力古汉语字典》,"尼"字条下标有两个读音ní和nì(第二和第四声)。在第二声(女夷切)读音下,尼字有两个义项。①安宁。[宋]洪适《隶释》[汉]山阳太守祝睦后碑:"竟界尼康。"②梵文Bhikṣuṇī(比丘尼)的省称。尼姑,信佛出家的女子。在第四声(今读尼去声)读音下,尼字又有两个义项。③阻止。孟子《梁惠王·下》:"行或使之,止或尼之。"④近。通"昵"。《尸子·下》:"悦尼而来远。"

如此看来,当年教导杨肇燫先生文字的老师必是功夫了得。若按照今天多数学子的语文功夫,大概无论如何也想不到尼字除了描写尼姑竟还有其他用意。

阻尼是物理学名词。在中国,物理学名词术语的规范审定工作开始于1932年中国物理学会成立。从那时起,除了"无产阶级文化大革命"的十年动乱时期以外,学会对物理学名词术语的审定工作始终没有中断。在这个过程中,涌现了许多具有中国语言文字特色的物理学术语和名词。例如noise在《物理学名词》中订为噪声,而不用"噪音",因为中国古书中就有关于声和音的区别,成调之声才是"音"。既然是"噪"的,当然只能是声而不再用音。

1976年《高能物理》创刊后,有一段时间人们把charm quark译成"魅夸克"。Charm有"魔力"的含义,也有"娇媚动人"的意思,又可作"美好"解。"魅"字只有前两者,但无"美好"之意,这将会引起不正确的联想。最后是王竹溪先生建议,订名为"粲夸克",取《诗经·唐风·绸缪》"今夕何夕,见此粲者"句中"粲"字"美物"之意,不但语义确切,同时照顾到发音与charm相近,实为难得的好例子。(赵凯华,1985)由此看来,在订立外文术语译名时,可以以其读音为线索,努力搜寻汉语当中读音相似、含义贴切的字或词,赋予它们新的生命。这种广义概念下"述而不作"①的译名方式

---

① 述而不作,谓只阐述前人成说,自己无所创作。《论语·述而》:"述而不作,信而好古。"朱熹注:"述,传旧而已,作,则创始也。孔子删《诗》、《书》,定《礼》、《乐》,赞《周易》,修《春秋》,皆传先王之旧而未尝有所作也。故其自言如此。"《礼记·乐记》:"作者之谓圣,述者之谓明,明圣者,述作之谓也。"参见《辞海》。

音意兼顾,容易收到一箭双雕的良好效果,恰似电影《飘》和《魂断蓝桥》的片名汉译,言简意赅,心驰神往,足以成为经久不衰的佳话。

§8.4.2 妖婆曲线

学习解析几何和微积分课程,可能会遇见三次曲线 $X^2 Y = a^2(a-Y)$,它的图画形象如图 8.4.2 所示。这种曲线在我国数学教科书上叫做"箕舌线"(witch),大概是以其形状来命名的。有趣的是它的英文名字 witch,直译出来就是"妖婆"。在英文中,witch 作动词($vt.$)用时意为迷惑、蛊惑;用作名词($n.$),表示箕舌线、巫婆。特指旧时在童话中穿着黑色斗篷、戴着尖尖帽子、骑着一把扫帚满天下飞行的那种女巫。Witch 一词,即可以用来比喻迷人的女子,也可以用它的贬义,形容丑丑的老太婆。(《牛津高级英汉双解词典》第四版)一条数学上的三次曲线,为什么会取了这么一个古里古怪的名字呢?说来话长,它和文艺复兴时期著名的一位女数学家阿涅西(Agnesi)有些关系(尹斌庸,1985)。

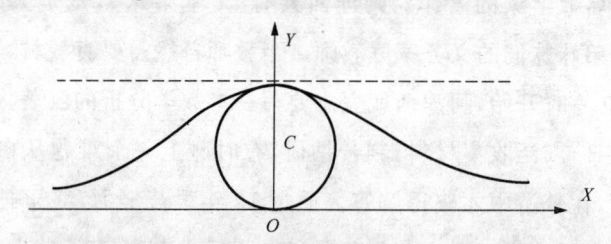

图7 妖婆曲线(witch):三次曲线 $X^2 Y = a^2(a-Y)$,在中国叫做箕舌线,在英文里却是妖婆。

图版来源:《自然科学术语研究》1985(2)。

阿涅西的全名,玛丽亚·盖塔娜·阿涅西(Agnesi, Maria Gaetana, 1718—1799)是才华横溢天赋特殊的意大利数学家和语言学家。1750年她被任命为数学和自然哲学主讲,在波伦亚大学的这个位置以前是由她的父亲 Pietro di Agnesi 担任的。她的 *Instituzioni Analitiche ad uso della Gioventù Italiana*《意大利青年使用的分析原理》(1748)是关于新几何方法的一部力作,1801年由琼·考尔生(John Colson)译成英文(《分析原理》),1815年曾译成法文,在英法两国广泛流传。(斯科特,2002)另据《数学辞海》(2002年版),阿涅西在30岁的时候完成的重要著作为《解析的直观》(*Aberdeen Marisohal*),后来她被任命为波伦亚(Bologna)大学荣誉教授。她还研究过三次曲线 $X^2Y=a^2(a-Y)$,现被称为"阿涅西箕舌线",1749年获罗马教廷金质奖章。

1718年,阿涅西出生于意大利的米兰。她自小就有"神童"之称,少年时期就学会了拉丁、希腊、希伯来、法语等9种语言,并且无师自通地阅读了牛顿(Newton)、莱布尼茨(Leibniz)、费尔马(Fermat)、笛卡尔(Descartes)、欧拉(Euler)、伯努利(Bernoulli)兄弟等著名数学家的著作。阿涅西共有21个弟妹[①],她是大姐,当上了弟弟妹妹们的义务家庭教师。当教师自然需要有教材。大概从她20岁时开始,阿涅西就立志要写一本数学分析的巨著。于是夜以继日,广泛收集材料,刻苦钻研,有时碰上一个难题从白天想到晚上,在梦游中才获得解答。通过10年艰苦努力,终于把书写成。全书四大卷,1748年在意大利出版后立刻轰动了学术界,被誉为当时微积分最全面、最精辟之著作。阿涅西因此受到意大利女王玛丽亚·特蕾萨(Maria Theresa)的赞赏和特别奖励,后来还

---

① 尹斌庸先生《妖婆曲线》原文中如此:"Agnesi 共有21个弟妹,她是大姐……",未经考证。遗憾的是尹先生也已过世,无法再行请教核实。

担任过波伦亚(Bologna)大学的荣誉讲师、自然哲学和数学会主席等职务。

阿涅西写这部书的最初目的只不过是给弟妹们当教材用,没想到出版后竟产生了世界性的影响。这部书先后被译作法文、英文,广泛用作大学教材。阿涅西在这部书中对上面提到的三次曲线 $X^2Y=a^2(a-Y)$ 作了极为精辟的研究,并称这种曲线为"正矢曲线"。1801 年(阿涅西去世后两年),英国剑桥(Cambridge)大学教授琼·考尔生(John Colson)翻译此书为英文。因为"正矢"一词的意大利文 versiera 又有"魔鬼的妻子"的意思,这位教授先生未加深究,信笔一挥,竟把它译成了 witch(妖婆)。于是以讹传讹,一发不可收拾,妖婆曲线的名称一直沿用下来,直到现在。就连阿涅西也不明不白地获得了"妖婆"的美称。在科学出版社 1978 年出版的《英汉数学词汇》和许多科技类双语辞书中,可以分别查到 versiera、witch,其对应的汉语译名都是"箕舌线"。英文单词 versine 在数学中即为"正矢"。《数学辞海》(第一卷)中有箕舌线(versiera),另有阿涅西箕舌线(Agnesi witch)两个词条,后者释义:即"箕舌线"。——妖婆终于不见了。

关于"妖婆"Agnesi 和其他有关的各种名字,尹斌庸先生在他的文章中均直接引用了外文原名,未加翻译,为笔者在引用时重新查证资料带来很多方便。在侯德润与张兰翻译的《数学史》(斯科特,2002)中,Agnesi 被译成阿格乃西;在山西教育出版社、东南大学出版社、中国科学技术出版社共同出版的《数学辞海》中,Agnesi 等价于阿涅西。笔者采用《数学辞海》的译法,一是考虑阿涅西到底是数学家,并假定《数学辞海》的撰写者一定也是数学家。既然数学家们称她为阿涅西,作为"行外人"的我们也不妨顺而从之。

为给读者留下纠正本文错误的线索,在使用中文译名的同时,仍然注意保留了外文的原名。

数学里有"妖婆"当然也有"妖怪"。科学出版社出版的《数学聊斋》(王树禾著)中有两个漂亮图案,(图 8.4.2.1),即被称之为妖怪(snark graph)。英语中的 snark,是一种"神秘的、不可思议的、难解的、想象中的、假想的、虚构的、幻想中的动物,——能有感觉并能自行移动的生物"。[①] 妖怪(snark)用在此地是作为数学,具体来说是图论(graph theory)术语,并非贬义的绰号。图中(a)是佩特森(Petersen,Julius,1839—1910,丹麦数学家)首先讨论过的,所以又称 Petersen 图,它已经成为图论学科的"徽章",在各种有关图论的杂志和著作的封面上经常出现。由于它是顶数最少的妖怪,所以亦称"小妖"。之所以把这种图形称之为妖怪,是因为满足这种图形要求的图很难设计(捕捉)出来,妖怪并非贬义,而是要显示它的神秘和妖美。(王树禾,2005)正如中国人所崇尚的"龙"在许多西方人的语言概念中竟是暴力与邪恶的象征;又好像现实流行的调侃语汇,把"白骨精"解释成白领、骨干、精英,合称白骨精;古时候的曹植在描写美女时也会说"美女妖且闲,采桑歧路间"。说明语言代号的"美丑善恶"并没有绝对的尺度标准,在不同的文化范围内可能呈现出完全不同的指示含义。我们上面所谈到的"妖怪",应该是一些可爱的家伙,它们躲在数学当中的图论学科里,有兴趣的读者不妨到那里去寻找它的身影。

在自然科学领域,还有著名的"麦克斯韦妖"和拉普拉斯所想

[①] A mysterious, imaginry animal. [SN(AIL+SH)ARK; coined by Lewis Carroll]. p.1347. *Webster's Encyclopedic Unabridged Dictionary of English Language*, GRAMERCY BOOKS,1994.

象物理学和动力学中的"小妖"。"麦克斯韦妖"是英国物理学家、经典电磁理论的奠基人詹姆士·克勒克·麦克斯韦(James Clerk Maxwell,1831—1879)假设的一种能导致孤立系统熵减少的理想装置。而"拉普拉斯妖"能在任意给定瞬间观察组成宇宙的部分的每一物体的位置和速度,并能推断出该物体的所有变化,无论是向着过去的还是向着未来的变化。谁也不曾梦想有一天某个物理学家能从拉普拉斯妖所占有的知识那里得到什么好处。拉普拉斯自己也仅仅是利用这个编造出来的故事来说明我们的无知所达到的程度,以及对某些过程的统计描述的需要。(伊·普里戈津、伊·斯唐热,1987)

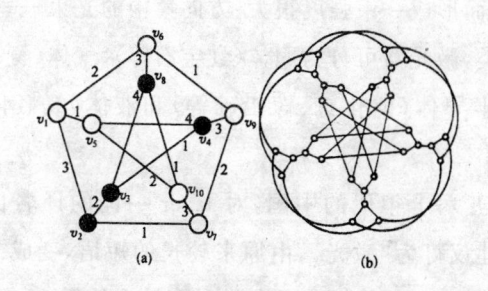

图 8　图论里的妖怪(snark graph)。

图版来源:王树禾《数学聊斋》图 3-45,第 212 页。

§8.4.3　激光与航天

科学家钱学森先生在汉语名词工作方面有很多贡献。激光(laser)与航天(spase),这两个术语的成立都与钱学森有关。

激光的英文名称 laser,原是"光受激辐射放大"(light amplification by stimulated emission of radiation)的首字母缩略词,也有译作"莱塞"、"镭射"、"雷射"、"睐泽",或"受激发射光"、"光量子放大"等不下几十种。现在用激光来指称由激光器发射的光束。激光器，亦称"光激射器"，指利用受激辐射原理使光在某些受激发的工作物质中放大或振荡发射的器件。用电、光及其他方法对工作物质进行激励，使其中一部分粒子跃迁到能量较高的状态中去，当这种状态的粒子数大于能量较低状态的粒子数时(称为"粒子数反转")，由于受激辐射作用，该工作物质就能对某一波长的光辐射产生放大作用，当这种波长的光辐射通过工作物质时，就会射出强度被放大而又与入射光波位相、频率、方向一致的光辐射，这种情况称为光放大。若把激发的工作物质置于谐振腔内，则光辐射在谐振腔内沿轴线方向往复反射传播，多次通过工作物质，使光辐射被放大很多倍，而形成一束强度很大、方向集中的光束——激光。按工作物质分类，激光器可分为固体(红宝石等)、气体(氦、氖、氩、二氧化碳等)、半导体(砷化镓、镓铝砷等)和液体(氧氯化磷等)激光器。

20世纪五六十年代的中国，对 laser 一词的译名比较混乱。后来钱学森建议订为"激光"，由原来较长的短语，变成二字词，并有顾名思义的特点，很快被相关各学科和社会接受，实现了名词统一。后人在谈到科技术语，常常赞誉"激光"命名简洁明了，是意译术语的成功范例。

对于汉语术语的命名，钱先生主张"要根据汉语习惯定名，要让人一看就有中国味"。在1987年9月全国科技名词委工作会议上，钱学森说：

> Laser 这个名词，我曾建议订为激光，被接受了，我很高兴。Space 这个词有的译为"空间"，给人感觉是空

空洞洞的。我根据毛主席的诗句"巡天遥看一千河",建议把它订为"航天";连同"航天飞机",一般被接受了。我考虑在太阳系飞行叫"航天",在空气中飞行叫"航空",将来在银河星系以及大宇宙中飞行可以叫"航宇"。

钱学森同志的讲话摘要,《自然科学术语研究》,1987(12)。

航天、宇航、空间等词的用法一直比较混乱。1982年4月成立航天研究院,以及后来全国人民代表大会决定成立航天部和航空部时,对名称有争议,最后接受钱学森的意见,作出决定,成立航天部。但是,关于space到底该怎样定名的问题的讨论,始终没有休止。(张霄军,2007)

与统一语言文字的重要性一样,名词术语的统一是国家统一的一部分,是发展科学技术必要的基础条件。如果不能正确地了解科技名词术语,就无法正确地了解科学;如果不能认真地对待科技名词术语的命名,科学技术也就很难在中国的土地上生根。钱学森抱着强烈的为国为民的责任心来做名词术语工作,因此更有坦荡的胸怀。他说:"我在这方面的经历,有成功的,也有失败的经验,例如天文学上的black hole,我建议叫'陷星',现在我看到这里公布的还叫'黑洞'。"直到前几年,在他身体不好的情况下,仍然亲笔写信给名词委,参加virtual reality译名问题的讨论。(樊静,2005)

从定译"激光"的成功,到建议"陷星"的失败,前者是删繁就简,字数N∶2,神奇化易;后者是迂回立名,字数2∶2,易化神奇。"神奇化易是坦道,易化神奇不足提。"(华罗庚句)这也是术语定名时需要遵循的普遍原则:从简从直。Black hole是任何物质或辐射均无从逃逸的外太空区域,其英文直译就是黑洞,直截了当,简单明白,再把它写成无法对照和直接回译的"陷星"的确不好。黑洞是"洞",可以装入很多东西,陷星是"星",给人的感觉是一个硬邦邦的实体,没有再装东西的空间,与"陷"字的动作意义存在冲突;而"黑"给人以神秘幽深的感觉,更符合 black hole 的本意。再者黑洞与陷星都是二字词,弃旧图新,转换意义不足。"黑洞"好过"陷星"。

从这个例子中我们还可以看到,中国科学工作者特别是名词术语界具有一种与生俱来的良好风气:坚持真理,坚持原则,在学术面前人人平等,从善如流。科学术语的确立,是探索,是研究,科学没有止境,因此术语工作也不能以一词一字的成败论英雄。毛泽东说,有比较才能鉴别,有鉴别,有斗争才能发展,真理就是在同谬误的斗争中发展起来的。在科技名词和术语规范工作中,没有你死我活的斗争,只需要心平气和、当仁不让的讨论。斗争和讨论也是术语,它们反映时代思维的不同。随着社会科学的真正发展,人类的真正进化,"讨论"会成为一种自然而然的生活内容,而人与人之间"斗争"的事实必将成为历史。作为术语的"斗争"将永远存在于历史,却在现实生活中消失。

§8.4.4 ENIAC 和 EDVAC

如前所述,激光(LASER)原是"光受激辐射放大"(light amplification by stimulated emission of radiation)一长串英文描述的首字母缩略词,定译为"激光",瘦身成功,闪亮登场,与阳光、电光、火光、星光结伴,成为汉语词汇"光"家族中的一员。但是与 LASER 类似的另外两个"首字母缩略词"ENIAC 和 EDVAC 却没有这样的荣幸。

ENIAC 和 EDVAC 分别对应着两台电子计算机,是电子计算机技术发展史上的两座纪念碑。ENIAC 是"电子数值积分和计算机"英文名称(Electronic Numerical Integrator and Computer)的首字母缩略词。EDVAC 则是"离散变量自动电子计算机"英文名称(Electronic Discrete Variable Automatic Computer)的首字母缩略词。它们顽固地保持着英文"首字母缩略词"的形象,了解这两个术语,几乎就是回顾电子计算机时代如何到来的那一段历史。

§8.4.4.1 不可忘记的巴贝奇

古人讲究"述作",追求圣明,创造新东西的人是"圣",传述前人成果的谓之"明"。在现代计算机技术发展史上,巴贝奇是不折不扣的圣人。现代计算机与早期机械计算装置的根本区别,在于它能够自行实现独立的运算。这些运算的每一步骤,都在事先存储于计算机内部的指令控制下完成。这些指令的集合称为程序。解决程序的存储问题,是从机械式计算机走向现代计算机的关键之一。

第一个把程序控制概念引入计算机的是英国数学家 C.巴贝奇(Charles Babbage,1791—1871)。巴贝奇生于英国德文郡,幼时即充满好奇心和想象力。1810 年 10 月,巴贝奇进入剑桥三一学院,攻读数学和化学。当时英国的教育界被沉闷保守的气氛笼罩,而由莱布尼茨提出并由法国数学家改进的微积分已在欧洲流行。为此,巴贝奇与朋友们建立了一个俱乐部,叫做分析学会,试图介绍和研究欧洲大陆的数学成就。(胡显章、曾国屏,1998)巴贝奇一生成绩斐然,涉猎领域包括数学、神学、天文学和政治学,发表著作和论文 80 多种。他还是发明家,航海用的灯塔、邮政系统等是他诸多研究和发明的典型。然而,他最重要的成就是在机械计算方面。他追求完美,追求精确,认为机械计算设备需要改进。因为这些原始、用手工操作的计算器速度极慢且容易出错。粗心的计算错误大量出现在天文和航海表中,引起沉船之类的恶性事故。巴贝奇试图制造一台机器,既能计算又可以排列数表,同时避免手抄和印刷的错误。

1822年,巴贝奇设计了一台可以运转的差分机模型来计算数表,特别是那些对航海至关重要的数表。这是一台仅能运算加法的表格专用差分机,和当时的计算器相比似乎是倒退。但是这种机器有一个重要的改变:它不再是每次只做一个运算,而是能够按照设计者的安排自动实现整个运算过程。这就是程序设计的萌芽。从这里开始,巴贝奇走上了成为现代计算机先驱者的道路。

瑞士的一名技术编辑申茨(G. Secheutz)在《爱丁堡评论》上读到了巴贝奇差分机的设想,在1840年和他的工程师们制造出一台可计算一阶差分的小机器。后来又扩展到三阶差分,增加了打印功能。1853年他们制造出可以计算到四阶差分的"制表机",能加工五位数字,并打印结果。这种机器的制造,不仅得到伦敦皇家学会的认可,也得到了巴贝奇本人的热烈支持。申茨的差分机证明了巴贝奇设想的伟大。

大约在1834年,巴贝奇决定研制一台与差分机完全不同的新机器——分析机,它比差分机更容易制作,计算速度更快,而且具有通用性,可以进行数字或逻辑运算。构思它的特征,巴贝奇用了两年时间。这种机器有专门控制运算程序的机构,而机器的其他部分可以进行各种具体的数字运算。巴贝奇为机器所能达到的计算能力惊喜万分。他在写给布鲁塞尔皇家科学院的信中说,我本人都被自己所赋予给这台机器的威力所震惊,竟忘却了它还未制作出来。巴贝奇关于分析机的构想与计算机的最后实现已经十分接近。假若这台机器真正制作出来,那将是世界上第一台通用计算机。《巴贝奇传记》的作者认为,分析机是人类思维历史上最重要的成就之一。

巴贝奇关于分析机的设计非常精确,后人尊称他为"计算机先驱者之父"。一位早期计算机的制造者 H. 艾肯(Howard Aiken)感慨道:"假如巴贝奇多活 75 年,这位 19 世纪的发明家肯定会盗走我的惊天动地的成就。"然而"超前者死",巴贝奇生不逢时。由于缺乏足够的课题经费,加之当时的技术条件尚未成熟,巴贝奇的伟大发明被尘封于历史博物馆。1871 年巴贝奇辞世,在此后的几十年间,他的名字几乎被遗忘,只是到了 20 世纪 40 年代,他的贡献才得到承认。如果巴贝奇幽灵有知,走进 21 世纪,他一定会对今天计算机的广泛应用而惊愕万分。但是,当他看到计算机的内部结构时,所有的惊叹都会荡然无存。现代计算机与他构想的机器相比,关于中央处理器和存储器的概念如出一辙,所有的不同仅仅在于,前者用的是电子元件,而后者用的是齿轮和杠杆。(胡显章、曾国屏,1998)也许会有这样一天,一群富于回顾和探索精神的后起之秀,会实践巴贝奇的构想,重新用齿轮和杠杆,制造出货真价实的"世界上第一台通用计算机"。这也将是一件足够伟大的事情。

§8.4.4.2 不可或缺的电子管

今天提起电子管,可能对大多数人来说都很陌生。但在早期电子计算机刚刚问世时,电子管却是不可或缺的重要元件——世界上第一台电子计算机埃尼阿克(ENIAC),总共使用了 18000 支电子管。现代电子计算机的诞生是各种技术因素与社会因素共同作用的结果。就技术因素来说,除了计算技术本身的发展,电子管的发明是最重要的技术前提。

电子管(electron tube;valve),是在玻璃、陶瓷或金属的密闭管壳内,抽成真空或充以少量特定气体,利用和控制电子流传导的电子器件。管内含有发射电子的阴极和收集电子的阳极,以及控制电子运动的栅极和其他辅助电极。电子管分真空管和离子管两大类,作整流、放大、调制、发射等用。从术语翻译的角度看,电子管是 electron tube 两个对应单词的直接翻译;另一个表示电子管的词汇 valve 在英文中有几个义项,分别表示阀、瓣膜、(管乐器的)活塞等,也等价于 vacuum tube,即真空管、电子管,是美式英语用词。

1884年,爱迪生介绍了他在改进碳棒照明灯泡过程中发现的热电子放射现象。这一现象引起英国工程师弗莱明的注意,并做出了他称之为二极管(diode,DIO,或 dio)的划时代的发明,1904年获得专利权。弗莱明发明的二极管有整流和检波作用,可以将交流电变为直流电,但性能不稳定,在实用中并不成功,甚至不及同时期发明的矿石检波器。然而不到两年,美国人德弗雷斯特(Lee De Forest)给电子管带来了巨大的进步。他在二极管中引入了一个金属栅极,栅极单独连接电池,从而制成了三极管(triode; radiotron,电子三极管,真空管)。值得一提的是,这位青年发明家非常穷困,为了给他伟大的发明筹集15美元的专利申请费,竟整整花了三个星期。这是世界上最早的三极管,它的开关速度比继电器快1万倍。1919年,两位科学家把一对电子三极管连接起来制成第一个电子触发器,这是电子计算机所需要的最基本的电子线路,在计算技术中大有作为。英文单词中 trio 有三重奏之意,强调三个一组的含义,而 radio-强调发射、辐射、放射。观察这两个术语定义,可知术语描述由于所强调的侧面不同,会形成不同的词汇,却指向同一个被描述的目标。

20世纪30年代后期,目光敏锐的学者们已经注意到使用电子管以提高计算速度的可能。早期的探索者首推阿塔纳索夫。此后直到20世纪40年代中期,许多试验者、探索者装制成功一些部件或雏形,都因为经费不足而拿不出完整的计算机。阿塔纳索夫与他的同事贝利合作,试制一台能够求解包含30个未知数的线性代数方程组的电子计算机,只得到600美元的经费,其中还要包括贝利的工资。同一时期,德国的朱斯与他的同伴计划建造一台有1500个电子管、每秒能运算1万次的电子计算机。这台机器的运算部件于1942年完成,但是整个计划却夭折了。(胡显章、曾国屏,1998)

万事俱备,只欠东风。电子管早已产生,尝试把电子管与计算技术相结合的努力也获得了初步的成功,电子计算机的诞生指日可待。现在需要的,只是一个契机。这个契机终于出现,第二次世界大战激活了人类对于电子计算机的朦胧需求。人类是一种怪诞的动物,他们为了实现彼此之间的杀戮,居然可以创造并且运用着高超技术的一切可能。

§8.4.4.3 不可一世的 ENIAC

决定建造 ENIAC 的巨大动力来源于军事上的迫切需求。在第二次世界大战前后的时期,主要战略武器是速度快、攻击性强的飞机。因此,如何击落飞机和各种高速航行的飞弹就成了当时军事科学的重要议题。首当其冲,是要解决弹道计算问题。1935

年，美国陆军军械部在马里兰州的阿伯丁建立起一个分部，后改名为"弹道研究实验室"，专门从事弹道研究。这个实验室是当时世界上最大的计算中心。虽然它们使用的计算工具远不能与今天的计算机同日而语，却也集中了那个时代最先进的计算工具。贝尔实验室发明的继电器计算机，IBM（国际商用机器公司）的600系列计算机，以及微分分析机都曾是他们最重要的计算工具。

二次大战中，阿伯丁弹道研究室与美国宾夕法尼亚大学莫尔学院电工系每天都要为陆军炮兵部队提供6张火力表。这项任务非常艰巨而紧迫。每张表都要计算几百条弹道，而一个熟练的计算员用当时最好的台式计算机计算一条飞行时间仅为60秒的弹道要花费20个小时，即使是用大型的微分分析机也需要15分钟。从战争一开始，阿伯丁弹道实验室就不断地对微分分析机作技术上的改进，同时聘请了两百多名计算员，日夜加班。即便如此，算出一张火力表也需要两三个月。问题的严重性由于战争的需要而愈加突出。

当时负责阿伯丁弹道实验室同莫尔学院电工系联系的军方代表，是美国陆军军械部一名年轻的中尉戈德斯坦（Herman H. Goldstine）。此人曾经在大学当过数学助教，而他的一位朋友毛切利（J. W. Mauchly）正好在莫尔学院电工系任教。毛切利阅读了阿塔纳索夫关于电子计算机的设想，写出一份报告，题为《高速电子管计算装置的使用》。这个报告实际上成为世界上第一台电子计算机 ENIAC 的初始方案。毛切利也多次介绍自己关于电子计算机的设想，建议用电子管代替继电器制造更为快速的计算机。思维敏捷、精明干练的戈德斯坦立即意识到这一设想对于解决弹道计算问题的巨大意义，当即向他的领导吉隆上校汇报，获得支持。接下来,军械部要求莫尔学院草拟一项为阿伯丁弹道实验室制造电子计算机的计划。

1943年4月2日,莫尔学院负责与阿伯丁联系的布莱尼德教授按照要求完成了这份计划报告。一周以后,1943年4月9日,布莱尼德由毛切利和J.P.埃克特(J.P. Eckert)陪同,到阿伯丁出席第一次会议。阿伯丁弹道实验室方面出席会议的,有实验室负责人L.E.西蒙上校和他们的主要科学顾问、著名数学家O.威伯伦博士。威伯伦的意见举足轻重。在听取了戈德斯坦的简短说明之后,威伯伦支起座椅后腿沉思片刻,接着"砰"的一声放下椅子站起身说道:"西蒙,给戈德斯坦这笔经费!"说完就离开了会议室。这是一次戏剧性的会议,却带来了历史性的后果。6月5日,军械部与莫尔学院正式签订了代号为W-670-ORD-4926的合同,投入10万美元研究经费,制造第一台电子计算机的工作就此展开。毛切利负责工程的逻辑设计,埃克特负责电路设计,戈德斯坦上下联络。经过将近两年的紧张工作,名为"电子数值积分和计算机"的庞然大物ENIAC(Electronic Numerical Integrator and Computer)终于诞生了。(胡显章、曾国屏,1998)

ENIAC在1945年制造成功,1945年12月,它开始解算弹道实验室送来的第一道题目,在次年2月完成计算,于是在1946年2月15日正式举行了揭幕典礼。1947年,它被运往阿伯丁,起初专门用于弹道计算,后来经过多次改进而成为能进行各种科学计算的通用计算机,一直运行到1955年10月才停止工作。ENIAC总共使用了1.8万支电子管,7万只电阻,1万只电容,耗电量为140kW(千瓦),占地面积170平方米,每秒钟进行5000次运算,比使用继电器的机电式计算机快了上万倍。

"江山辈有才人出,各领风骚数百年",到电子计算机时代,老皇历不能用了。不到十年时间,ENIAC 就进了博物馆。遗憾的是,这个家伙始终没能得到与 ENIAC 对应的汉语名称,或许就是因为它寿命太短。说明汉语科技术语的确定的确不是一件容易的事情。严复说"一名之立,旬月踟蹰",周有光说"一名之定,十年难期"。因为语言概念传递的阻隔,两相差异,十年难期。尊名大号尚未确定,它却已超然而去,驾鹤西巡。用汉语起名的事,自然只能作罢。

§8.4.4.4 不可不说的 EDVAC

ENIAC 在计算机发展史上的地位不容置疑,但是它的基本结构与传统的机电式计算机并没有本质区别,还没有显示出由于采用电子元件所提供的巨大能力。ENIAC 的主要缺点在于,它的程序是"外插型"的,即用线路连接的方式来实现。这种缺点使得 ENIAC 不易使用,也许为了几分钟的计算,准备工作就需要几小时甚至几天。设计者曾经试图通过增加存储等各种方法来克服 ENIAC 的缺陷,但问题的最终解决却有赖于冯·诺依曼(J. von Neumann)的出场。冯·诺依曼在将其天赋转向计算机科学之前已经是世界上最卓越的数学家。他于 20 世纪 40 年代提出存储程序型计算机的设计原理,时至今日仍在普遍使用。虽然存储程序计算机的发明权存在争议,但冯·诺依曼在倡导和宣传这一设计思想上所起的推动作用则为举世公认。

1944 年,冯·诺依曼参加了与莫尔研究小组的积极合作。10 个月后,在 1945 年 6 月,他撰写了一份长达 101 页的报告:《关于 EDVAC 的报告草案》。这份报告总结了莫尔学院研究小组的设计思想,制定出了一套全新的存储程序通用电子计算机方案——

离散变量自动电子计算机(Electronic Discrete Variable Automatic Computer),按字头缩写,简称 EDVAC。EDVAC 具有新的逻辑系统和构造,具有可存储、可编程的存储器。EDVAC 由(1)计算器;(2)逻辑控制装置;(3)存储器;(4)输入;(5)输出共五部分构成。人们把根据 EDVAC 设计方案制造出来的计算机称为"第一代电子计算机"。《关于 EDVAC 的报告草案》,是计算机发展历史上一个非常重要的里程碑。(胡显章、曾国屏,1998)

从术语研究的角度看,EDVAC 与 ENIAC 一样,没有公认对应的汉语术语译名。虽然他们与激光(laser, light amplification by stimulated emission of radiation 的首字母缩略词)、雷达(radar, radio detecting and ranging 的首字母缩略词)、声呐(sonar, sound [operation] navigation [and] ranging 的首字母缩略词)一样,都是代表着一个时代技术发展成就的语言浓缩,却不能在汉语中享受同样的"术语"待遇。论及其中原因,当然见仁见智。不过依笔者看来,技术变动的频繁性与相应产品所属类别的高低显然是具有决定意义的因素。现如今,激光与雷达已经分别成为不必额外解释的具有"类别"性质的名词,而 EDVAC 与 ENIAC 都受到"计算机"这样一个类别名词的涵盖。EDVAC 与 ENIAC 只是计算机森林当中的树木,虽则伟大,却在转瞬间遭到更多树木的荫蔽,成为沉默的辉煌。

从另一个角度说,真正伟大的思想应该属于全人类。冯·诺依曼关于程序存储计算机概念的贡献也不能例外。也许他不能为此而获得更多来自版权的报酬,却在人类科学的历史上留下深深印记,他所倡导的 EDVAC,与巴贝奇的贡献一样,也是沉默的辉煌。另一种变化的语言现象,是激光原本对应的英文大写形式

LASER 和雷达所对应的 RADAR 现已不再多见,而代之以完全小写的 laser 和 radar。仅就笔者手边的工具书而言,除在上海译文出版社 1978 年 4 月版《新英汉词典》中还可以查到 laser、radar 和 sonar 的英文全称,其他如国防工业出版社 1991 年 9 月版《英汉科学技术词典》、[①]商务印书馆和牛津大学出版社 1997 年 9 月版《牛津高阶英汉双解词典》、商务印书馆国际出版公司 2006 年 1 月版《汉英词典》等均不加解释地直接采用 laser、radar、sonar 全部小写的单词形式。说明语言变化虽然来路清白,但随时间演进同样会达到"英雄不问出身"的境界。

§8.4.5 卢卡斯的女巫前妻

卢卡斯是谁? 20 世纪 70 年代著名经济学家罗伯特·卢卡斯(Robert Lucas,1937—),是他提出了"理性预期理论",但自己并没有"理性预期"到自己将会获得诺贝尔经济学奖,倒是他的前妻"非理性预期"到了这一点。由此,有关他的一段逸闻,常被冠以"卢卡斯的女巫前妻"的题目。

卢卡斯与前妻 1982 年分居,1989 年正式办理离婚手续。此时前妻提出:若是卢卡斯在 1995 年年底前获得诺贝尔奖,她要分得全部奖金的一半。卢卡斯以为,获诺贝尔奖,简直就是开玩笑,于是漫不经心地答应了前妻的条件。(郭万超、辛向阳,2005)然而就在 7 年后,1995 年 10 月 10 日诺贝尔奖评审委员会宣布卢卡斯获经济学奖:"罗伯特·卢卡斯:1937 年生于美国;获奖缘由:倡导

---

① 在这个版本中收录并解释了 SONAR 或 sonar 的英文全称形式,中文名称解释为"声呐"而不是"声纳"。

和发展了理性预期与宏观经济学研究的运用理论,深化了人们对经济政策的理解,并对经济周期理论提出了独到的见解。"这是自1968年增设经济学奖项以来颁发的第27届诺贝尔经济学奖。此时距离他与前妻约定的最后期限只差82天。

诺贝尔奖是以瑞典化学家诺贝尔(Alfred Bernhard Nobel,1833—1896)的遗产设立的奖金。根据他的遗嘱规定,将其遗产的一部分共920万美元作为基金,以其利息分设物理学、化学、生理学或医学、文学、和平五种奖金。1968年起增设经济学奖金。每一种奖金可发给一个人,也可由二三人分得。1901年起,每年在诺贝尔逝世日12月10日颁发。如此说来,卢卡斯接受诺贝尔奖金的时间,距离他与其前任女巫老婆约定的最后期限只差21天。卢卡斯诺言犹在,不得不按照合约将奖金的50%分给前妻。提出"理性预期"理论的人自己却没有"理性预期",这真是诺贝尔经济学奖历史上具有嘲讽意义的一片花絮。

"理性预期"(rational-expectations hypothesis)是一种理论。根据这种理论,当人们预期未来时,可以最好地利用他们拥有的所有信息,包括有关政府政策的信息。它是当代经济理论的重要分析工具。按照理性预期的假设,在经济活动中,追求自身利益最大化的、具有理性的各个经济主体在做出经济决策之前,总是尽可能地利用目前所有可能利用的信息,包括过去的经验、所掌握的经济知识等,对未来做出合乎理性和未来客观事实的估计和预测。理性预期左右经济活动参与者的行为,因此最终会对经济活动产生重大影响。最早提出理性预期概念的人,是美国经济学家约翰·穆思(Jhon M. Mth),20世纪70年代由罗伯特·卢卡斯、托马斯·萨金特(Thomas Sargent)、罗伯特·巴罗(Robert Barro)等经济学家引入了一般宏观经济理论,成为新古典宏观经济学的一项基本前提。

俗话说,男人靠理性,女人靠直觉。女性对事物的判断能力总有它不可思议的一面。法术最高、判断能力最强的女性通常被称作"女巫"。与他的女巫前妻相比,卢卡斯的生活,显然具有更多"非理性的"成分。或许正是这种对生活的"非理性"造就了卢卡斯,使他终于得以站立在西方经济学研究的学术高峰。作为经济学家的卢卡斯非常清楚他将要靠什么吃饭。对于学术生涯,卢卡斯曾经说过:"一个人可以通过不断追求自己的兴趣所在,并写下它们来谋生。"卢卡斯正是在不断追逐自己兴趣的过程中,走上诺贝尔领奖台,创造一段传奇,同时也为前妻赢得了"女巫"的桂冠,使女性精明直觉的魅力更加令人不可小觑。

§8.4.6 希波克拉底的古老幽默

正如现代化学的奠基人,法国化学家拉瓦锡(Antoine Laurent Lavoisier,1734—1794)在《化学基本教程》的前言中所说:"词保存概念,因此,不完善科学,就无法完善语言;不完善语言,也无法完善科学。"科学术语作为词汇的典型代表,正是在不断接纳其内涵的扩充与变动的过程中,完成着与科学概念的互动。术语与术语所代表的概念,就是在这种不断变化的过程中,相互提携,相互促进,实现着关于科学与科学表达的共同进步。

谈到术语对于历史的传承及其内在含义的发展,希波克拉底(Hippocrates,约前460—前377)所创造的幽默(humor)是一个典型的例子。

希波克拉底作为古希腊的著名医师和西方医学的奠基人,主张医师所应医治的不仅是病而是病人,因此在治疗中应注意病人的个性特征、环境因素和生活方式对患病的影响,从而改变了当时医学中以巫术和宗教为根据的观念。在此基础上,他提出"四体液病理学说"认为人体内存有血液、黏液、黄胆汁、黑胆汁四种体液。这四种体液的分泌,便形成胆汁质或黄胆质、抑郁质或黑胆质、多血质以及黏液质四种气质亦即 humor(幽默)类型。希氏定义:所谓"良好幽默",指的是比例均衡的状态;所谓"缺乏幽默",指的是比例失调的状态,或者是其中的某种体液比较突出的状态。(徐侗,1991)现今英(美)词汇中的 humo(u)r,除有幽默、诙谐、滑稽、幽默感之意,也指人的精神状态;心情;脾气。习语"out of humour"就是"心情不好"。(《牛津高阶英汉双解词典》第四版,第726页)

在希波克拉底的概念中,幽默,显然并没有现代的"可笑性"、"喜剧性"的意义。但是他创用的"幽默"之词,却被后人接受并使用。文艺复兴时期的英国戏剧家本·琼生把希氏的幽默解读成"可笑的气质",并逐渐演变成为西方笑论和西方喜剧理论中的主流话语,甚至在今天已经成为关于笑和讽刺、滑稽和机智的总体评价和总体概括。其话语的贡献,十分显著。另外,希氏所说的"缺乏幽默",实际指涉的是一种病态的或特殊的气质类型——怪,因比例失调所形成的古怪、怪诞。而怪以及由怪所衍生出来的不协调性,正是西方笑论或喜剧理论关于其对象认识的共识之一。例如亚里士多德就认为,戏剧所模仿的"比较坏的人",就像滑稽面具一样,"又丑又怪,但不使人感到痛苦"(闫广林,2005),恰好达到在骨子里崇尚中庸的中国人所能够接受的"有限罪恶"的程度。

从现代术语定义的角度上说,希波克拉底的幽默,真是"有其名而无其实"。——时至今日,还有多少人知道这位古老医生提出的居然是医学名词?但若从术语在外壳不变的情况下所发生的"蜕变"来说,希波克拉底的幽默却算得上是真正的用心良苦,经久不衰。说明术语外壳的包容能力之大。

从 humo(u)r 到幽默的中文译名,据说是林语堂先生创作,译文解作"诙谐"。(史有为,2004)也算得"述而不作"。《现代汉语词典》解释幽默为"有趣或可笑而意味深长";《辞海》释"幽默",在文学艺术中有两个含义。(1)发现生活中喜剧性因素和在艺术中创造、表现喜剧性因素的能力。真正的幽默能够洞悉各种琐屑、卑微的事物所掩藏着的深刻本质。(2)一种艺术手法。以轻松、戏谑但又含有深意的笑为其主要审美特征,表现为意识对审美对象所采取的内庄外谐的态度。通常是运用滑稽、双关、反语、谐音、夸张等表现手段,把缺点和优点、缺陷和完善、荒唐和合理、愚笨和机敏等两极对立的属性不动声色地集为一体。在这种对立的同一中,现出深刻的意义或自嘲的智慧风貌。

"幽默"的另一个幽默之处,是它在中国古已有之。古文中的幽默,原指寂静无声。《楚辞·九章·怀沙》:"眴兮杳杳,孔静幽默。"许慎《说文解字》释"幽"为"隐也";"默"为"犬暂逐人",本义是指狗一声不叫地追着咬人。"暂"字据沈涛考,应为"潜"。狗见生人一般会吠影吠形,大叫不已,一声不吭,只顾追咬,是很特殊的情况,这种狗更可怕。后引申为沉默。(张晓虎,1996)"幽"字的甲骨文字形,下面是"山",上面画出延绵不绝的蚕丝,表示山间蜿蜒的小路,引申出"深"的含义。山中树木参天,林荫遮蔽,人烟稀少,故"幽"又有暗寂之解,再引申出宁静、清静。尊重历史的人,必定从历史中获益。没想到屈原一代古人安安静静的幽默,竟也演化成了后人置放幽默的外壳。古老汉字的承载包容,于此尽显无遗。

§8.5 术语规范与教育和研究

由于术语的混乱和不规范,很可能造成社会混乱,所以对术语和名词的审定也就成为许多国家和政府非常关注的事情。在中国以往关于术语规范的主要范围,大多集中或侧重于自然科学方面,随着时代的发展和社会的进步,社会科学术语规范的问题正在开始受到关注。

§8.5.1 术语爆炸和名词倍增

如果不考虑优劣的判断,人类近百年的发展史,几乎使过去成千上万年的历史相形见绌。人类在这几百年间所做的事情,差不多相当于过去几千年甚至一万年人类所做事情的总和。这种以几何加速度形式发展的变化,最直接的体现,就在于术语爆炸和名词倍增。

1990年,由全国自然科学名词审定委员会审定公布的《生物化学名词》只有1531条。而在此基础上于2005年6月完成的《生物化学与分子生物学名词》(送审稿)约5700条,分为12大类,从数量上看,已是1990年审定出版1531条的3.7倍。然而,"事实上,这次审定与释义的《生物化学与分子生物学名词》远不足现在理论上应该存在的(本专业)名词的1/10"。个中背景,是在20世纪90年代前后,生物化学作为一门分支学科,其内涵发生了巨大的变化。这种变化突出表现在:(1)较为古老的"生物化学"与较新的"分子生物学"两门分支学科的密切关系已被广泛接受,两者相结合成为"生物化学与分子生物学"。

1991年国际生物化学联合会(IUB)改名为国际生物化学与分子生物学联合会(IUBMB)以来,包括中国在内全世界各个国家和地区的生物化学学会基本上都改名为生物化学与分子生物学学会。同时,许多"生物化学系"、"生物化学学报"等也都相应改名。(2)每年的诺贝尔生理学/医学奖和化学奖的绝大部分奖项都与生物化学领域相关,例如,发现一种新型致病因子 prion(朊病毒)是一类特异蛋白质;发现核糖核酸(RNA)具有催化功能,称作ribozyme(核酶);发现 NO(一氧化氮)是心血管系统的信号分子,以及发现断裂基因;发明 PCR(聚合酶链反应)方法等等。(3)"人类基因组计划"已基本完成。假设1个基因表达得到1个蛋白质(酶)或者1个 RNA,人体中的约 30000 个基因就至少产生 30000 个不同的蛋白质(酶)和 RNA,因此,新的蛋白质和 RNA 名词大量涌现。(4)生物化学与分子生物学的方法学发生了翻天覆地的变化,创造出大量更准确、更快速、更微量的技术与方法。(祁国荣,2005)

由此可知,术语爆炸的程度和名词倍增的速率,都超出了人类的预期。这种情况与人类对事物观察和研究的尺度,或称为"精细程度"有关。仅仅观察到细致,还不足以成为"科学",只有通过术语把这些细致之处一一表达,才是"科学"的正确完成。科学的发展,是人类对自然界、延伸到社会科学界、延伸到社会的细节的观察,"上穷碧落下黄泉",除非不交流、不记载、不区分,否则就没有术语不爆炸的道理。"术语"代表着科学观察和实践的"最小单元",科学发展、观察深入,直接对应着科学之"最小单元"数量的增加,科学总量未变,但是被细分的单元尺度越来越小,常数除以一个越来越小的量,其结果当然是越来越大,甚至无穷。

§8.5.2 科学名词和术语规范的必要性

科学研究如同体育竞赛,最后的胜负要"见分晓"。科学研究的胜负一方面要看谁能"得其大",另一方面则要看谁能"渐分小"。得其大,是研究掌握事物的宏观全局,掌握事物变化的宏观规律,从系统整体角度研究了解事物本质。渐分小,则是对科学研究逐步细致和深化的过程,是对科学事物认识的更趋精细,更趋严格。这种精细与严格的最终表现,必然需要转化成为与之一一对应的名词或术语。如果这种逐步推进的"分小"是以几何级数的形式演进,则术语衍生的程度也要以几何形式表现。依笔者所见,以算术的步伐逐渐"分小",反映科学发展过程中的"量变",而以几何形式速率"分小"所表达的,大多是科学发展中质的变迁。

然而,无论如何,也无论其以何种形式,术语数量的递增无可回避——除非社会不再发展。面对这样巨大数量的术语,如果任其处于无序,则混乱之结局无法避免。只有通过规范,才能使得术语数量的发展与科学的进展在宏观上保持一致。从这样的意义上说,作为"专有事物描述者"的术语,和所有的"语词"一样,都是具有能量的。科学和技术的细分导致科技术语数量增加,当这种细分剧烈发生时,术语数量随之激增。这种激增是正常的,是不可避免的客观现象。

除了正常的术语增加,即"术语激增",术语增量当中的另一种成分,则是不正常或者说是有害的,我们将其称之为"术语爆炸"。对理想状态下的"术语激增",人类只能无条件接受。而术语爆炸则值得警惕。科学观察和研究主体的分散性,导致术语爆炸。"术语激增"是正常现象,说明科学观察和技术掌握程度的进步,而"术语爆炸"所产生的冲击波和爆炸所形成的碎片,可能造成伤害性的后果。统而言之,"科学"的能量透过语词描述得到表现,术语激增和术语爆炸都是语词能量的释放形式,是"裂变"。如果套用物理学术语,这是"语词能量说"。理想状态的术语激增是"受控核裂变",是原子能的和平利用,术语爆炸则是混乱无序的原因及其后果。

——假定一个科学观察结果的"最小单元"只有唯一一致的表达,即以一个术语(或名词)指称一个科学概念的"最小单元",则术语之数量等于"最小单元"的数量;但是,如果同一个"最小单元"被命名为不同的、两个或两个以上的"术语",或者不同的"最小单元"被不同的人命名为相同的名词或术语,则在交流中就会遭遇困难或发生混乱,阻碍科学发展,影响社会生活。这就是术语必须规范的一个理由。

事实上,我们所要面对的术语现象,是一个开放系统的表现。美国著名的未来学家阿尔文·托夫勒(Alvin Toffler)断言:生物系统和社会系统肯定是开放系统,它们和它们周围的环境交换着能量和物质(人们还会加上信息)。对任何开放系统而言,如果企图用机械论的方法去认识它们,则注定失败。

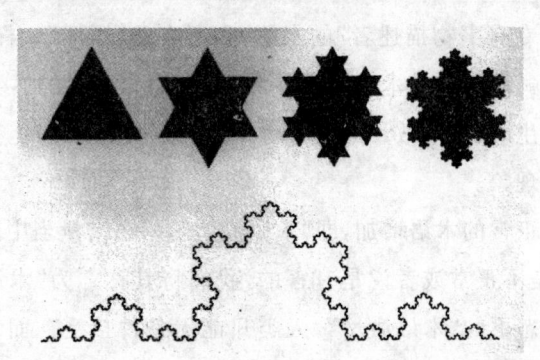

图9 一物多名和一名多物,都是导致混乱的根源,科赫雪花,康托罗维奇尘土。

在世界范围内,按照国际统一的原则和方法来对术语进行规定,以便保证术语定义的一致性,或筛选现有的术语并创制新的术语,是科学技术迅猛发展和语言国际化的要求。(陈金伟,2003)在中国,这种规范活动是由"全国科学技术名词审定委员会"带领委员会旗下各个分委员会来完成的,人们通常将其称为"名词审定"。名词审定的目的,是统一术语的名称和书写形式、淘汰一些非规范化词,以利于科学发展和学术交流。随着社会的不断进步,术语规范,势所必然。

§8.5.3 术语规范需要术语科学研究的支持

无论是在社会科学领域还是在自然科学领域,名词审定都是一种综合性的研究工作,它的研究对象是自然科学或社会科学的名词或者术语,研究内容是这些名词、术语的制定、表达、释义、命名以及应用。适于审定的具体目标是为科技术语定名,使名词、术语尽可能准确地表达它所要描述、界定的事物、过程和现象的内涵、概念和本质特征。审定的目的,是要对于那些背离事物(或过程,或现象)特性的名词或术语进行甄别,在考证、分析、研究的基础上去粗取精,去伪存真,确定恰当的术语表达。从理论上说,凡是用错的现有名词,都应予以纠正,还其本来面目。对有偏差的名词要给予修订。但是在实际操作中,还要考虑社会习惯的约定俗成,兼顾各方利益,承认事物本质的非唯一性。

考虑汉语术语的定名,必须符合汉语习惯,做到构词合理、含义透明,也就是说,术语要准确扼要地表达其内涵,直指核心概念,让人们见到名词就能产生直接的联想。

对于各个专业领域的研究人员来说,可能对自己专业的内容或本学科的专业知识比较熟悉,而对术语学、语言学,特别是汉语言学以及标准化技术则了解不多。许多人在自己的专业方面是行家里手,但在术语和术语学研究方面却是门外汉。这些人从事术语规范事业,需要有一个重新学习"语言"的过程,完成从"自然而然"地使用语言到"自觉"而"科学"地运用语言的转变。这中间非仅是语言知识的学习和掌握,还存在着转变观念的问题。大多数人倾向于认为,汉语乃是本人生来就会使用的"母语",岂有再去另外花费时间专门学习的必要?事实上,仅有本能的语言能力,远不足以满足完成科技术语规范工作的需要。

以全国名词委计算机专业名词审定委员会为例,前期几届审定委员中,绝大多数都是造诣很深的学科专家,有些人虽然从事过或参与过词典编纂工作,但对于名词审定工作还是陌生的。初期在讨论术语定名时,常常习惯性地查阅已经出版的各种词典的译名,逐步发现很多名词在各种版本中的词典里的译名不一致,甚至在同一本词典中的译名也不一致,无法作为依据。大家终于明白,要认真学习名词审定的原则、方法和技术,学习术语学和语言学的相关知识,只有对术语做深入研究,充分了解其内涵,才能做出科学的命名。

张伟(2005)认为,术语学是研究术语的生存、表示、释义、命名和应用的理论、原则方法和技术的科学。从现代科学技术角度来理解,术语学可分为理论研究、应用研究和技术研究三个方面。理论研究侧重研究现象与揭示规律,创建理论、思想;应用研究侧重研究术语命名的方法和原则,用于指导名词审定工作;技术研究则侧重于研究术语管理和应用的方法和技术手段,用于创建术语工作的平台,包括数字平台。术语学研究的进展和成果直接影响名词审定工作,反过来说,名词审定工作又是特别急需术语学的研究成果。对理论研究、应用研究和技术研究,应做出系统的安排,制订全面的计划,一部分人侧重术语学的体系和架构的研究,为创建中国术语学派作出贡献,而更多的人应重点开展当前急需的应用课题的研究。首批术语学课题研究计划应该包括：(1)术语命名的理论、方法和原则；(2)术语的表示；(3)汉语术语的精简和缩写规则；(4)术语生存周期；(5)术语更新原则；(6)专有名词的命名；(7)生活用语术语化及命名原则；(8)术语的自动提取；(9)术语本地化；(10)术语计量与术语法规等等。

§8.5.4 术语规范是社会教育行为

"一年树谷,十年树木,百年树人。"树,是种植,是培育。"一年树谷"是解决温饱,"十年树木"是投奔小康,只有"百年树人",才能江山永固,长治久安。人们在解决了温饱以后便不再强调"一年树谷",只把"十年树木,百年树人"留作成语,用来比喻培育人才是长久之计,也喻指人才之培养很不容易。从古至今,大凡贤明的统治者都知道:抓住社会教育的环节,就是抓住了国家和民族的未来。回首20世纪,亚洲的新加坡,欧洲的芬兰,分别成为"小国崛起"的典范,其根本经验皆在于狠抓教育,以教育立国。但是教育并非只有学校一种途径,还应包括社会教育。在现今发达的国家环境下,社会生活本身就是普遍实施教育、提高人民受教育水平的理想形式之一。

我们在前面的论述中已经谈到,术语是科学知识在语言外壳下最精练的集成。术语的创制、争鸣、磨合、统一,本身就是科学研究的过程。但是显然,在这种过程中还包含着一种隐含的,但却是必不可少的社会语言行为,即术语的传播。从广义的角度理解,传播就是教育。

其实无论统一与否,术语的传播即已经是"教育"。在缺乏统一前提下的术语传播,是一种"低效率"的、"乱名"时代的教育。诸子百家各言其事,各用其名,人人"尚属首次",个个"率先发明"。此时对于广大受众而言,绝对是锻炼增强其自身"判断力"的大好时节。

中国古代的圣人非常宽宏,他们说:弟子未必不如师,最好是"青出于蓝,而胜于蓝"。① 其实弟子是否"如师",是否能够"胜于蓝"主要在于判断能力的高下。老师在台上宣讲,口若悬河,弟子在堂下洗耳恭听。论知识之储量,学生当然不及老师丰富。但是老师有老师的局限,老师所讲也未必尽然正确,如若学生能够判断他所讲的事情究竟正确与否,那么即使老师贩卖的是毒药,学生也能取将过来,用作"以毒攻毒"。

可怕的情况发生在那些比较缺乏判断能力的学生。他们是学生,缺乏判断力当然不足为奇,然而正是因为他们还没有具备必要的判断力,老师传递过来的错误信息就极有可能成为戕害学子心灵的毒剂。见毒而不识,服毒而不知,是真正的危险之所在。以语言知识为例,恐怕有为数不少的"国人"以为,"吾人乃国人,斯语乃国语,日日皆用之,时时尽闻之",故而"何必再学之"。殊不知,正是这种缺乏判断力的盲目乐观,已经导致了全社会整体语文水平和语言能力的急剧下降。这是一件严重的事情。两千多年前的秦

---

① 蓝,蓼蓝,是一种可以提取蓝色染料的植物。《荀子·劝学》:"青,取之于蓝而青于蓝;冰,水为之而寒于水。"

始皇开创了"书同文、车同轨"的伟大局面,却没有能力要求"语同音"。两千年后的今天,讲台上常常有向学生们宣讲"发骚(烧)门诊"和"死(始)皇帝"的先生。语音如是,遑论关于术语的教育传播。这种教育的后果已经开始体现,甚至代表国家尊严的"×××发言人"也不会使用国家规定的普通话发音,上行下效,岂能乐观!

在美国历史上曾经致力于追求构建独立的美国英语的韦伯斯特(Noah Webster,1758—1843),对于语言乃至语音与政治之间的关系,有明白无误的洞见。他的思想具有强烈的民族主义色彩。韦伯斯特是美国词典编纂家,著作家。耶鲁学院(今耶鲁大学)毕业。1781年获律师资格。做过教师、律师,当选为马萨诸塞州众议员。编纂出版《简明英语词典》、《学生词典》、《美国英语词典》(此书不断增补修订,以《韦氏新国际英语词典》一名继续出版),开美国词典编纂之先河,故现代美国仍有不少词典以他的名字命名。著有《论美国政策》、《论英语》、《美国史》等。对于美国人来说,韦伯斯特的价值在于提出了文化独立的思想,强调文化独立与政治独立不可分割,这种思想在其后的半个世纪里对美国人形成自己的民族性给予了极大的启迪。[①] 在1789年的《英语语言论文选》中,韦伯斯特强调共同语言对于形成一个独立民族的重要性:

> 从政治观点看,发音的相同具有重大的意义,因为地方音在陌生人听起来不悦耳,而且有时在社交上给人造成不愉快的印象。人人都偏爱自己的方言,这就使得他

[①] L. A. Cremin. *American Education, the National Experience, 1783—1876.* p. 263.

们认为自己的说话方式很普通。傲慢与偏见使人们对邻居的方言持某种轻蔑的态度。因此,发音上的细微差别起初激起他人的嘲弄——有了嘲笑陌生人奇怪发音的习惯就不会尊重他人——而不尊重他人,友谊就徒有虚名,社交则只成为一种客套而已。……因此,我们国家政治上的和谐有待于语言的统一。作为一个独立的国家,我们的自尊心要求我们无论在语言方面还是在政府方面都要有自己的一套。(钟文芳,2006)

语言发音和词汇表达的差异,是在潜移默化中影响到一个民族和独立国家构成的重要因素。可惜这种影响并非总是以显现的暴烈的形式得到表达。恰如一只在慢慢地被加热的水中的青蛙,它们舒适着,却在浑然不觉当中走向异化,完成从生物到食物的演化过程。

如是我闻,知识是后天学习的结果。术语是接近知识的最短路径。自然状态的术语扩散即是传播教育。规范术语等于提高社会教育的质量和效率。因此我说:术语规范是社会教育行为,关于术语概念和术语知识的传播,也是普遍提高全体社会成员教育水平的不二法门。

§8.6　术语规范水平代表国家形象

术语是科学成果的指称。科学成果在国际范围内的传播,需要通过以国际化的语言所表达的科学术语而最终完成。从这样的意义上说,术语规范水平代表国家形象。术语积累直接反映一个国家或者地区的科研水平。

§8.6.1 术语积累表明科学研究水平

术语在科学或学科的发展过程中积累。一个命名准确的术语,当其成为专业领域内公认的概念后就具有稳定性。术语的准确命名,通常是学科带头人带领学科群体共同完成的工作。

以医学术语为例,它不受地域、国别、民族、方言的限制。由于医学术语稳定、通用、统一,因此具有极强的国际性。古希腊名医希波克拉底[①]把疟疾分为日发疟、间日疟、三日疟,这些术语一直沿用至今。革兰氏染色(Gram's stain)由丹麦细菌学家克里斯蒂安·革兰(Christian Gram)于1884年创立,作为细菌学上最常用的鉴别染色法的描述,该术语已经使用了100余年。费尔·A.卡森拉夫在1851年正式使用了"红斑狼疮"这个术语,随着医学科学的不断发展,人们又提出了"系统性红斑狼疮"的命名,但"红斑狼疮"作为基本名词仍在使用。医学术语的稳定性,为它在国际上的通用奠定了基础。(刘重光,2005)与此同时,这些术语在国际上的延续应用,也促进了术语稳定性的巩固。被使用是术语生命力的表现,在术语存在的生命周期之内,稳定性是最重要的特性。

术语是科学观察和研究结论的凝缩,包含人们对其规律性的认识。这是 个术语能够持久通用的本质原因。例如:水俣病系1956年在日本南部九州岛熊本县的水俣湾(当地人叫做"不知火

[①] 希波克拉底(Hippoccratēs,约前460—前377),古希腊医师,西方医学奠基人。提出"四体液病理学说"。认为医师所应医治的不仅是病而且是病人,主张在治疗上注意病人的个性特征、环境因素和生活方式对患病的影响。重视卫生饮食疗法,但不忽视药物治疗,尤其注意预后。其医学观点对以后西方医学的发展有巨大影响。

海")附近所发现,是最早被认定由于工业废水排放污染造成的公害病之一。

> **水俣病** 由于摄入甲基汞而引起的慢性中毒性公害病。20世纪50年代,首先发生在日本熊本县水俣地区,故名。主要症状是:末梢神经感觉障碍,听觉减退,向心性视野缩小,共济失调;并能使胎儿产生畸变,患儿随着年龄增长,可出现明显的智能低下、发育不良和四肢变形等症状。病因是含汞的工业废水持续排入水体,无机汞被底栖微生物转化成甲基汞,经生物浓缩和食物链为人类摄入而引起中毒。日本民众为阻止此病蔓延,曾作不懈的斗争。
>
> 《辞海》1999年缩印本,第1944—1945页。

造成水俣病的原因是当地的一家名叫"日本氮气"的化学工厂,把生产化肥过程中产生的含汞废水,未经处理排放到海里。剧毒的废水从九州最大的城市福冈出发,汞污染了海底,随后又聚集到浮游生物、贝类、甲壳类和鱼类的身体内,形成了毒性更大的甲基汞。这条食物链的终点是人类。日本战后以经济发展为中心,生活的富余和便利建立在化学工业发展的基础上。而氯化乙烯、塑料等化工产品的原材料都在水俣生产。全国的化学工厂利用水俣生产的材料加工成产品。如果水俣的工厂停产了,对全国的化工产业有巨大影响,甚至拖累日本经济。那时的日本对于经济和物质的追求,比对生命的宝贵和人权的尊重更加重视,于是水俣就成了牺牲品。3000多人被确认为水俣病受害者,其中1408人死亡,一共有13553人得到受害补偿。由于各种各样的原因,有些受害者没有提出受害认定申请,所以真正的受害者人数也成了一个谜。

日本氮气公司是当年造成水俣病的元凶,也为它所犯下的大罪付出了沉重的代价。到2000年为止,日本氮气公司为水俣病受害者的赔偿和污染地区的复原,一共向国家和县政府借款2568亿日元,直到2004年,还有1611亿日元的债务,它要用100年的时间来偿还这些债务。本来可以用10亿日元就可避免的灾难,却用近250倍的代价来补偿,还有那些无法用金钱来计算的生命。(廖晓义,2004)但是水俣的代价,却也换来后人对环境保护和公害性疾病的研究与重视,成为熊本县开展"水俣旅游"永恒的广告。

除了水俣病,其他医学术语如西尼罗脑炎病毒、圣路易斯脑炎病毒、委内瑞拉出血热、巴西出血热、克山病等,均为冠以地名的术语。这些术语概念,包含了对这种疾病的病因、病理、临床表现和鉴定诊断的标准,成为国际通用名词。还有一些术语以人名命名,如卡氏肺孢子病、鲍特菌属、志贺菌属、贝纳柯克斯体、肥达反应等,其命名方式不具有通用性,但是也没有人把它们随意简化和替换,从而使这些术语固化成为对相关研究成果贡献者或其所在国家和地区的纪念碑。

8.6.2 术语规范等价于科学话语权

术语为什么要规范?就是因为存在着交流的需求。有人要说,有人要听,如果各执一词,那就谁也说不清,也没有人能够听得清。假如不需要交流,各人自说自话,当然也就无所谓术语不术语。极而言之,既然不需要交流,那么就连语言也没有必要存在。

蜜蜂召唤同伴飞往花丛,需要传递关于花丛位置、花香品种、旅途距离的种种信息,没有信息的传递,群体动物的生存就会成为不可能。作为一个整体的人类,不可能在没有交流的情况下生活。

既然交流无法回避,那就需要确定作为交流手段的主导话语。换句话说,就是由谁来掌握交流的主动权。鸡和鸭对话,双方先要确定"工作语言",究竟是说"鸡语",还是要说"鸭话"。在此之后,当鸡与鸭的讨论进入实质内容,才发生关于术语定义的需求。谁的嘴大,就用谁的"术语"。据《史记·殷本纪》载:"帝武乙无道,为偶人谓之天人,与之博,令人与行,天人不胜,乃谬辱之。"这个典故说的是殷帝武乙,他和对手下棋,并且定义说他的对手代表"天神"。这样他就可以说自己是面对天神的代表而与之下棋。对方失败后,他就自称是打败了天神,又因为他已经"打败了天神",所以就可以任意侮辱天神的塑像。这可能是中国史籍中最早记载赌博获胜的文字。(友铭,2004)在这场赌博中,武乙是"庄家",他掌握着"术语"定义的话语权。

术语是语言的一部分,用来阐述专业知识,是用来表达"专业"内容的词汇。鸡和鸭研究的专业问题可能是一样的,但是由于鸡和鸭的思维体系、语言特点存在差异,所以即使是对于同样的专业问题,也可能站在不同的立场上去观察、去解释。鸭子喜水,鸡却不喜欢变成"落汤鸡"。于是它们对同一科学现象的命名即可采用不同的术语。此时竞争的优势,即取决于鸡或鸭各自关于那门科学研究的深度,以及它们各自所操语言的优势程度。鸡说英语,普遍性强,所以鸭子们也要把英语变成必考的课程,同时设法把自己采用的术语表达与鸡语中的表达对应起来。除非在这个时候鸡们还没有形成关于这一领域科学内容稳定的术语,鸭子便可趁虚而入,抢先亮出自己定义的术语,占领一席科学阵地,即我们现在时髦语言中所说的:居于国际领先地位。

非只国际,在国内的科学研究中也有同样的问题。一个学科,一个领域,或百鸟朝凤,或百家争鸣,其中最本质的差别,即在于百鸟朝凤时术语统一,虽然"林密鸟啁啾",但却有同声相应,同气相求;而百家争鸣的场面,则是在术语尚未得到统一之时关于"名"与"实"的争辩与讨论,群雄并起,四野旌旗。所论学科一旦成熟,则凤鸣朝阳,术语稳定,科学描述的终极裁判权和话语权尽归凤凰所有,天下大定,术语昌明。

§8.6.3 术语规范工作彰显综合国力

术语规范,乃是人类的群体行为。非有强大的实力,包括科学实力、经济实力以及组织实力而不能为之。这三种实力的组合,就是人们梦寐以求的"综合国力"。

先说科学实力。术语之用,在于描述科学。没有科学,术语即无栖身之地。在术语与科学的关系中,科学是主体,术语是外壳。没有主体当然也就不需要外壳的包裹。可是如果没有外壳,科学这个主体也难于完整立身。或者用一个更加生活化的比喻:科学是一件大衣;术语是大衣上的扣子。没有大衣,扣子则英雄无用武之地;可是如果没有扣子,那大衣也只好用麻绳或草绳拦腰系起。努力研究术语,强调术语规范,就是要"把大衣钉在扣子上",那才是一件完整的大衣。发展科学事业,强调科学术语规范,其实就是"买扣子,送大衣"。

反言之,没有强大的科学实力,科学术语规范则无从谈起。正是从这样的意义上说,术语规范要有强大的知识后盾,必须有强大的科学实力。科学兴,术语兴;术语兴,科学兴;相辅相成。强大的科学实力是术语规范工作蓬勃发展的科学基础,也是综合国力的体现。

再说经济实力。"天下没有白吃的午餐",换用经济学语言,是任何经济活动都需要支出成本。术语工作也不例外。我们可以说,关于开展科学术语规范工作的成本,应该列入国家科学研究方面的支出,但这只是企业财务或国家财政支出科目的不同,并未改变"术语工作也有成本支出"的本质。试想一个国家或一个研究机构,财政是"吃饭财政",研究机构整天研究"创收"和"自负盈亏的机构改革",领导所热衷的只是自己出国旅游,员工终日里只为吃饭而忙碌,这样的经济条件和经营环境,哪里会有发展术语规范事业的动力?在这样的条件下,即便存在着开展术语规范工作的主观动力,恐怕也难以有术语工作的正常推进。

从宏观的角度看问题,术语规范是国家的事情,术语规范的结果,是公共产品。术语规范的成本,应该作为国家事务从公共财政中支出,从纳税人交给政府办理公共事务的钱里面支出。这样,一个国家经济关于术语规范工作的投入能力,也就透过术语规范工作的规模和成果质量得到反映,折射成为一国综合国力的分量指标。

最后但并非是不重要的,术语规范工作需要严密有力的组织保障才能得以完成。术语规范不是简单的口号,更不是一时兴起的形象工程,它需要持久坚持,不懈努力,更需要顽强的信念,科学的组织。还是借用经济学的语言来说,术语规范的领域,是"市场失灵"(Marker failure)的地方,只有政府才能有效作为,需要国家财力的直接支持。只有在政府直接支持,并且直接或间接作为,例如,购买非政府组织(NGO)服务的前提下,才能形成强有力的术语机构和学问组织,才能保证术语规范工作和术语规范活动的健康发展与持久运行。

反而言之,"困顿夫妻百事哀,捉襟见肘愁薪柴;三餐数尽囊中米,哪有新词可安排。"只有在昌明盛世、强大国力的支持下,才可能谈及真正意义上的术语规范。"穷国无力谈术语,恰似贫女无嫁衣。"我们说术语规范彰显综合国力,其中也暗含着这个道理。

§8.6.4 术语规范活动要求政府作为

经济学常识告诉我们,尽管市场通常是组织经济活动的一种好方法,但这个规律也有一些重要的例外。市场经济中有一只"看不见的手",引导经济参与者受利己的动机驱使而完成促进一般社会福利的过程。这只看不见的手通常会使市场有效地配置资源,但情况并非总是这样。

经济学家用"市场失灵"这个术语来指称市场本身不能有效配置资源的情况。市场失灵的一个可能原因是外部性,外部性(externality)是一个人的行为对旁观者福利的影响。例如,外部成本的典型例子是污染。(曼昆,2005)宏观而言,术语规范的目的和结果,是通过降低全社会的信息交易成本,而提高全社会的经济效益。但是这种规范活动的施行者,却很难从获益的"社会"那里直接取得经济方面的回报——因为术语规范的结果,不能作为商品在市场上出售,换句话说,它的市场价格为0。

经济学中的需求定理告诉我们:一种物品的价格下降使需求量增加。当这种物品的价格趋近于零时,需求便接近于无穷。如果这样的物品进入市场,便会形成为全社会福利而工作的人们只有成本付出而没有效益回报的局面,长此以往,必然导致这些"奉献者"统统被饿死的后果。

为了解决"奉献者"被饿死的问题,有两种可能的选择,一是请"奉献者"停止奉献,转而从事能够保证自己不至于被饿死的经济行为。但是这样选择的结果,是社会效率的损失——术语规范的意义,就在于提高社会信息交换的效率。另一种选择,则是由政府统一"购买"术语规范这种公共产品。政府所做的事情,是代表全体人民或社会公众集中支付这笔款项,在此之前,人民已经通过税负的形式完成了他们的付出。在这项交易中,政府并非是参与交换的主体,它只是接受公众的委托,代替公众使交易得以完成。具体做法,表现为政府的主动行为:通过财政手段,辅以相应的组织措施,或组建直辖机构,或购买社会上不同社团组织,包括非政府(NGO)的服务,形成术语规范的事实。

总而言之,由于术语规范存在明显的外部性与市场失灵的倾向,在市场框架内无法完成"术语规范结果"这种公共产品的生产和供应。从增加全社会的福利考虑,必须由政府担负起"术语规范的责任"。在这个问题上,毫无疑问需要政府的主动作为。

当然,存在着这样的可能性,即有少数人"奉献不已",他们以其他途径获得生存的基本条件,却始终坚持为术语规范事业而努力。他们是值得尊敬的人。按照生物学的解释,这类人的存在是"生物多样性"的结果。他们的努力对社会语言规范和进步具有积极作用,但充其量只能达到"局部改善"的境界。因此,这些人的存在和努力不能成为政府放弃作为的理由。要想达到全局普遍改善、社会整体向优的"良治"目的,非由政府亲自出手不可。

第九章　WTO 术语

即使是社会科学方面的术语,它的影响力也并非仅仅局限在社科领域本身。术语混乱的影响,甚至仅仅是对于某些关键术语理解的含糊不清,也会带来直接或者间接的经济损失。随着中国经济融入世界潮流程度的深化,术语含混可能直接导致我们在对外交往和国际合作中处于被动地位。

例如,由于对"合理"(reasonable)一词的理解和定义之不同,中国政府在为加入世界贸易组织(WTO)所做的承诺当中已经表现为实质意义上的"超承诺"。在中国加入 WTO 的谈判过程以及其后所必然面临的一系列冲突当中,无论有意或无意的超承诺都将导致我们在竞争中处于不利地位,对此需要给予足够的警惕和重视(龚益、余德和,2003)。

为了认真履行世界贸易组织(WTO)有关透明度的义务,确保中国在技术性贸易壁垒(TBT)领域内的法规、标准及合格评定程序的制定和实施透明化,中华人民共和国设立了 TBT 咨询中心。中华人民共和国 TBT 国家咨询中心(简称中国 TBT 国家咨询中心)设在中华人民共和国国家质量监督检验检疫总局,负责解答 WTO 各成员提出的有关中国 TBT 方面的问题,并应其要求提供相关文件;代表中国政府机构、行业协会、企业和个人向其他 WTO 成员进行咨询;同时,进行质量监督检验检疫标准和技术法规研究。① 透明度原则要求每个 WTO 成员的技术法规和标准的制定和实施透明化,而与此同样重要的,还在于我们对 WTO 背景下的各种术语,特别是基本术语含义的透彻理解,是关于 WTO 术语理解的透明化。

§9.1　WTO 背景下的 reasonable：合理

中国加入 WTO,立法权、执法权和司法权部分让渡给 WTO,这是必然的代价。而让渡的程度与一个 WTO 术语密切相关,那就是 reasonable,汉语常译"合理"。Reasonable 是判断立法、执法和司法是否公正的客观标准,是对国家行使权力的制衡,它所体现的公平、公正、诚信和条约必须信守的现代司法理念,对我国立法、执法和司法提出了更高的国际标准。究其原因,WTO 法是按照西方国家的游戏规则起草和实施的。解释时,常采用西方国家的语言和解释规则。这样,西方国家的文化、传统和价值观念就不可避免地渗透在 WTO 法解释规则之中。

根据《乌拉圭回合多边贸易谈判结果最后文件》第 6 条之规定,《乌拉圭回合多边贸易谈判结果最后文件》正本一份,用英文、法文和西班牙文写成,三种文本具有同等法律效力。中文译文不是 WTO 法定文本,不具有法律效力。在理解 WTO 法时,若中文文本与英文文本有冲突或不一致,应依英文、法文或西班牙文文本为准。

---

① 国家标准化管理委员会：《国际标准化工作手册》,中国标准出版社,2003 年版,第 320 页。

鉴于《中华人民共和国加入议定书》是WTO协定不可分割的组成部分,解释《中华人民共和国加入议定书》文本的法律含义,应符合WTO法和国际公法惯例。如果我们按中国文化来理解WTO法下的"合理",那将会有很大的误差。如果我们按照翻译的文本做出决策,则决策的正确性就取决于翻译的准确性。但令人遗憾的是,不同的语言体系往往只是她所代表的不同文化的冰山一角,翻译家所渴望实现的"信、达、雅"境界最终会受到文化背景的强烈限制。而英文文本的法律含义更是难以从翻译文字直接得到对应体现。例如,WTO法下的"合理"与中文通常理解的"合理"有多大差异,这些差异对中国立法、执法和司法将产生哪些影响的问题就值得关注。以下试以《中华人民共和国加入议定书》为依据,探讨该术语在WTO法下的司法理念,重新认识"合理"的重要性,以求做到了解规则,遵守规则,运用规则,知己知彼,防微杜渐。(龚益、余德和,2003)

§9.1.1 议定书中的"合理"

1.1《中华人民共和国加入议定书》第2条(A):[①]

由中国对外贸易经济合作部世界贸易组织司翻译的译文:中国应以统一、公正和合理的方式适用和实施中央政府有关或影响货物贸易、服务贸易、与贸易有关的知识产权("Trips")或外汇管制的所有法律、法规及其他措施以及地方各级政府发布或适用的地方性法规、规章及其他措施(统称为"法律、法规及其他措施")。

---

① 《中国加入世界贸易组织法律文件》[中英文对照],法律出版社,2002年1月第1版,第3页。

国际司法界一致认同的国际公法惯例体现为《维也纳条约法公约》，于 1969 年 5 月 23 日签订。1997 年 5 月 9 日中国递交加入书，同年 10 月 3 日对中国生效。根据《维也纳条约法公约》第 31 条第 1 款之规定，"条约应依其用语按其上下文并参照条约之目的及宗旨所具有之通常意义，善意解释之。"有鉴于此，我们必须以寻找其通常意义为基本出发点，探询"合理"的具体法律含义。

"合理"的内涵不是抽象的，它与地域、文化和经济发展水平等各方面内容有关。因此，必须将其置于特定的语境和社会时空背景当中加以考察。

§9.1.2 "合理"的语词意义

一、汉语"合理"的通常意义

《现代汉语词典》(1996 年版，第 507 页)对"合理"一词的解释为"合乎道理或事理"，至于何为"合乎道理或事理"，没有进一步的解释。上海译文出版社出版的《新汉英词典》(1979 年版，第 1109 页)reasonable 词条解释有 4 个义项：①合情合理的，有道理的；适当的。②（价钱）公道的，不贵的。③通情达理的，讲道理的。④有理智的，有理性的；明智的。

二、《简明牛津词典》(第九版)的定义

Reasonable: "having sound judgement; ready to listen to reason; in accordance with reason; fair"; reason means "the intellectual faculty by which conclusions are drawn from premises" (1144 页); fair means "just, unbiased, equitable; in accordance with the rules"(484 页). 根据上述定义，所谓"合理"包含了"公正、无偏袒、平等、遵守规则"等众多概念。

三、《布莱克法律词典》(第六版)的释义

Reasonable means "fair, proper, just, moderate, suitable under the circumstances; governed by reason; under the influence of reason; agreeable to reason"(874页); reason means "a faculty of the mind by which it distinguishes truth from falsehood, good from evil, and which enables the possessor to deduce inferences from facts or from propositions."(874页)按照上述解释,"合理"包含"公平、公正、符合理性"等具体观念。

四、郑斌教授的观点

郑斌教授(英籍华人,国际法专家)在其所著《论国际法院或法庭适用的一般法律原则》一书中这样写到:"凡所主张的权利侵犯了条约所含义务的范围时,责成它必须善意(bona fide)即合理地行使。"reasonable 就是"bona fide"或"good faith",就是"诚信",合理地行使权利就是符合义务。若以对缔约方不利的方式行使权利,则是不合理的,将被视为与诚信履行条约义务不符,是违反条约的行为。由此可见,诚信原则确立了一个国家的权利和其义务的相互依赖性。诚信原则制约着国家对权利的行使。

五、J.F. O'Connor 教授的观点

按照 J.F. O'Connor 的观点,诚信原则是国际法的基本原则,它至少包含"条约必须信守"、"诚实"、"公正"、"合理"等司法理念。在这些原则当中,诚信原则是最基本的原则,条约必须信守原则和其他与诚实、公正和合理有显著和直接关系的原则,均由其派生而来,且这些原则的使用在任何特定时间点上均由这些令人关注且在当时国际组织占主导地位的标准:诚实、公正和合理来确定。那么,所谓"诚信"的具体含义又是什么呢?

六、《布莱克法律词典》对"诚信"的解释

根据《布莱克法律词典》(第六版,第477页)的定义,诚信主要指"诚实、无意欺诈、忠于自己的义务和责任"。

七、《国际法委员会年鉴》(1996(2):211)的观点

在《国际法委员会年鉴》里有一段评论,谈及确立《维也纳条约法公约》的背景。根据这些立法资料可以看出,诚信包含"禁止滥用权力"原则。

§9.1.3　中国入世承诺的"合理"

结合中国入世的具体承诺,可将判断中国入世承诺"合理"所包含的法律标准概括为5项:①统一性标准,②公开性标准,③公正性标准,④诚信和条约必须信守,⑤禁止滥用权力。

① 统一性标准:包括立法统一、司法统一、执法统一。立法统一,包括法律、行政法规、规章等与世贸规则和中国入世承诺的统一和其内部法制系统的统一,这是统一的基础;司法统一,司法权应由法定机关统一行使,法院享有最终司法审判权,其他机关不得分享;裁判尺度统一,统一司法标准,统一程序规则和实体规则。执法统一所遵循的标准与立法统一和司法统一一致。

② 公开性标准:公开是公正的前提。法律、行政法规、规章等法律和司法解释公开、审判程序公开、判决理由公开、判决结果公开、执法公开等是透明原则中的主要内容。

③ 公正性标准:公正性主要包括审判中的实体公正和程序公正。遵守世贸规则(我国入世承诺已成为世贸规则的组成部分)和我国法律是公正的基本要求。与世贸规则相统一的实体法内容主要涉及货物贸易、服务贸易、知识产权贸易、外汇管理等方面的现

行法律、法规、政策措施等。程序法主要是我国各种程序性法律和规范。公正是司法的最高价值。在立法、执法和司法审判过程中,应遵循公正原则。坚持司法独立(主要是法院独立和法官独立),不得偏袒任何一方,任何审案法官不得偏听任何一方,同时确保当事人申诉的权利。

④ 诚信和条约必须信守:在立法、执法和司法审判过程中,应遵循条约必须信守的原则,遵循诚实、公正和合理标准。

⑤ 禁止滥用权力:在立法、执法和司法审判过程中,不得滥用立法权、执法权和司法审判权。

§9.1.4 结论与综述

一、Reasonable 如何定义,难以给出准确的答案,但其在国际公法惯例里所包含的"公正、公平、诚实、诚信、条约必须信守、禁止滥用权力等司法理念"足以构成对 Reasonable 即"合理"的定义约束,让 WTO 成员不敢忽视其对立法、执法和司法的影响。

二、无论何种法律,其最本质的要点都在于要"合情合理",WTO 法如此,民法、合同法和财产法亦无不如是。这是民主社会的基石(bedrock),更是社会安定的不二法门。综观当今众多社会现象,常让人有压抑不平之感,究其原因,多半在于所行法政之合理性的欠缺。另一方面,合理性的欠缺直接导致法律威信下降,于是"法"之概念日渐淡化,"非"法行为增加。

三、加入 WTO,既是对政府,也是对企业的挑战。对政府的挑战首先表现为对政府立法权、司法权和执法权的挑战;而入世对企业的挑战,主要表现在对这些规则的了解和运用。只有充分了解规则,熟悉规则,了解规则所用语言的法律和文化背景,才能正确行使权利,享受利益。

四、表面上看,中国加入WTO只是一种经济行为,但在本质上,我们所面临的更大的挑战却是文化的冲突。"公平合理"(fair and reasonable)这个观念并不是西方人的发明,但是重新认识"合理"对中国经济的未来发展和社会进步具有无可替代的重要意义。"从小做起,从娃娃抓起",重建"公平合理"的人生基础教育,应是当务之急。

五、由于对"合理"的理解和定义之不同,中国政府在为加入WTO所做的承诺当中已经表现为实质意义上的"超承诺"。面对世界范围内日渐加剧的经济竞争与国家间壁垒与反壁垒的围城,必须未雨绸缪。

§9.2 WTO背景下的policy:政策[①]

政策和法律,是法学界讨论的基础性问题。在不同的语言背景和语言环境下,政策和法律的异同程度存在差异。按照一般概念下的理解,政策不是法律,法律不是政策。但在WTO法限定的语言环境里,二者的含义趋向同一:政策就是法律,法律就是政策。由于中文不是WTO的法定工作语言,所以在对WTO法的解释中,以中文和汉语为代表的文化背景不得不服从西方语言文化特别是WTO文化的约束。我们不仅要了解"中国文化",更要了解"WTO文化",了解中国文化与WTO文化之间的本质差异。

---

① 本节与余德和律师合作完成。

§9.2.1 一般意义下的"政策"和"法律"

在常规用语的意义上,政策和法律是不同的。《现代汉语词典》(1996 年修订本,第 507 页)对"政策"解释为"国家或政党为实现一定历史时期的路线而制定的行动准则"。《辞海》(1997 缩印本,第 369 页)解释为:"国家、政党为实现一定历史时期的路线和任务而规定的行动准则,具有鲜明的阶级性。无产阶级政党在马克思主义基本原理指导下,从实际出发,制定和执行正确的政策,是革命和建设事业获得胜利的重要保证。"

法律,《辞海》解释有二:①体现统治阶级意志,由国家行使立法权的机关依照立法程序制定,由国家强制力保证执行的行为规则。②与"法"一词通用,泛指法律、法令、条例、规则、决定、命令等等。由此我们注意到,政策和法律在上述解释的中文含义中,分别是"行为准则"和"行为规则"。准则,在《辞海》(1997 年缩印本,第 1440 页)中并无专条解释,但有"标准;准则"之引。《汉书·律历志上》:"准者,所以揆平取正也。"而"规则"被解释为"规范"、"规章制度"、"整齐;合乎一定的方式"。从字面理解,准则更多宏观意味,而规则强调细化。照此理解,在中国传统语言文化背景下,政策与法律确有不同。

《简明牛津词典》(第九版,第 1507 页)中定义"政策"至少是"政府或政党采取的行为准则":Policy means " a course or principle of action adopted or proposed by a government, party, business, or individual etc."《布莱克法律词典》(第六版,第 801 页)对"政策"的释义是指"政府管理公共事务的一般原则,或者立法措施":Policy means "The general principles by which a government is guided in its management of public affairs, or the legislature in its measures."

仅从字面看,policy常指(政府、政党、公司等的)方针、政策;而law一词作为可数名词系指(具体的)法、法律、法规、法令,作为不可数名词(also the law)系指(整体的)法、法律、法规、法令。(《牛津高阶英汉双解词典》第四版,第1136页)显然也是政策偏指宏观,法律强调具体。由此看来,中文与英文对"政策"和"法律"的字面解释并无太大差异。然而,随着语言环境的变化,这种情况却有所变化,即"政策"与"法律"的含义趋同。现代社会生活中所谓"经济政策",很大程度上就是通过各种具体的"法律"得到体现。一个社会,一个经济,其市场化的程度越高,政策与法律的趋同就表现得愈明显。

人类的制度包括许多结构和众多的形式,但非常清楚的是,对于那些构建市场运行基础的制度而言,法律和法律规范是其中最重要的组成部分。经济法学专家约翰·H.杰克逊教授在其《GATT/WTO法理与实践》一书中阐述了经济政策与法律之间的关系,援引诺贝尔经济学奖获得者道格拉斯·诺思(Douglas C. North)的观点:"制度对经济运行的影响是无可争议的……制度为日常生活提供了框架,从而减少了其不确定性……制度通过其对交易和生产费用的影响,从而影响经济的运行。"关于人类制度的"法治"(rule of law),或以规则为基础(rule-based)或规则取向的(rule-oriented)制度对市场运行的重要性,是许多著作中强调的主题。另一位诺贝尔奖经济学奖获得者罗纳得·科斯(Ronald Coase)[1]也曾明确指出,为保证市场运行,需要建立法律的规

---

[1] 1991年诺贝尔经济学奖第23次颁奖,由罗纳德·科斯(Ronald H. Coase)获得。罗纳德·科斯1910年生于英国;获奖理由:揭示并澄清了经济制度结构和函数中交易费用和产权的重要性。

则以管理从事交易者的权利和义务;为实现所有交易的收益,必须有法律制度和政策措施。科斯尤其强调:"经济政策包括选择法律、程序和管理结构,以使生产的价值得到最大化。"杰克逊教授认为,经济政策与法治、以规则为基础或以规则为取向有关,因为"只有规则才能为潜在的投资和贸易发展的形势提供可预见性和稳定性。"(约翰·H.杰克逊,2002)

§9.2.2 WTO法的价值取向:"政策"即"法律"

市场经济条件下的"政策"必定表现出更多的"法律"特征。作为术语的"政策"与"法律"在潜在含义上趋同的程度随着经济市场化程度的加深而加剧。这种情况在WTO文化背景下达到极致。在WTO文化里,"policy"是内容极广泛的概念,它不仅包括《货物贸易多边协定》、《服务贸易总协定》和《与贸易有关的知识产权协定》等乌拉圭回合多边贸易谈判全部法律文本,还包括各成员实施的、所有影响WTO各协议的法律、条例、普遍适用的终审司法判决和终局行政裁决以及影响WTO协议的国际协议[1],也包括各成员的行政机关在实施上述各种法规和国际条约的过程中所采取的具体措施。在WTO体制下,政策就是法律。

为说明这一点,我们以《中国加入工作组报告书》第70条以及《贸易政策审议机制》目标当中的"policy"为例。有必要指出,这些条款已经归并到《中华人民共和国加入议定书》当中,成为《WTO协定》不可分割的组成部分,对WTO成员(包括中国)具有法律约束力。

---

[1] 详见 GATT 1994 Article X(第10条)、GATS Article III(第3条)、TRIPS Article 63(第63条)。

中国代表表示,地方各级政府对于与《WTO协定》和《议定书》(草案)有关的贸易政策问题没有自主权。中国代表确认,中国将及时废止与中国义务不一致的地方性法规、地方政府规章和其他地方性措施。中国代表进一步确认,中央政府将保证中国的法律、法规及其他措施,包括地方各级政府的法规及其他措施符合中国在《WTO协定》和《议定书》(草案)中承担的义务。工作组注意到这些承诺。[①]

贸易政策审议机制("TPRM")的目的在于通过提高各成员贸易政策和做法的透明度并使之得到更好的理解,有助于所有成员更好地遵守多边贸易协定和适用的诸边贸易协定的规则、纪律和在各协定项下所作的承诺,从而有助于多边贸易体制更加平稳地运行。为此,审议机制可以对各成员的全部贸易政策和做法及其对多边贸易体制运行的影响进行定期的集体评价和评估。[②]

顾名思义,《贸易政策审议机制》就是要明确回答贸易政策审议的内容,这其中包括:

① 审议WTO成员是否遵守**多边贸易协定**的规则、纪律和承诺(每个WTO成员的具体承诺,如《中华人民共和国加入议定书》就是中国的具体承诺);

② 审议加入诸边贸易协定的WTO成员是否遵守**诸边贸易**

[①] 《中国加入世界贸易组织法律文件》[中英文对照],法律出版社,2002年1月第1版,第776页。

[②] 《世界贸易组织乌拉圭回合多边贸易谈判结果法律文本》[中英文对照],法律出版社,2000年10月第1版,第380页。

协定的规则、纪律和承诺。(作者注:诸边贸易协定只对签约成员有法律约束力)

在弄懂何为多边贸易和诸边贸易协定的规则、纪律和承诺之前,需要重申两个基本概念:①WTO 的规则是法(law);②WTO 法律规则具有强制执行效力。也就是说,WTO 法是"硬法",而不是"软法"。前者我们可以从 WTO 秘书处发布的《乌拉圭回合多边贸易谈判结果:法律文本》(*The Legal Texts: The Results of the Uruguay Round of Multilateral Trade Negotiations*)的名称中正式冠以"法律文本"而确认,后者则可通过《贸易政策审议机制》和《关于争端解决规则与程序的谅解》等文件而窥见一斑。确立所有这些文件的根本目的,就是要保证 WTO 规则的完整实施。

所谓 WTO 的规则,主要是指《马拉喀什建立世界贸易组织协定》法律结构,其中包括四个附件。这四个附件以及 WTO 自 GATT 时期以来的指导原则、惯例和习惯以及每个 WTO 成员与关税减让相关的议定书和核准书等共同构成法律化的 WTO 规则。在司法实践方面,争端解决机构的报告现已成为世界贸易组织事实上的判例法。(王贵国,2003)上述这些法律制度和司法实践对每个 WTO 成员的经济生活、经济制度、法律意识、法律价值、法治观念、法律制度等都有不可估量的影响。

§9.2.3 不同文化解释的政策与法律

WTO 协定里,"政策"一词与我国政治经济生活中通常所使用的"政策"不同。在中国文化里,政策就是政策,法律就是法律,政策不是法律。调查表明,在中国文化背景下生活的人群,大多认定政策与法律是两码事。但是很遗憾,在解释 WTO 法律文本时,中国的语言文化不能作为 WTO 法解释的依据。中文或汉语不是 WTO 体系的工作语言。WTO 培育自己的文化,并且以这种文化阐释相关的法律条款和陈述。

根据《中国加入工作组报告书》第三部分的标题"政策制定和执行的框架"(FRAMEWORK FOR MAKING AND ENFORCING POLICIES)[①]之规定,可以看出在"政府的结构和权利"一节,主要是根据《中华人民共和国宪法》和《中华人民共和国立法法》来解释中国立法权分配问题和立法监督问题或司法审查问题,以及根据《中华人民共和国宪法》和《中华人民共和国缔结条约程序法》来履行其国际条约义务问题;在"地方各级政府的职权"一节,主要涉及地方各级政府在没有授权立法的情况下,无权制定与《WTO 协定》和《议定书》有关的贸易政策;在"贸易制度的统一实施"一节里,主要是设计不统一实施救济机制;在"司法审查"一节里,主要明确司法审查的内容和程序。在《中华人民共和国加入议定书》附件 1A《中国在过渡性审议机制中提供的信息》[②]等规定中,在经济政策部分,主要涉及中国应废止和停止关于国民待遇的所有与 WTO 不一致的法律、法规及其他措施等,外汇和支付措施、投资体制与投资指导目录、定价政策等;又如在影响货物贸易的政策方面,主要涉及关税配额、非关税措施(包括进口数量限制)、进口许可程序、海关估价、出口限制、保障措施、技术性贸易壁垒、与贸易有关的投资措施、国家垄断贸易实体、政府采购等;又如

---

① 参见《中国加入世界贸易组织法律文件》[中英文对照],法律出版社,2002 年 1 月第 1 版,第 762—847 页。
② 参见《世界贸易组织乌拉圭回合多边贸易谈判结果法律文本》[中英文对照],法律出版社,2000 年 10 月第 1 版,第 15—21 页。

与贸易有关的知识产权方面,涉及《著作权法》、《商标法》、《专利法》的修正情况以及涵盖《TRIPS》各领域的情况等。

综上所述,第 70 条的"政策"主要是指中国的涉外经济"法律、行政法规、规章、命令、指令或任何政府措施等"。这个观点在《中国加入工作组报告书》第 74 条中国政府陈述的观点中得到佐证:"对于某些工作组成员提出的问题,中国代表确认,法律、法规及其他措施包括法令、命令、指令、行政指导及临时和暂行办法。这表示,在中国,地方政府包括省级政府(含自治区和直辖市)、市、县和乡镇。中国代表进一步表示,地方性法规、规章及其他措施由省、市和县级地方政府按其各自的宪法权力和职能发布,并在相应地方级别实施。乡镇被授权执行措施。特殊经济区还被授权颁布和实施地方性法规和规章。"①(作者注:该条不是 WTO 法的组成部分,因此仅供理解或解释遇到歧义时参考)

法律就是贸易制度,就是政策,这是 WTO 体制的至理名言。制度创新,其实就是法律创新。法律创新,必须符合 WTO 法。根据《中国加入工作组报告书》第 70 条之规定,地方各级政府在没有授权立法的情况下,无权制定与 GATT 1994,GATS,TRIPS,the control of foreign exchange 等有关的任何"policy"。范围之广,难以量化;在实际操作中,其影响之深远,难以估价,因为最惠国待遇原则和国民待遇原则以及事实上具有先例判决效力的、滚滚而来的专家组和上诉机构的报告更使之复杂化,真有"烟波江上使人愁"之感。正如世界贸易组织总干事所言,"中国所承诺的一

---

① 《中国加入世界贸易组织法律文件》[中英文对照],法律出版社,2002 年 1 月第 1 版,第 776 页。

切令世人震惊。"(素帕猜·巴尼巴滴等,2002)

§9.2.4 政策是立法权挑战的基点

根据中国入世承诺,地方各级政府在没有授权立法的情况下,无权制定与影响货物贸易、服务贸易、与贸易有关的知识产权或外汇管理等有关的任何"政策"。若基于中央政府授权立法,则应遵循WTO法非歧视原则,即最惠国待遇原则和国民待遇原则。但现实对此不以为然。在中国文化里,政策不是法律,法律也不是政策,各讲各的道理,各有各的领地。然而,仅仅因为"policy"在中国文化和WTO文化里的不同内涵,即会导致我们对"政策"这个词在WTO体制下的正确理解产生"自以为是"的歧义,进而导致我国地方立法权在授权立法方面产生偏差。如不及时纠正对"政策"在WTO体制下的错误理解,我国地方立法将难以统一,难以符合WTO法的要求和规定,从而为违反WTO法埋下定时炸弹,对经济安全构成威胁。

一言以蔽之,为真正获得在WTO文化中对话的能力,必须重新认识WTO体制下"政策"的法律含义,摒弃以往中国文化中"政策不是法律,法律不是政策"的思维模式,放弃于事无补的各种争论,还"policy"以符合全球文化视角的透彻含义。

§9.3 WTO背景下的subsidy:补贴

术语意义上的"补贴",在不同语境之下其语义存在差异。《补贴与反补贴措施协定》是WTO关于规范补贴和反补贴措施的重要协定。WTO法项下《补贴与反补贴措施协定》里所界定的补贴并不完全等价于我们日常经济生活中所理解的"补贴"。正确理解构成WTO法项下"补贴"的法律条件,是判断补贴是否属于WTO法项下所定义的"补贴"的关键之所在。

同时,如何正确理解补贴的两个分类——禁止补贴和可诉补贴,对于澄清人们仍然存在的错误认识,即认为补贴分为禁止补贴、可诉补贴和不可诉补贴至关重要。不可诉补贴的终止,使得所有的"补贴"包括WTO法律声明不予管理的"非专向补贴"都可能受到诘问和挑战。中国对于"市场经济地位"的渴望同时激发了一些发达国家及其贸易伙伴对中国出口产品"补贴"问题的敏感。这些变化对于我国经济立法和产业政策的影响亟待关注,以避免因误解"补贴"而造成政策失误。

改革开放以来,中国在建立市场经济体制方面取得了重要进展。但是,包括美国、欧盟在内的许多西方国家一直没有认可中国是市场经济国家。在中国加入世贸组织的条款中,即包括了在15年过渡期内将中国视为非市场经济国家的内容。市场经济地位问题给中国对外经济贸易带来了不利影响。例如,在反倾销案件中,由于所谓"非市场经济地位",反倾销调查期间要以"替代国"生产成本来测定中国产品的生产成本。而所谓"替代国"成本又通常是高于在中国的生产成本,于是形成"中国产品销售价格低于生产成本"的错觉,使中国企业处于不利地位。

2004年4月14日,中国和新西兰同时宣布,双方已经就贸易和经济合作框架达成协议,新西兰承认中国市场经济地位,意味着中国在获得梦寐以求的市场经济地位问题上首次获得突破。[①]

[①] 《外贸领域重大突破,新西兰承认中国市场经济地位》,http://www.wtolaw.gov.cn,2004-04-16。

2004年3月19日,美中安全和经济监督委员会(the U.S.-China Security and Economic Review Commission)完成了有关"中国入世承诺:中国成为WTO成员最初两年的评估"报告,认为中国入世两年来的表现是"混合性质"的。报告建议美国国会进一步对中国施加压力,必要时提起WTO诉讼;并建议修改对"非市场经济"不适用反补贴的法律。① 这意味着,我们面临来自世界经济的竞争和挑战,无论是继续保持"非市场经济"的名分,还是摘掉"非市场经济"的帽子,"补贴"和"反补贴"都会成为无法回避的热点。因此,有必要从WTO术语的角度进一步了解"补贴"的确切含义,避免由于对WTO定义下"补贴"的误解而产生政策导向失误。

§9.3.1 通常意义下对"补贴"的定义

英文语词subsidy(常用复数)通常译作补助金、津贴、补贴,主要指政府向生产者或销售分配者支付的款项以便降低价格,例如出口补贴、消费品补贴以及农产品补贴等(王福穰,1994);或"政府为促进经济发展,而发给企业的财政补助金"(陈今池,1994)。

中文语词中的补贴,意为给以资财补助,弥补不足。《孟子·梁惠王下》:"春省耕而补不足,秋省敛而助不给。""补贴"有时也作"贴补",多指从某些辅助渠道获得收入,例如"贴补家用";习用之"补贴"常有"由政府或机构基于某种理由提供资助给下级政府、下级机构或企事业单位乃至个人"之意,经济学意义上的"补贴"是财政支出当中"转移支出"的一种形式,指政府为了某种目的,把一部分财政资金单方面地无偿转移给居民、企业或其他受益者的支出。

---

① 上海WTO事务咨询中心信息部编制,转引自www.sccwto.net。

按照《不列颠百科全书》给出的解释,"补贴"的含义如下:

政府为了促进公益,对私营企业、家庭或其他政府部门直接或间接给予金钱补助、经济特权或特殊优惠。就广义而言,补贴既包括为改善收入分配不均而支出的福利费,也包括政府为缓和市场力量的影响而安排的其他规划。补贴无论采取何种形式,目的均为改变不合公共政策目的的经济效果;其作用是使受补贴的工业比不受补贴的工业得到更大的发展,从而改变经济社会对资源的使用。补贴制度历史悠久,早在工业革命前重商主义时期各国政府已广泛应用。当时的思想认为保持对外贸易顺差以积累金银是保护本国制造业的需要。然而,人们对这种保护的说法是持怀疑态度的。尽管如此,目前世界上多数国家,仍然把保护政策作为国家经济政策的一部分。有的国家具有强有力的中央政府,能直接指导国内物价和生产,则不实行补贴而代之以综合经济计划。

实行补贴方式很多,如,(1)直接支付现金或实物;(2)按低于市场正常价格提供货物或劳务;(3)按高于市场正常价格购买货物或劳务;(4)减免税款和其他类似办法。此外,政府所采取的许多政策,如削弱竞争的管理规章、要求向享受优惠的生产者或国家购买货物的规定、保护性工资和价格法则,也无不具有补贴的作用。所有国家都认为海运、空运是国防和外交政策的重要工具,而陆路运输尤为发展国内经济的先决条件。因此,无论过去和现在各发达国家对运输业都广泛实行直接补贴以促进其发展。间接补贴来自政府直接从私有生产者以高于市价购入产品;通过市场操纵维持高价;对私有企业以低于成本价提供劳务;或特别让税。创立补贴制度原为公众的利益,但其结果会造成消费品税额和价格的提高,鼓励低效率的生产者维持现状、不图改进。检验补贴政策适当与否必须根据比较公众所获得的利益(通常分散且难以测定)与所付出的代价而定,用这个标准来衡量,补贴往往是得不偿失的。

《不列颠百科全书》(国际中文版)第 16 卷,中国大百科全书出版社 1999 年版,第 280 页。

§9.3.2 WTO法律对"补贴"的定义

根据 WTO 法律文件《补贴与反补贴措施协定》第 1.1 条之规定,"就本协定而言,如出现下列情况应视为存在补贴:

(a)(1)在一成员(本协定中称"政府")领土内,存在由政府或任何公共机构提供的财政资助,即如果:

(i)涉及资金的直接转移(如赠款、贷款和投股)、潜在的资金或债务的直接转移(如贷款担保)的政府做法;

(ii)放弃或未征收在其他情况下应该征收的政府税收(如税收抵免之类的财政鼓励)[1];

(iii)政府提供除一般基础设施外的货物或服务,或购买货物;

---

[1] 依照 GATT 1994 第 16 条(第 16 条注释)和本协定附件 1 至附件 3 的规定,对一出口产品免征其同类产品供国内消费时所负担的关税或国内税,或免除此类关税或国内税的金额不超过已经征收的金额,则上述行为不得视为补贴。

(vi)政府向一筹资机构付款,或委托或指示一私营机构履行以上(i)至(iii)列举的一种或多种通常应属于政府的职能,且此种做法与政府通常采用的做法并无实质差别;或(a)(2)存在 GATT 1994 第 16 条意义上的任何形式的收入或价格支持;及(b)则因此而授予一项利益。"[1]

根据上述定义,构成补贴的法律要件是同时满足下列 2 个条件:① 财政资助(financial-contribution)是 WTO 成员领土内公共机构提供的(包括政府向出资机构提供资助或将此项职能委托私人机构或指示私人机构执行);② 某项利益(benefit)因此而被授予。只要这两个条件同时具备,即认为构成"补贴"。

§9.3.2.1 从给予方角度考察

政府提供的财政资助包括但不限于下列形式:

政府直接转移资金(赠款、贷款、注入股权)或潜在直接转移资金或债务(如贷款担保)等,但若股权的注入、贷款或贷款担保属正常投资或采用正常商业惯例,则上述行为不能认定为补贴;

政府免除或未征收本应征收的财政收入(如免税、退税或税收减免等);

政府提供除一般基础设施外的货物或服务(如原材料、工厂场地、无偿的信息服务等)或者由政府购买货物(政府得到充分补偿的不应视为补贴);

政府不直接执行上述措施,而是通过向出资机构提供资助或将此项职能委托私人机构或指示私人机构执行;

---

[1] 《乌拉圭回合多边贸易谈判结果法律文本》,法律出版社,2000 年 10 月第 1 版,第 231 页。

收入支持或价格支持,如将国内生产者的价格固定在高于全球市场价格的水平上,降低出口产品的国内运输费用,免除国内产品的国内税而进口产品仍需缴纳等。

§9.3.2.2 从接受者角度考察

判断"利益"的标准是市场,是指接受者比从市场上得到更优越的条件。接受者获得的优惠条件与其从市场上按照正常商业途径可以获得的条件进行比较,是其商业考量的标准。

利益的普通含义指的是好处,从词汇本身的含义看,并不包含利益给予方必须要有支出的意思。要确定财政资助是否给予了"利益",就要看财政资助是否使接受者处于比没有资助时更有利的地位。只有财政资助的条件比接受者从市场上可以得到的条件优越,才可能给予"利益"。《协定》所说的"利益"并不是从合同中可以得到的利润,而是指接受者得到了比从市场上更为优越的条件。若以市场经济指标衡量"利益",这个问题即不难解决。如果政府和公司签订的合同是真正的"普通商业行为",即合同不比市场条件下经过谈判取得的合同条件优越,那么公司可以得到的并不会比在市场上得到的更加优越,这样也就谈不上得到《协定》所称的"利益"。

§9.3.2.3 前提条件:专向补贴(specific subsidies)

专向补贴是指给予特定企业、特定产业、特定企业群、特定产业群的补贴,可以表现为国内补贴(domestic subsidies)或者出口补贴(export subsidies)。这种补贴在一国经济中导致资源分配扭曲,是多边规则需要管理的补贴。《补贴与反补贴措施协定》所规定的条款只约束专向补贴。进行这一区分的立论要点,是多边规则只需要管理在一国经济中造成资源分配扭曲的补贴。非专向补贴则是可以普遍采用的，WTO法律对此没有限制。简而言之，在WTO法律意义下所讨论的"补贴"，都是仅指"专向补贴"而言。

根据《补贴与反补贴措施协定》第1.2条规定，"如按第1款定义的补贴依照第2条的规定属专向补贴，则此种补贴应受第二部分或受第三部分或第五部分规定的约束。"

§9.3.3 《补贴与反补贴措施协定》的补贴分类

现行的《补贴与反补贴措施协定》将补贴分为两类：禁止补贴（prohibited subsidies，红灯类）和可诉补贴（actionable subsidies，黄灯类）。该协定起初还包含第三类补贴：不可诉补贴（non-actionable subsidies，绿灯类）。对第三类补贴的允许持续了五年，已于1999年12月31日终止，没有续延。所谓"禁止补贴"，是指WTO成员承诺绝不可以实施的补贴；"可诉补贴"则意味着可以为之提起诉讼的补贴。如果出现了"可诉补贴"并且有认为因此而蒙受利益损失的主体提起诉讼，则这种补贴是否导致征收反补贴税需要根据对该诉讼的裁判结果而最终确定。由于前述第三类补贴，即不可诉补贴的终止，补贴实际上已经形成了新的格局：要么是禁止的，要么是可诉的，其法律要件和要求各不相同。

§9.3.3.1 禁止补贴（prohibited subsidies）

《补贴与反补贴措施协定》第3条之规定，禁止补贴可以定义为：

"3.1 除《农业协定》的规定外，下列属第1条范围内的补贴应予禁止：

（a）法律或事实上视出口实绩为唯一条件或多种其他条件之一而给予的补贴，包括附件1列举的补贴；

(b)视使用国产货物而非进口货物的情况为唯一条件或多种其他条件之一而给予的补贴。

3.2 一成员不得给予或维持第 1 款所指的补贴①。"

根据上述定义,禁止补贴可以分为两类:第一类是"出口补贴"(export subsidies),即按照法律或事实上(in law or in fact)视出口实绩(export performance)情况而给予的补贴,或是完全取决于这一条件,或是作为几个条件之一;第二类是进口替代补贴(import substitution subsidies),即视使用国产品替代进口产品的情况而给予的补贴,或是完全取决于这一条件,或是作为几个条件之一。上述补贴之所以被禁止,是因为设计这些补贴的目的是扭曲世界贸易,导致对其他国家的贸易伤害。它们可以在 WTO 争端解决程序接受挑战。若 WTO 争端解决程序确认一项补贴属于禁止范围,则该补贴必须立即撤销。否则,起诉方可以采取反措施(counter measures)。若国内生产者因受到进口补贴产品冲击而遭到损害,可以征收反补贴税。

§9.3.3.2 可诉补贴(actionable subsidies)

《补贴与反补贴措施协定》第 5 条之规定,可诉补贴定义为:"任何成员不得通过使用第 1 条第 1 款和第 2 款所指的任何补贴而对其他成员的利益造成不利影响,即:

(a)损害另一成员的国内产业;(b)使其他成员在 GATT 1994 项下直接或间接获得的利益丧失或减损,特别是在 GATT 1994 第 2 条下约束减让的利益;(c)严重侵害另一成员的利益。

---

① 《乌拉圭回合多边贸易谈判结果法律文本》,法律出版社,2000 年 10 月第 1 版,第 233 页。

本条不适用于按《农业协定》第 13 条规定的对农产品维持的补贴。①"

根据定义,可诉补贴属于既不被禁止,又不能免于质疑的补贴,这种补贴潜在地容易被起诉,或被征收反补贴税,但这样做必须满足必要的条件,总的原则是任何成员不得通过使用第 1 条第 1 款和第 2 款所指的任何补贴而对其他成员的利益造成不利影响。该协定确定了三种不利影响:

(a)对另一成员的国内产业造成损害(injury);

(b)使根据 GATT1994 获得的利益丧失或减损(nullification or impairment of benefits);

(c)"严重侵害"(serious prejudice)另一成员的利益。

提起这类补贴诉讼时,起诉方必须举证并证明补贴对其利益造成不利影响。否则,补贴就是允许的。该协定界定了补贴能够引起的三种形式的损害(damages)。(1)一个国家的补贴可能伤害(hurt)一个进口国的国内产业(domestic industry);(2)在第三国市场竞争时,补贴可能伤害来自另一国家的出口竞争者;(3)一国的国内补贴可能伤害力图在补贴国国内市场参与竞争的出口者。若争端解决机制裁定补贴的确有不利影响,则补贴必须撤销或者它的不利影响必须消除。若国内生产者因受到进口补贴产品冲击而遭到损害,可以征收反补贴税。

关于可诉补贴的确认,涉及以下术语,国内产业(domestic industry)、损害(injury)、利益的减损或丧失(nullification or impair-

---

① 《乌拉圭回合多边贸易谈判结果法律文本》,法律出版社,2000 年 10 月第 1 版,第 235 页。

ment of benefits)、严重侵害(serious prejudice)。对这些术语的确切理解,是确认可诉补贴、把握可诉补贴法律内涵的关键。

§9.3.4 关于补贴的结论

补贴,在《补贴与反补贴措施协定》中有特定含义,并非任何补贴都是禁止的或可诉的,只有专向补贴才被纳入《补贴与反补贴措施协定》管辖范畴。专向补贴又可分为禁止补贴和可诉补贴(不可诉补贴条款已终止并失效)。市场经济地位的取得有利于中国在世界经济和贸易竞争方面增强参赛能力,但同时也需要提起对"补贴"和"反补贴"的重视。不可诉补贴的取消使得即便是非专向补贴也可能受到诘问和挑战。立法和制定政策务必考虑补贴分类的变化和不可诉补贴终止所带来的影响,以避免由于政策误导而造成损失。

中国加入WTO,立法权、执法权和司法权部分让渡给WTO,这是必然的代价。但是,基于我们的承诺,WTO的规则事实上已经具有了高于中国法律的地位。更为严峻的是,WTO的规则对于我们来说几乎是全新的,它与我们历来所知悉和面对的法律法条之间存在巨大差异。WTO的法律所沿袭的,是西方国家的司法习惯和文化传统,WTO法律所最终认同的,是西方的语言习惯和价值判断,而不是中国的法律和中国法律所秉承的文化。《乌拉圭回合多边贸易谈判结果最后文件》第6条规定,该文件正本一份,用英文、法文和西班牙文写成,三种文本具有同等法律效力。中文译本不是WTO法定文本,可以参考,但不具有法律效力。

有人说,中国入世承诺是为WTO争端解决机制重新装上了新的"牙齿"。无论这种说法是否确切,我们都必须了解由那些承诺所引发的变化。中国入世承诺在遵守规则的设计上,引入了"非统一救济实施机制"和"国内法律救济措施机制",使任何外国个人和企业均可在 WTO 体制框架下根据中国国内法律获得立法救济和司法救济。甚而言之,国内法律救济措施已经上升为中国的国际法律义务,从而增加了以往 WTO 争端解决机制当中所没有的裁决结果的溯及力,以及对于外商个人和企业来说更为现实的金钱补偿。如果中国违反 WTO 义务(包括入世承诺),则 WTO 争端解决机构(DSB)就会要求中国政府履行承诺、依据中国法律提供立法救济和司法救济、对外商个人或企业给予国家赔偿和信赖利益赔偿。从这样的意义上说,我们的承诺的确是为 WTO 规则装上了对中国更具杀伤力的"牙齿",除非中国的企业和司法机关能够完全理解、掌握 WTO 规则,达到无懈可击的境界。

现在的问题是,我们已经踏上了 WTO 的列车,但是当今之国人对这个问题的认识仍显不足,很多决策机构或企业、或个人对此缺乏相应的思想准备和法律准备。在我们还没有坐稳的时候,车却已经开了。《老子》有云:"图难于其易,为大于其细",该是引起注意的时候了。

第十章 规范术语是学科建设的重要内容

§10.1 经济计量学与计量经济学

在社会科学的学科体系当中,经济学尤其是数量经济学可能更为贴近自然科学。在数量经济的研究当中,除了涉及经济理论,还需要用到包括数学、统计科学在内的许多自然科学的术语名词。现代经济学研究的长足进步,也把术语规范的问题推进到了必须予以考虑并设法解决的位置。

以数量经济研究中最基础的"经济计量学"来说,其与"计量经济学"来源于同一英文词"Econometrics",早期曾有人将其译作"度量经济学"。但是,目前国内很多人采用"计量经济学",也有不少文献中使用"经济计量学",而在同一文献中二词混用的情况也不少见。(林琼,2003)事实上,这个术语是仿照19世纪末叶兴起、以数理统计学方法进行研究的"生物计量学"(Biometrics)的名词结构创造出来的。从语词结构的角度说,"经济计量学"一词属于偏正结构,是以"经济"修饰或界定描述"计量",按照确切的译法,应定名为"经济计量学"。

关于"Econometrics"应该是"经济计量学"还是"计量经济学"问题,早在20世纪80年代前就提出过,但1984年以后出版的有关"Econometrics"的书仍有两种译名并用的现象。两种不同译名的书,其内容都属于"Econometrics",这一点是一样的。

有观点认为(吴承业、陈燕武,2004),"同一中文学科有两种英文译名,这种情况在经济控制论方面曾经出现过,但却涉及内容上的差异。在《论经济控制论中研究的两个学派》(吴承业,1989)一文中,作者提到:一个译名是 Control Theory,以上海交通大学的张钟俊教授为首,编撰《控制理论在管理科学中的应用》,研究的内容是用当代控制论的科学方法来分析经济过程,侧重点在于控制论;而另一种译名为 Cybernetics,以乌家培教授为首,主编《宏观经济控制论》,主要从控制论的基本思路和方法重新构建经济学,以控制论特有的逻辑结构综合并拓展已有的经济学成果,将它看成经济学的分支,这说明一个中文有两个英文译名以反映不同学派的观点。"

严格说来,这种"一个中文有两个英文译名以反映不同学派观点"的现象也令人担忧,以不同称呼作为"学派"标志的做法,恰恰表明在相应领域内学科建设尚未成熟,在学科建设方面,关于学科基础理论和指导规范研究的方法论研究还处于幼稚阶段。

从另一个角度说,科学的学科不是变形金刚,不能频繁重组。以经济学为例,数学方法、统计方法、计量方法被引入经济学研究,是研究手段的进步。这些新手段、新方法的引入,使得经济学研究如虎添翼,令人耳目一新。但是,添翼的"虎"仍是经济学,添翼之虎仍然是虎。

经济计量学是计量方法在经济领域的应用,它会给经济学的学术研究带来众多甚至重大的改变,是经济学研究过程中的"技术进步",却不能反客为主。支持这种观点的一个重要理由在于,"计量学"等各类手段和方法均具有工具属性,可以在众多方面使用。以计量方法为例,经济学可以应用这些方法,但不能独自占有。对照物质生产过程当中的"技术进步",其作用在于提高既有生产过程的产出效率,获得新的产品,或者提高产品自身的质量,或者增加其单位产量。简而言之,技术进步应该"为虎添翼",不能"喧宾夺主"。

§10.1.1 早期 Econometrics 的译名之争

1980年,乌家培教授在《经济数学方法研究》一文中就曾提到"Econometrics"的两种译法,一种译作"经济计量学",另一种译作"计量经济学";按照中文的习惯,似乎后一种译法更能表明它是西方(原文为资产阶级)经济学的一个分支,而不是别的什么经济学,但用计量的经济学容易同计量问题经济研究的"计量经济学"相混淆;"Econometrics"本身是一个复合词,把它理解为西方经济学中研究经济计量的一门学问,比较合适。(吴承业、陈燕武,2004)

孙世铮教授在《经济计量学》(1984)中主张翻译成"经济计量学"。这是因为(1)西文原文 Econ-中文翻译都是以经济作词冠,如经济学(Economics)、经济学家(Economist)等等,表明是经济领域中的计量学(分析);以计量作词冠,表明是计量领域中的经济学;(2)大多数教科书在介绍"Econometrics"时总是这样分析:"Econometrics"主要阐述如何进行计量的方法和技术,如何把经济学的各种规律、学说和定理列出方程,根据统计资料进行计量,对照实际,检验正误,比较优劣,然后决定修正或取舍,而不是把这些规律、学说或定理的内容作为议论的中心。(吴承业、陈燕武,2004)

由宋原放主编,上海辞书出版社1984年12月出版的《简明社会科学词典》(第二版)将"计量经济学"作为主词条(第171页),"经济计量学"条则注为"即计量经济学"。

> 计量经济学　又称"经济计量学"。把统计学、经济理论和数学结合起来,以经济现象的可计量的变化作为研究对象的学科。现代资产阶级政治经济学的一个分支。20世纪30年代出现,第二次世界大战以后盛行。该名词由挪威经济学家弗瑞希(Ragnar Frisch,1895—1973)于1926年提出,美国经济学家穆尔(Henry Ludwell Moore,1869—1958)所著《综合经济学》一书为计量经济学奠定基础。主要代表人物还有荷兰丁伯根(Jan Tinbergen,1903—　),美国列昂捷夫(Wassily Leontief,1906—　)等。其主要方法及步骤是:(1)建立经济模型。(2)估计参数。参数是指模型中用来表示自变量和因变量之间数量关系的常数,一般根据局部观察所得的统计资料运用数理统计方法估算。(3)验证理论。用数理统计学中检验统计假设的原理,验证模型包括的变量及其结合方式、结合程度是否代表客观情况,从而判断"理论模型"正确与否,应否对理论进行修改。(4)预测未来。即把预计的和已知的前定变量的数值代入已估算出参数值的模型中,以求出内生变量的数值,即预测值。如果预测的内生变量数值不符合意图,就设法改变外生变量的数值。如预测的时候代进方程式的前定变量是能主观控制的(如政府开支的增减),那么预测值就可以体现

资产阶级政府的意图,用来替资产阶级政府规划政策。它没有自己独特的经济理论,各种经济理论都可以作为编制模型的依据。其实例却以庸俗经济学为其理论出发点,进行的验证也常常未能严格按数理统计方法进行,故计量结果不能反映经济关系的本质,所做预测也往往失败。但作为对经济进行数量分析的方法,有借鉴作用。

《简明社会科学词典》第二版,上海辞书出版社,1984年,第171页。

李子奈教授在《计量经济学》(2000)一书中提到:"经济计量学"是由英文"Econometrics"直译得到的,而且强调该学科的主要内容是经济计量学的方法,是估计经济模型和检验经济模型;而"计量经济学"则试图通过名称强调它是一门经济学科,强调它的经济学内涵与外延。

在本书前面的章节中我们已经讲到,术语是关于事物本质的描述。但是,由于事物本质的多样性或非唯一性,导致了术语分歧的普遍性。(龚益,2004)这种多样性除了表现于"事物的本质",还可能体现在对应于同一事物本质的不同描述方法,即描述准则的不同。因此,关于术语,其"约定俗成"的意义远大于其据以"判断正误"的意义。进行关于术语问题的讨论,尤其是具体到关于"某一个"术语,例如"经济计量学"和"计量经济学"的讨论时,更为主要的收益在于深入了关于"Econometrics"学问本质的理解。

关于"经济计量学"与"计量经济学"的译名,还有一段较少为人所知的掌故:20世纪90年代,美籍华人著名经济学家邹至庄教授到中国访问,朱镕基总理设宴款待,李子奈教授作陪。席间李子奈教授就"Econometrics"的两种译法请问邹至庄,究竟如何翻译为好。邹先生答曰:译名而已,本质并无不同,故二者皆可。是时朱镕基总理对李子奈教授说,不管别人怎么叫,在清华大学要先统一起来,就叫做"计量经济学",放在经济学科下边。1992年由清华大学出版社出版了李子奈教授编著的《计量经济学——方法与应用》,属中级水平的经济计量学教材,为许多学校所采用,并获得1995年国家教委优秀教材一等奖。

"Econometrics"作为一门课程,在我国部分高等院校的经济学科、管理学科相关专业中开设,到2000年已经有近20年的历史,其重要性日渐为人所知。1996年7月,李子奈教授作为召集人承担了教育部(原国家教委)"高等教育面向21世纪教学内容和课程体系改革计划"的重点项目——"经济类专业数量分析课程设置和教学内容研究"的工作;在调查研究和讨论的基础上,提出"经济类专业数量分析系列课程设置研究报告",建议将"计量经济学"列入经济类专业核心课程,所有专业都要开设。1998年7月,教育部高等学校经济学学科教学指导委员会讨论并确定了高等学校经济学门类各专业的8门共同核心课程,其中包括"计量经济学"。

将"计量经济学"列入经济类专业核心课程,是我国经济学学科教学走向现代化和科学化的标志,对经济学人才培养产生了重要影响。嗣后,李子奈教授受教育部高教司和教学指导委员会的委托,承担了编写计量经济学本科教材《计量经济学》的任务,交由高等教育出版社出版。由于在最初考虑设置相关课程的时候,是由李子奈教授负责,于是教委课程设置的正式名称也就顺理成章地叫做"计量经济学"。2004年11月7日,笔者前往清华大学管理学院拜访李子奈教授,谈及社会科学术语规范时听到这个故事,得知社科术语规范史上的一段佳话。在这次谈话中笔者还注意到,李子奈教授对于社科术语的规范问题持有非常积极的态度:无论如何规范,术语还是统一为好。

§10.1.2 还是统一为经济计量学比较好

一个术语从诞生到成熟,有时候可能要经历漫长的过程,反反复复,曲曲折折。"经济计量学"术语的确立,也许会成为未来人们回首中国社科术语规范历程的一块标本,引发更多的探讨与判断。现在的问题是,在目前已有国家教育部课程清单列出"计量经济学"的情况下,这个术语是否还应调整为"经济计量学"呢?

笔者认为,从促进学科术语规范,推进社科术语规范工作开展的角度考虑,Econometrics还是译成"经济计量学"为好。教育部应在适当的时候,以适当的方式调整课程清单,从"经济计量学"这个"术语"开始,引起对整个学科术语规范工作的重视,开展术语规范的实践。所谓术语规范的过程,其实是促进学科建设的手段。也许有必要透过诸如《数量经济技术经济研究》等专业杂志,进行关于Econometrics译名的充分讨论和"表决",借以引发业内同仁"百花齐放"的关注,提倡为科学而研究,提倡对真理的求索,在更高的学术意义上收获繁荣。

从语言分析的角度,大多数业内人士对Econometrics应该直译为"经济计量学"的观点并无异议;从语言应用的角度考虑,现在社会上许多人使用"计量经济学"称谓,在很大程度上是由于教育部在1998年确定高等院校经济学门类专业核心课程名录时采用了这种译法的缘故。这种称谓上的矛盾,"使同学们常有无所适从之感,不知冠名为'经济计量学'或者'计量经济学'的图书是否内

容相同,不利于该学科在国内的发展"。(吴承业、陈燕武,2004)

结合关于学科属性的讨论,综合各方面因素仔细观察分析,可知关于经济计量学或者计量经济学的定名意见,大致是平分秋色。但若依绝对数量在网上统计,则采用"计量经济学"的人数可能更多,说明行政引导的巨大力量。此外还有将两种译法混用的情况(林琼,2003)。

表3按照发表年代列出分别采用两种学术译名的部分经济计量学著作之作译者名单,虽是不完全统计,亦可大致看出其分布关系。究其原因,可能与经济计量学这一学科在中国尚属新生有关。在这一阶段,人们更多关注的是学科的内容,以及它所能够带来的利益,对于它究竟姓甚名谁倒在其次。加之中国文化中历来不缺少"实用"第一的色彩,所以非到使用与交流中出现统一需求或者"奉天承运,皇帝诏曰"的外力干涉,才会有相对整齐的统一局面。

面对这种情况,在呼吁推进社科术语规范的同时,我们大可不必悲观:世间一切事物,大凡新生,总归有欠完善。Econometrics来到中国,使中国的经济学研究乃至学科教学都发生了本质性的改变。1980年中国经济学界的有识之士邀请了世界著名的经济学家,在北京的皇家园林——颐和园讲习西方经济学,讲授数量经济学。在那时,恐怕还不可能形成关于"经济计量学"或者"计量经济学"术语的讨论。即使是作为中国数量经济与技术经济学界顶级刊物的《数量经济技术经济研究》,20世纪80年代创刊,也是直到2004年12月才见到《关于Econometrics学术译名的统一问题》文章发表,开始讨论术语问题。这是经济计量学在中国发展的一次见证,说明经济计量这个学科在中国正走向成熟。毫无疑问,这是令人高兴的事。

广而言之,关于社科术语的讨论甚至争论的出现,正是中国社会科学发展的标志。要像发展自然科学那样繁荣发展中国的哲学社会科学,就必须要像规范自然科学术语那样规范社会科学术语。术语兴,科学兴。这是走向未来的必经之路。

表3 分别采用两种术语译名的部分经济计量学著作

著作年代	经济计量学(著作数)	计量经济学(著作数)
1980		陈正澄;(1)
1983	谢嘉;(1)	
1984	孙世铮;张守一;张靖海;(3)	张寿、于清文;(1)
1986	曹焕勋、娄彦博;(2)	
1987	吴承业;(1)	
1988	郑宗成等;(1)	唐国兴;(1)
1990	李向阳;王宏昌等;(2)	
1991		胡昌铸;(1)
1992	张保法;(1)	李子奈;任若恩;(2)
1993	林少宫;周逸江等;(2)	
1994		王少平;(1)
1996	吴承业;李长风;(2)	
1997		刘振亚;(1)
1998	赵文奇;伍超标;韩德瑞、秦朵;(3)	
1999	陆懋祖;伍超标;曾五一;(3)	
2000	沈利生;贺铿;张保法;(3)	李子奈、叶阿忠;张定胜;于俊年;谢识予;范德成;云俊;林少宫;(7)
2001	张涛;(1)	赵国庆;张晓峒;庞皓;(3)
2002	贺铿;钱雪亚;张世英、李忠民、袁学民;袁建文;(4)	潘省初;王维国;祝发龙、龙如银;刘俊昌;金笙;唐其鸣等;瞿强;(6)

资料来源:(吴承业、陈燕武,2004);(龚益,2003);(林琼,2003);(李子奈,2000)。

§10.1.3 采用经济计量学唯一译名的理由

以往关于 Econometrics 应该译成"经济计量学"的理由,散落各处,从发展的趋势上看,似乎正在为更多的业内人士所接受。较早阐明这一观点的学者有孙世铮、张守一(1984)等人,以后陆续有类似声音,不绝于耳。吴承业等人比较全面地归纳了这些理由。(吴承业、陈燕武,2004)

采用"经济计量学"唯一译名的理由有三点。第一,从英文的翻译习惯,直译为"经济计量学",使其与其他类似结构译名的译法保持一致。如生物计量学(Biometrics)、历史计量学(Histometrics)、科学计量学(Scienometrics)、生态计量学(Ecometrics)、新闻计量学(Newsmetrics)等一系列已经出现或将要出现的"应用"计量学(-metrics)命名保持简单明了、容易类比推延的一致性。郑板桥追求"删繁就简三秋树,领异标新二月花",数学家华罗庚也认为"神奇化易是坦道,易化神奇不足提"。按照中国翻译界追求"信、达、雅"的共识和传统,译名从简才是至高境界。

第二,从汉语语法结构角度看,"经济计量学"一词属偏正结构,是以"经济"修饰或界定描述"计量",反映了 Econometrics 的本来意义,因此译为"经济计量学"更为确切。一般说来,科学学科名称的惯例服从公认的语法结构。通常所称的某某计量学都是指在某一专业或学科领域采用计量分析方法。在这层意义上,经济学并无特权。反过来想,若在经济学前面加缀其他专业词冠,则表明是研究"那个"领域的经济问题,如环境经济学、生态经济学、旅游经济学、人口经济学、技术经济学等等。依此类推,则"计量经济学"应该是研究计量领域的经济问题,或者用经济学的观点考察计量专业的问题。这显然不是 Econometrics 的通行词义。如果一定要使用"计量经济学",恐怕会有"一词二意"或"二义性"的问题。

第三,从构成学科的必要条件的角度看,Econometrics 没有自己独特的经济理论,却具有明显的"方法"特性。以萨缪尔逊(1954)的定义为代表,Econometrics 定位于实际经济现象的定量分析,它所依据的是与一定的推断方法相联系的理论和观测的一种发展。Econometrics 运用数理统计知识分析经济数据,对描述经济理论的数学模型提供经验支持,给出具有统计和概率意义的数量结果。总之,不是根据经济逻辑重新构建经济学,而是利用数学工具和方法研究经济问题,从方法论的意义上说,把它列为"经济学科"未必恰当。再从与统计学的关系看,经济统计学与经济计量学都是将统计方法用于经济研究的学问,"计量"是"统计"的拓展,却不是"经济"的延伸。

§10.2 宿罪不是原罪

2004 年初,中国各大媒体开始关注民营企业的"原罪"问题。所谓"原罪",据《新闻周刊》(5/2004)刊登徐海屏根据公开报道整理的资讯称:"富人的'原罪'即'资本原罪',指的是民营企业家或富豪们财产来源的合法性问题。"

2004 年 1 月 2 日,中共河北省委、河北省人民政府以省委冀字[2004]1 号文件形式批转省政法委《关于政法机关为完善社会主义市场经济体制创造良好环境的决定》。这个决定被当地政法部门称为"30 条",其中第七条规定,"对民营企业创业初期的犯罪行为,已超过追诉时效的,不得启动刑事诉讼程序。"据说这是国内首次以官方文件形式对民营企业"原罪"问题进行澄清①。

民企"原罪论"是在十六大前后由张维迎等人提出来的。借用"原罪"这个概念就是借用这个词语原本带有的"与生俱来,不可洗脱"的含义。如果从社科术语规范的意义上说,所谓民营企业的"原罪",似应表达为"宿罪"。

§10.2.1 词语意义上的各种罪

词语意义上的"原罪",常用于指称基督教的一种教义:人类始祖亚当因违背上帝命令,吃禁果而犯下的罪,传给后世子孙,绵延不绝,故称"原罪"。在神学范畴,"原罪"的对称是"本罪"即常规意义上的罪。

"宿"有多义。一为住宿、过夜;二为隔夜、隔时,旧时;三谓老成;四作副词,谓平素、一向,通"夙"。作第五义解时读作 xiù,意为星座,指二十八宿。汉语词中有"宿见",谓久已形成的见解和看法;有"宿草",谓隔年之草,宿草陈根;有"宿怨",谓留蓄之怨,后称旧怨为宿怨;另有"宿诺",指久留而不履行的诺言,亦指旧时许下的诺言。近年来市井流行"排毒养颜",矛头直指人类肠道当中积久而未能及时排出的残渣老物,称为"宿便"。婴儿初临人世所排出的"胎便",或许是历史最为悠久的宿便。概括中国民营企业和一些民营企业家早期财富来源不合法的问题,大可以"宿罪"称之。

中文词语中的"罪",意为"作恶或犯法的行为"。另有"惩处"和"刑罚"之意。按《不列颠百科全书》(国际中文版)解释,罪(sin)

---

① 民企"原罪"赦免还是追究,《新闻周刊》2004年第5期。

是从宗教观点上断定为不道德的邪恶行为。

犹太教和基督教认为,罪就是有意识、有目的地违背上帝的旨意。古今许多文化形态中都有关于罪的概念,一般是指个人没有实践外界的行为准则,也指违犯禁戒、法律或道德准则。有些古代社会还讲一种集体的罪,这种罪涉及全人类,源起于一种神话,这种神话说,人本来天真无邪,快乐幸福,后来发生了"人的堕落",丧失了那种境界。在古代希腊人思想中,罪实质上就是人没有能够达到真正的自我表现,没有能够同身外宇宙保持正当关系;其原因主要是无知。

在《旧约》中,罪的概念同希伯来人的一神教有直接关系。罪行被认为是违抗上帝的诫命,罪本身就是违抗或仇恨上帝的态度。《新约》承认犹太教关于罪的概念,但是又认为,由于人类处于既有集体罪又有个人罪的状态,于是耶稣到世上来补救。通过基督所实现的救赎会使人克服罪而达到纯全。基督教和犹太教都认为,罪是有意识地违背上帝的旨意,其原因是人的骄傲、以自我为中心和不顺服。这两种宗教一方面较之其他大多数宗教都强调罪的严重性,另一方面,在关于罪的本质和后果上,又都坚决地反对摩尼教的教义(该教认为,整个受造世界或其物质部分乃固有罪恶)。

§10.2.2 神学定义的原罪和本罪

基督教认为,恶的原因是受造体滥用自己的自由意志;并认为,肉体连同它的情欲和冲动,不应漠视或鄙视,而应使之圣洁;《圣经》在贬义地使用"肉体"一词时,指的不是人的身体,而是人的叛逆上帝的性质。神学家把罪分成"本罪"和"原罪"。本罪即通常所说的罪,包括邪恶的思想、言论和行动。原罪指的是:人作为有罪的种类的一员,生来就处在道德堕落的状态。据《圣经·创世记》所述,这是从人的第一宗罪,即亚当的罪,遗传下来的。对于这段叙述应如何解释,众神学家见仁见智,但是大家都认为:无论原罪的起源和性质如何神秘,人来到世界,不是作为孤立的个体,而是作为一个统一的种类的一员,这个种类从自己过去的历史继承善与恶两种特点,而这就是原罪的起源。

本罪根据严重程度分为重罪和轻罪。这种区分往往难以做到,但又不可避免。重罪是蓄意背离上帝,是在重大问题上完全自知地、在完全由个人意志认可的情况下犯下的,它使罪人断绝了享受上帝圣化之恩的道路,一直到罪人悔改,这种被断绝的道路才能重新接续。相比之下,轻罪涉及较次要的问题,犯罪时不太自知为谬误。轻罪一方面削弱罪人与上帝的关系,另一方面却又不是蓄意背离上帝,因而并未完全断绝享受圣化之恩的道路。本罪又可以分成物相罪(material sin)和全相罪(formal sin)。全相罪一方面本身错误,另一方面罪人也自知其为错误,因此它是使他卷入其中的一种个人过错。物相罪所包含的行动本身错误(因为它违反上帝的律法和人的道德性),但是罪人并不知其为错误,因而他本人不应为之负责。

§10.2.3 原罪、罪过、罪名

原罪(original sin)作为基督教教义名词,系指人生来所处的有罪状态;亦指这种状态的根源。传统观点将此根源归于人类始祖亚当犯罪而遗罪于后代,亚当不听从上帝而食知善恶树上的禁果。关于原罪的教义以《圣经》为依据。《创世记》开头几章关于亚当堕落的故事固然对人类处境的痛苦、死亡和普遍的趋罪性提出

解释,但是《旧约》根本没有提遗传性的罪是如何传给全人类的。《福音书》也仅仅是间接地提到人类的堕落和普遍的罪恶。原罪教义的主要经文根据见于保罗书信,特别是《罗马书》第 5 章 12—19 节。保罗在一段话中将亚当与耶稣并列而提,指出罪和死从亚当进入了世界,恩典和永生则借着耶稣更丰盛地临到人间。①

英文中另有一词:大罪(deadly sin,又称 cardinal sin),指早期基督教隐修体系中规定的重大罪行,公元 6 世纪由圣格列高利列出。传统上开列的七大罪是:(1)骄傲;(2)贪婪;(3)邪欲,指放荡和违禁的性欲;(4)忌妒;(5)暴食,通常包括酗酒;(6)怒;(7)懒惰。13 世纪神学家托马斯·阿奎那在其所著《神学大全》中对这一问题有经典性的论述。这几种大罪是欧洲中世纪道德剧和艺术常用的主题。

在神学定义之外刑法意义上的"罪",也叫做"罪过",通常包括犯罪故意和犯罪过失两种表现形式。与罪过直接相关的术语是"罪名",即依照法律确定的犯罪的名称,是对具体犯罪的本质和主要特征的高度概括。罪名除了起着一种称呼作用,还具有如下重要功能:

(1) 概括功能。罪名对各种犯罪现象进行高度概括,有助于人们明确刑法所规定犯罪的种类,并通过罪名辨识犯罪,以区分罪与非罪、此罪与彼罪。

(2) 区别功能。不同的罪名针对于不同的犯罪,各自具有独特的含义,于是在罪与罪之间形成区别,使人们得以据此区别此罪与彼罪、一罪与数罪。

---

① 《不列颠百科全书》(国际中文版),中国大百科全书出版社,1999 年版。

（3）评价功能。罪名不仅能指称犯罪的本质内容，还起到一种评价作用，表明国家对某种危害行为的否定评价以及对触犯该罪名的犯罪主体的谴责。

（4）威慑功能。罪名的威慑功能是评价功能的自然延伸，通过对犯罪行为的否定性评价，罪名实际上成为对人们具有警戒以及预防作用的行为准则。

在中国刑法中，罪名一般包括"类罪名"和"具体罪名"。刑法对罪名的规定通常有两种形式：一是明示式，即刑法条文直接、明确地规定罪名与罪状。二是推理式，即刑法条文只规定罪状，罪名的确定，则需对罪状进行抽象概括。在法律未明确规定罪名时，罪名的确定应当注意以下几点：

（1）合法性。根据罪行法定原则，罪名的确定必须以刑法规定为依据，符合立法精神。具体说来，首先，对刑法条文规定的简单罪状，没有超出罪名范围的，则应将该罪状作为罪名使用，不得另立罪名；其次，凡叙明罪状、引证罪状、空白罪状中提示了罪名的，应使用所提示的罪名；再次，不得将类罪名作为具体罪名予以使用。

（2）科学性。罪名必须鲜明地反映具体犯罪的性质与基本特征，明确地反映出此罪与彼罪，即其他罪过之间的区别。

（3）概括性。罪名表述必须精炼简明，高度概括具体犯罪的所有表现形式。（《法律辞典》，法律出版社2004年版，第928页）

罪名也是术语。作为一类术语，罪名的功能也是其他某些术语需要表现出来的功能。除此之外，确立罪名时所要遵循的原则，在制定其他术语的时候也具有一定的参考意义。

§10.2.4 罪与非罪：时代尺度的变迁

显然,民营企业早期"违章"的问题并非宗教意义上的"罪"或"原罪"。而是在当初时代背景下,由一般意义上刑法或民法或某些政策规定所划分的"罪与非罪"界线约束的结果。这些问题更像人体内部肠道当中的"宿便",称之为"宿罪"亦不难理解。在过去或者现在完成时态所描述的现实生活中的罪与非罪,很大程度上取决于当时所奉行的界线尺条。因此首先需要讨论的并非是如何处理"宿罪",倒是对历史是非的回溯与追查。在政策意义上,是对既往政策和法律法条的整理、甄别、整合,形成新的界限尺条。按照人类文明的通行做法:以新代旧,作为重影划定"罪与非罪"的界线。虽说历史就是历史,但是我们不应该打着历史的旗号让先行者蒙冤。该"平反"的就要平反。在检讨"界限"的基础上,如果按照人类良知所规定的新的界限和"时效"范围,所判定的事件仍属"罪行",那么唯一的出路只有"追究",一如当年纳粹和日本战犯从事大屠杀的恶魔。

在学术界,围绕所谓"宿罪"或"原罪"问题,至少有"赦免"、"追究"和"折中"三种以上的学术观点,说明现今社会的开放程度、经济学术乃至社会生活的繁荣,更可以说明:社会科学术语的规范,不是统一思想,而是同一表达。总而言之,将所谓民企"原罪"更为确切地表达为"宿罪",可能有助于深化讨论,进而为各种学术观点的争鸣提供更为稳固的平台。"原罪"已有原罪的用处,没有必要给未来编词典的人和研究历史的人制造新的术语麻烦。

§10.3 同源的生态与经济

经济学大家熊彼德在《经济分析的历史》中,提及一位中国经济学家 Huan Chang Chen,即陈焕章[①],著有 *The Economic Priciples of Confucius and His School* 一书,于1911年由哥伦比亚大学出版,此书便是《孔门理财学》。按此书的主要内容收在香港孔教学院民国二十九年(1940)刊行的《孔教论》之中,题名改为《孔门理财学之旨趣》。作者陈焕章把儒家的"理财之学"译为英文并与西方学说作比较,"本含有昌明孔教以发扬中国文明之意思。盖西人每多鄙夷中国。几以为世界之文明。唯西方专有之。而中国从未占一席也。"此处陈氏所说之"理财学",便是老凯恩斯(John Neville,John Maynard 之父)所创的 Economics。陈焕章认为,"日人(把此字)译为经济学。则兄弟期之以为不可也。经济二字。包含甚广。实括政界之全。以之代政治学尚可。以之代理财学或生计学则嫌太泛……"(林行止,2003)由此一段公案,可知日本人在使用中国"资源"的时候,并不介意"大材小用"。

§10.3.1 生态与经济之异同

本意的"经济"是对"家"和家中"资源"的管理。推而言之,环境就是生存所需的资源,经济就是对这些资源的管理。为节约资源、减少资源损耗、提高资源利用效率而管理,就是经济。据 Web-

---

[①] 陈焕章,中国早年留美的经济学家,曾师从克拉克(John Bates Clark, 1847.1. 26—1938.3.21.)。克拉克于1895年至1923年为哥伦比亚大学政治经济学讲座教授,陈焕章在他的指导下完成了"论孔门理财"的论文。

ster's Encyclopedic Unabridged Dictionary of the English Language,-nomy 作为一个构词成分,其来自希腊语的本义是"分配"、"安排"、"管理"或者与法律或政府有关的,如 astronomy 天文学; economy 节约,节省,经济;taxonomy 分类法。

在术语意义上,生态应理解为生物和生境的组合,即生态＝生物＋生境。生物意指具有生命的动物、植物,也包括细菌和各种微生物;生境则是这些生物赖以生存、生产和消费的环境。术语意义上的"生态",或生态系统是自然界固有的存在,具有自组织性质。在"生态系统"中"生物"从"生境"获得资源,通过自组织方式进行资源分配,实现维持、繁殖、修复的动态平衡。在其本质意义上,"生态"并不强调"人类活动"的作用。"人"只是动物或生物中的一类成员。

"经济"则另有不同。相对于"生态"而言,作为术语的"经济"更侧重于强调"人"的作用。"经济"的本质意义是节约,被"节约"的主体是"资源",而实现资源节约目的的手段即是"管理",对"家"或者"栖息地"的管理。这就是"经济"的本来意义。随着人类环境意识的觉醒,"家"这一概念的内涵和外延发生了潜移默化的改变。现今人们已经认识到:地球,不过就是一个被叫做"地球村"的小村庄,是人类的唯一家园。正是基于这样的词语背景,"生态"与"经济"才会从同一源头的同一点出发,分门立户,各自发展,最终却又殊途同归,形成"生态经济"(eco-economy)这样具有特色的"新词"。

§10.3.2 生态学名词术语的审定

生态学是一门发展迅速并与自然和社会科学进行着广泛交叉而相互渗透着的自然科学,其影响所及已远远超出了生态学本身的学科范畴。伴随着生态学的迅猛发展,除了其原有的术语外,又产生了大量的新术语。其原有的术语,也因为学科本身的发展而赋予了某些新的科学内涵。为了满足国内外日益频繁的学术交流的需要,审定并使用科学内涵明确、简明易懂、用词规范统一的生态学名词,实属一项紧迫的基础工作。2005年,生态学名词审定委员会完成了我国第一部经全国科学技术名词审定委员会批准的《生态学名词》(4082条,含释义)。为中国生态学名词术语的统一和规范化作出了贡献。

中国生态学名词术语的编纂与审定工作起步较晚。在20世纪50年代曾由中国科学院编译局委托北京大学生物系林昌善教授编写《动物生态学名词》(不含释义),并邀请沈嘉瑞、林昌善、武兆发、马世骏、曹骥、费鸿年、蔡邦华、刘崇乐8位专家组成动物生态学名词审查小组,花了一年多时间完成审查工作并于1955年由中国科学院正式出版。20世纪80年代,王梅峒编纂了《汉英生态学词典》,由江西科学技术出版社出版;嗣后,安树青、林金安等20余名生态学专家编纂了《生态学词典》,1994年由东北林业大学出版社出版。此后,2001年科学出版社出版了王孟本编纂的《英汉—汉英生态学词汇》,2004年又出版了王孟本等编纂的《英汉生态学词典》。

1999年,中国生态学会受全国名词委委托,于当年11月组成生态学名词审定委员会,由来自全国9所高等院校和10个科研院所的41位生态学各分支学科的著名专家担任委员,其中包括中国科学院和中国工程院院士4人,45岁以下的年轻专家14人。根据生态学科发展的具体情况,分成17个分支学科组,即生态学总论、生理生态学、行为生态学、进化生态学、种群生态学、群落生态学、生态系统、景观生态、全球生态学、数学生态学、化学生态学、分子生态学、保护生态学、污染生态学、农业生态学(包括农、林、牧、草原)、水域生态学(包括淡水、海洋、湿地)、生态工程、生态产业及城市生态学等。

生态学分支学科或交叉学科众多,其中一些老的分支学科如种群生态学、群落生态学已有近百年历史,而一些新的交叉学科如免疫生态学只是近十年才发展起来。面对如此庞杂的学科体系,个人的知识更显贫乏,因此必须依靠专家们的集体智慧,才能完成名词审定任务。(王祖望,2005)生态学术语审定所面临的这个困难具有普遍性,在其他学科如经济学领域,也突出存在。针对这种情况,生态学名词审定委员会创办了《生态学名词审定委员会简讯》,辅助信息交流。评审专家们在《简讯》上对"生态环境"、"适应"(adaptation)等名词的内涵与释义等进行研讨,发表见解。这种做法,在社科术语规范过程中可以借鉴。社会科学研究领域有为数不少的期刊杂志,在这些阵地上开展"术语研讨",本身就是"学科建设"的重要内容。一举双得,宜早为之。

§10.4 关于数量经济学学科的术语定义

数量经济学是由我国学者自己命名的学科,在国外引进的基础上形成和发展。按照齐建国(1997)关于数量经济学的学科定义或学科定位,主要有两种观点。其一是乌家培(1980)的观点:数量经济学可以定义为"在马克思主义经济理论指导下,利用数学方法和计算技术,研究社会主义经济的数量表现、数量关系、数量变化及其规律性";其二是张守一(1985)的观点:数量经济学是马克思主义数理学派,而不是一个学科。它包括许多学科,如"数理经济学、计量经济学、经济统计学和经济计划学、经济最优理论、经济预测学、经营决策学"。

乌家培(1980)的观点中"研究社会主义经济的数量表现、数量关系、数量变化及其规律性"过于宽泛。实际上,数量经济学的研究所关注的乃是观察固有的数量表现,发现稳定的数量关系,掌控微妙的数量变化并挖掘其中内在规律。最关键的是能否运用马克思主义的经济理论加以圆满解释。由此可见,经济中的"数量表现、数量关系和数量变化"是有限制的。张守一(1985)的观点则别出心裁。按《现代汉语词典》关于"学派"的解释是:"同一学科中由于学说、观点不同而形成的派别。"这就产生了问题:与"马克思主义数理学派"观点不同的学派是什么?"马克思主义数理学派"即数量经济学又属于什么学科?根据张守一(1985)的观点,数量经济学还包括经营决策学,从"数理学派"的定名来说,似乎不应如此。数量经济学是从国外引进的学科,从建立这个学科的初衷来说,除了是一门经济学以外,还应突出"数量"或"数理"的特征。因此,数量经济学应包括如下学科:数理经济学、计量经济学、宏观经济学、微观经济学、线性经济学、非线性经济学、经济预测学等等。但是,若以线性和非线性来划分经济学,又有肢解之嫌。

应该怎样定义数量经济学呢?正如前面说过的,除了表明它是一门经济学以外,还应突出其"数量"或"数理"的特征。如此看来,乌家培(1980)和张守一(1985)的观点都不够准确。我们觉得这样定义数量经济学可能更准确一些,即数量经济学是研究经济活动达到均衡或平稳状态时投入产出之间数量关系的科学。(钟学义、陈平,2006)——仁者见仁,智者见智。看来关于数量经济学的定义还可以继续讨论下去。

§10.5 社科术语规范的未来

以上所举之例,恐不足社会科学术语规范问题之万一。其他如"非大众型旅游"(Alternative tourism)应译为"另类旅游"(徐嵩龄,2001)、"旅游产品"不同于"旅游商品"(韩海英,2003)、"农村旅游"的术语歧义(王恩同,2003)、"生态足迹"与"生态占用"问题(王利文,2003),凡此种种,不一而足。这是"社会科学"从口号走向科学漫长道路中不可避免的尴尬,也说明社会科学事业正处在一个蓬勃发展的时期。如果我们承认"准确的科学概念需要用严格的术语覆盖标明"这一命题成立,那么"规范术语供应不足"现象的存在,即可等价为"需要加以覆盖标明的概念大量产生",等价于社会科学事业的迅速发展。

开展社科术语工作,倡导术语规范,需要科学精神的支持作为营养,更需要学术争鸣的风气造就潮流。术语工作的本质,是探索、归纳、总结、研究。开诚布公的讨论与批评和自我批评,是这项工作不可缺少的环节。真正科学的术语工作不接受"学官"、"学霸",却认同"学究",溯本求源,探其究竟。在这样的氛围下,即便是批评和批判,笔端也渗透着平和。

在中国历史上,唐代取士,有明经一科,该科有"学究一经"的科目;宋代简称"学究",为礼部贡举十科之一。按学究本为美称,谓其"心无二用",后也用以专指迂腐浅陋、不谙世事的读书人。近代读书钻研风气渐有恢复,"学究"一词亦越来越表现出中性偏褒的风格。如果深究起来,"批判"也是术语翻译和传播中的一次笔误,它真实的本意是"扬弃",是学问发展和社会进步都需要把持的扶手和链条。至于总可以使人联想起无产阶级"文化大革命"疯狂岁月的词汇"革命大批判"(revolutionary mass criticism and repudiation)则令人不愿提起。

2002—2003年,中国社会经历过正式名称为SARS(Serious Acute Respiratory Syndrome,严重急性呼吸综合征)[①]的"非典型"痛苦。SARS病毒的携带者或"超级感染者"[②]使死亡扩散,却不是造成灾难的元凶。他们也是受害者,最终成为牺牲品。"无产阶级文化大革命"就是一次使文明倒退、人民疯狂的政治SARS(Sanctimonious Acts of Rabble Savagery,乌合之众以神圣名义实施的残暴行为)瘟疫的流行。引发这场灾难的,应该是一种不断

[①] SARS(Serious Acute Respiratory Syndrome),一种传染性极强的呼吸道疾病,其病原体是变异冠状病毒。2002年11月起在中国和东南亚出现病例,并向世界各地蔓延。2003年1月22日中国广东医生将此病例命名为"非典型肺炎",世界卫生组织(WHO)也确认其医学名称Atypical Pneumonia,简称ATP。后发现其临床特点为急剧发生弥漫性肺炎及呼吸衰竭,较之过去由已知的病毒、嗜肺军团菌、支原体及衣原体所引起的非典型肺炎严重得多。世界卫生组织专家卡洛·多尔巴尼(Carlo Urbani)博士于2003年3月16日将其命名为serious acute respiratory syndrome(严重急性呼吸综合征),简称为SARS。多尔巴尼博士在越南不幸被感染SARS而以身殉职。后查清该病原凶病原体为"冠状病毒"。为纪念这位科学研究的先驱人物,WHO正式采用他所命名的SARS病名。并将这种新型冠状病毒命名为SARS-coronavirus,简称SARS-Cov。唯有中国一直沿用2003年春临时称"传染性非典"的病名,并将其写入2004年8月28日全国人民代表大会常务委员会第十届第十一次会议修订的《中华人民共和国传染病防治法》中。(朱万孚:《医学微生物学某些术语的汉译名称之商榷》,《中国科技术语》,2007(1),37—38)因SARS命名也没有充分反映该病的本质特征,因此有人建议将其命名为"传染性冠状病毒肺炎",尚未被社会和医学界接受。据称中国和欧盟的科学家目前已经找到至少15种能够有效杀灭SARS-Cov的化合物。早期认为果子狸是传播SARS的源头。另有香港大学的研究认为,蝙蝠可能是SARS的野生宿主。

[②] 据说SARS的最初传播者是一位名叫黄杏初的厨师,广州第八人民医院收治的一位超级感染者,传染了1000多人。

变异的反人类病毒。与对抗 SARS 或 H5N1 高致病性禽流感[①]一样,我们不仅仅需要应急机制,更应该研究反省,痛定思痛。

台湾作家林清玄著《凤眼菩提》,提到弘一大师(李叔同,1880—1942)晚年受夏丏尊先生之托,为开明书局书写字典的铜模字体,已经写了一千多字,后来却不得不停止。个中原因在弘一大师写给夏丏尊的信中曾有述及。其中最重要的一个原因是:去年应允此事之时,未经详细考虑,今既书写之时,乃知其中有种种之字为出家人书写甚不合宜。如刀部中残酷凶恶之字甚多,又如女部中更不堪言,尸部中更有极秽之字。殊不愿执笔书写。最后弘一大师无可奈何地写道:"素重然诺,绝不愿食言,今此事实有不得已之种种苦衷,吾乞仁者向开明主人之前代为求其宽恕调解,至为感祷。"读《弘一大师书简》到这一段,不免掩卷而叹。这是何等精微的细致,光是书写秽陋的字就觉得污染了自己的心。但是,即便是痛苦和罪恶,也是需要通过术语文字来记载和描述的。倘若人人都不忍提及的历史真的无人提及,那么是否会有另一段同样令人不忍提及的历史再度发生?地藏菩萨说:地狱不空,誓不成佛。其实即便是到了"地狱已空"的岁月,也还需要有从事术语研究的人能够解释关于地狱的那些术语。

中国学术界历来有一种"批评学问就是批评个人"的陋习。它封闭言路,断送科学,害人害事。这种风气一定要努力纠正。对于

[①] H5N1 中的 H 代表血凝素 Hemagglutinin,N 是神经氨酸酶 Neyramidinase 的缩写,这两种物质在病毒人侵细胞并不断传播的过程中起到重要作用。依 H 和 N 之化学排列,派生出不同的病毒,用字母后面的数字加以区分。其中 H 有 15 个类型,N 有 9 个类型。目前已知只有 H5 和 H7 是高致病的,其他则没有那么危险。《科技术语研究》,2006(2),38)2004 年中国发生 50 起禽流感疫情。从 2005 年到 2006 年 3 月发生 35 起,19.4 万只禽发病,死亡 18.6 万只,扑杀 2284.9 万只。

前人的思想和劳动,应有更多的赞赏、理解和宽容。术语发展,总会带着时代的烙印,带着一代人或一个时代的印记。回头看当年的术语,尤其是社科术语,总能感到一些幼稚和牵强。然而,谁又敢说若干年后,后人不会发现我们的"愚蠢"和"荒唐"?以宽容的态度看待过去,以开阔的胸襟迎接未来,社科术语工作才能有多彩的明天。

随着科学与民主思想的真正普及,社科术语规范的前景必定会越发灿烂光明。2004年,中共中央提出"要像发展自然科学那样繁荣发展哲学社会科学",预示着中国社会科学长足发展、科学术语,尤其是社会科学术语规范工作的一个新的高潮正在到来。回望历史,找寻社会科学术语规范的足迹,我们知道了只有在国运昌隆的时代背景下,才能期待术语,尤其是社会科学术语规范事业的振兴。

第十一章 术语规范的具体原则

§11.1 科学术语的基本特征

术语是学问的专门语言。不同学科领域的人们通常使用不同的术语。由于学科不同所造成的语言差异背景,称为"语境",或"语言之环境"。学科范围越窄,其术语的专有性质越强,术语语汇覆盖的范围越小。对于这类学科,我们称其为"专门学科",或更为形象地称之为"窄学科"。

又由于任何学科都会从属于一定的"上位学科"或"比较宽的学科",所以需要使用以"上位学科"为"语言环境"即"语境"的术语。这种术语服务于较之"专门学科"更广泛的人群。

"上位学科"是一个相对概念,通常在"上位学科"之上还会有"上位学科"。"上位学科"的极顶层面,可能与社会生活当中使用的语言交叉混同,覆盖面广,使用者众,所表达的专业意思渐至含混,甚至不再具有严格意义下"术语"的特点。

从理论上说,"专门学科"或"窄学科"的术语应该是相对应之"上位学科"或"较宽学科"术语集合的一个子集,但是若从使用者的角度看,使用"窄学科"术语的人群可能要用到"上位学科"即"较宽学科"的术语;而运用掌握"较宽学科"术语的人们却未必知道"窄学科"的术语,当然也就更谈不上使用。这种情况,叫做术语应用的"收敛性"。

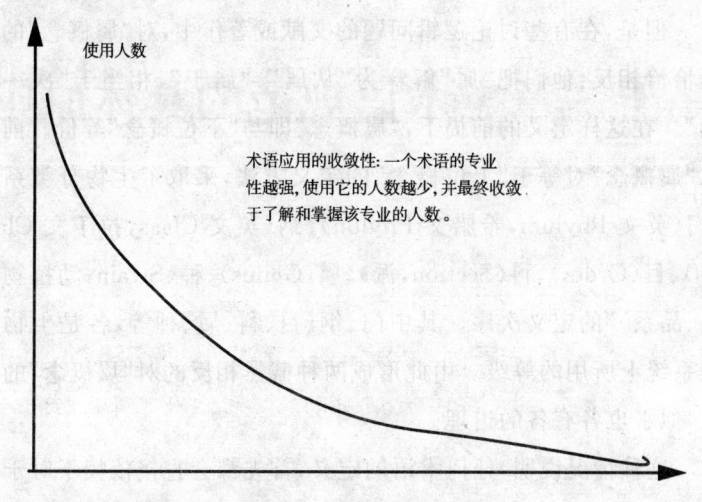

术语应用的收敛性:一个术语的专业性越强,使用它的人数越少,并最终收敛于了解和掌握该专业的人数。

图 10　术语应用的收敛性

§11.1.1　属概念的相对性

理解不同层次之术语的关系,或者进行更一般的解释,需要了解"属概念"定义的特点以及它和"种概念"的意义差别。

"属概念",亦称"上位概念",与"种概念"(或称为"下位概念")相对。在具有从属关系的两个概念中,外延较大的一个称作"属概念"。例如,在"轻工业"和"食品工业"这两个概念中间,"轻工业"的外延较大,是属概念。而"食品工业"则为"轻工业"概念所包含。正如"新"与"旧"、"大"与"小"一样,"上"与"下"总是相对而言。属概念也是相对的。一个概念相对于它所包含的概念而言是属概念,相对于包含它的概念来说则是种概念。类似于"系统"与"子系统"之间的关系。仍以"轻工业"为例,相对于"食品工业"来说是属概念,相对于"工业"而言则是种概念。在按照"轻""重"划分的分类方式之下,与"轻工业"一样同处于种概念地位的还有"重工业"。

但是,在有些讨论逻辑问题的文献或著作中,对"属概念"的定义恰恰相反:他们把"属"解释为"从属"、"属于",相当于"次一级的"。在这样定义的前提下,"属概念"即与"下位概念"等价。前述以"属概念"对等于"上位概念"的定义方法,采取了生物分类系统"门(英文 Phylum,希腊文 Phylon)、纲(英文 Class,拉丁文 Classis)、目(Order)、科(Section,派)、属(Genus)、种(Strain,动植物的系、品系)"的定义次序。其中门、纲、目、科、属、种等,各是生物分类系统上所用的等级。由此形成两种截然相反的对"属概念"的定义,似乎也各有各的道理。

这种情况说明,任何术语的定义,首先都会直接依赖于对于术语中关键字、词的理解,或称对字词的语文解释。所谓术语的"规范"往往只是共同的约定。因此,在统一术语的过程中需要充分认识到约定俗成的意义,认识到讨论、协商、妥协的必要性;关键性词语可能存在严重歧义的事实还说明,在对"概念"进行"定义"的过程本身,同样需要严谨划一的"术语元素"的支持。词汇,特别是关键词汇在语文概念下的明确定义,是后续术语工作顺利展开的必要前提。前提为假,则结论恒假,推行术语规范,对此不可不察。在语词概念存在相对立的解释的情况下,首先需要通过讨论和约定的办法,求得在一定范围内的共同认识,而不能放任自流,听之任之。

关于词汇的定义,我们在这里只说明确而不是确切。明确未必是确切。对同一语汇的不同定义可能各有道理,或者各有传承,争执起来只会没有结果。因为语言本身就存在歧义,所以约定是必要的。歧义未必等价于正确与错误,这是讨论与约定存在的最重要的理由。

在汉语和英文交流互译时,也存在发生矛盾的可能。例如上文中"属"对应的英文单词是"genus",这个英文单词在作为生物学词汇出现时,对应为中文生物学词汇中的"属",如 the genus Homo 译为人类。genus 最常用的对应中文词还包括类、种类。同样还是这个单词,在逻辑学当中即被译为"种"。可见在对术语进行讨论时,语境即语言环境也十分重要。前面谈到"属概念"有两种不同对比关系的定义,或许也与此有关。

§11.1.2 术语,生命,生物

把握术语的关键是理解分类。为了进一步阐明术语所代表和体现的分类与逻辑关系,我们以关于生物的若干术语以及生物分类范畴为例进行讨论。鉴于本书的写作目的,只从"术语"或"概念"之逻辑关系的层面展开论述,并不涉及更深入的专门内容。生物学名下的术语规范,需要并且必须由生物学研究领域的专家落实完成。我们的任务,是借助生物学术语的实例,讨论术语规范和术语规范工作的某些原则。

谈到"生物",首先联想到的词语很可能是"生命"。常识告诉我们,生物是有生命的。那么,什么是生命?术语有生命吗?如果术语有生命,那么"术语"是"生物"吗?

若从"科学表达总是随着认识的不断深化而深化"这一命题出发,任何科学术语都会带有它诞生年代认识水平的痕迹。术语从无到有。随着社会的发展和时代的进步,有些术语会"与时俱进",逐步发生内涵意义的转变,有些术语则"与时俱逝",走向消亡。清朝末期,曾有术语"生计学"、"富国策"(参见《辞海》1999 年缩印

本,第 2086 页、第 1243 页)。现如今已被"经济学"代替,极少有人再以此讨论经济学问题。可是,在作为工具使用的辞书当中,这些词汇不能消失,否则在后人研读前人书卷的时候,就会遇到巨大的困难而求告无门。

西方体系的逻辑学初到中国,称为"名学"。严复翻译《穆勒名学》,原书名为 System of Logic,现代人称《逻辑体系》。其实在中国历史上的"名学"并非无根之物,"正名"的理论与实践早有发生。从研究的对象判断,古之名学,似乎更接近于今天的"术语学"。如其若此,则作为术语的"名学"先是"雀巢鸠占",而后又成了"冬虫夏草"。今人再谈"名学",不知者固然不知,知道名学的,也只当它是"逻辑学"的曾用名,可谓世态炎凉。幸好中国人喜欢称"术语"为"名词",从事"术语"工作的机构叫做"全国科学技术名词审定委员会",依然闪烁着古老"名"学的光辉。

总之,"术语"也像经济生活中的"产品"一样,存在有"生命周期",实践着从酝酿、诞生到发展、成熟,再到衰老、灭亡,或者尚未成熟或衰老,即遭到"夭折"的"生命"过程。从这样的意义上考虑,可以说"术语"也是有生命的,是属于更为广义范畴之下的"生命体",或者是另类的"生物"。作为基础定义,术语的"生命"与生物的"生命"除了表现出共同的特征(诞生、成长和死亡)之外,也表现出不同。正是对这种"不同"的取舍差别,决定了"术语"不是"生物"。生物是有生命的,生物的生命过程包括死亡;尽管生物是有生命的,但是并非所有有生命的事物都是生物,如工厂生产的产品和表达学问知识的术语。

§11.1.3 病毒是不是生物?

习惯上将动物和植物通称为"生物"。将生物的个体、种群和群落所在的具体地段环境称为"生境"。生境内包含生物所必需的生存条件以及其他的生态因素。但是通常定义的"生物"还包括"微生物"。仅从字面上看,顾名思义,自然界中具有生命的物体,包括动物、植物、微生物合称为生物。那么,什么叫做"有生命"?这在对"生物"加以定义之前就必须率先定义。它是"生命"区别于"非生命"的特征属性。前面我们谈到,"术语"也有生命的。但显然我们不应该把术语也归入到"生物"当中。"生物"之所以被称之为"生物",必定有进一步的解释和约束,必定有"生物"特有的属性特征。

> 生物:自然界中具有生命的物体,包括植物、动物和微生物三大类。生物的个体都进行物质和能量代谢,使自己得以生长和发育;按照一定的遗传和变异规律进行繁殖,使种族得以繁衍和进化。生物体的主要成分是带有遗传信息的核酸(脱氧核糖核酸或核糖核酸)和在结构及功能上有重要作用的蛋白质。病毒也具有这两种成分,但其遗传信息的表达有赖于宿主细胞,所以不是完全自律性的生物。
>
> 《辞海》1999年缩印本,上海辞书出版社2000年版,第2085页。

按上述定义,至少表达了以下三个命题:①"生物的个体都进行物质和能量代谢,使自己得以生长和发育;按照一定的遗传和变异规律进行繁殖,使种族得以繁衍和进化。"②"生物体的主要成分是带有遗传信息的核酸(脱氧核糖核酸或核糖核酸)以及在结构和功能上有重要作用的蛋白质。"③"病毒也具有这两种成分,但其遗传信息的表达有赖于宿主细胞,所以不是完全自律性的生物。"

但是在这些命题表达中,已经可以看到"矛盾"或者上述概念陈述中语言表达的二义性。例如,"不是完全自律性的生物"这一表达,既可以理解为"生物必须是完全自律性的"(若此,则"病毒"因为"不具有完全自律性"而不是"生物");也可以被理解为"生物当中包括'完全自律性的'和'非完全自律性的'两种情况"(若此,则"病毒"也是生物,只不过"不是完全自律性的"而已)。作为专业的生物学家,或者生物学工作者,对此也许不会产生误解,但是对于一般的读者,从这种定义描述中所得到的除了"知识"之外可能还会有些许"困惑"。说明术语的重要性不仅仅体现在专业的专门研究当中,在普及科学、传播知识方面也同样负有责任。

所谓"病原体",包括"新型冠状病毒"SARS-Cov,在2006年即已被列为"病原生物学"的研究内容。"病原生物学"已载入中国学科目录,近年来全国新设不少病原生物学系或教研室、病原生物学硕士学位及博士学位授予点,甚至有《中国病原生物学杂志》①和《病原生物学》教科书等。说明在这时"病原"已被算作"生物"。但是与此同时,也有观点(朱万孚,2007)质疑"病原生物学"一词,认为:

> 中国组创病原生物学学科的初衷是将医学微生物学(medical microbiology)与医学寄生虫学(medical parasi-

---

① 原名《中国寄生虫病防治杂志》,2006年2月易名,为中国核心期刊。

tology)两个学科合二而一,但实际上这种划分不妥。就医学微生物而言,它不仅研究致病微生物,还研究对人体健康有益的微生物即人体正常微生物群(mormal flora),显然用"病原"一词不恰当。再就生物学(biology)而言,动物、植物、微生物都算生物,生物学的研究范围很广。病原生物学是中国独创的术语,虽然可英文直译为 pathogen biology,但在外文书刊中从未发现过这个词汇,也无此书名刊名的外文科技书刊。目前国外教材或学术专著,除个别英文原著 *Medical Microbiology* 中包含医学寄生虫学内容外,均将医学微生物学与医学寄生虫学分别出版。故建议废除"病原生物学"学科名称,恢复医学微生物学与寄生虫学(medical microbiology and parasitology)学科名称。

朱万孚:《医学微生物学某些术语的汉译名称之商榷》,《中国科技术语》,2007(1)。

毋庸置疑,关于"病原生物学"对错是非的公案,必须要医学行家研究讨论,约而定之。说明具体"术语"的规范,需要该术语所属学科"内部"的专家才能完成。可是目前已知有一类"病毒"显然不能算作"生物",那就是正在电脑和计算机世界泛滥的"计算机病毒",这也是毋庸置疑的事情。从事科学普及工作的人士也许应该想一想,如果有人问:"计算机病毒是不是病毒",我们应该如何回答。

§11.1.4 动物和植物的分类范畴

动物或植物分类，以种为单位，相近的种集合为属，相近的属集合为科，科隶属于目，目隶属于纲，纲隶属于门。各阶段间又可随需要，加设亚门、亚纲、亚目、亚科、亚属等。种以下也可有亚种、变种、变型等。例如：

[动物界]

门　脊索动物门 Chordata
亚门　脊索动物亚门 Vertebrata
纲　哺乳纲 Mammalia
亚纲　真兽亚纲 Eutheria
目　食肉目 Carnivora
科　犬科 Canidae
属　犬属 *Canis*
种　家犬 *Canis familiaris*

[植物界]

门　被子植物门 Angiospermae
纲　双子叶植物纲 Dicotyledoneae
亚纲　原始花被亚纲 Archichlamydeae
目　蔷薇目 Rosales
科　蔷薇科 Rosaceae
属　苹果属 *Malus*
种　苹果 *Malus pumila*

从上面的例子，我们看到关于动物和植物的分类系统，以及这些系统不同层次之间的命名关系。值得注意的是，这些关系，尤其是两两相邻的关系之间并不是完全闭合的,"根据需要",还可以有向下派生的"亚"层,即中间层,如亚门、亚纲等等。这种分类系统的形成,显然需要对于同类、同种事物之间的相同与相异有相当充分的了解,才能规整划一,分门别类。这个例子足以支持"专门学科的术语规范,必须有学科内的专家高手参加才能完成"的论点。

§11.2 科学术语的命名规则

谈到术语的命名规则,首先需要了解应用语言中常见的"同名异物"和"同物异名"现象。社会生活中一般事物的命名,存在随意性,没有规则约束,因此无论"同名异物"还是"同物异名"都无法完全避免。

例如,植物学中有菊科的大丽花,北京叫西番莲,而在西番莲科中有一种植物也叫西番莲。大丽花是草本植物,其中文名译自英文 dahlia,西番莲为藤本植物,这两种植物之间没有亲缘关系,这是异物同名。同样是大丽花,也叫天竺牡丹,在广东则有至少三种叫法:大理菊、苕菊、洋芍药;而西番莲也叫转心莲、西洋鞠,在云南叫洋酸茄花,在广西叫时叶草,这是同名异物。由于事物名称的混乱,在工作和生活中增加了许多麻烦与困惑。(曾建飞,2004)

§11.2.1 中国古籍中的同物异名整理

有比较才能鉴别,有鉴别才能发展。为了更加明确地理解汉语科学术语的命名原则,有必要了解和回顾中国历史上一物多名的现象。

中国是一个历史悠久的文明古国,地域辽阔,民族众多,从而造成了同一事物因时代、地域的差异而称谓变化繁多的现象,令人在阅读古籍之时每每有茫然不知所从之感。历代学者都为解决这一难题做出过艰苦的努力。其中由清人厉荃原辑、关槐增纂的《事物异名录》,便是其中引证较为详备、参考价值较大的一部。

事物之异名,也叫"别称"、"别名"或"一名"、"亦名"。如郭璞注《尔雅·释虫》"蟋蟀"条:"今促织,亦名青蚓。"《说文》:"蚓,蜻蚓也。"也单称"蚓"。一物多名,于此可见。

中国人常常自豪于历史悠久的文明古国,语言之丰富精细远非其他语种可以媲美。《尔雅》、《说郛》(郛:fú)、《初学记》、《事物异名》(明·余庭碧)、《事物异名录》(清·厉荃)、《称谓录》(清·梁章钜)早已有过分门别类的记载。钱钟书先生在《谈艺录》中对以别称为藻饰及李贺诗中的别称做过精湛的研究。1999年,中州古籍出版社出版了由戴鑫、宋立民、康锐、李会龙、席云玲编撰的《中华别称类编》,从中华别称异名的主要门类入手,对这一文化现象进行了研究。此外,关于称谓的异名,可以作为清代梁章钜《称谓录》补充的,还有《亲属记》(清·郑珍),也有现代学者为之点校。[①]但是,须知这世界上"没有没有背面的纸牌",一部华夏文化的历史,既有光环,又有阴影,一件事物竟得数多名号,既说明中华民族生存地域广阔、语言丰富的事实,也从一个侧面说明中国历史上从未消停的"乱名之实"。对此我们应该有冷静的认识。

按现代对术语命名规范的原则,如欲求得对某一事物或概念的规范命名,则需要尽最大可能穷举所有已经或曾经发生的术语,参详其意,批阅其形,择其"俗成",而"约定"之。从这样的意义上

---

① 参见冯惠民、李肇翔、杨梦东:[清]梁章钜《称谓录》,[清]郑珍《亲属记》点校说明,中华书局,1996年版。

说,清人厉荃、今人吴潇恒、戴鑫、宋立民等,以及历代从事事物异名整理的学者,都堪称是中国民间"名词术语"规范活动的急先锋,是后来术语工作者的榜样。

谨以《事物异名录》为例。吴潇恒(1990)对其作者厉荃先生有如下介绍:

> 厉荃,号静芗,浙江慈溪人。入仕较晚,为大雷(今安徽望江县)县令。童年时从学于族兄,即萌生了广辑事物异名为一帙的愿望,然"苦于家贫无书,不能遍览而博采焉"。及至长成,亦至杭州开馆授徒,赖机缘之巧,得以博览群书。于是乎"晨夕披览,随手摘录"。积十年之功"而稿本几盈箧中矣"。虽然如此,厉氏仍常感不足,于是于乾隆十九年(1754)负笈北上,留京六年,广借古籍,"又得续录数本"。……乾隆二十四年(1759)兼程南下,回杭重新执教,……"三易稿而书粗成",时当乾隆二十九年(1764)前后。其后又历十余载,经厉氏之子观生、侄之锷及厉氏诸弟子复加校正,本书方始付印。按厉氏自序所言,仅辑录此书前后就花了二十余年,查阅经史子集及有关类书不知凡几,可谓凝厉氏一生心血所成,委实可嘉、可叹!
>
> 吴潇恒:点校《事物异名录》"前言",1990年。

厉荃的《事物异名录》全书四十卷,分乾象、岁时、坤舆、……、药材、百草、树木、花卉、……、禽鸟、兽畜、水族、昆虫等三十九部,部下分类,类下记性质相同之事物,每事以通称标题,次列异名,搜罗完备而条理清楚,查阅起来十分方便。即使用现代术语工作的眼光看去,厉荃所采用的"先有部别、部下分类、类下记事、事有通称、次列异名、搜罗完备、条理清楚"的逻辑安排方式和操作风格,也非常先进。今天我们讨论科学术语的命名规则,实际上并未超出国人先贤的思维成果。从另一个角度说,术语命名的规律服从逻辑安排,也是古今不变的真理。

§11.2.2 科学术语命名的本质是分类

"分类",简单地说就是根据事物的特点分别归类。例如:植物分类学、图书分类法等等。如果更细致地讨论,"分类"则是"划分"的特殊形式,是以对象的本质属性或显著特征为依据所作的划分。分类以划分为基础,但和一般的划分有所不同,划分一般比较简单,可以简化到采取二分法;而分类一般比较复杂,有多层次,即由最高的类依次分为较低的类、更低的类。划分大多具有临时性,而分类具有相对的稳定性,往往在较长时期中使用。如动物学与植物学中的分类。

关于科学术语的命名原则,归根结底,涉及最基本的"分类"问题。诚如法国社会学家爱弥尔·涂尔干(Emile Durkheim,1858—1917)[1]和马赛尔·莫斯(Marcel Mauss)在《原始分类》[2]中所说:

---

[1] 《辞海》1999年缩印本1134页"涂尔干"条解释:即"迪尔克姆";又作杜尔克姆,法国社会学家,社会学创始人之一。最先明确提出以社会事实作为社会学研究对象,制定社会学研究的实证规则,改变了西方社会学理论研究和经验研究长期脱节的状况。

[2] 《原始分类》一书原著初次刊行于1903年,涂尔干时年45岁,莫斯时年31岁。该书英文版于1969年在伦敦出版,系由罗德尼·尼达姆(Rodney Needham)翻译。这个英文本是该书初次刊行后第一次完整地再版。参见《原始分类》中文版附录:《原始分类》英文版导言。

"对于这个可以感触到的世界而言,倘若我们要在空间中建构、筹划和确定它的各种表现,那么这种机制的构成要素将是相当复杂的。不过,在绝大多数情况下,这种分离的做法仍然不能算作是确切意义上的逻辑活动。一般而言,定义、演绎和归纳的能力,是在个体知性的基本构成中被直接赋予的东西。……在历史过程中,人类已经学会了越来越恰当地运用这些各种各样的才能。"

涂尔干和莫斯认为(1901),以上评论对分类能力而言尤为适用。"所谓分类,是指人们把事物、事件以及有关世界的事实划分成类和种,使之各有归属,并确定它们的包含关系或排斥关系的过程。……实际上,我们对事物进行分类,是要把它们安排在各个群体中,这些群体相互有别,彼此之间有一条明确的界线把它们清清楚楚地区分开来。……归根到底,在我们的类别概念中存在着一种划分的观念,它的界线是固定而明确的。我们几乎可以这样说,这样的分类概念并不能追溯到亚里士多德之前。是亚里士多德最先宣称,特定的差别既是实存,也是实在,它表明手段即是原因,属与属之间并不可以直接相互过渡。而柏拉图对这种差异和等级组织就没有那么敏感,在他看来,不同的属在一定意义上是同质的,可以通过辩证法进行相互还原。"

涂尔干与莫斯已经注意到语言和词语对于分类的重要性和局限性:"对于已经构成的集合来说,词语有助于我们赋予其更多的一致性和连续性;然而,尽管归类的可能性一经被构想出来,词语就会成为更好地完成这种归类的手段,但词语本身却不可能带来归类的观念。换一个角度说,分类不仅仅是进行归类,而且还意味着依据特定的关系对这些类别加以安排。"

§11.2.3　植物学:生物分类的双名法

18世纪以来,西方科学技术迅速发展,交流日趋频繁,新的概念不断出现,具体表现为反映这些概念的术语越来越多,而对术语的命名和统一就成了科学家们探讨的重要课题。可惜的是,这时候只有少数语言学家介入关于术语的讨论,而认真探讨术语问题的人大多数是自然科学家。瑞典著名博物学和植物学家林奈(Carl von Linné,1707—1778)①搜集了大量的植物标本,在1753年出版的《植物种志》和1758年出版的《自然系统》第10版中,首先创立了生物分类的双名命名法,亦称二名法,每一物种都给以一个学名,学名由两个拉丁化名词组成,第一个代表属名,第二个代表种名,即种的名称是一个属名后面加单个种加词(*specific epither*)的双名组合。例如大丽花的学名为 *Dahlia pinnata Cav.*,1791年由植物学家 A.J.卡瓦尼列斯(Antonio Jose Cavanilles)定名;西番莲的学名为 *Passiflora coerulea Linn.*,1753年由林奈(Carolus Linnaeus)定名。再如,稻的学名是 *Oryza sativa L.*,*Oryza* 是属名,*sativa* 是种加词,L. 是定名人 Linné(林奈)的缩写。属名是名词;种加词大都为形容词,也可用名词的所有格。种和属的学名后常附定名人姓氏,以标明来源,便于查找文献,有时还要注明定名的年代。双名法的确立结束了动植物分类命名的混乱局面,促进了科学分类学的发展。(曾建飞,2004)

林奈的"双名命名制",即"二名法",将以往紊乱的植物名称归

---

① 林奈,也有译作"林耐",如《辞海》1999年缩印本,1537页,有"林耐"词条,释作"一译林奈"。

于统一,对植物分类研究的进展影响很大。后又根据花的雄蕊数目和位置作了人为分类法,将显花植物分为二十三纲,另包括隐花植物为一纲,成"林氏二十四纲",一时被广为采用,至19世纪才为自然分类法所代替。林氏分类范畴的缺点是尚未设"科"。林奈原认为"种"是永恒不变的,随后因已观察到"种"的变异,便在《自然系统》的最后一版中,将"种不会变"一项删除。

"自然分类法",也是就动物或植物的形态、结构、功能以至在个体发育和系统发育等各方面,作了综合、深入的研究后所进行的分类法。19世纪开始,逐渐盛行。自然分类法能在一定程度上反映出客观的生物界进化的情况,但各专家建立的分类系统,仍未一致,有待进一步研究。说明人类对分类规律的认识也在不断深化,需要服从对实际观察的结果,与时俱进,不断扬弃;也说明事物本质所具有的不唯一性、描述理解不一致性的普遍存在,说明术语规范工作的艰巨性和复杂性,以及解决术语问题时所必须服从的,在相对严谨的规则约束下的妥协性。

林奈的工作,开创了术语命名原则和方法研究的先河。另外法国化学家拉瓦锡(A. L. Lavoisier, 1744—1829)同另外三位法国化学家一道,拟订了关于化合物的第一个合理的命名法,又于1789年写成了一本新体系的《化学基本教程》,成为现代化学命名方法的创始人。拉瓦锡指出,任何一门科学都包含很多事实、思想和专业词语,科学思想是由科学事实和专业词语构成的,如果表达科学思想的专业词语不正确,那么,科学事实也就不可信了。1777年,贝克曼(Beckmann)提出了系统地整理和统一术语的想法。进入19世纪,语言学家也开始关心术语的研究,著名德国和奥地利语言学家舒哈尔特(H. Schuchhardt, 1842—1927)把术语的不清晰比作航海中的浓雾,他尖锐地指出,由于不清晰的术语是很难识别的,因此在很多情况下,它比航海中的浓雾危险性还要大。(冯志伟,1997)

§11.2.4 科学术语命名和解释的规则

出于科学研究、辨识区别和信息交流的需要,分类名称要求稳定,一个属或种只能有唯一的一个学名,如果有两个或多个,便是"同物异名",必须在其中选择核定较早提出的那个学名,放弃后来出现的异名。同理,一个学名也只能对应于一个对象(属或种),如果有两个或两个以上对象,便是"异物同名",必须于其中核定最早的命名对象,而给其他的同名对象另取新名。这是老百姓"先来后到"的基本常识,在分类法则上叫做"优先率"和"避免二义性"。

由此引出信息集中与交流交换的问题:在不同地方分别工作的专门家,必须把他们给"对象"命名的情况汇集在一起,通报给其他地方的同行科学家,借以克服"信息不对称",使关于命名的秩序得到保证。这种需求,不仅出现在动植物的分类与命名方面,还涉及对通用术语、语言的含义解释。写有标准而不用,则标准不能成其为标准;定了术语而不传播,则事物之异名必然会越来越多。我们说汉语术语工作身生双翼,一翼是引进翻译,另一翼是出版传播,其中也有强调术语工作必须重视宣传的含义。没有传播,没有扩散,术语的使用和规范都会失去意义,如同任何"标准化"一样,如果不被使用,任何标准都不具备存在的价值,因此也就是没有意义的"标准"。

植物的命名依照《国际植物命名法规》。它是世界各国植物学工作者在处理植物名称时所要遵守的规则,其本身并无任何法律的意义,"法规"(code)一词乃是我国学者的习惯用法而已。《国际植物命名法规》第1版产生于1905年在奥地利首都维也纳召开的第2届国际植物学会议。国际植物学会命名法分会专门从事法规的修订工作,每一届国际植物学会议之后出版的新版法规,均毫无例外地取代以前的各版法规,成为当前有效版本的法规。(曾建飞,2004)说明随着科学的发展,对科学名词的定名规则和术语的解释约定也要进行调整,与此同时,为了科学学科的持久延续和稳定发展,还要考虑命名原则和解释约定的相对不变性,对于具有严重颠覆性的修改,不够成熟的增订都需要谨慎从事,考虑再三。

再如国际贸易标准分类目录,是为便于国际贸易统计而由联合国推行的一种标准分类制度。最初由联合国经济和社会理事会在1950年7月通过。1960年联合国出版了《国际贸易标准分类》第一版,1975年又出版了第二次修订版。联合国要求其会员国根据第二次修订版中的分类,报告其贸易统计资料。该分类将商品分为"类"和"小类"。每一类中附有《布鲁塞尔税制商品分类》中相对应的大、小标题,以及1960年版中的分类项目。此外,各项商品还按广义经济类型分类。说明经济全球化、信息全球化都离不开标准的全球化,统一的命名原则和术语标准,是时代进步、科学发展、社会和谐、世界大同必不可少的基础条件。

又如国际贸易术语解释通则,是关于国际贸易合同中所使用的主要术语的解释规则。由国际商会于1936年制定,名为《1936年国际贸易术语解释通则》。以后,为了适应不同时期国际贸易业务发展的需要,于1953年、1967年、1976年、1980年和1990年分别进行了修改和补充。《1990年国际贸易术语解释通则》共有13种贸易术语,明确规定每种价格术语合同双方当事人的权利、义务和责任。通则不具强制性,但被国际上广泛采用。13 种术语分为 E、F、C、D 四组(表 4)。

表 4 《1990 年国际贸易术语解释通则》的术语分组

分 类	略语	术 语
E 组发运	EXW	工厂交货
F 组主要运费未付	FCA	货交承运人
	FAS	船边交货
	FOB	船上交货
C 组 主要运费已付	CFR	成本加运费
	CIF	成本、保险费加运费
	CPT	运费付至
	CIP	运费、保险费付至
D 组	DAF	边境交货
	DES	目的港船上交货
	DEQ	目的港码头交货
	DDU	未完税交货
	DDP	完税后交货

英文单词"code",原意为密码、暗号、代码、代号、用机器传送的信号;编码(计算机编制程序的成套指令);(系统编排的)法律、规章、章程、法典;规则等。注意到这个词的本义当中,似乎有更加强调"系统编排"的成分。对应"code"一词的中文译法,习称"法规"。但若考虑到这种"法规"其实并没有"法律"之"法"的含义,为避免混淆,似以译作"规则"为好。"规则"强调其内在的规律性,强调其不是"法律"却被普遍遵守执行的特点;"规则"一词,所用甚广,亦能明确体现命名规则属于"人为规定"以及其作为"指导方法"的特点;译作"规则",既可突出"code"的独特性,所指鲜明,也没有"造词"之嫌,不违背中国古人在术语或语言规范中"述而不作"的基本原则。权衡"法规""法则"两种译法,各有利弊,或许可

以留待实践与时间检验。以"法规"和"规则"相较,法规可以看做是"法律之规定",而"规则"则可以理解为"规定的法则"或"规定的方法和原则"。依笔者拙见,以后者为佳。

§11.3 一般术语形成的过程及其特点

术语是词语中用来表达事物本质的精华。但是,无论术语怎样的"精华",仍不能超出"语文"当中"词汇"的范畴。无论何种术语,都只是语言文字中间从属于"词语"或"词汇"的一部分,术语的形成就其本质而言,仍只是词汇的形成,语言学当中的词汇学,约束着术语形成的规律。我们说"术语"是语文词汇中具有特定描述意义的一部分"词汇",意味着一个等价命题的成立:研究术语形成的过程及其规律,需要服从更普遍的"词语"形成的规律。

§11.3.1 中文术语命名应有规则依据

从上节讨论可知,世界各国植物学工作者在处理植物名称时要遵守一定的规则(code)。但是关于植物的中文命名,目前却没有正式的法规(或应叫做规则)。总共126卷册的《中国植物志》已全部出版,这对统一中文植物名称意义重大。但是,《中国植物志》对植物中文名只要求"选择一个为正名",以其余名称为"别名"。由于受到志书作者地域性或个人偏爱的限制,在名称取舍上难免渗入个人主观成分,而各省(自治区)出版的地方植物志,在植物名称上也与《中国植物志》不尽一致。因此,研究制定植物中文命名法则的重要性得以凸显。我国老一辈植物分类学家当中有人专门研究命名法则,并且身为国际植物学命名法分会的委员。近年来我们在这方面的研究后继乏人,因此在修改法规的会议上没有多大发言权。其实,我们对植物命名的研究是有基础的。早在1954年,中国科学院编译局编订的《种子植物名词》对中文名有18条审定原则,《中国植物志》及其他一些专业刊物对此也有规定。植物种类繁多,欲求审订完备,绝非短时间内所能完全实现,但我们还是应该有更长远一些的观点,努力增加共识,使中文植物名称含义精确,切合实用、不拘旧习。(曾建飞,2004)

粗看起来,上面这段文字谈的只是关于植物命名的问题。但在事实上,这却是一个共性问题。从事术语规范,首先需要明白这种"命名规则"或依照习用说法——法规——的重要性。为了丈量"概念",我们需要商量,约定彼此都能接受、承诺共同遵守的"标尺"和"法度",以及对相关词语的"标准"解释,实现理解的同一。

《国际植物命名法规》的指导思想是:"植物学需要一个被各国植物学家所使用的、精确而简单的命名系统,一方面处理用于表明分类群或分类单位等级的术语,另一方面处理应用于植物各个分类群的学名(scientific name)。给予某一分类群一个名称的目的,不是为了指示其特征或历史,而是为了提供一个称呼分类群和表明它的分类等级的方法。本法规旨在提供一个命名分类群的稳定的方法,以期避免使用那些可能引起误会、含糊不清,会使科学陷入混乱的名称,并将这些名称废弃。本法规的另外一个重要目的是为了避免产生无用的名称。"这些宗旨也适用于植物中文名的命名。动物和微生物也有国际命名法规,它们的中文命名也应有类似的法规。(曾建飞,2004)

人类发展的历史证明,规则不可能在行为中自发产生。任何行为,包括自发的或个体的行为,总会遵守一定的规则。但是某一个体所遵从的规则未必等同于另一个体的规则。只有当一项群体行为发生时,才会需要共同遵守的规则。现在我们提倡术语,尤其是社科术语的规范,就是一种需要大群体共同动作的行为。首先需要研究讨论的,就是这种针对规则的"规则"。套用"植物"命名规则的说法,我们所需要的,正是一个"被社会科学工作者所使用的,精确而简单的命名系统",一系列为社会科学研究所必须的"命名的原则"。还是那句老话,当社会科学真正成为"科学"的时候,我们必须以对待"科学"的方式从事社会科学研究,实现科学的交流。为了这样的目的,需要对术语进行规范;而为了实现术语规范的科学性,必须建立一套为社会科学概念命名所必须的"原则"或"法规",以作为共同遵守的"规则"。

在中国,有学术规格极高的"全国科学技术名词审定委员会"。这个委员会应该在确定术语定名和解释的、具有较强共性的"规则"方面作出贡献。这个委员会应该组织研究"科学名词"的命名规则。世界范围内科学的发展,已经积累了许多专门学科的"命名法规",这其中除了反映学科特色的专门的命名规则,更包含大量共性意义的"命名规则",汇集这些内容,推敲提纯、精练简化,是一件具有重大科学价值的善事,也是一项兼具微观作用和宏观意义的里程碑式的术语工程。

§11.3.2 创新因素对术语成立的影响

无论何种语词的成立,均必有其社会因素的影响。中国古代学者早在两千多年前就曾有过对语言本质等问题的卓越见解。春秋战国时代的著名学者荀子(约前313—前238)在《正名篇》中曾就语词的起源、构词原则、词语和其所指事物对象的关系等问题进行阐述。尤其是在词语和词语所指事物对象的(荀子称作"名"与"实"的关系)关系上,荀子更有精辟的见解,指出:"名无固宜,约之以命;约定俗成谓之宜,异于约则谓之不宜。名无固实,约之以命实,约定俗成谓之实名。名有固善,径易而不拂,谓之善名。"翻译成今人所谓"白话",即是说:

> 名称并不是天生就合适相宜,而是人们相约命名的,大家约定俗成的名称,就可以说它是合宜的,与约定的名称不相同,就叫做不合宜。名称原本并没有固定的表示对象,而是人们相约给实际事物命名的,约定俗成了就把它称为某一实际事物的名称。名称有本来就起得好的,直接平易而不违背事理,就叫做好的名称。
>
> 荀子:《正名篇》

荀子的观点,即使在今天看来也有重要意义。邢公畹先生(1962)认为,荀子对词语和其所指事物对象的关系的认识有重要意义,"不在于他能正确地解决在古希腊争辩了几百年的问题,而在于他指出了语词成立的社会因素","因此,《正名篇》就成为公元前3世纪一部极有价值的'语言论'。"荀子对词语本质的认识,对我们今天正确地研究词语,研究词语和其所指事物对象之间的关系,明确词语的社会性,具有重要的启示作用。(周荐,1995)

以术语论,新术语的产生,就其概念来源分类包括三种情况:①前所未有;②之前有之,至此却由多种概念形成新的综合;③在原有概念基础上细分、细化,形成需要区分描述的新概念。

对于前所未有的概念,创造术语的过程就是感悟、体会、理解这个概念的过程,即"学习"过程,这时需要调动既有的知识储备,找寻最能够贴切表述这一概念的字、词或组合、派生、转移借用。所谓"新概念"的引入,包括以外来语言为媒介引入(翻译),也包括从其他专业领域引入(交叉),还应该包括从其他科学学科,比如社会科学从自然科学当中引入吸收新概念(跨越)。"软着陆",原是航空工程中的概念,却被社会科学家用来描述经济现象,转变成为经济学术语。

需要以新术语描述的第二种情况和第三种情况,都与尺度的变化有关。第二种情况是对以往小尺度概念的综合,需要以更为宏观的概念以及所对应的术语给出新的包容,这种包容的难度在于,新综合的涵盖范围,可能远远超出其中多项元素的固有领域,以致很难找到一个既有的词汇能够承担起描述所有这些被涵盖内容的责任。

第三种情况,牵涉到尺度的细化,是在原来描述的基础上增加很多更细致的、需要一一加以区分的描述。这种描述的困难在于,既要细化,又要考虑这些细化彼此之间的有机联系,使其在逻辑分类上处于术语表达的同一层次。现代科学发展的突飞猛进,使得这三种情况可能同时出现。在生物化学与分子生物学领域,近年来每年的诺贝尔生理学/医学奖和化学奖的绝大部分奖项都与生物化学领域相关。例如,发现一种新型致病因子 prion(朊病毒)是一类特异蛋白质、发现 RNA(核糖核酸)具有催化功能,称作 ribozyme(核酶)、发现 NO(一氧化氮)是心血管系统的信号分子,以及发现断裂基因、发明 PCR(聚合酶链反应)方法等等。这些事件都要求以新的术语对概念加以命名。再如"人类基因组计划"已基本完成。假设1个基因表达得到1个蛋白质(酶)或者1个核糖核酸(RNA),人体中的大约 30000 个基因至少产生 30000 个不同的蛋白质(酶)和 RNA,因此需要对大量的新的蛋白质和 RNA 加以命名。(祁国荣,2005)这对应于第三种情况,需要大量的细分命名。

社会进步包括科学进步,科学发展包括社会发展。自然科学与社会科学,以及融合二者因素于一体的工程科学三位一体,盘根错节,相互缠绕、彼此啮合,成为无法肢解和细分的宏观整体,推动历史车轮滚滚向前。科学学的研究表明,大约每经过 25 年,科学学科的数量就会翻一番。(郑述谱,2005)21 世纪的时代,是组合创新、多维度、全尺度共同发展的综合时代,自然也是要求术语迅速跟进的时代。这种对于"术语"供应的大规模需求,应该有助于促发更多的人投入对于术语问题的研究。按照经济学的理论解释,是"需求拉动"。

§11.3.3 文化引入对术语成立的影响

中国历史上有三次文化高潮。第一次是 2200 年前战国时期的"百家争鸣",第二次是 1100 年前唐朝学习印度的佛学,第三次是 100 年前开始而方兴未艾的引进西洋的科学和技术。大致每隔 1000 年有一次文化高潮。(周有光,1991)这其中,至少有两次大规模的术语引进借助于翻译完成。第一次,是佛教的引入和佛经的翻译,第二次,是近代的西学东渐。至于先秦"诸子百家",早的生于"春秋",晚的生于"战国",先后五百年间,所用"术语"越来越丰富,正是"百家争鸣"和"百家交流"的结果。"百家争鸣"的"术语交融"是在同一个汉语语族中间和同一种汉字类型中间的交流,不是用外语学习外来技术,而是用本区域的不同方言相互学习本区域的不同学说。这种文化交流只有在文化"发源地"和文化"初生期"才会发生,在人类文化史上是很少见到的。(周有光,2000)

佛教的引入,距今大约已有20个世纪之久。查史料当中关于佛教入籍华夏的记载,至迟在西汉武帝时中原对佛教即有所闻。《魏书·释老志》:"(汉武帝)及开西域,遣张骞使大夏(即巴克特利亚,在今阿富汗一带)。还,传其旁有身毒国,一名天竺,始闻有浮屠(即佛陀)之教。"身毒与天竺均为印度之别称。身毒源自梵语Sindhu,天竺可能源自古波斯土语Thendhu,或古代北印度犍陀罗语(Gāndhārī),相当于dhindu的读法。佛教自印度逐渐播散,分别由西路、北路、南路传入中国。西路经由西域传入较早,大约在两汉之际(公元1世纪)。东汉明帝永平十年(公元67年)曾派人赴西域访求佛道,并邀请大月氏迦叶摩腾和竺法兰二位沙门来汉讲道传经,相传有白马驮经至洛阳。为之建白马寺。白马寺是佛教传入中国后建造的第一座寺庙,被奉为祖庙。(史有为,2004)

文化的传播必定与其消化吸收同步,正如佛教的传播必须与佛经的翻译同步。史有为曾有过陈述:

> 佛经的翻译始自东汉末年。约在桓帝建和二年(公元148年),安世高(安清)自西域安息(今伊朗)来华,在中国译经20余年,翻译小乘经典35部。同时来华的还有月氏人支娄迦谶(支谶),他传经40载,翻译了多部大乘经典。此二人为汉代译经之始祖。

> 佛经之翻译在魏晋南北朝大盛,唐至于鼎盛,此后逐渐衰微,元以后则成尾声。公元147—453年(东汉桓帝建和元年至南朝宋文帝元嘉三十年)这三百余年间,来中

国传教译经的安息、月氏、康居、龟兹、罽[jì]宾、天竺等西方僧侣达60多人。其间渐有中国僧人西行求经,回国后参与译经。从三国魏甘露五年(公元260年)至唐天宝十年(公元751年)将近五百年间,有20多名求经回国的僧人参加译经。北宋时,宋太祖曾一次派出157人西去求经。自东汉末年至北宋末年(公元2—12世纪)这1000年间,直接参加译经的外国僧侣学者有71人,中国僧侣学者有80余人,共译出印度①地区的佛经约1500种5700卷。② ……其中成绩卓著、尤为突出的是被誉为四大译家的鸠摩罗什、真谛、玄奘和不空。

史有为:《外来词——异文化的使者》,第174页。

既是所谓外来文化,就必定含有与"本地文化"不同的内容。这些内容往往并非以表达本地原有文化的语言所能表述,于是在意译、直译的基础上又有音译。以佛教和佛学为例,佛学在东汉初年传入中国后,经过五六百年的酝酿,到唐朝(公元618—907)成为一股强大的文化洪流。"佛学"含义大于"佛教",内容包括宗教、哲学、科学和技术,在古代是一种光辉灿烂的文化。佛学的梵文(Sanskrit)术语,跟先秦"百家"的术语大不相同。翻译梵文术语是两种不同的语言体系("语系")和两种不同的思想体系之间的术语转换。(周有光,2000)

正是在唐代,翻译家玄奘首次提出关于音译的"五不翻"原则,

---

① 古代的"印度"系一泛称,包括今巴基斯坦等地,非今日之印度共和国范围。
② 黄心川:《印度佛教哲学》,中国社会科学出版社,1979年。而方立天《中国佛教与传统文化》则说自东汉至隋唐有200余名翻译家,译经2100余种,6000余卷。

其中包括：①"秘密故"，即秘而不能意传的，如咒语之类；②"含多义故"，即一词多义，具有难以用一种意译形式去表达的多种含义；③"此无故"，即此地原无此物，无法意译；④"顺古故"，即沿用此前已经习用的音译名称，以"梵音"传意；⑤"生善故"，即使译名能有更好的风格效果，或者更为切合原文之风格。例如"般若"，意思是如实了解一切事物的智慧。但"般若"读之更显尊重，"智慧"则较轻浅，单用"智慧"，不能表达其深邃玄奥。① 玄奘的"五不翻"，开辟了一个译名规范的时代，并因此又引进了一大批佛学音译外来词。例如"罗汉"、"观音"、"涅槃"、"刹那"、"忏悔"、"夜叉"，不一而足。

观音是佛教大乘菩萨之一；梵文 Avalokitesvara（阿缚卢枳低湿伐逻）的意译；本译作观世音，因唐人避"世"（李世民）讳，略作观音；玄奘译《心经》时，改译观自在。"罗汉"是通名，通名通常意译，可是用了音译。"观音"是专名，应当音译，反而用了意译，因为观音音译太长，不合汉语词汇的模式。玄奘不满意旧译，又从"观世音"改译"观自在"，也只是给观音菩萨又加了别名。

及至近代，西学东渐，"科学"与"民主"拜访中国，又有许多前所未知的概念光临华夏。到这时，玄奘的"五不翻"仍有流传，音译与意译之争依然难分高下，伯仲同存。以"逻辑"为例，即有意译的"名学"与音译的"逻辑"之争，而"经济"也有音译作"依康老密"。②今人所称之"单位"，当年曾有音译作"幺匿"，后来改称"单位"，也不是汉语旧词，而是来自佛家的语汇：寺庙中接待游方的僧人，常有"挂单"，一个"单"的位置，就是一个"单位"。虽然不是音译，却

---

① 《翻译名义集》周敦义序。
② 容挺公：《致甲寅记者论译名》，参见陈建生：《英语词汇研究史纲》，国防科技大学出版社，2001年版，第22页。

也不是老家地里原生的庄稼。

§11.3.4 规范因素对术语成立的影响

至少在目前阶段,汉语术语的成立还需要大量借重翻译的途径。王有志(2005)总结出在译审规范与术语定名时应注意的12条规则——基于规范;直译首选;名实照应;力避既占;类、数一致;弃繁就简;体察词外;勿宽勿严;全面寻词;求助经典;并列术语同构;统一各术语元。这些规则虽然是针对翻译术语时定名与选词的决策而提出,却也适用于其他需要术语定名的场合。

王有志认为,翻译要解决语序与选词定名两方面的问题,选词难度又远高于理顺词序。在选词定名方面,"基于规范"(Standard-based)是最重要的规则之一。人人皆知应遵照使用规范术语,但在翻译定名时,要做到在"主科术语"中逐一查证并不容易,将碰到的"副科术语"也逐一查证更是难上加难。但此事却又不能回避,否则,稍不留神就可能造成定名失准。如 margin 对应于"页边空白"似乎没有问题,但是按印刷技术术语,在国家标准(GB—9851.2—88.印刷技术术语.文字排版术语)中应该叫做"版口"。又如 integrated numerical control 之对应于"集成数字控制",而据《自动化名词》(1990)[①],numerical control 对应的是"数控"即"数值控制"——数值 numerical 与数字 digital,看似相近,实则颇远。(王有志,2005)

"基于规范"不仅是因为规范所具有的权威性,还因

[①] 《自动化名词》,全国科学技术名词审定委员会,1990年版。

为规范中术语的普适性。引用规范中的术语,在大多数情况(约占九成)下都准确恰当;但也有少数(约占一成)不完全适合,甚至会有"方榫圆卯"的情形——或因规范中所收的义项并不求全,或因所依据的定义有所不同(何况很多术语规范中并未给出定义)。(王有志,2005)

基于规范所进行的术语定名,利用了规范的权威性和规范术语的普适性。但是这一切需要建立在"规范术语是一元化的"这样的假定条件下。随着科学的发展和时代的进步,不同学科术语的交融与跨越愈来愈成为术语发展的主流,许多过去出现在不同学科"规范"当中的术语,正在纷纷出现在其他学科的术语集合当中。换言之,过去"专一使用"的术语,可能逐渐成为多学科的"共同语",甚至全社会普遍运用的词汇。另一方面,即使相同形式的术语或词汇,在不同学科领域(或语境条件下)出现时,也存在着需要专门定义的可能性。这种矛盾的存在,使我们在考虑术语定名"基于规范"的同时,也要顾及专业领域的特殊性,顺应术语发展"约定俗成"的基本原则。

术语定名"基于规范"的规则,是对"规范"的更高要求。它要求既有的"规范"能够适应不断发展的术语定名的需求,并且要求"规范"具有更强的生命力和吸收新鲜"规范内容"的能力。这种能力是使"规范"能够成为"规范"的基本内容和条件,需要由政府提供充分的支持,使其成为全社会"现实的"以及"未来的"共同财富。关于这个命题的理论解释,即在于"规范"所具有的"正向的外部经济的特性"——"规范"从总体上降低全社会科学交易和知识流通的成本,但是从事此项工作的人(或单位)不可能从市场上获得相应或足够的回报,在这个领域当中,表现为"市场失灵"。但是,如果屈从市场选择而放弃这个领域的工作,将会导致全社会共同的损失。作为社会管理者的政府为保证社会整体利益不受损害,需要发挥作用,通过转移支付来保证"术语规范工作"平稳维持和正常发展。这是政府为国家和民族未来的投资。

§11.4 科学术语规范的基本原则

术语是专业领域内一般概念的文字指称。每个专业知识领域都有自己的术语体系。若把一门专业知识看做是一张网,那么术语就是这张网上的一个个结点。因此,术语常被比作知识的结晶、知识元。术语的功能不仅在于固定知识,还在于传播知识、消除学术交流的障碍。然而,自然形成并存在的术语并非总能发挥上述功用。屡见不鲜的术语混乱现象不仅妨碍学者间的交流,增加学习者掌握知识的难度,还阻碍着科学的进一步发展。因此,对待术语不能像对普通词语那样,任其自然发展,完全让时间去选择。对术语来说,需要一定程度的人为干预。而要对某一专业领域的术语进行统一和规范,单单依靠该专业领域的知识还不够,还必须掌握术语这一类特殊词汇和语言现象自身的特点和规律,否则,在术语规范的实践工作中即难以避免主观性和盲目性。(王少孔,2005)

讨论科学术语规范问题,需要从"术语"的基本特点出发,弄清其属性,以及由此引出关于科学术语规范的三项基本原则:①语文规范的原则;②科学严谨的原则;③关注社会影响的原则。

§11.4.1 服从语文规范的原则

首先,术语是词汇,是用于描述专业概念或知识的专业词汇。科学术语规范必须遵从"语文"规范所要求的各种基本原则。作为语言学的组成部分,术语学的发展,应该符合其上位学科即语文的要求、服从语言学、词汇学乃至文字学的规律。术语仍然是"语文"范畴内部的问题:语文的原则也是术语的原则;术语规范的原则,必须服从于语文规范的原则。

但是,术语毕竟是语言体系当中一个比较特殊的部分。较之一般意义上的词汇,对术语的要求是更加明确、更少二义性。就术语所要表达的概念或具体事物而言,需要有明确的、不存在分歧的界定和指向。因此,由术语的这些特殊性所决定,在必须首先满足语言学的各项要求的前提之下,术语学还有自己特殊的规律需要研究。换言之,尽管术语规范的本质就是语词规范,是对需要额外界定与阐明的一类特殊词汇的规范,但是关于术语规范的问题,还有不同于一般语言规范问题的特殊之处。例如术语的服务对象,通常具有更为明显的专业化倾向,并不完全等同于一般语言词汇的服务对象;术语与其所描述概念对位的准确程度,通常具有更为明显的精细化倾向,远远超过普通词汇与其所表述内容的对位关系。由此带来的直接后果,是术语歧义所造成的传递误差远远大于普通词汇所造成理解上的差异。

从更为宏观的意义上说,普通的语言规范的概念指向,在于促进民族或国家标准语的形成和巩固,而术语规范的任务,是在实现上述基本目标的前提下更进一步,促进科学语言的精确化,提高科学语言的表述能力和传达能力,也就是创新和创新结果迅速传播扩散的能力。这种表述能力和传达能力的提高,直接等价于一国科学技术实力的提高,表现为一国综合国力的增强。中央提出:"要坚持把推动自主创新摆在全部科技工作的突出位置,大力增强科技创新能力,大力增强核心竞争力,在实践中走出一条具有中国特色的科技创新的路子。要瞄准世界科技发展的前沿,加快国家创新体系建设,加强原始创新能力和集成创新能力。"[①]其中非常重要的一项基础性工作,就是要保证语言交流和思想沟通的顺畅,这也正是强调术语规范工作的核心诉求。反过来说,一个语言含混错乱、术语模棱两可的社会,不可能出现真正强国富民的"创新"活动。

人类历史发展的经验表明,科学发展和技术进步,是一个国家或地区经济发展、社会进步的关键动力。在这个过程中,创新能力和技术扩散能力的共同提高,是保证经济起飞和可持续发展的重要条件:只有具备足够旺盛的创新能力,才能不断形成高品质、高"浓度"的技术扩散之源,使技术扩散和转移成为可能——"问渠哪得清如许,只为源头活水来";而实实在在的技术扩散能力,必然包括明确规范的术语支持,从而获得具有更高效率的技术传播。通过这种传播,最终使科学技术成果的转化和转移成为有助于社会经济发展的现实,实现从科学技术到生产力转化的全过程。

§11.4.2 坚持科学严谨的原则

为从根本上推进中国国家综合实力的提高,必须把关注的重

---

① 胡锦涛在中共中央政治局第十八次集体学习时的讲话,2004-12-28。《大参考》,红旗出版社,2005年版,第25页。

点放在提高技术扩散、成果转移源头创新质量和创新成果数量上，努力提高创新源头的输出流量和品质浓度。在这一方面，术语和术语规范工作具有不可替代的贡献。创新活动总是从浓度高的地方向浓度较低的地方扩散。如果一个社会没有能够不断产生创新成果的"创新源头"，只凭着"浓度"相差无几的科技水平，依靠形式上的"搅动"形成"扩散"，那么整体创新水平的提高无论如何都是空话。

作出这样肯定的判断，是因为我们明确地知道术语是描述科学概念的词汇，是科学知识单元的语文表达。由此引出术语规范工作必须遵循的第二个原则，服从科学化，即坚持科学严谨的原则。术语的科学化原则，意味着它应该具有专业特点、以某种系统方式存在、满足形式逻辑、可以按照一定的分类原则进行分类。规范化的术语，包括社科术语，都应该具备这样的特征。

由术语的专业性质所决定，术语规范的具体工作必须由该术语所属学科内部的专业人士才能完成。而术语存在的系统形式，则完全等同于该专业的系统形式。从这个意义上说，一个专业或一个学科的术语系统，就是这个学科系统专业概念的完整的词语描述，词汇形式的专业术语，妥帖地对应着这个学科的发展水平和学科建设的完整程度。掌握术语，就是掌握学科建设的关键。学科发展，术语是纲，抓住术语，纲举目张。

需要指出的是，术语规范需要专业人士的投入，而对这些专业人士语文水平的要求，又是从事术语规范工作所必不可少的条件。语言是思想的翅膀，词汇是学问的脊梁，术语是科学的砖瓦，文字是研究的砂浆。有志于投身科学工作，特别是科技术语规范工作的贤良学子，首先要踏踏实实地学好语文，锻炼提高自己的表达能力。从这个意义上说,关于语文,关于术语学的教育,应该贯穿于学习和研究的始终,大学教育和研究生教育,应该开设术语学课程。

§11.4.3 关注社会影响的原则

在实现术语规范的过程中,还必须注意到术语的社会性或术语规范的社会性原则,注意考虑每一项术语规范活动关于公众利益和社会生活的影响。这个问题若从更广义的角度考虑,也可以归并到术语的语文原则中,因为任何"活"的语言都具有足够的"社会性"的特点,术语也不例外。存在于整个社会活动中的术语,既是稳定实用、彼此交互,又是不断变化的。

科技术语与现实社会之间,存在着相互影响的作用和反作用。随着术语传播的广泛普及,一个原本非常"专业"的术语,可能成为百姓生活中耳熟能详的词语;随着科学水平的提升,一些原本只用来描述生活现象的"俗话",也有可能变成解释或指称专业知识的"科学符号"。术语影响社会,社会也影响术语,在考虑术语规范的时候,必须注意到二者之间相互影响的问题。

关于术语对社会影响的优劣,一个最为基本的判断,是关于该术语的规范或者规范的具体方案,能否给社会公众带来利益的增加或福利的改善。能,即是优;不能,即是不优。如果一项关于术语(或其他任何节目)的所谓"规范",带给大众和社会的只是烦琐、麻烦、混乱或者不方便,那么毫无疑问,这项所谓的"规范"就是错误的,没有实际价值,也没有存在的必要。关于这种情况的例子,可以参看1935年严济慈先生的文章《公分·公分·公分》和于光远先生2000年的文章《勿置我于非科学之境地》。

这种判断与政策优劣的判断类似:判断一项政策的优劣,只要看这项政策的实施是否能够换来"好人"的笑脸。如果一项政策的实施,只能给社会上的大多数人带来麻烦,譬如所有的发票都要填写抬头①、所有的路边都不能停车等等,这种政策绝对应该排在迅速取消之列。其道理非常简单:它造成社会生活质量的下降,导致社会矛盾的增加。

退而言之,一项好的政策,应该使"好人"高兴,而"坏人"不能随心所欲地去做"坏事",甚至还要装模作样地去干一点"好事";一项"正常"的、不好也不坏的政策应该是让"好人"感觉不到而坏人觉得不太好受的政策;至于一项不好的政策,却会使"好人"感到难受,"坏人"弹冠相庆;再有甚者,一项恶劣的政策,绝对会把"好人"变成"坏人",把"兄弟"转变成为"仇敌"。这些生活中的道理,应用在关于术语规范的实践中,也有着可以类比的微妙之处。

§11.4.4 尊重历史事实的原则

科学术语的设立与规范活动,还要坚持尊重历史事实的原则。我们在前文的讨论中曾多次提到,术语工作本身具有极强的"约定俗成"的特点。"约定"是正在发展中的过程,"俗成"便是已经成为历史的事实。只有尊重历史事实,才能确保术语规范工作的稳定和持续发展。

术语定名不宜轻率,最忌仓促。但一旦定名提出,又不宜轻言变动。究其原因,是因为术语只是概念的代表物,而不是关于那个

---

① 在20世纪末、21世纪初的北京城,地铁站和火车站等人流集中的地方,时常可以听到出售各种"发票"的叫卖声,说明在实际生活中存在着一个买卖假发票的半公开的地下市场。这些假发票最终会成为某些单位内部财务报销的凭证。贩卖假发票现象的存在,即足以说明当时流行的发票报销制度是一项非常糟糕的、没有实际意义的行政安排。

概念的具体描述。没有任何一个术语是对它所表达的事物或概念的具体描述。之所以要对名词或术语加以"定义",就是因为任何名词或术语都是我们希望用它来指称的那件事物或那个概念的"外壳"。

或有争辩的观点认为,事物总是变化的,概念也可能有不断的变化和扩充。这其中牵涉到术语定义的最基本原则,即术语指称的唯一性。试想,一件不断变化的事物,如果它的变化并未使其转变成为另一事物,那么它的名称便不必改变;如若一件事物的演变,已经使它完成了对自身存在形态的彻底否定,即"它"已不再是"它",则需要以另外的名称——名词或术语加以指称。这样的例子比比皆是:化蛹成蝶,蝶不是蛹;冰,水为之而寒于水,水异于冰。

更为一般的情况,关于概念的变化和扩充,也是同样的道理。变化和扩充都是趋于"异化"的过程,但未达到彻底"异化"的程度。按毛泽东在《矛盾论》中的表述方式:变化和扩充是"量变","异化"是质变。只有当"异化"即质变完成的时候,"这一个"概念才成为"另一个",于是表达这一个概念的名词或术语才需要被表达另一个概念的术语所替代。

尊重历史的人,必定从历史中获益。尊重术语的历史事实,也就是尊重科学学科发展的历史传统。在已经成为历史事实的术语集合当中,凝聚着整个学科甚至是全部科学发展经历的全部过程。正如现代化学的奠基人,法国化学家拉瓦锡(Antoine Laurent Lavoisier,1734—1794)在《化学基本教程》的"前言"中所说:"词保存概念,因此,不完善科学,就无法完善语言;不完善语言,也无法完善科学。"(郑述谱,2005)科学术语作为词汇的典型代表,正是在不断接纳其内涵的扩充与变动的过程中,完成着与科学概念的互动。

术语与术语所代表的概念,也就是在这种不断变化的过程中,相互提携,相互促进,实现着关于科学与科学表达的共同进步。当一个术语的外壳终于容纳不下它所要表达的事物或者概念的时候,便会"化蛹成蝶",飞翔起另一段灿烂的生命。

参 考 文 献

[比]伊·普里戈津、[法]伊·斯唐热　从混沌到有序：人与自然的新对话[M]，曾庆宏、沈小峰译，上海译文出版社，1987。

[法]爱弥尔·涂尔干、马赛尔·莫斯　原始分类[M]，上海人民出版社，2000。

[法]茨维坦·托多罗夫　象征理论[M]，王国卿译，商务印书馆，2004。

[美]Jack Johnston, John Dinardo　计量经济学方法[M]，中国经济出版社，2002。

[美]阿尔文·托夫勒　《从混沌到有序：人与自然的新对话》序言——科学和变化[M]，曾庆宏、沈小峰译，上海译文出版社，1987。

[美]古扎拉蒂　计量经济学(第三版)[M]，林少宫译，中国人民大学出版社，2000：427。

[美]列昂纳多·姆洛迪诺夫　几何学的故事[M]，沈以淡、王季华、沈佳译，海南出版社，2004。

[美]曼昆　经济学原理(第3版)[M]，梁小民译，机械工业出版社，2005：9—10。

[美]斯塔夫里阿诺斯　全球通史：1500年以前的世界[M]，上海社会科学院出版社，1999。

[美]约瑟夫·E.斯蒂格利茨　经济学[M]，姚开建、刘凤良等译，中国人民大学出版社，1997：419。

[日]中山秀太郎 世界机械发展史[M],机械工业出版社,1986:68—69。

[英]W.C.丹皮尔 科学史及其与哲学和宗教的关系[M],李珩译,商务印书馆,1997:8—9。

[英]桑德斯 标准化的目的与原理,1972。

[英]斯科特 数学史[M],侯德润、张兰译,广西师范大学出版社,2002。

[英]威廉·配第 政治算术[M],陈冬野译,商务印书馆,1987:8。

Bin Cheng GENERAL PRINCIPLES OF LAW AS APPLIED BY INTERNATIONAL COURTS AND TRIBUNALS, STEVENS AND SONS LTD. , LONDON, 1953:125.

D. Lowenthal "Changing Criteria of Authenticity", paper presented at Nara Conference on Authenticity in relation to the World Heritage Convention, Nara, Japan, 1—6 November, 1994.

D.F.韩德瑞、秦朵 动态经济计量学[M],上海人民出版社,1998。

G.隆多 术语学概论[M],科学出版社,1985。

Georges. Jean. 文字与书写——思想的符号[M],曹锦清、马振骋译,上海书店出版社,2001。

阿尔德伯特(Aldebert, J.)等著 蔡鸿滨等译,欧洲史[M],海口:海南出版社,2000:6—8。

白奚 稷下学研究[M],生活·读书·新知三联书店,1998。

编委会 社会科学检索词表[M],社会科学文献出版社,1996。

布鲁诺·恩斯特 魔镜——埃舍尔的不可能世界[M],田松、王蓓译,上海科技教育出版社,2002。

菜曾有、郭龙生 语言文字学常用辞典[M],北京教育出版社,

2001。

陈　原　当代术语学在科学技术现代化过程中的作用和意义,自然科学术语研究,1985(1):32。

陈　原　张元济与蔡元培,陈原散文[M],浙江文艺出版社,1997:215。

陈福康、掌士钊《论翻译含义》等,中国翻译,1992(3):52。

陈高华　元代钞法资料辑录(上),中国古代社会经济史资料[M],福建人民出版社,1985:105。

陈建生　英语词汇研究史纲[M],国防科技大学出版社,2001:22。

陈今池主编　立信英汉财会大词典[M],立信会计出版社,1994:1007。

陈金伟　科技术语规范化探讨,科技术语研究,2003(2)。

陈可忠　《经济学名词》序,经济学名词[M],上海中华书局,1946。

陈　原　陈原散文[M],浙江文艺出版社,1997:215。

陈兆福、陈应年　术语社会学个案笔记,学术之窗,2001(12)。

戴吾三　考工记图说[M],山东画报出版社,2003。

董　琨　术语三难,中国社会科学院院报,2003-06-12。

樊　静　叶笃正:名词工作的作用比我们想象的还要大,科技术语研究,2003(3)。

樊　静　名词工作随忆,科技术语研究,2005(2)。

冯志伟　术语浅说[M],语文出版社,2000。

冯志伟　现代术语学的主要流派,科技术语研究,2001(1):33—36。

冯志伟　现代术语学引论[M],语文出版社,1997。

冯志伟　汉语术语描述中的三种结构,科技术语研究,2005。

高名凯　汉语语法论[M],科学出版社,1953。

杲文川　弘扬《现汉》精神再创新的辉煌,中国社会科学院学报,2007(1)。

龚　莉　中国辞书出版和辞书标准化,术语标准化与信息技术,2003(1)。

龚　益　经济研究中的数据处理:代的划分与交叠,数量经济技术经济研究,1996(1)。

龚　益　汉语术语规范工作的历史沿革,中国社会科学院院报,2003-11-27。

龚　益　两岸及港澳学术术语存在差异,紫荆(香港)总第159期,2004(1):45—47。

龚　益　努力规范社科术语,繁荣发展社会科学,科技术语研究,2004(1):3—6。

龚　益　荀子术语思想的现代意义,中国社会科学院院报,2004-04-29。

龚　益　标准化:改善北京交通的出路,中国建设报,2004-06-03。

龚　益　行政过度是中国经济运行的潜在危险,数量经济技术经济研究,2000(3)。

龚　益　"桥梁"和"导火索",群言,1989(2)。

龚　益　Cointegration 协整＝同积＝积整?,科技术语研究,2004(3)。

龚　益、余德和　WTO 术语:reasonable 合理,数量经济技术经济研究,2003(10):158—161。

龚　翔　一药多名为难医生贻害患者,健康文摘报,2004-01-28。

辜正坤　读者,1998(8):125。

郭沫若　化学化工术语序(1951.03),中国科学院编译局编订,中国科学院,1955。

郭万超、辛向阳　轻松学经济[M],对外经济贸易大学出版社,2005:184。

国家标准化管理委员会　国际标准化工作手册[M],中国标准出版社,2003。

韩朝华　"增值"与"增殖",中国社会科学院院报,2003-06-12。

韩海英　"旅游产品"和"旅游商品"的互用问题,中国社会科学院院报,2003-11-27。

韩茂祥、翟丹妮　美国用于大型项目管理的军用标准研究,中国软科学,1996(5):35—37。

胡　适　先秦名学史[M],安徽教育出版社,1999。

胡锦涛　全面推进中美建设性合作关系——在美国友好团体举行晚宴上的讲话,2006-06-20。

胡显章、曾国屏　科学技术概论[M],高等教育出版社,1998:1。

黄长著　词语翻译标准化管见,中国社会科学院院报,2003-06-12。

黄仁宇　万历十五年[M],三联书店,1997:280。

江蓝生　在全国名词委第四届委员会全体会议上的讲话,科技语研究,2000(3):17—18。

江蓝生、张国宪　汉语语言文字基本知识读本[M],人民出版社,2002。

景　爱　皇裔沉浮[M],学苑出版社,2002:2。

李春田　标准话基础[M],中国计量出版社,2001。

李建国　汉语规范史略[M],语文出版社,2000。

李　劼　中国语言神话和话语英雄·论晚近历史[M],青海人民出版社,2004。

李金华　中国可持续发展核算体系(SSPA)[M],社会科学文献出版社,2002。

李　群　我在美国当市长助理,经济时报,2004-09-06。

李宇明、费锦昌　汉字规范百家谈[M],商务印书馆,2004。

李振基、陈小麟、郑海雷　生态学[M],北京科学出版社,2004。

李子奈、叶阿忠　高等计量经济学[M],清华大学出版社,2000。

梁启超　五十年中国进化概论,梁启超史学论著四种[M],长沙:岳麓书社,1985。

梁先明　国际电工委员会的名词术语工作,自然科学术语研究,1985(1):33-37。

廖晓义　日本环保见闻——水俣篇,CCTV绿色空间,2004-08-29。

林　琼　网络与术语,中国社会科学院院报,2003-11-27。

林行止　克拉克与陈焕章,引自《闲读偶拾》[M],上海三联书店,2003:11-12。

林元章　中文姓名英译的混乱亟待解决,科技术语研究,2000(1)。

刘存瑞　"糊纸"必须彻底撕破,经济日报,2003-06-24。

刘国昌　逻辑混乱、语言失范现象亟待改变,人民日报(海外版),2006-03-13。

刘　青　全国名词委第5届委员会全体会议大会总结,科技术语研究,2005(3)。

刘叔新　词目的确定和词汇的范围,语言研究论丛,天津人民出版社,1980。

刘文英　中国哲学史[M],南开大学出版社,2002:159。

刘叶秋　中国字典史略前记[M],中华书局,1981。

刘涌泉　在自然科学名词审定委员会成立大会上的发言,自然科学术语,1985(1):50-53。

刘又辛　谈谈汉字的规范问题,汉字规范百家谈[M],语文出版社,2004:27。

刘重光　医学术语特性简议,科技术语研究,2005(3)。

卢嘉锡　致全国自然科学名词审定委员会成立大会的贺信,自然科学术语研究(内部刊),1985(1)。

陆懋祖　高等时间序列经济计量学[M],上海人民出版社,1999:159。

陆锡兴　汉字传播史[M],语文出版社,2002。

路甬祥　科技术语研究杂志发刊词,科技术语研究,1998(1)。

路甬祥　全国科技名词委第5届委员会全体会议暨成立二十周年纪念大会开幕词,科技术语研究,2005(3)。

吕叔湘　语法学习[M],中国青年出版社,1953。

吕叔湘　语言和语言研究·中国大百科全书语言文字卷[M],中国大百科全书出版社,1985。

牧　岭　《科技术语研究》发展研讨会,科技术语研究,2005(4)。

潘书祥　全国名词委第三届委员会工作总结,全国名词委第四届全体会议文件,2000-06-15。

潘书祥　全国名词委第五届委员会全体会议暨成立二十周年纪念大会工作报告,科技术语研究,2005(3)。

潘书祥　对"努力规范社科术语,繁荣发展社会科学"文章的修改意见,2004-02-25。

潘云唐　杜氏三杰:我国科技术语工作的先驱,科技术语研究,2003(3):47－48。

祁国荣　群策群力把名词审定与释义工作做好,科技术语研究,2005(3):27－28。

钱临照　物理学名词的早期工作,自然科学术语研究,1988(1)。

钱三强　为全国自然科学名词委员会公布数学名词所作的序,数学名词1993,科学出版社,1994。

庆　善、于　唐　梁启超、章太炎解读中华文化经典[M],辽海出版社,2003:149。

邱碧华　Infoterm简介,科技术语研究,2000(4):45。

邱碧华　术语学之父——欧根·维斯特,科技术语研究,2001(3)。

裘廷梁　论白话为维新之本,中外大事汇记论说卷之三。

阮仪三、林　林　文化遗产保护的原真性原则,同济大学学报(社科版),2003(4)。

阮仪三、林　林　城市文化遗产保护的原真性,城市文化,2004(4)。

史春风　商务印书馆与中国近代文化[M],北京大学出版社,2006。

史有为　外来词——异文化的使者[M],上海辞书出版社,2004:173。

苏培成　选编序言·周有光语言学论文集[M],商务印书馆,2004。

苏渊雷　国民经济实用词典[M],上海春明出版社,1953:1101—1102。

素帕猜·巴尼巴滴等　中国重塑世贸[M],机械工业出版社,2002:150。

粟武宾　术语学与术语标准化,标准计量质量,1990(4)。

孙良明　词的多义性跟词义演变的关系和区别,中国语文,1958(5)。

孙世铮　经济计量学[M],人民出版社,1984。

孙文剑　2003年北京交通发展纪实,北京公路,2004(2):1—6。

谭彼岸　晚清白话文运动[M],湖北人民出版社,1956。

唐五湘、黄　伟　科技成果转化的理论与实践[M],方志出版社,2006。

屠孝实　名学纲要,中华学艺社出版[M],上海,商务印书馆,1925。

王　彤　1039 行车手册[M],地质出版社,2004。

王恩同　从术语角度看"农村旅游",中国社会科学院院报,2003-11-27。

王福穰主编　英汉投资经济词典[M],中国财政经济出版社,1994:675。

王贵国　世界贸易组织法[M],法律出版社,2003。

王国维　王国维文集[M],北京燕山出版社,1997:333—337。

王国桢　对中国人汉语拼音姓名的意见和建议,科技术语研究,2000(1)。

王克非　论严复《天演论》的翻译,中国翻译,1992(3):8。

王利文　关于 Ecological Footprint 的汉译,中国社会科学院院报,2003-11-27。

王了一　新字义的产生,国文杂志 1 卷,1942。

王　宁　20 世纪汉字问题的争论和跨世纪的汉字研究,中国社会科学,1997(1)。

王　宁　论汉字规范的社会性与科学性,汉字规范百家谈[M],语文出版社,2004:3。

王　仁　关于中文姓名的英译问题,科技术语研究,2000(1)。

王少孔　掘得它山石,善攻出美玉,科技术语研究,2005(4)。

王树禾　数学聊斋[M],科学出版社,2005:212。

王有志　英汉科技翻译中的术语定名规则探讨,科技术语研究,2005(4)。

王祖望　生态学名词审定工作,科学术语研究,2005(3):35—36。

魏　星　ISO的由来与含义,科技术语研究,2002(3):45。

魏　星　法国对E-mail说不,科技术语研究,2003(4):5。

乌家培　经济数学方法研究[M],三联书店,1980。

吴承业、陈燕武　关于Econometrics学术译名的统一问题,数量经济技术经济研究,2004(12)。

吴凤鸣　我国自然科学名词术语研究的历史回顾和现状,自然科学术语研究,1985(1)。

吴玉章　规范学术术语的必要性、原则和方法,中国社会科学院院报,2003-06-12。

武铁平　关于科学术语的一些想法,自然科学术语研究(内部刊),1985(2):29—33。

辛德培　电力标准化工作指南[M],中国电力出版社,2001:2—9。

信春鹰　法律辞典[M],法律出版社,2004。

邢公畹　论荀子的"语言论",人民日报,1962-08-16:5。

徐　统　一国两字与一国两词,科技术语研究,1998(1)。

徐　侗　话说幽默[M],上海社会科学院出版社,1991:2。

徐嵩龄　Alternative Tourism应译为"另类旅游",中国人口资源与环境,2001(2)。

许嘉璐　为汉字规范问题研究丛书所作的序,汉字规范百家谈[M],商务印书馆,2004。

闫广林　历史与形式[M],上海社会科学院出版社,2005。

杨　眉　送你一座玫瑰园——能有效提升生活质量的心理学术语

[M],中国城市出版社,2005。

杨启帆、边馥萍　数学模型[M],浙江大学出版社,1990:285。

杨全红　一名之立,费三百载,科技术语研究,2006(1)。

杨自俭　译学词典序言[M],上海外语教育出版社,2004。

叶笃正　全国自然科学名词委筹备经过及今后工作展望,自然科学术语研究,1985(1):11—13。

叶笃正　全国自然科学名词审定委员会筹备经过及今后工作展望,自然科学术语研究,1985(1)。

尹斌庸　妖婆曲线,自然科学术语研究,1985(2)。

友　铭　赌博杂谈,新华网,2004-12-07。

于光远　怀念刘大年、郭敬、刘潇然、巫宝三,中国社会科学院院报,2000-04-06。

余德和　原告希望败诉——涉外商事审判与WTO争端[M],经济科学出版社,2004。

余永年　华人姓名的外语译法应规范化,科技术语研究,2000(1)。

约翰·H.杰克逊　GATT/WTO法理与实践[M],张玉卿、李成刚、杨国华译,新华出版社,2002。

曾建飞　植物中文命名应有法规,科技术语研究,2004(4):27。

詹天佑　编纂《新编华英工学字汇》缘起,科技术语研究,2002(2):45。

詹同济　詹天佑创业著述精选和创业哲学思想研究[M],广东地图出版社,1999。

张　松　历史城市保护学导论[M],上海科学技术出版社,2001。

张成渝　世界遗产原真性和完整性原则及其在实践中的发展完善,国家文物局网站,2005。

张国栋、庞多益、郑如斯　简明中华印刷通史[M],广西师范大学出版社,2004。

张锦芳　韩日勘测争端磋商未果,北京日报,2006-04-22。

张静波　技术进步概念与体现,郑友敬,技术进步跟踪系统研究[M],社会科学文献出版社,1994。

张明华　中国字典词典史话[M],商务印书馆,1998:28。

张岂之　译名论文集[M],西北大学出版社,1990。

张青莲　化学名词的统一工作,自然科学术语研究,1985(1):25。

张守一　数量经济学概论[M],辽宁人民出版社,1985:1—15。

张书岩　简化字溯源序言[M],语文出版社,1997。

张　伟　名词审定工作的几点体会,科技术语研究,2005(3)。

张霄军　Space到底该怎么定名,中国科技术语,2007(1):43—46。

张晓虎　最新汉字趣味字典[M],山西人民出版社,1996:295。

赵凯华　发扬传统,努力做好物理学名词工作,自然科学术语研究,1985(1)。

赵学勤　"咬文嚼字"不是小题大做,光明日报,2006-02-22。

郑述谱　术语学与语言学,术语标准化与信息技术,2003(1):4—6。

郑述谱　词典、词汇、术语[M],黑龙江人民出版社,2005。

郑述谱　俄罗斯当代术语学[M],商务印书馆,2005。

郑述谱　俄国术语学研究掠影,科技术语研究,1999(3)。

郑述谱　关于术语及术语学,外语学刊,2001(2)。

中国社会科学院历史研究所　中国历史年表[M],中国社会科学出版社,2002。

钟文芳　西方近代初等教育史[M],上海科技教育出版社,2006:175。

钟学义、李　军　技术,技术进步,技术经济学和数量经济学之诠释,数量经济与技术经济研究,2006(3)。

周　荐　汉语词汇研究史纲[M],语文出版社,1995。

周　荐　汉语词汇结构论[M],上海辞书出版社,2004。

周大亚　积极推进社会科学名词术语规范化,中国社会科学院院报,2003-04-15。

周有光　文化传播和术语翻译,文化畅想曲[M],中国青年出版社,1997。

周有光　汉语拼音正词法问题,中国语文的现代化[M],上海教育出版社,1986。

周有光　汉字改革概论[M],文字改革出版社,1961。

周有光　21世纪的华语和华文——周有光耄耋文存[M],三联书店,2002。

周有光　关于中国文字的发展问题,(龚益)采访记录,2003-10-30。

周有光　三个国际语言问题,新时代的新语文[M],三联书店,1999。

周有光　汉字简化问题的再认识,光明日报,1978-06-16。

周有光　现代文化的冲击波[M],三联书店,2000:122—123。

周有光　周有光语文学论文集[M],商务印书馆,2004:259。

朱万孚　医学微生物学某些术语的汉译名称之商榷,中国科技术语,2007(1):36-38。

庄　建　我们丢失了什么,需要批评,需要反思——中国辞书评论集[M],商务印书馆,2003。